플라톤 국가

플라톤(기원전 423/427~348년경)

현대지성 클래식 50

플라톤 국가

POLITEIA

플라톤 | 박문재 옮김

현대
지성

차례

일러두기

1. 이 책의 그리스어 원전 번역 대본으로는 Oxford Classical Texts로 나온 John Burnet, ed. *Platonis Opera*. 6vols. (Oxford University Press, 1900-1907)를 사용했고, 몇몇 대목에서는 다른 판본을 사용했다.
2. 영어 번역본으로는 Christopher Rowe, *Republic*, Penguin Classics (Penguin Books, 2012), Robin Waterfield, *Republic*, Oxford World's Classics (Oxford University Press, 2008), Joe Saqchs, *Republic*, Focus Philosophical Library (Hackett Publishing Company, 2012)를 참조했다.
3. 본문의 난외에 표시된 아라비아 숫자와 로마자는 스테파누스(Stephanus) 표기법을 따랐다. 출판업자 스테파누스가 발행한 세 권짜리 플라톤 전집 1578년판의 쪽수는 아라비아 숫자로, 단락은 로마자로 표기했다. 『플라톤 국가』는 그 판본의 제2권 327a-621d에 수록되어 있다.
4. 본문의 각주는 모두 옮긴이가 달았다.
5. 그리스어 고유명사는 외래어 표기법을 따랐고, 그 밖의 그리스어는 원래의 발음대로 표기하는 방식을 택했다.
6. 이 책의 정식 제목은 『플라톤 국가』로 하되 본문에서는 『국가』로 축약해 표기한다.

등장인물과 배경

대화 시기 기원전 420년경

대화 장소 아테네의 외항 페이라이에우스에 있는 케팔로스의 집

소크라테스(기원전 469-399년) 고대 그리스의 대표적인 철학자이자 플라톤의 스승이다. 무지를 일깨우는 문답법과 지덕일치를 중시하며 보편타당한 진리로 이상주의적, 목적론적 철학을 세우는 데 힘썼다. 말년에 정치적 문제에 휘말려 사형 판결을 받았다. 『국가』는 소크라테스가 전날에 케팔로스의 집에서 나눈 대화와 논의를 누군가에게 들려주는 형식으로 되어 있다. 이때 그의 나이는 50세 이상으로 추정된다.

케팔로스(기원전 430년경 사망) 시라쿠사 출신으로 아테네 성 밖에서 살아간 거류민이다. 아테네로 와서 30년 동안 방패 제조공장을 운영하며 큰돈을 번 사업가이기도 하다. 『국가』에 나오는 모든 대화는 그의 집에서 이루어지고, 그는 이 대화의 단초를 제공한다. 폴레마르코스, 리시아스, 에우티데모스는 그의 아들들이다. 아들 중에서 폴레마르코스만 직접 대화에 참여한다.

폴레마르코스(기원전 450-404년경) 케팔로스의 큰아들이다. 기원전 404년에, 30인 과두정에 의해 처형되고 재산을 몰수당한다. 『국가』의 서론 부분에서 소크라테스의 대화 상대로 등장한다.

트라시마코스(기원전 459-400년) 칼케돈 출신으로 아테네에서 활동한 유명한 소피스트다. 『국가』의 서론 부분에서 소크라테스의 대화 상대로 등장하여 "정의는 강자의 이익을 위한 것"이라고 역설한다.

글라우콘(기원전 445년경 출생) 아리스톤의 아들이자 플라톤의 작은형이다. 『국가』에서 소크라테스의 주된 대화 상대 중 한 명이다.

아데이만토스(기원전 432-382년) 아리스톤의 아들이자 플라톤의 큰형이다. 『국가』에서 소크라테스의 주된 대화 상대 중 한 명이다. 글라우콘보다 좀 더 조심스럽고 신중하며 분별력 있으나 창의성은 덜한 인물로 묘사된다.

클레이토폰(기원전 452-404년경) 소피스트 트라시마코스의 추종자로서 『국가』의 서론 부분에서 소크라테스와 트라시마코스의 대화에 잠깐 끼어든다.

제1권

어제 나는 아리스톤의 아들 글라우콘과 함께 페이라이에우스에 갔었네. 327a
여신을 참배하고 아울러 거기에서 처음으로 열리는 축제가 어떻게 거
행되는지 구경하고 싶었기 때문이지. 그곳 사람들의 축제 행렬도 훌륭
했지만 트라케인들이 선보인 축제 행렬도 그에 못지않게 볼 만했네.[1]

우리는 참배하고 축제 구경도 마친 후 성내를 향해 출발했네. 그런데 b
케팔로스 님의 아들 폴레마르코스[2]가 서둘러 귀가하는 우리를 멀리서
알아보고는 급히 하인을 보내 기다려달라는 말을 전하지 뭔가. 하인이
뒤에서 내 옷자락을 붙들며 "폴레마르코스 님이 두 분에게 기다려주기를
청하십니다"라고 말하더군. 나는 돌아서서 그가 어디 있느냐고 물었지.

---

1 화자는 소크라테스다. 페이라이에우스는 아테네의 외항으로 성내에서 남서쪽으로 성벽을 따라 8킬로미터쯤 떨어져 있다. 아리스톤은 플라톤의 아버지이고, 글라우콘은 플라톤의 작은형이다. '여신'은 트라케인들이 숭배한 벤디스 여신으로 그리스의 아르테미스에 해당한다. 트라케는 에게해 북동쪽에 있던 지방이고, 여기에 언급된 트라케인은 아테네로 이주해온 거류민들을 가리킨다. 페이라이에우스에는 아르테미스 신전이 있었는데, 이때 처음으로 두 여신의 축제가 통합되어 열린 것으로 보인다.

2 케팔로스와 폴레마르코스는 '등장인물과 배경'을 보라.

하인은 "뒤에 오고 계시니 기다려주십시오" 했고, 글라우콘은 "그렇다면 기다리기로 하지요"라고 말했다네.

c 잠시 후 폴레마르코스가 글라우콘의 형 아데이만토스, 니키아스의 아들 니케라토스를 비롯해 몇몇 사람과 함께 왔더군.[3] 모두들 축제 행렬을 구경하고 오는 길인 것 같았네.

폴레마르코스가 "소크라테스 선생님, 이제 성내로 돌아가려 하시나 봅니다"라고 말했네.

나는 "자네 추측이 틀리지 않았네"라고 대답했지.

"우리 쪽 사람 수가 얼마나 되는지 보이시지요?" 그가 말했네.

"왜 안 보이겠나."

"그렇다면 우리를 힘으로 이기시든지 아니면 여기에 머무시든지 둘 중 하나를 택하셔야 할 것 같습니다"라고 그가 말했네.

내가 말했지. "가능성이 하나 더 남아 있지 않은가? 우리를 순순히 보내주도록 자네들을 설득할 수도 있으니 말이야."

"들으려 하지 않는 사람들을 과연 설득할 수 있을까요?" 그가 물었네.

"그렇다면 방법이 없지요." 글라우콘이 말했네.

"그러니 우리가 듣지 않을 거라는 전제하에 어떻게 하실지 마음을 정하시지요."

328a 그때 아데이만토스가 끼어들며 말했네. "저녁때 여신을 위한 마상 횃불 경주가 예정된 것도 두 분은 모르고 계시겠군요."

3 아데이만토스는 '등장인물과 배경'을 보라. 니키아스(기원전 470년경-413년)는 아테네의 유명한 장군이며, 그의 아들 니케라토스는 기원전 404년에 폴레마르코스와 함께 30인 과두정에 의해 처형된다.

“말 위에서? 그거 새롭군. 횃불을 든 채 말을 타고 달리다가 자기편에게 넘겨주는 이어달리기 경주를 한다는 것인가?” 내가 말했네.

“그렇답니다.” 폴레마르코스가 말했네. “철야 축제도 열린다니 볼 만
할 겁니다. 우리도 저녁 식사 후에 철야 축제를 구경하고 많은 청년과
어울려 대화도 나눌까 합니다. 그러니 딴생각일랑 마시고 여기에 머물 b
러주시지요.”

글라우콘이 “아무래도 머물러야 할 것 같습니다”라고 말했네.

“자네 생각이 그렇다면 그렇게 해야지.” 나는 말했네.

우리는 폴레마르코스의 집으로 갔고, 그곳에서 그의 아우인 리시아
스와 에우티데모스 외에도 칼케돈 출신의 트라시마코스, 파이아니아 출
신의 카르만티데스,[4] 아리스토니모스의 아들 클레이토폰도 만났다네.
집에는 폴레마르코스의 부친인 케팔로스 님도 계셨는데, 오랜만에 뵈어
서 그런지 많이 연로해 보이셨네. 안마당에서 막 신에게 제물을 바친 c
후[5] 머리에 제관을 쓴 채 등받이 안락의자에 앉아 계셨지. 그 옆에 의자
가 여러 개 놓여 있어 우리는 그분 곁에 앉았네.

케팔로스 님은 나를 반갑게 맞으며 말씀하셨네. “소크라테스 선생, 선생은 당연히 우리를 만나러 페이라이에우스에 자주 내려오셔야 하는데도 그리하지 않으시는군요. 내가 여력이 있다면 성내로 선생을 찾아가

---

4 파이아니아는 아티카 지방의 174개 구역(데모스) 중 하나다. 외국인은 이름 앞에 출신 국가를, 아테네 시민은 출신 구역을 붙여서 불렀다. 나중에 카르만티데스는 수사학으로 유명한 이소크라테스(기원전 436-338년)의 제자가 된다.

5 케팔로스가 제우스를 가문의 수호신으로 모시고 있음을 보여준다. 당시 사람들은 집 안마당에 제우스의 제단을 차려놓고 매일 제사를 지냈고, 이 때문에 ‘안마당의 제우스’(제우스 헤르케이오스)라는 이름이 생겨났다.

d 뵐 것이니 선생이 굳이 여기로 오실 필요가 없겠지요. 하지만 지금은 선
생이 더 자주 와주셔야 합니다. 잘 알다시피 육신의 즐거움이 시들해질
수록 대화를 하고 싶은 욕구와 대화에서 얻는 즐거움이 점점 더 커지는
데 제가 바로 그렇습니다. 그러니 다른 생각 마시고 우리를 선생의 친구
로, 아니 가족으로 여기고 자주 찾아와 이 청년들과 어울려주시오."
e 나는 말했네. "꼭 그리하겠습니다, 케팔로스 님. 사실 저는 나이드신
분들과의 대화를 좋아합니다. 우리도 걷게 될 길을 먼저 걸어가신 분
들이니 그 길이 험난하고 힘든지 아니면 수월하고 순탄한지 그분들에
게 듣고 배워야 한다고 생각합니다. 특히 어르신은 시인들이 '노년의 문
턱'[6]에 들어섰다고 표현한 연세에 이르셨으니, 어떤 심경으로 이 시기를
보내시는지 기꺼이 가르침을 받고 싶습니다. 그 연세가 인생에서 과연
어려운 시기인지 어떤지 말씀해주시지요."
329a 케팔로스 님이 말씀하셨네. "소크라테스 선생, 맹세하건대 인생의 이
시기를 보내는 내 심경을 선생에게 말하겠소이다. 나는 내 연배의 여러
사람과 종종 만나는데, 옛 속담[7]이 틀린 게 없더이다. 그들 대부분이 젊
은 시절의 즐거움을 그리워하고 연애와 술과 축제 등을 회상하다가 결
국에는 엄청난 것을 빼앗기기라도 한 것처럼 갑자기 화를 내면서 신세
한탄을 한답니다. 그 시절에는 사는 게 즐겁고 좋았는데 지금은 살아도

6 '노년의 문턱'은 호메로스의 글(『일리아스』 22권 60행; 『오디세이아』 15권 246행)을 비롯해 고대 작가들의 글에 여러 번 나오는 전래 문구로 '죽음의 문턱'을 완곡하게 표현한다. 그리스인들은 '문턱'을 한곳에서 다른 곳으로 넘어가는 길목의 의미로 이해했다.

7 여기에서 옛 속담은 "동년배들끼리 어울린다", 즉 유유상종을 가리킨다. 이 속담은 아리스토텔레스의 『니코마코스 윤리학』 1161b34 등에도 언급된다.

사는 것 같지 않다면서요. 어떤 이는 늙어서 가족한테까지 괄시받는다며 b
탄식하고, 모든 불행이 늙은 데서 왔다며 매사를 나이 탓으로 돌리지요.

하지만 소크라테스 선생, 그들은 탓해서는 안 될 것을 탓하는 것 같
소. 그 모든 게 정말 나이 탓이라면 나도 늙었으니 그들과 똑같은 경험
을 했어야 하지 않겠소. 다른 노인들도 마찬가지요. 하지만 나는 그렇게
느끼지 않는 사람들도 만난 적이 있소. 한번은 시인 소포클레스[8]와 함께
있는데, 어떤 사람이 '소포클레스 선생님, 성생활은 어떠신가요? 아직 c
도 여자와 잠자리를 함께하시나요?'라고 묻더이다. 그러자 선생은 '이
사람아, 그런 불길한 말은 하지도 말게. 거기에서 벗어나 얼마나 기쁜지
모른다네. 미쳐 날뛰는 포악한 주인에게서 도망쳐 나온 기분이야'라고
대답하셨지요. 나는 훌륭한 대답이라 생각했고, 그 생각은 지금도 변함
없소. 노년이 되어야 그런 것에서 완전히 벗어나 마음이 편하고 자유로
워지기 때문이지요. 욕망의 기세가 수그러들어야 비로소 소포클레스 선
생의 말대로 미쳐 날뛰는 포악한 주인들에게서 벗어날 수 있으니까요. d

가족 관계에서도 탓할 것은 단 하나, 바로 나이가 아니라 사람의 성
품이지요. 됨됨이가 반듯하고 작은 것에 만족할 줄 아는 사람이라면 노
년도 충분히 견딜 만하지요. 그렇지 않은 사람은 늙어서 힘든 게 아니라
젊었더라도 힘들어했을 거요, 소크라테스 선생."

나는 감탄하며 그분이 계속 말씀하시도록 이렇게 응수했네. "케팔로 e

8 소포클레스(기원전 496-406년경)는 고대 그리스의 3대 비극시인 중 한 명이다. 3대 비극시인 중 최고로 꼽히는 아이스킬로스(기원전 525년경-456년)에게 사사를 받았다. 28세인 기원전 468년에 비극 경연대회에서 스승인 아이스킬로스를 꺾고 처음으로 우승한 이후로 18회나 우승했고 123편의 작품을 썼다.

스 님, 제가 보기에 다른 사람들은 어르신의 말씀을 그대로 받아들이지 않고, 어르신이 노년을 힘들지 않게 견디시는 건 성품보다는 많은 재산[9] 덕분이라고 생각할 것 같습니다. 부자들에게는 위안거리가 많다고들 하니까요."

케팔로스 님이 말씀하셨네. "옳은 말씀입니다. 사람들은 내 말을 그대로 받아들이지 않을 겁니다. 그들의 말에도 일리가 있지만 사실 그들이 생각하는 것만큼은 아니라오. 이 경우에는 오히려 테미스토클레스[10]의
330a 말이 더 맞소. 그가 명성을 얻은 건 그의 공이 아니라 국가 덕분이라며 한 세리포스인이 그를 욕했지요. 그러자 테미스토클레스는 자기가 세리포스인이었다면 유명해지지 못했겠지만, 그 사람은 아테네인이었어도 유명해지지 못했을 거라고 대답했다지요. 부자가 아니면서 노년을 힘겹게 견디는 사람들에게도 이 말은 잘 들어맞소. 착해도 가난하면 노년을 견디기가 쉽지 않고, 나쁜 사람은 부자여도 자기 처지에 만족하지 못할 테니 말이오."

나는 물었네. "케팔로스 님, 어르신의 재산은 대부분 물려받으신 건가요, 아니면 직접 벌어 모으신 건가요?"

b 케팔로스 님이 대답하셨네. "소크라테스 선생, 내가 직접 벌어 모은 재산이 얼마나 되느냐는 말이지요? 사업가로서 나의 수완은 할아버지

---

9 여기에 나오는 '성품'과 '재산'의 대비는 이후의 대화에서 '정의'와 '이익'이라는 중요한 주제가 된다.

10 테미스토클레스(기원전 524-459년경)는 아테네의 정치가이자 장군으로 기원전 480년 살라미스 해전에서 페르시아 함대를 궤멸시켜 이후로 페르시아가 그리스를 넘볼 수 없게 만들었다. 이 일화와 약간 다른 이야기가 헤로도토스의 『역사』 8권 125장에 나온다. 세리포스는 에게해 중앙의 키클라데스 군도에 속한 작은 섬으로 아테네와 크레타 사이에 있다.

와 아버지의 중간 정도 됩니다. 나와 이름이 같은 조부께서는 지금 내가 소유한 정도의 재산을 물려받아 몇 배로 늘리신 반면, 내 부친 리사니아스께서는 그 재산을 물려받아 지금 내가 소유한 재산보다 줄어들게 하셨으니까요. 나는 물려받은 재산을 조금이라도 늘려서 아들들에게 물려줄 수 있다면 그것으로 만족합니다."

내가 말했네. "그런 질문을 드린 이유는 제가 보기에 어르신은 특별히 재물에 애착을 갖고 계신 것 같지 않기 때문입니다. 자수성가한 사 c
람들은 그렇지 않은 사람보다 더 재물에 집착하기 마련이니까요. 시인이 자기 시를 사랑하고 아버지가 자기 자식을 사랑하는 것처럼 말입니다. 남들과 마찬가지로 재물이 유용하기 때문이기도 하지만 재물을 마치 작품으로 생각하기 때문이지요. 그런 사람들과 사귀기란 어렵습니다. 그들은 재물 말고는 아무것도 높이 평가하지 않으니까요."

케팔로스 님이 "옳은 말이오"라고 말씀하셨네.

내가 말했네. "정말 그렇습니다. 그런데 여쭤볼 게 더 있습니다. 많은 d
재산을 모아서 어르신이 가장 크게 이득 보신 것은 무엇입니까?"

케팔로스 님이 대답하셨네. "내가 말해도 대부분의 사람은 믿지 않을 거요. 소크라테스 선생, 선생도 잘 알아두셔야 합니다. 무슨 말이냐 하면, 사람은 죽을 때가 가까워졌다는 생각이 들면 전에 없던 두려움과 염려에 휩싸인다는 것이지요. 저승에 관한 이야기들, 예컨대 이승에서 나
쁜 짓 한 사람은 저승에 가서 벌 받는다는 이야기[11]를 전에 들었을 때는 e
웃어넘겼지만, 이제는 그런 이야기가 진짜일지 모른다는 생각에 마음

11 케팔로스가 언급한 이 이야기는 『국가』 끝부분에 나오는 저승 이야기의 복선 역할을 한다.

이 괴로워진답니다. 노년이 되어 쇠약해져서인지, 벌써 저승과 가까워져 저승을 좀 더 분명히 볼 수 있게 되어서인지, 불길함과 두려움에 사로잡힌 채 전에 다른 사람에게 나쁜 짓을 한 적은 없는지 곰곰이 따져 보게 되지요. 지금껏 살아오면서 나쁜 짓을 많이 했음을 깨달은 사람

331a 은 자다가도 무서운 꿈을 꾼 아이처럼 겁에 질려 자주 깨고 미래에 대한 불안감을 안고 살아갑니다. 반면에 살면서 나쁜 짓을 전혀 하지 않은 사람에게는 달콤한 희망이 함께하며, 핀다로스[12]가 말했듯이, 그에게 훌륭한 '노년의 부양자'가 되어주지요. 소크라테스 선생, 그분은 일생을 바르고 경건하게 살아온 사람에 대해 이처럼 우아하고 아름다운 시를 썼다오.

> 달콤한 희망은 그의 마음을 어루만지고
> 노년의 부양자가 되어 그와 늘 함께한다네.
> 희망은 죽을 수밖에 없는 인간의 변덕스럽기 짝이 없는 마음을
> 가장 잘 인도하는 길잡이기 때문이라네.

얼마나 훌륭하고 놀라운 시입니까? 나는 바로 이런 점에서 재산이

b 가장 큰 가치를 발휘한다고 봅니다. 모든 사람이 아니라 훌륭하고 바른 사람들에게만 그러하겠지만요. 본의 아니게 속이고 거짓말하거나 신에게 제물을 빚지든, 사람에게 돈을 빚지든, 무엇인가 빚져서 두려움을 안

12 핀다로스(기원전 518-438년)는 테바이 출신의 고대 그리스 서정시인이다. 페르시아 전쟁이 끝나고 각종 제전과 경기가 활발해지면서 우승자들을 위해 지은 장엄한 찬가로 유명하다. 여기에 인용된 내용은 핀다로스, 『단편』 214(Snell)에 나온다.

은 채 저승으로 가는 일이 벌어지지 않게 하는 데 재산이 큰 역할을 하기 때문이지요. 물론 재산은 다른 용도로도 사용됩니다. 하지만 하나하나 비교해봤을 때, 분별력 있는 사람이라면 이것이 재산의 가장 중요한 용도라고 생각할 것 같소, 소크라테스 선생."

나는 말했네. "좋은 말씀입니다. 그런데 바르게 산다는 것, 즉 정의[13] c
란 무엇일까요? 진실을 말하는 것과 빌린 것을 돌려주는 것을 정의라고 할 수 있을까요? 아니면 그런 일이 때에 따라 정의가 되기도 하고 불의가 되기도 하는 걸까요? 가령 정신이 온전한 친구에게서 무기를 빌렸는데, 나중에 그 친구가 정신이 이상해진 상태에서 무기를 돌려달라고 요구한다면요? 그런 경우에 친구에게 무기를 돌려준다거나 진실을 말하는 건 정의롭지 않다고 누구나 말할 겁니다."

"옳은 말씀입니다"라고 그분은 말했네. d

"그렇다면 진실을 말한다거나 빌린 것을 돌려주는 것을 정의라고 할 수는 없겠군요."

이때 폴레마르코스가 끼어들며 말했네. "물론입니다, 소크라테스 선생님. 적어도 시모니데스[14]의 말에 동의한다면 말이지요."

그러자 케팔로스 님이 말씀하셨네. "자, 이 토론은 여러분에게 넘기겠습니다. 나는 제사 지낼 준비를 하러 가봐야 해서요."

---

13 '정의'(δικαιοσύνη, 디카이오쉬네)는 『국가』 전체의 주제다. 넓은 의미에서는 모든 미덕(탁월함)을 갖춘 상태를, 좁은 의미에서는 법과 관습을 지키고 모든 사람에게 각자의 몫을 주는 것을 의미한다. 여기에서는 좁은 의미의 정의를 말한다. 그러나 『국가』에서는 넓은 의미의 정의를 다루기 때문에 '정의' 대신에 '올바름'이라고 번역할 수도 있다.

14 시모니데스(기원전 556-468년)는 에게해에 있는 케오스 섬 출신의 서정시인이다.

"그러면 제가 아버지의 상속인이 되는 건가요?"라고 폴레마르코스가 물었네.

케팔로스 님은 웃으며 "물론이지"라고 말씀하시고 제사 지내는 곳으로 가셨네.

e 내가 말했네. "이제 자네가 토론을 물려받은 상속자니 말해주게. 시모니데스가 정의에 관해 무슨 말을 했길래 자네는 그의 말이 옳다고 하지?"

폴레마르코스가 말했네. "그분은 누구에게든 빚진 것을 갚는 것이 정의라고 말했습니다. 제 생각에는 그분의 말이 맞는 것 같습니다."

내가 말했네. "시모니데스는 신처럼 지혜로운 분이니 그분의 말을 안 믿기는 어려울걸세. 하지만 폴레마르코스, 그분이 무슨 의미로 그렇게 말했는지 자네는 아는 것 같은데 나는 모르겠네. 방금 우리가 말한 경우와 같이, 친구의 무기를 맡았는데 나중에 그 친구가 제정신이 아닌 상태에서 무기를 돌려달라고 요구하면 돌려주어야 한다는 의미로 말한 것
332a 은 분명 아닐 테니 말일세. 그럼에도 빚진 것은 갚아야 한다는 말은 맞네. 그렇지 않은가?"

"그렇습니다."

"하지만 정신이 온전하지 않은 상태에서 돌려달라고 했을 때 돌려줘서는 안 되네."

그는 "옳은 말씀입니다"라고 말했네.

"그렇다면 시모니데스는 그와는 다른 의미로 빚진 것을 갚는 게 정의라고 말한 듯하네."

폴레마르코스가 말했네. "맹세하건대 다른 의미로 말한 게 분명합니

다. 친구 간에는 서로 잘해주고 절대로 해를 끼쳐서는 안 된다는 것이 그분의 생각인 것 같거든요.”

내가 말했네. “알겠네. 그러니까 자네 말은 어떤 사람의 황금을 맡았
다가 돌려주어야 하는데, 그 일이 돌려받는 사람에게 오히려 해롭고 두 b
사람이 친구인 경우, 시모니데스는 황금을 돌려주는 것이 정의는 아니라고 말했다는 것 아닌가?”

“물론입니다.”

“그렇다면 적에게 빚진 경우는 어떤가? 이때도 반드시 갚아야 하는가?”

그는 “물론입니다. 하지만 적에게 빚진 것이라면 정의와는 어울리지 않는 뭔가 해로운 것이 아닐까요?”라고 말했네.

그래서 내가 말했네. “그렇다면 시모니데스는 시인답게 정의를 모호 c
하게 규정한 것 같네. 각자에게 합당한 것을 주는 것이 정의라고 생각하면서도 그것을 각자에게 빚진 것이라고 표현했으니 말일세.”[15]

그가 물었네. “그렇다면 선생님은 시모니데스가 무슨 의미로 그 말을 했다고 보십니까?”

내가 말했네. “맹세하건대 누군가가 그에게 ‘시모니데스여, 예컨대 의술이라는 기술은 어떤 빚진 것 또는 합당한 것을 누구에게 돌려주는 것입니까?’라고 물었다고 해보세. 그가 어떻게 대답했을 것 같은가?”

---

15 정의는 원래 각자에게 ‘합당한 것’을 주는 것인데, 시모니데스는 각자에게 ‘빚진 것’이라고 표현하여 정의의 의미를 모호하게 해버렸다는 뜻이다. 시모니데스에 따르면 적에게 빚진 것이 있다면 그 빚도 되갚는 것이 정의인데, 전자의 규정에 따르면 적에게는 오로지 해를 끼치는 것이 정의가 된다.

그는 "의술은 인간의 신체에 약과 음식을 돌려주는 기술이라고 말할 게 분명합니다"라고 말했네.

"그렇다면 요리 기술은 누구에게 어떤 빚진 것 또는 합당한 것을 돌려주는가?"

d "음식물에 맛을 줍니다."

"좋네. 그러면 정의라는 기술은 누구에게 무엇을 돌려주는가?"

"우리가 앞에서 규정한 바에 따르면, 정의는 친구에게는 이익을 주고 적에게는 해를 끼치는 기술입니다."

"그렇다면 그분은 친구에게는 잘하고 적에게는 해를 끼치는 것이 정의라고 말한 것이로군."

"그렇게 생각합니다."

"그렇다면 질병이나 건강과 관련해 친구에게는 잘하고 적에게는 해를 끼치는 일을 누가 가장 잘하겠는가?"

"의사입니다."

e "항해를 하다가 위험에 빠졌을 때 친구에게는 잘하고 적에게는 해를 끼치는 일은 누가 가장 잘하겠는가?"

"선장입니다."

"그렇다면 정의로운 사람은 어떤가? 그는 어떤 행위나 일에서 그런 일을 잘할 수 있겠는가?"

"전쟁을 하거나 동맹 맺는 일에서 그럴 것 같습니다."

"좋네. 그런데 여보게 폴레마르코스, 아프지 않은 사람에게는 의사가 필요하지 않네."

"옳은 말씀입니다."

"항해하지 않을 때에도 선장은 필요하지 않네."

"물론입니다."

"그렇다면 전쟁을 하지 않을 때에는 정의가 필요 없지 않겠는가?"

"제 생각에는 전혀 그렇지 않습니다."

"평화로울 때에도 정의가 필요하다는 건가?"

"필요합니다." 333a

"농업에도 필요하겠군, 그렇지 않나?"

"네."

"식량을 확보하기 위한 것이겠지?"

"네."

"신발 만드는 기술도 필요한가?"

"네."

"아마도 신발을 확보하기 위해서라고 말하겠지?"

"물론입니다."

"그렇다면 어떤가? 평화로울 때 무슨 일을 하거나 확보하는 데도 정의가 필요한 건가?"

"계약을 맺는 데 필요합니다, 소크라테스 선생님."

"계약이라면 거래를 말하는가?"

"당연히 거래를 말합니다."

"그 거래가 장기를 두는 것이라면, 정의로운 사람과 장기를 잘 두는 b
사람 중에 어느 쪽이 더 필요하고 훌륭한 상대겠는가?"

"장기를 잘 두는 사람입니다."

"그 거래가 벽돌이나 돌을 쌓는 일이라면, 정의로운 사람이 벽돌공보다 더 필요하고 훌륭한 상대겠는가?"

"절대로 그렇지 않습니다."

"그렇다면 키타라[16] 연주에서는 키타라 연주자가 정의로운 사람보다 나은 상대일 테니, 도대체 어떤 거래에서 정의로운 사람이 건축가나 키타라 연주자보다 쓸모 있겠는가?"

"아마도 금전 거래일 것 같습니다."

"하지만 폴레마르코스, 공동으로 말을 사고파는 것 같은 금전 거래는
c 예외겠지. 그런 경우에는 말을 잘 아는 사람이 필요할 테니 말일세, 그렇지 않은가?"

"그럴 것 같습니다."

"마찬가지로 배를 사고팔 때도 선박 기술자나 선장이 필요하겠지?"

"그럴 것 같습니다."

"그렇다면 어떤 금전 거래에서 정의로운 사람이 쓸모 있다는 말인가?"

"돈을 안전하게 맡길 때입니다, 소크라테스 선생님."

"쓰지 않을 돈을 맡기고 싶을 때 그렇다는 말인가?"

"그렇습니다."

"돈을 쓸 필요가 없어 보관해둘 때 정의가 필요하다는 말인가?"

d "그런 것 같습니다."

"공적으로든 사적으로든 포도나무 가지치기용 가위를 사용하지 않고 안전하게 보관할 때도 정의가 필요하다는 말이로군. 그런데 정작 그 가

16 일곱 개의 현으로 이루어진 리라를 개량한 고대 그리스의 현악기다.

위를 사용할 때는 포도나무 재배 기술이 필요하지 않겠나?"

"그런 것 같습니다."

"그렇다면 방패나 리라를 사용하지 않고 안전하게 보관해둘 때는 정의가 필요하지만, 막상 그것을 써야 할 때는 중무장한 보병이나 연주자의 기술이 필요하다는 말이로군."

"그렇습니다."

"그러니까 다른 모든 일에서도 무언가를 사용할 때는 정의가 필요하지 않고, 사용하지 않을 때만 정의가 필요하다는 말인가?"

"그러네요."

"여보게, 정의가 그런 거라면 그리 중요한 것이 아닐걸세. 하지만 한 e
번 생각해보게. 권투 같은 시합에서는 공격을 잘하는 사람이 방어도 잘
하지 않는가?"

"물론 그렇지요."

"그렇다면 병에 걸리지 않게 해주는 일을 잘하는 사람이 병에 걸리게 하는 일도 잘하겠지?"

"그럴 테지요."

"그렇다면 아군을 잘 지키는 사람이 적군의 기밀과 작전을 알아내는 334a
일도 잘하겠지?"

"물론입니다."

"그렇다면 무언가를 잘 지키는 사람이 훔치는 일도 잘할걸세."

"그럴 것 같습니다."

"그렇다면 정의로운 사람은 돈 지키는 일을 잘하니 훔치는 일도 잘할걸세."

"지금까지 말한 바에 따르면 그렇지요."

"그렇다면 정의로운 사람은 일종의 도둑이라는 셈인데, 자네는 이것
b 을 호메로스에게서 배운 것 같네. 호메로스도 오디세우스[17]의 외할아버
지 아우톨리코스에게 호의적이었으면서도 그가 도둑질과 거짓맹세에
서 모든 사람을 능가한다고 말했으니 말이야. 자네와 호메로스와 시모
니데스에 의하면, 정의란 친구에게는 도움을 주고 적에게는 해를 입히
는 일종의 도둑질인 셈일세. 자네가 말하고자 한 바가 이것인가?"

폴레마르코스가 말했네. "맹세하건대 절대 그렇지 않습니다. 이제는 제가 말한 것이 무슨 의미인지 저도 모르겠습니다. 하지만 여전히 제 생각에 정의란 친구에게 도움을 주고 적에게는 해를 입히는 것 같습니다."

c "자네가 말하는 친구란 누구인가? 자네에게 좋게 보이는 사람인가,
아니면 좋게 보이지 않지만 실제로는 좋은 사람인가? 자네가 말하는 적
이라는 자도 둘 중 어느 쪽인가?"

그는 "사람들은 누구나 호감 가는 사람을 좋아하고, 싫은 사람을 미워하는 것 같습니다"라고 대답했네.

"그러다가 잘못 판단해 실제로는 좋은 사람을 싫어하거나 나쁜 사람을 좋아하는 경우도 많지 않은가?"

"잘못 판단하는 경우가 있긴 하지요."

"그럴 경우에 좋은 사람이 적이 되고 나쁜 사람은 친구가 되겠지?"

"그렇지요."

---

17 그리스 신화에 나오는 영웅이자 이타케의 왕이며 트로이아 전쟁에서 그리스군 최고의 용장으로 이름을 떨쳤다. 호메로스의 서사시 『오디세이아』는 그가 전쟁 후 귀향길에서 겪은 모험담을 담고 있다.

“그런데도 친구인 나쁜 사람에게는 도움을 주고, 적이지만 좋은 사람 d
에게는 해를 입히는 게 정의라고 할 수 있는가?”

“그럴 것 같습니다.”

“하지만 좋은 사람은 분명 정의로우며 나쁜 짓을 하지 않는다네.”

“옳은 말씀입니다.”

“자네 말대로라면 나쁜 짓을 하지 않는 사람에게 해를 입히는 것이 정의가 되네.”

그는 “그건 말도 안 되지요, 소크라테스 선생님. 제 말이 어디에선가 잘못된 것 같네요”라고 말했네.

그래서 내가 말했네. “그렇다면 불의한 사람에게는 해를 입히고, 정의로운 사람에게는 도움을 주는 것이 정의겠군.”

“좀 전보다 나은 말씀 같습니다.”

“그렇다면 폴레마르코스, 사람들이 잘못 판단할 경우 실제로는 나쁜
사람인 친구에게 해를 입히고, 좋은 사람인 적에게는 도움을 주는 게 정 e
의가 되는 경우가 꽤 많을걸세. 이것은 시모니데스가 말했다고 우리가
주장한 바와는 반대되는 결론이네.”

그는 “어쩌다 보니 그렇게 되었지만 바로잡아야지요. 우리가 친구와 적을 바르게 정의한 것 같지 않으니까요”라고 말했네.

“우리가 어떻게 정의했지, 폴레마르코스?”

“호감 가는 사람을 친구라고 정의했습니다.”

내가 말했네. “그러면 이제 어떻게 수정하면 좋겠나?”

그는 “호감 갈 뿐 아니라 실제로도 좋은 사람이 친구이고, 호감은 가 335a
지만 실제로는 좋지 않은 사람은 친구인 것 같아도 실은 친구가 아니라

고 정의하는 것입니다. 적에게도 동일한 논리를 적용해야겠지요"라고 대답했네.

"그 논리에 따르면 좋은 사람은 친구이고 나쁜 사람은 적이겠네."

"그렇습니다."

"우리가 처음에는 '친구에게는 잘해주고 적에게는 해를 입히는 것'이 정의라고 규정했는데, 이번에는 좀 보완해 '친구일지라도 좋은 사람일 때만 잘해주고, 적일지라도 나쁜 사람일 때만 해를 입히는 것'이 정의라고 강조하는 건가?"

b 그는 "네, 그렇게 규정하는 게 좋겠습니다"라고 대답했네.

내가 물었네. "하지만 사람에게 해를 입히는 것이 정의로운 사람이 할 일인가?"

그는 "물론입니다. 정의로운 사람이라면 당연히 악한 적에게 해를 입혀야 합니다"라고 대답했네.

"말에게 해를 입히면 말의 상태가 좋아지는가, 나빠지는가?"

"나빠집니다."

"그런 경우 판단의 기준은 개의 미덕[18]인가, 아니면 말의 미덕인가?"

"말의 미덕입니다."

"개가 해를 입는 경우에도 말의 미덕이 아니라 개의 미덕을 기준으로 나빠진다고 하겠지?"

"당연히 그렇지요."

---

18 '미덕'으로 번역한 그리스어 '아레테'(ἀρετή, 탁월함)는 각 사물의 본성에 가장 적합한 것을 가리킨다. 일반적으로 미덕은 인간의 본성에 가장 적합한 탁월함을 뜻하지만, 비유적으로 동식물을 비롯한 모든 사물에 확장해 사용할 수 있다.

"그렇다면 사람이 해를 입는 경우, 사람의 미덕을 기준으로 판단해 c
나빠진다고 말하지 않겠나?"

"물론입니다."

"그런데 정의는 인간의 미덕이 아닌가?"

"당연히 그렇지요."

"그렇다면 여보게, 해를 입은 사람은 정의와 더 멀어진 사람이 될 수 밖에 없네."

"그렇겠지요."

"시나 음악에 능한 사람이 그 기술로 사람들을 시나 음악에 더 둔감하게 만들 수 있는가?"

"그럴 수 없습니다."

"말을 잘 타는 사람이 자신의 승마 기술로 사람들을 말 타는 데 더 서툴게 만들 수 있는가?"

"아니요."

"정의로운 사람이 정의로 사람들을 정의롭지 않게 만들 수 있는가?
다시 말해, 좋은 사람이 미덕으로 사람들을 나빠지게 만들 수 있는가?" d

"그럴 수 없습니다."

"차게 하는 것은 열의 기능이 아니라 열과 반대되는 것의 기능이라고 나는 생각하네."

"그렇습니다."

"습하게 하는 것은 건조함의 기능이 아니라 건조함과 반대되는 것의 기능이고."

"물론입니다."

"해를 입히는 것은 정의로운 사람의 기능이 아니라 그와 반대되는 사람의 기능이네."

"그런 것 같습니다."

"그런데 정의로운 사람은 좋은 사람이지 않은가?"

"물론입니다."

"그렇다면 폴레마르코스, 친구든 다른 누구든 사람에게 해를 입히는 것은 정의로운 사람의 기능이 아니고 그 반대되는 사람, 즉 불의한 사람의 기능이라는 말이 되네."

그는 "지극히 옳은 말씀입니다, 소크라테스 선생님"이라고 말했네.

e "그렇다면 각자에게 합당한 것을 돌려주는 것이 정의라고 말하는 자는 지혜로운 사람이 아닐걸세. 친구에게는 잘해주고 적에게는 해를 입히는 것이 정의라면 말일세. 누구에게든 해를 입히는 것은 어떤 경우에도 정의가 아님이 명백해졌고, 따라서 그 말은 참이 아니기 때문일세."

그는 "동의합니다"라고 말했네.

내가 말했네. "따라서 시모니데스나 비아스나 피타코스[19]나 다른 축복받은 현인 중 한 분이 그렇게 말했다고 주장하는 사람이 있다면, 나와 자네는 힘을 합쳐서 그와 맞서 싸워야 할걸세."

그는 "물론입니다. 그 싸움에 함께하겠습니다"라고 말했네.

336a 내가 말했네. "그런데 친구에게는 도움을 주고 적에게는 해를 입히는

---

19 비아스는 기원전 6세기 초에 소아시아 프리에네에서 활동한 정치가이고, 피타코스는 레스보스섬의 미틸레네 출신 정치가다. 두 사람 모두 고대 그리스의 7현인에 속한다.

게 정의라는 말을 누가 했는지 아는가?"

그는 "누구입니까?"라고 물었네.

"아마도 페리안드로스나 페르디카스, 크세르크세스, 테바이 사람 이스메니아스,[20] 또는 스스로 대단한 능력을 지녔다고 생각한 어떤 부자일 걸세."

그는 "지극히 옳은 말씀입니다"라고 말했네.

내가 말했네. "좋아. 친구에게는 도움을 주고 적에게는 해를 입히는 것이 정의 또는 정의로움이 아닌 게 밝혀졌으니, 이제 무엇이 정의이고 정의로움이라고 말할 수 있겠는가?"

우리가 대화를 나누는 동안 트라시마코스가 여러 차례 끼어들려고 b
했지만, 옆에 앉아 있던 사람들이 우리 대화를 끝까지 듣고 싶어 했기 때문에 번번이 제지당했네. 하지만 우리 대화가 잠시 중단되고 내가 그렇게 묻자, 그는 더 이상 가만있지 못하고 야수처럼 우리를 갈기갈기 찢어놓을 듯이 덤벼들었네.

나와 폴레마르코스는 기겁해 숨죽이고 있었고, 트라시마코스가 큰 소리로 말했지. "두 분은 아까부터 무슨 헛소리를 하고 있습니까? 어째서 바보처럼 서로 미루기만 합니까? 소크라테스 선생! 정말 정의가 무 c
엇인지 알고 싶다면, 질문만 하고 남의 답변에 반박하면서 의기양양해

20 페리안드로스는 기원전 627-585년에 소아시아의 코린토스를 통치한 참주다. 페르디카스 2세는 기원전 450-413년에 마케도니아를 다스린 왕이다. 크세르크세스는 기원전 480년에 그리스를 침공한 페르시아의 왕이다. 이스메니아스는 테바이의 정치가이며 뇌물을 받고 페르시아 편에 서서 일했다. 이들은 모두 참주거나 돈을 좋아하는 사람들로 현자와는 거리가 멀다.

하지 마세요. 알다시피 대답보다는 질문이 쉬우니까요. 그러니 정의가
d 무엇인지 선생이 대답하고 말씀해주시지요. 정의가 마땅히 해야 할 일
이라거나 합당한 것이라거나 이익이 되는 것, 이로운 것, 모두에게 유익
한 것이라는 식으로 말씀하지 마세요. 그 따위 헛소리는 듣고 싶지 않으
니 정의가 무엇인지 명료하고 정확하게 말씀해주시지요."

트라시마코스가 나를 노려보기 전부터 그를 주시하지 않았더라면,
나는 아마도 말문이 막혔을 것이네.[21] 그러나 그가 우리 대화에 격분하
e 기 시작할 때부터 이미 그를 주시하고 있었기에 그럭저럭 대답할 수 있
었네. 나는 약간 떨면서 말했지. "트라시마코스, 너무 다그치지 말게. 나
와 이 사람이 대화하고 토론하면서 잘못을 저질렀다고 해도 일부러 그
런 게 아닌 걸 알아주었으면 하네. 우리가 황금을 찾고 있는 거라면 그
일을 서로에게 미루다가 기회를 망치는 일은 없을걸세. 하물며 황금덩
어리보다 귀한 정의를 찾는 일을 서로에게 미루다가 정의가 무엇인지
밝혀내는 일에 최선을 다하지 않는 분별없는 짓을 하겠는가? 여보게,
우리는 최선을 다하고 있네. 다만 우리 능력이 부족한 것 같기는 하네.
337a 그러니 자네같이 유능한 사람이 우리를 심하게 대할 게 아니라 동정하
는 편이 훨씬 합당할걸세."

그러자 트라시마코스가 크게 비웃으며 말했네. "맙소사! 이것이 바로 소크라테스 선생이 늘 써먹는 시치미 떼는 전술이오. 나는 선생이 그렇게 나올 줄 알고 이 사람들에게 아예 예언했답니다. 누가 무슨 질문을

---

21 고대 그리스에는 사람이 늑대를 먼저 보지 않고 늑대가 사람을 먼저 보는 경우에 말문이 막혀버린다는 미신이 있었다.

해도 선생은 대답하지 않을 테고, 시치미 떼는 전술을 비롯해 온갖 방법
을 동원해 결국에는 답변하지 않을 거라고 말이지요."

그래서 내가 말했네. "트라시마코스, 자네 예언이 들어맞은 건 자네
가 영리하기 때문일세. 예컨대 자네가 어떤 사람에게 12가 얼마냐고 물
으면서 미리 이렇게 말했다고 치세. '이보시오, 당신은 12는 6의 두 배 b
라거나 4의 세 배라거나 2의 여섯 배라거나 3의 네 배라고 말해서는 안
됩니다. 그 따위 허튼소리를 한다면 당신 말을 듣지 않을 거요.' 그랬을
때 그 사람이 아무런 대답도 못할 것을 자네는 분명 예견했을 것이네.
하지만 그 사람은 이렇게 말할걸세. '트라시마코스, 도대체 무슨 말을
하는 거요? 당신이 미리 밝힌 대답 중 하나로 내가 답해서는 안 된다는
거요? 정말 어이가 없군요. 당신이 미리 밝힌 대답 중 하나가 정답이라 c
해도 나는 다른 답을 대야 한다는 말이오? 그게 아니라면 도대체 무슨
말을 하는 거요?' 그러면 자네는 뭐라고 말하겠는가?"

그는 "좋아요. 선생은 이 둘이 같다고 생각하시는 거로군요"라고 말했네.

그래서 내가 말했지. "같지 않을 것도 없지 않나? 같지 않다 해도 그 사람에게 같게 보인다면 같은 거나 마찬가지일세. 그 사람은 우리와 상관없이 자기가 옳다고 생각하는 대답을 할걸세. 설마 그 일을 우리가 막을 수 있다고 생각하는 건가?"

그는 "결국 선생은 내가 하지 말라고 한 대답 중 하나로 답하시겠다는 거로군요"라고 말했네.

내가 말했지. "깊이 생각해보고 합당하면 그렇게 하는 것도 이상한 일은 아니네."

d 그러자 그는 "내가 정의에 관해 앞에서 말한 것과 전혀 다르면서도 더 나은 해답을 제시한다면 어쩌시겠어요? 그럴 경우 선생은 어떤 벌을 받으셔야 할까요?"라고 물었네.

내가 말했네. "당연히 무식한 사람이 받아야 할 벌 말고 다른 벌이 있겠는가? 그 벌은 유식한 사람에게서 배우는 거라네. 그러니 나도 그런 벌을 받아야겠지."

그는 "좋습니다. 그런데 배우려면 수업료도 내셔야지요"라고 말했네.

내가 말했네. "돈이 생기면 그렇게 하지."

글라우콘이 말했네. "돈은 있습니다. 돈 걱정은 마시오, 트라시마코스. 우리 모두가 소크라테스 선생님을 위해 돈을 내겠소."

e 트라시마코스가 말했네. "물론 자네들은 그렇게 하겠지. 그래야 소크라테스 선생이 평소처럼 자신은 대답하지 않고 남이 한 답변의 말꼬리를 잡아 반박할 수 있을 테니 말일세."

그래서 내가 말했네. "여보게, 어떤 사람이 자기가 알지 못할뿐더러
안다고 말할 수도 없는 상황에서, 설령 어떤 의견이 있다 해도 녹록지
않은 상대에게 이런저런 대답을 하지 말라고 미리 경고를 받았다면, 그
338a 가 무슨 대답을 할 수 있겠나? 그러니 자네가 말하는 편이 더 나을걸세.
자네는 답을 알고 있고 우리에게 알려줄 수 있다고 하지 않았나? 사정
이 이러하니 다른 생각일랑 말고 답을 말해 나를 기쁘게 해주고, 여기
말없이 있는 글라우콘과 여러 사람에게 가르침을 베풀어주게."

내가 이렇게 말하자 글라우콘과 다른 사람들도 그렇게 해달라고 그에게 부탁했네. 트라시마코스는 훌륭하게 대답할 자신이 있었는지, 사람들에게 칭송받기 위해 말하고 싶어 하는 기색이 역력했네. 그러면서

도 내가 대답해야 한다고 우기는 척하다가 결국 우리의 요청을 수락하면서 말했네. "자기는 남들에게 가르침을 베풀려 하지 않고, 여기저기 b 돌아다니며 남들에게 배우면서도 전혀 감사하지 않는 것, 이것이 소크라테스 선생의 지혜지요."

내가 말했네. "트라시마코스, 내가 남들에게 배우는 건 맞지만 감사하지 않는다는 건 거짓일세. 나는 내가 할 수 있는 한에서 사례를 하기 때문이야. 나는 돈이 없으니 치를 수 있는 사례는 오직 칭찬뿐이네. 훌륭한 말을 하는 사람에게 내가 얼마나 기꺼이 칭찬하는지 자네가 대답하자마자 금방 알게 될걸세. 나는 자네가 훌륭한 대답을 할 거라고 확신하네."

그는 "정의는 '강자에게 이익이 되는 것'이라는 게 내 대답입니다. 왜 c 칭찬하지 않으시나요? 칭찬하고 싶지 않으신 거로군요"라고 말했네.

내가 말했네. "자네 말이 무슨 의미인지 알아야 칭찬할 게 아닌가? 나는 자네가 무슨 말을 하는지 모르겠네. 강자에게 이익이 되는 게 정의라는 것이 도대체 무슨 의미인가, 트라시마코스? 설마 우리보다 힘이 센 격투기 선수 폴리다마스[22]가 체력을 증진하는 데 쇠고기가 이로우니, 우리도 쇠고기를 먹는 것이 이익이고 정의라는 의미로 그런 말을 한 건 d 아닐 테고 말일세."

그는 "소크라테스 선생, 선생은 정말 치졸하게 말꼬리를 잡아 사람을 질리게 만드시는군요"라고 말했네.

---

22 '격투기'로 번역한 그리스어 '판크라티온'은 직역하면 '극강의'라는 의미로 레슬링과 권투를 합쳐놓은 종목을 가리킨다. 폴리다마스는 테살리아의 스코투사 출신의 격투기 선수로서 기원전 408년에 열린 올림피아 경기에서 우승했다.

내가 말했네. "그건 오해네. 그나저나 자네가 무슨 의미로 그렇게 말했는지 좀 더 분명히 말해주게."

그러자 그는 "어떤 국가는 참주정을, 어떤 국가는 민주정을, 어떤 국가는 귀족정을 채택해 통치하고 있다는 것을 선생이 모르시는 것은 아니겠지요?"라고 물었네.

"왜 모르겠는가?"

"각각의 국가에서 권력을 행사하는 자는 통치자들이겠지요?"

"물론이네."

e "각각의 정권에서 통치자들은 자신에게 이익이 되는 법을 만들지요.
민주정에서는 민주적인 법을 만들고, 참주정에서는 참주 중심의 법을
만들며, 다른 정치체제에서도 그런 식으로 법을 만듭니다. 그런 다음 그
법을 정의라고 공표한 뒤, 그 법을 어기는 자들을 범법자 내지 불의한
339a 자로 규정하고 처벌합니다. 그러니 보십시오, 소크라테스 선생. 모든 국
가에서 정의가 정권에 이익이 되고 있지 않습니까? 여기에서 정권은 곧
힘 있는 자이므로 정의가 더 힘 있는 자에게 이익이 되는 것임을 추론
할 수 있습니다. 이는 어느 국가나 마찬가지입니다."

내가 말했네. "이제야 자네가 무슨 의미로 그런 말을 했는지 알겠군. 하지만 자네 말이 참인지 아닌지는 검토해봐야겠네. 트라시마코스, 자네는 내게 정의는 이익이 되는 것이라는 대답을 하지 말라고 해놓고 정작 자신은 정의가 그런 것이라고 답했네. '더 힘 있는 자에게'라는 수식어를 덧붙이기는 했지만 말일세."

b 그는 "뭐 사소한 것을 덧붙였다고 할 수 있지요"라고 말했네.

"그렇게 덧붙인 것이 중요한지 아닌지는 아직 분명하지 않네. 하지만

자네 말이 참인지 검토해야 한다는 건 분명하네. 정의가 이익이 되는 것이라는 데는 동의하지만, 자네는 '더 힘 있는 자에게'라는 말을 덧붙였고, 나는 그 점이 이해가 안 되니 검토해봐야겠다는 걸세."

그는 "검토해보시지요"라고 말했네.

내가 말했네. "그러겠네. 그러면 말해주게. 자네는 통치자들에게 복종하는 것도 정의라고 믿는가?"

"나는 그렇게 믿습니다."

"국가의 통치자들은 절대 잘못을 저지르지 않는가, 아니면 종종 저지 c
르는가?"

그는 "물론 그들도 종종 잘못을 저지르겠지요"라고 대답했네.

"그렇다면 통치자들이 어떤 법은 올바르게 제정하겠지만 어떤 법은 그렇지 않을 수도 있지 않겠나?"

"그럴 것이라고 생각합니다."

"법을 올바르게 제정한다는 것은 그들 자신에게 이익이 되게 제정하는 것이고, 그렇지 않다는 것은 이익이 되지 않게 제정한다는 뜻이겠지. 아닌가?"

"바로 그런 의미로 말했습니다."

"통치자들이 어떤 법을 제정하든 따르는 것이 정의라고 자네는 말하는 것인가?"

"물론입니다."

"자네 말에 따르면, 더 힘 있는 자에게 이익이 되는 일뿐 아니라 그와 d
반대되는 것, 즉 이익이 되지 않는 일을 행하는 것도 정의가 되네."

그는 "그게 무슨 말씀입니까?"라고 물었네.

"나는 자네 말이 그런 의미라고 생각하는데 좀 더 자세히 검토해보세. 통치자들은 종종 어떤 일이 그들을 위한 최선이라고 잘못 생각해 피치자들에게 행하라고 명령하는데, 어떤 법을 제정하든 따라야 한다는 데 우리가 동의하지 않았는가?"

그는 "나도 동의했다고 생각합니다"라고 대답했네.

내가 말했네. "통치자들이 본의 아니게 자신들에게 해로운 일을 하라고 명령하더라도 그 명령을 따르는 것이 정의라면, 자네는 더 힘 있는 자인 통치자들에게 이익이 되지 않는 일을 하는 것도 정의라는 데 동의한 걸세. 더할 수 없이 지혜로운 트라시마코스, 그러면 자네가 말한 것과 상반된 일을 하는 게 정의일 수밖에 없네. 강자는 자기에게 이익이 되지 않는 일을 행하라고 약자에게 명령하고, 약자는 그 명령을 따라야 하기 때문이네."

340a 폴레마르코스가 말했네. "맹세하건대 소크라테스 선생님, 그것은 너무나 분명한 일입니다."

이때 클레이토폰[23]이 끼어들며 말했네. "자네가 소크라테스 선생의 증인이 되겠다고 나선다면 당연히 그렇겠지."

폴레마르코스가 말했네. "증인이 필요할 이유가 뭐가 있는가? 통치자들은 종종 자신들에게 해로운 명령을 하고, 그런 경우에라도 그 명령을 따르는 게 정의라는 것에 트라시마코스가 스스로 동의하고 있는데 무슨 증인이 필요하겠는가?"

"그건 그렇네, 폴레마르코스. 통치자들의 명령을 행하는 것이 정의라

23 클레이토폰은 트라시마코스의 추종자다.

고 트라시마코스가 말했으니까."

"트라시마코스는 강자에게 이익이 되는 것이 정의라는 말도 했네, 클 b
레이토폰. 그런 다음 강자들은 종종 자신에게 이익이 되지 않는 일을 약
자들에게 행하라고 명령한다는 데도 동의했네. 이 모든 것에 동의한다
면 강자에게 이익이 되는 것이 이익이 되지 않는 것보다 더 정의롭다는
말은 성립하지 않네."

그러자 클레이토폰이 말했네. "하지만 트라시마코스는 강자에게 이익이 되는 것은 강자인 자기에게 이익이 될 거라고 생각한 것이고, 약자가 행해야 할 일도 바로 그것이며, 그렇게 하는 것이 정의라고 말한 걸세."

폴레마르코스가 말했네. "아니, 그는 그런 식으로 말하지 않았어."

내가 말했네. "폴레마르코스, 이러나저러나 차이는 없네. 트라시마코 c
스의 말이 그런 의미라고 한다면, 우리가 그런 의미로 받아들이면 될걸
세. 트라시마코스, 말해주게. 자네는 실제로 강자에게 이익이 되든 말든
자신에게 이익이 된다고 생각한 것이 정의라고 말하고 싶은 건가? 자네
의 말을 그런 의미로 받아들여도 되겠는가?"

트라시마코스가 말했네. "천만에요. 선생은 내가 잘못을 저지른 사람을 그의 잘못과 관련해 강자라 부른다고 생각하는 겁니까?"

내가 말했네. "통치자들도 종종 잘못을 저지를 수 있다는 데 자네가 동의했기 때문에, 나는 자네가 강자를 그런 식으로 생각하는 줄 알았네."

그가 말했네. "선생이 내 말을 오인한 건 선생이 평소에 남의 말을 왜 d
곡하기 때문입니다. 의사라는 자가 오진을 했는데도 선생은 그를 의사
라고 부를 수 있습니까? 회계를 맡은 자가 계산을 틀리게 했는데도 그
를 회계원이라고 불러요? 물론 그런 경우에 우리는 '의사가 오진을 했

다', '회계원이 계산을 틀리게 했다', '교사가 잘못 가르쳤다'라고 말하지
e 요. 하지만 자신의 전문 분야에서 잘못을 저지른 그들을 의사나 회계원,
교사라고 부르는 건 옳지 않습니다. 선생은 정확한 것을 좋아하시니 정
확히 말하자면, 전문가는 잘못을 저지르지 않습니다. 잘못을 저지르는
것은 전문 지식이 부족하기 때문이고, 그런 점에서 그는 전문가가 아닙
니다. 따라서 다들 '의사가 오진했다', '통치자가 잘못했다'라는 말은 하
겠지만, 전문가나 현인과 마찬가지로 통치자도 다스리는 일에 관한 한
잘못을 저지르지 않습니다. 그러니 선생도 내 대답을 그런 의미로 받아
341a 들여주시지요. 통치자는 다스리는 일에 관한 한 잘못을 저지르지 않고,
그러기에 자신에게 가장 이익이 되는 법을 제정하며, 피치자는 그 법을
따라야 한다는 것, 이것이 내가 말하고자 하는 가장 정확한 의미입니다.
처음부터 말했다시피 나는 강자에게 이익이 되는 것이 정의라고 생각
합니다."

내가 말했네. "좋네, 트라시마코스. 자네는 내가 자네 말을 곡해했다고 생각하는가?"

그는 "물론이지요"라고 대답했네.

"내가 자네 말을 악의적으로 왜곡하려고 일부러 그런 질문을 했다고 생각하는가?"

그는 이렇게 대답했네. "내가 훤히 알고 있는 상황에서 선생이 그러
b 신다고 해도 아무 소용없습니다. 선생이 내 말을 악의적으로 왜곡하는
것을 알지도 못한 채 당하지 않을 테니까요. 이 토론에서 나도 모르는
사이에 제압당하는 일도 없을 겁니다."

내가 말했네. "여보게, 나는 그리할 생각이 전혀 없네. 다만 우리에게

그런 일이 다시는 일어나지 않게 이것만은 분명히 해두었으면 하네. 자네는 강자에게 이익이 되는 일을 행하는 것이 약자에게 정의라고 말했는데, 여기에서 강자인 통치자는 사람들이 일반적으로 말하는 사람인가, 아니면 자네가 정확한 의미를 염두에 두고 제시한 사람인가?"

"가장 정확한 의미에서의 통치자를 말합니다. 할 수 있다면 이 말도 한번 왜곡해보시지요. 그러지 말라고 사정하지 않을 테니까요. 아마 하실 수 없을 겁니다"라고 그는 대답했네.

그래서 내가 말했네. "트라시마코스의 말을 왜곡하려고 드는 건 '사 c
자의 수염을 깎으려는'[24] 것과 같네, 내가 그 정도로 정신 나간 사람 같은가?"

그는 "지금 그렇게 하시지 않았나요? 아무 소득이 없었지만요"라고 말했네.

내가 말했네. "그 말은 그 정도로 해두고 내게 말해주게. 자네가 말한 엄밀한 의미에서의 의사는 돈벌이를 하는 사람인가, 아니면 환자를 치료하는 사람인가?"

그는 "환자를 치료하는 사람이지요"라고 말했네.

"그러면 선장은 어떤 사람인가? 진정한 의미에서의 선장은 선원들을 통솔하는 사람인가, 아니면 일개 선원인가?"

"선원들을 통솔하는 사람입니다."

"배를 타고 있고 선원으로 불린다고 해서 그를 선장이라고 해서는 안 d
되네. 누군가를 선장이라고 부르는 건 그가 항해 기술을 갖고 있고 선원

24 거의 불가능한 일을 가리킬 때 사용되는 고대 그리스의 속담이다.

들을 통솔하기 때문이네."

그는 "옳은 말씀입니다"라고 말했네.

"그렇다면 환자들과 선원들에게는 어떤 이로움이 돌아가겠지?"

"물론이지요."

그래서 내가 말했네. "의사나 선장이 가진 기술도 환자들이나 선원들에게 이로운 것을 찾아내 제공하기 위함이 아니겠는가?"

그는 "그렇습니다"라고 대답했네.

"그렇다면 각각의 기술에는, 그 기술이 최대한 완벽해지는 것 말고 다른 이로움이 있겠는가?"

e "무슨 의미로 그런 질문을 하십니까?"

그래서 내가 말했네. "예컨대 신체가 그 자체로 충분한 건지, 아니면 무엇인가를 필요로 하는 건지 묻는다면, 나는 이렇게 대답하겠네. '신체는 분명 무엇인가를 필요로 하네. 의술이 생긴 것도 신체에 결함이 있어 그 자체로 충분하지 않기 때문이네. 의술이 있는 것은 신체에 이로움을 제공하기 위함이네.' 자네는 내 대답이 옳다고 생각하는가, 그렇지 않은가?"

그는 "옳다고 생각합니다"라고 대답했네.

342a "그렇다면 의술은 어떤가? 의술도 그 자체에 결함이 있는가? 모든 기
술은 완벽한 상태가 아니라 어떤 결함이 있는 건 아닌가? 예컨대 제대
로 보고 들으려면 눈과 귀에 이로운 것을 살펴서 제공해주는 어떤 기술
이 필요한 것처럼 말일세. 모든 기술은 그 자체에 결함이 있어 그 기술
에 이로운 것을 살펴서 제공해줄 다른 기술이 필요하고, 그 기술에는 또
b 다른 기술이 필요한 식으로 연쇄 작용이 무한히 계속되는 건가? 아니면

자신에게 이로운 것을 스스로 살피는가? 아니면 아무런 결함이나 잘못이 없어 자신이 관여하는 대상 말고는 다른 것의 이로움을 추구하지 않기 때문에 자신의 결함을 메우는 데 이로운 것을 살필 필요가 없고 다른 기술의 살핌을 받을 필요도 없는 것인가? 즉 그 자체로 정확하고 완전해 그 상태에 머물러 있는 한 올바르기 때문에 아무런 결함 없이 순수한 것인가? 이것을 정확한 의미로 살펴보게. 내 말이 옳은가, 아니면 틀린가?"

그는 "옳은 것 같네요"라고 대답했네.

내가 말했지. "그렇다면 의술은 의술에 이로운 것을 생각하는 게 아니라 신체에 이로운 것을 살피는 것이네." c

그는 "그렇습니다"라고 말했네.

"승마술은 승마술에 이로운 것을 살피는 게 아니라 말에게 이로운 것을 살피고, 다른 기술도 그럴 필요가 전혀 없으니 그 기술에 이로운 것을 살피는 게 아니라 그 기술이 관여하는 대상에게 이로운 것을 살피는 것이네."

그는 "그런 것 같네요"라고 말했네.

"하지만 트라시마코스, 기술은 자신이 관여하는 대상을 다스리고 주관한다네."

그는 마지못해 이 말에 동의했네.

"그렇다면 전문 지식은 강자가 자신에게 이로운 것을 살피거나 명령하는 게 아니라 자신이 다스리는 약자에게 이로운 것을 살피거나 명령한다는 말이 되네." d

그는 이 또한 논쟁하려 하다가 결국 이 말에도 동의했네. 그가 동의하자 내가 말했지. "따라서 의사라면 의사에게 이로운 것이 아니라 환자에게 이로운 것을 살피고 명령하지 않겠나? 엄밀한 의미에서 의사는 돈벌이하는 자가 아니라 신체를 다스리는 자라는 데 우리가 이미 동의했으니 말일세. 자네는 동의하지 않은 건가?"

그는 우리가 동의했다고 시인했네.

"또한 엄밀한 의미에서 선장은 한낱 선원이 아니라 선원들을 다스리
e 는 자라는 데 우리는 동의했네."

그는 이 말에도 동의했지.

"그런 의미에서 선장, 즉 선원들의 통치자는 선장 자신이 아니라 피치자인 선원들에게 이로운 것을 살피고 명령하네."

이 말에 그는 마지못해 동의했네.

내가 말했네. "따라서 트라시마코스, 어떤 통치자든 그가 통치자인 한 자기에게 이로운 게 아니라 피치자에게 이로운 것을 살피거나 명령할 걸세. 무슨 말이나 행동을 하더라도 언제나 피치자에게 무엇이 이로운지 살펴서 말하고 행할 것이네."

343a 토론이 이 지점에 이르러 트라시마코스가 말한 정의가 정반대로 바뀌었음이 분명해지자, 그는 이에 대해 말하는 대신 질문을 했네. "소크라테스 선생, 말씀해주시지요. 선생에게는 유모가 있기는 합니까?"

내가 말했네. "왜 그런 질문을 하지? 자네는 그런 질문을 할 게 아니라 대답을 해야 하지 않나?"

그러자 그는 "선생이 계속 콧물을 흘리고 있어 빨리 닦아주어야 하는데 그대로 있는 걸 보니 과연 유모가 있기는 한 건지 모르겠군요. 그 때문에 선생이 양과 목동조차 구별을 못하고 계시잖아요"라고 말했네.

내가 말했네. "그런 말을 하는 이유가 뭔가?"

"선생은 목동이 양이나 소에게 이로운 게 뭔지 살펴서 살을 찌우고 b
돌보는 것이 주인과 자신에게 이로움을 가져오기 위해서가 아니라 무
엇인가 다른 의도가 있다고 생각하기에 드리는 말씀입니다. 국가 통치
자들이 진정으로 국가 통치자로 있는 한 피치자들을 다스리며 마음 쓰
는 것은, 목동과 달리 자신들보다는 피치자들에게 도움이 되는 것을 밤
낮으로 살피며 다스리기 위함이라고 생각하시는가 봅니다. 선생은 정 c
의로운 것과 정의, 불의한 것과 불의에 너무 무지합니다. 그래서 정의와
정의로운 것은 피치자가 아닌 남에게, 즉 강자인 통치자에게 이익이 되
는 반면에 정작 복종하고 섬기는 자기 자신에게는 손해가 되므로, 진정
으로 착하고 정의로운 사람들은 정반대로 불의의 지배를 받아서 강자
인 통치자에게 이익이 되는 일을 행하고 통치자를 섬겨 그들을 행복하 d
게 하지만, 정작 자신들은 절대로 행복하게 하지 못한다는 점을 전혀 알
지 못합니다.

더없이 순진한 소크라테스 선생, 정의로운 사람은 불의한 사람보다
언제나 적게 가질 수밖에 없다는 걸 명심해야 합니다. 서로 계약을 맺고
거래를 하다가 끝냈을 때, 정의로운 사람이 불의한 사람보다 더 많이 갖
는 경우를 본 적이 없어요. 동일한 재산이 있더라도 세금을 낼 때 정의
로운 사람은 더 많이 내지만 정의롭지 못한 사람은 더 적게 낼 것이고,
국가가 혜택을 줄 때 정의로운 사람은 아무 이익도 챙기지 못하지만 정 e
의롭지 못한 사람은 많은 이익을 챙길 것입니다. 관직을 맡을 때도 정
의로운 사람은 특별히 손해 보는 것이 없다 해도 집안일을 소홀히 하게
되어 가정 형편이 어려워질 것이고, 정의롭기에 나랏돈에서 유익을 취

하지 않으며, 친척이나 지인들을 부당하게 도와주지 않아 그들에게 미움을 살 것입니다. 반면에 불의한 사람은 이 모든 일에서 정반대로 행할 테지요.

344a 여기에서 불의한 사람이란 내가 앞에서 말한 사람, 즉 자신이 원래 가질 몫보다 훨씬 많은 것을 가질 힘이 있는 사람을 의미합니다. 그러므로 불의가 정의보다 자신에게 더 이롭다는 것을 알고 싶다면 그런 사람을 살펴보십시오. 가장 쉽게 이해하려면 가장 완전한 형태의 불의인 참주정을 생각해보면 됩니다. 참주정은 불의를 행하는 자에게는 더없는 행복을 가져다주지만, 불의를 당하는 자들과 불의를 행할 마음이 전혀 없는 자들을 더없이 비참하고 불행하게 만들기 때문입니다. 참주정은 신성한 것이든 세속적인 것이든, 사적인 것이든 공적인 것이든 가리지 않고 강제력을 동원해 남의 재물을 빼앗습니다. 그것도 은밀하게 서서
b 히 가져가는 게 아니라 한꺼번에 빼앗아버리지요. 이러한 짓을 어느 개인이 하나라도 몰래하다가 들키면 처벌을 받고 극심한 치욕을 당합니다. 신전절도범, 인신매매범, 주거침입 강도, 사기꾼, 도둑과 같은 자들이지요. 하지만 시민들의 재산을 강탈할 뿐 아니라 그들을 납치해 노예로 삼는 경우에는, 수치스러운 이름으로 불리지 않고 행복한 자 또는 축
c 복받은 자라고 불립니다. 자기 나라 사람들뿐 아니라 그가 엄청난 불의를 저질렀다는 소식을 전해들은 사람들마다 그렇게 부릅니다. 사람들은 불의를 행하기가 두려운 게 아니라 불의를 당할까 봐 두려워서 불의를 비난하기 때문이지요.

소크라테스 선생, 이렇게 대규모로 저지른 불의는 정의보다 강력하고 거칠 것 없이 자유로우며 당당합니다. 그래서 처음부터 내가 정의는

힘 있는 자에게 이롭고 불의는 자신에게 이롭다고 말한 것입니다."

트라시마코스는 목욕탕 일꾼이 물을 쏟아붓듯이 우리 귀에 많은 말 d
을 한꺼번에 쏟아붓고 나서 그 자리를 떠나려고 했네. 하지만 그곳에 있
던 다른 사람들이 못 가게 붙잡는 바람에 남아서 자기가 한 말을 설명
해야 했지. 나도 그에게 남아달라고 간청하며 말했네. "여보게 트라시마
코스, 자네는 그런 말만 던져놓고, 과연 그 말이 맞는지 틀리는지 우리
가 가르침을 받거나 깨닫기도 전에 떠나려는 건 아니겠지? 자네는 우리 e
가 어떻게 해야 가장 유익하게 살 수 있는지 알아보려는 걸 사소한 일
이라고 생각하나?"

트라시마코스가 말했네. "내가 그렇게 생각한다는 건가요?"

그래서 내가 말했네. "자네가 그렇게 생각하는 것처럼 보였네. 자네는
우리에게 전혀 관심이 없고, 자네가 알고 있는 것을 우리가 몰라서 삶이
더 나빠지든 좋아지든 개의치 않는 것 같거든. 여보게, 우리에게도 호의
를 베풀어 좀 가르쳐주게. 여기 많은 사람에게 은혜를 베풀면 자네도 좋 345a
지 않겠나. 솔직히 말해 나는 자네 말이 이해되지 않네. 설령 아무런 방
해 없이 마음껏 불의를 저지를 수 있다 해도, 나는 불의가 정의보다 더
이롭다고 생각하지 않네. 어떤 불의한 사람이 은밀하게, 또는 남들과 맞
서서 불의를 저지를 힘이 있다 해도, 여전히 그는 불의가 정의보다 이
롭다는 것을 내게 납득시킬 수 없을걸세. 우리 중에는 나와 생각이 같은 b
이들도 있을 테고. 그러니 우리를 충분히 납득시켜주게나."

그는 말했네. "어떻게 더 선생을 납득시킵니까? 지금까지 말해도 납
득되지 않았다면 내가 뭘 더 말할 수 있지요? 내 주장을 선생의 혼 속에
쑤셔넣기라도 해야 합니까?"

그래서 내가 말했네. "그런 걸 바라지는 않네. 다만 자네가 말의 일관
성을 유지하고, 혹여 말을 바꾸고 싶다면 확실히 바꾸되 속임수를 쓰지
c 는 말아주게. 트라시마코스, 이제 자네가 앞에서 말한 것을 다시 검토해
보세. 알다시피 자네는 처음에 진정한 의미의 의사에 대해 엄밀하게 규
정해놓고서는 이후에 진정한 의미의 목동에 대해서는 그렇게 하지 않
았네. 자네는 목동이 목동으로서 양에게 가장 좋은 것이 뭘까 생각하며
양을 치는 게 아니라 마치 식사 초대를 받은 손님처럼 자기가 잘 먹기
d 위해, 돈벌이하는 사업가마냥 내다 팔 것을 염두에 두고 양을 치는 것이
라고 생각하기 때문이네. 하지만 양 치는 기술은 그 대상인 양에게 가장
좋은 것을 제공하는 것임이 분명하네. 양 치는 데 부족함이 전혀 없는
기술이라면 최고의 자격을 충분히 갖추었다고 할 수 있지. 앞에서 나는
공적이든 사적이든 모든 통치는 그것이 통치인 한, 피치자들에게 가장
e 좋은 것을 염두에 둔다는 데 우리가 동의할 수밖에 없었다고 보네. 그런
데 자네는 국가의 통치자들, 그러니까 참된 의미의 통치자들이 스스로
원해서 다스린다고 생각하는가?"

그가 대답했네. "결단코 그렇지 않다고 생각합니다. 그건 내가 잘 압
니다."

내가 말했네. "트라시마코스, 이건 어떤가? 관직 같은 다른 형태의 통
치도 스스로 원해서 맡으려는 사람이 없고 맡더라도 보수를 요구하는데,
346a 이것은 통치를 해서 생기는 이익이 그들이 아니라 피치자들에게 돌아
가기 때문임을 모르겠는가? 이것도 말해주게. 우리가 어떤 일을 할 때
마다 각기 다른 기술을 말하는 건 기술마다 할 수 있는 일이 다르기 때
문이 아니겠는가? 여보게, 자네 생각과 다른 대답은 하지 말게. 그래야

어떤 식으로든 결론에 도달할 수 있네."

그는 "맞습니다. 기술은 서로 다르지요"라고 말했네.

"따라서 각 기술이 제공하는 이익도 서로 다르지 않겠는가? 예컨대 의술은 건강을, 항해술은 항해의 안전을, 그 밖의 기술은 또 다른 것을 제공해주겠지?"

"물론이지요."

"그렇다면 보수를 얻는 기술은 보수를 얻게 해주겠지? 그것이 그 기 b
술이 할 수 있는 일이니 말일세. 아니면 자네는 의술과 항해술이 동일한 기술이라고 말하겠는가? 자네가 용어를 엄밀히 구별해 쓰자고 제안했으니, 선장이 항해를 하면서 건강해졌다고 해서 설마 항해술을 의술이라고 부르지는 않겠지?"

그는 "물론입니다"라고 대답했네.

"또한 누군가가 보수를 받고 일하면서 건강해졌다고 해서 보수 얻는 기술을 의술이라고 부르지는 않을 거라고 생각하네."

"물론입니다."

"그렇다면 이건 어떤가? 환자를 치료해주고 보수를 받을 경우, 자네는 의술을 보수 얻는 기술이라고 부르겠는가?"

그는 "아닙니다"라고 대답했네. c

"그렇다면 우리는 기술이 각각 고유한 이로움을 제공한다는 데 동의했네. 그렇지 않은가?"

그는 "그렇다고 해두지요"라고 대답했네.

"모든 전문가가 공통의 이로움을 얻는다면, 그들은 그런 이로움을 주는 공통된 기술을 추가로 사용한 것이 분명하네."

그는 "그런 것 같네요"라고 말했네.

"전문가가 보수를 받아서 이익을 얻는 것은 보수 얻는 기술을 추가로 사용하기 때문이라고 말할 수 있을걸세."

이 말에 그는 마지못해 동의했네.

d "따라서 전문가가 보수를 받아 이익을 얻는 것은 전문 기술 그 자체 때문이 아니네. 엄밀히 고찰해보면, 의술은 건강을 제공할 뿐이고 보수 얻는 기술이 보수를 얻게 해주지. 건축술은 집을 제공할 뿐이고 그와 함께 사용된 보수 얻는 기술이 보수를 얻게 해주네. 다른 기술도 마찬가지여서 각각의 고유한 기능으로 기술의 대상에게 이로움을 주네. 그런데 기술에 보수가 수반되지 않는다면, 전문가가 자기 기술로 이익을 얻을 수 있겠는가?"

그는 "얻을 수 없을 것 같네요"라고 대답했네.

e "그렇다면 전문가가 보수를 받지 않고 일하는 경우에 아무런 이익도 주지 못하는가?"

"나는 준다고 생각합니다."

"트라시마코스, 모든 기술이나 통치는 자기에게 이로운 것을 제공하지 않고, 앞에서 계속 말했듯 피치자에게 이로운 것을 제공하고 명령한다는 것이 이제 분명해졌네. 즉 강자에게 이로운 게 아니라 약자에게 이로운 것을 생각하는 것이지. 여보게 트라시마코스, 그런 이유에서 나는 방금 아무도 자원해서 통치하거나 다른 이의 잘못을 바로잡으려 하지
347a 않고, 합당한 보수를 요구한다고 말한 걸세. 보수를 요구하는 이유는, 자기 기술을 제대로 사용하려는 사람은 그 기술로 자기가 아니라 피치자에게 가장 좋은 것을 행하거나 명령하기 때문이네. 그래서 통치를 맡

은 사람들에게는 돈이든 명예든 보수를 지급하고, 통치를 거절하는 사람들에게는 벌을 내리는 것 같네."

글라우콘이 말했네. "소크라테스 선생님, 무슨 의미로 그런 말씀을 하십니까? 돈과 명예가 보수인 것은 알겠는데, 왜 갑자기 벌을 언급하시는지 이해되지 않습니다. 무슨 벌인지도 모르겠고요."

그래서 내가 말했네. "그것이 이해되지 않는다면, 자네는 통치를 가장 b
잘할 수 있는 가장 훌륭한 사람들에게 어떤 보수를 제공해야 그들이 통치를 맡겠다고 결심하는지 모르는 걸세. 자네는 사람들이 명예욕과 탐욕을 수치스럽게 여기고, 그런 것이 실제로 수치스럽다는 걸 설마 모르지는 않겠지?"

그는 "저도 압니다"라고 대답했네.

내가 말했네. "그래서 훌륭한 사람들은 돈이나 명예를 위해 통치하려고 하지 않네. 자신이 통치하는 대가로 대놓고 돈을 요구해 고용인이라 불리기도 바라지 않고, 통치하면서 은밀하게 이익을 챙겨 도둑으로 몰리기도 바라지 않네. 또한 명예욕이 없으므로 명예를 얻으려고 통치하지도 않네. 따라서 그들에게 통치를 맡기려면 강제력을 동원하거나 벌 c
을 주지 않으면 안 되네. 그래서 어쩔 수 없이 통치를 맡게 될 때까지 기다리지 않고 스스로 나서서 통치하려는 것을 수치스럽게 여겨온 걸세.

훌륭한 사람들이 통치를 거절할 경우, 받게 될 가장 큰 벌은 자기보다 못한 사람들에게 통치를 받는 것이네. 내가 보기에는 통치를 맡기에 가장 적합한 사람들이 결국 통치를 하게 되는 이유는, 바로 그런 벌을 두려워하기 때문인 것 같네. 그런 경우에도 그들은 좋아라하며 통치를 맡지는 않네. 그 일을 맡을 더 훌륭한 사람이나 대등한 사람이 없어 어 d

쩔 수 없이 맡는 것이네. 오늘날에는 서로 자기가 통치하겠다고 싸우지만, 훌륭한 사람들로 이루어진 국가가 생긴다면, 거기에서는 서로 통치하지 않으려고 싸우게 될걸세.

이것은 곧 진정한 의미의 통치자는 본래 자기의 이로움이 아니라 피
치자들의 이로움을 염두에 둔다는 확실한 반증이 아니겠나. 이 이치를
아는 자라면 자기가 나서서 통치를 맡아 다른 사람을 이롭게 하기보다
는 다른 사람에게 통치를 맡겨 자기가 이익 얻는 쪽을 선호할걸세. 그래
e 서 나는 정의가 강자에게 이로운 것이라는 트라시마코스의 말에 전혀
동의할 수 없네.

하지만 이에 대해서는 나중에 다시 살펴보기로 하세. 지금 내가 그보다 훨씬 중요하게 여기는 바는 트라시마코스가 좀 전에 불의한 자의 삶이 정의로운 자의 삶보다 낫다고 말한 걸세. 글라우콘, 자네는 두 견해 중 어느 쪽을 택하겠는가? 어느 견해가 참되다고 보는가?"

"저는 정의로운 자의 삶이 더 이롭다고 생각합니다."

348a 그래서 내가 말했네. "불의한 자의 삶이 지닌 이점이라며 트라시마코
스가 열거한 것을 자네도 방금 들었겠지?"

그는 "듣긴 했지만 납득되지는 않습니다"라고 대답했네.

"그렇다면, 트라시마코스의 말이 참이 아님을 그에게 납득시킬 방법을 찾아낼 수 있다면 자네는 그렇게 할 텐가?"

그는 "물론이지요"라고 대답했네.

그래서 내가 말했네. "그런데 우리가 그의 말을 반박하기 위해 정의
의 이점을 열거한 후, 그가 불의의 이점을 추가로 열거하고, 우리가 다
b 시 정의의 이점을 열거하는 식으로 토론한 다음, 양쪽이 열거한 이점을

세어서 비교하는 방법을 택한다면, 어느 쪽이 우세한지 판결해줄 심판이 필요하네. 반면에 지금까지 그래왔듯이 서로 합의하며 고찰해간다면 우리 자신이 심판자인 동시에 변론자가 될걸세"

그는 "물론입니다"라고 대답했네.

내가 말했네. "자네는 둘 중 어느 쪽이 좋은가?"

그는 "후자입니다"라고 말했네.

그래서 내가 말했네. "그러면 트라시마코스, 처음으로 돌아가서 대답해주게. 자네는 완벽한 불의가 완벽한 정의보다 더 이익이 된다고 말했는가?"

그는 "물론 그렇게 말했고, 그 이유도 이미 설명했습니다"라고 대답 c
했네.

"그러면 정의와 불의에 관해 한 가지 물어보겠네. 자네는 그중 하나를 미덕이라고 부르고, 다른 하나를 악덕이라고 부르는가?"

"물론입니다."

"그러면 정의를 미덕이라고 부르고, 불의를 악덕이라고 부르겠지?"

그는 "선생은 참 순진하시군요. 내가 불의는 이익이 되고 정의는 그렇지 않다고 말해놓고는, 이제 와서 정의를 미덕이라고 부르고, 불의를 악덕이라고 부를 것 같나요?"라고 말했네.

"그러면 어떻게 하겠는가?"

그는 "반대로 말하겠습니다"라고 대답했네.

"정의를 악덕이라고 부른다는 건가?"

"아니요. 고상한 순진함이라고 부르지요."

"그렇다면 불의는 악함이라고 부르겠군?" d

"아닙니다. 훌륭한 판단이라고 부르겠습니다."

"트라시마코스, 자네는 불의한 자가 현명하며 훌륭하다고 생각하는 건가?"

그는 말했네. "그들이 완벽하게 불의를 행할 수 있고 국가와 부족을 자신들의 지배 아래 둘 수 있다면 현명하고 훌륭한 자들이지요. 선생은 내가 소매치기 같은 자를 현명하고 훌륭하게 여긴다고 생각하는 듯합니다. 소매치기도 들키지 않으면 이익이 되기는 합니다만, 그런 자는 앞에서 말한 자들과 비교하면 언급할 가치조차 없습니다."

e 그래서 내가 말했네. "그 점에 대해서는 자네가 뭘 말하려는지 모르는 바는 아니지만, 정말 자네가 불의를 미덕과 지혜로 분류하고, 정의를 그 반대되는 것으로 분류하는지 의문일세."

"나는 정말 그렇게 분류합니다."

그래서 내가 말했네. "여보게, 이 문제는 훨씬 까다로워서 말하기가 쉽지 않네. 자네가 불의가 이익이 된다고 말은 해도 다른 사람들처럼 불의가 악덕이고 수치스러운 것이라는 데 동의한다면, 우리는 일반적인 생각에 따라 뭐든 답할 수 있을걸세. 하지만 자네가 아무 거리낌 없이 불의를 미덕과 지혜로 분류하는 것을 보니, 불의를 아름답고 강력한 것
349a 이라고 말하며 우리가 정의로 분류하는 다른 모든 미덕도 불의로 분류할 게 뻔하네."

그는 "정확하게 알아맞히셨네요"라고 말했네.

내가 말했네. "그렇다 해도 나는 토론을 통해 자네 말을 검토하지 않을 수 없네. 트라시마코스, 자네가 실없이 농담하는 게 아니라 진실이라 생각하는 바를 말했다고 보니 말일세."

그는 "내가 그렇게 생각하든 말든 뭐가 중요합니까? 선생은 내 말을 반박하고 계시지 않나요?"라고 말했네.

내가 말했네. "하긴 그렇지. 하지만 지금까지 물어본 것 외에 질문이 b 하나 더 있으니 대답해주게. 자네는 정의로운 자가 다른 정의로운 자를 능가하고 싶어 한다고 생각하나?"

그는 "전혀 그렇지 않아요. 만일 그렇다면 방금 말했듯이 정의로운 자는 고상하고 순진한 사람이 아닐 겁니다"라고 말했네.

"그러면 정의로운 행위와 관련해서는 어떨 것 같은가?"

그는 "마찬가지라고 봅니다"라고 대답했네.

"정의로운 자는 자기가 불의한 자를 능가할 자격이 있다고 생각하겠는가? 그것을 정의라고 생각하겠는가, 아니면 불의라고 생각하겠는가?"

"정의로운 자는 불의한 자를 능가하는 게 정의라고 생각하고, 그럴 자격도 있다고 여기겠지만 실제로는 불의한 자를 능가할 수 없습니다."

내가 말했네. "나는 정의로운 자가 불의한 자를 능가할 수 있는지 없는지를 묻는 게 아닐세. 정의로운 자는 자기가 다른 정의로운 자를 능가 c
할 자격이 있다고 생각하지 않고 능가하고 싶어 하지도 않지만, 불의한 자에 대해서는 능가할 자격이 있고 그렇게 하는 것이 정의라고 생각하는지 묻는 것이네."

그는 "정의로운 자는 그렇게 생각할 겁니다"라고 말했네.

"그러면 불의한 자는 어떤가? 그도 자기가 정의로운 자와 정의로운 행위를 능가할 자격이 있다고 생각하겠는가?"

그는 "불의한 자는 자기가 모든 사람을 능가할 자격이 있다고 여기지요. 그러지 않을 이유가 어디 있나요?"라고 말했네.

"그렇다면 불의한 자는 다른 불의한 자와 불의한 행위를 능가할 뿐 아니라 매사에 가장 많이 차지하려고 싸우겠지?"

"그렇지요."

내가 말했네. "그러면 이렇게 말하면 되겠군. 정의로운 자는 다른 정의로운 자를 능가하려 하지 않지만 정의롭지 않은 자는 능가하려는 반면, 불의한 자는 정의로운 자든 불의한 자든 가리지 않고 모든 사람을
d 능가하려 한다고 말일세."

그는 "딱 맞는 말씀입니다"라고 말했네.

내가 말했네. "그리고 불의한 자는 현명하고 훌륭한 반면, 정의로운 자는 현명하지도 훌륭하지도 않다는 것이겠지?"

그는 "그것도 딱 맞는 말씀이네요"라고 말했네.

내가 말했네. "그렇다면 불의한 자는 현명한 사람과 훌륭한 사람을 닮은 반면, 정의로운 자는 어느 쪽도 닮지 않았겠지?"

그는 "불의한 자는 현명하고 훌륭한데 어찌 그런 사람을 닮지 않겠으며, 정의로운 자는 그렇지 않은데 어찌 그런 사람을 닮겠습니까?"라고 말했네.

"좋네. 그러면 불의한 자와 정의로운 자는 각자 자기가 닮은 사람의 자질을 갖고 있겠군."

그가 "그렇지 않을까요?"라고 말했네.

e "어떤 이는 시와 노래에 조예가 깊지만 어떤 이는 그런 일에 서툴다는 데 자네는 동의하는가?"

"동의합니다."

"자네는 둘 중에 어느 쪽이 현명하고 어느 쪽이 현명하지 않다고 생

각하지?"

"시와 노래에 조예가 깊은 사람은 현명하고, 서툰 사람은 현명하지 않다고 생각합니다."

"그러면 현명한 사람은 훌륭한 사람이고, 현명하지 않은 사람은 훌륭하지 않은 사람이겠지?"

"네."

"의술은 어떤가? 의술도 마찬가지 아닐까?"

"그렇습니다."

"그러면 시와 노래에 조예가 깊은 사람이 리라 현을 조율하는 일에서 시와 노래에 조예가 깊은 다른 사람을 능가하고 싶어 하거나 능가할 자격이 있다고 생각하는가?"

"그렇게 생각하지 않습니다."

"어떤가? 시와 노래에 서툰 사람에 대해서는 그가 능가하고 싶어 하고, 능가할 자격이 있다고 생각하겠지?"

그는 "당연히 그렇지요"라고 대답했네.

"의사는 어떤가? 그는 식단 처방[25]에서 다른 의사들이나 그들의 처방 350a
을 능가하고 싶어 하겠는가?"

"분명 그렇지 않을 겁니다."

"하지만 의사가 아닌 사람들에 대해서는 능가하고 싶어 하겠지?"

"그렇지요"

"그러면 지식의 유무와 관련된 모든 일에서, 지식이 있는 사람이 같

25 고대 그리스의 의술에서는 식단 처방이 주된 치료법이었다.

은 지식을 지닌 다른 사람을 능가하는 쪽으로 말하고 행동할 것 같은가, 아니면 그들과 똑같이 말하고 행동할 것 같은가?"

그는 "당연히 후자를 선택하겠지요"라고 대답했네.

b "지식이 없는 사람은 어떤가? 그는 지식이 있든 없든 모든 사람을 능가하고 싶어 하지 않겠나?"

"그럴 것 같네요"

"지식이 있는 사람은 현명한 사람이겠지?"

"그렇습니다."

"현명한 사람은 훌륭한 사람이겠지?"

"그렇습니다."

"그렇다면 훌륭하고 현명한 사람은 자기와 같은 사람은 능가하고 싶어 하지 않지만, 자기와 같지 않고 반대되는 사람은 능가하고 싶어 하겠지?"

그는 "아마도 그럴 것 같네요"라고 대답했네.

"반면 훌륭하지 않고 지식도 없는 사람은 자기와 같은 사람이든 반대되는 사람이든 모두를 능가하고 싶어 하겠고?"

"그럴 것 같습니다."

그래서 내가 말했네. "트라시마코스, 지금껏 우리가 말한 불의한 자는 자기와 같든 같지 않든 모든 사람을 능가하고 싶어 하는 사람이네. 자네가 그렇게 말하지 않았나?"

그는 "그렇게 말했지요"라고 대답했네.

c "그런데 정의로운 자는 자기와 같은 사람은 능가하려 하지 않고, 자기와 같지 않은 사람은 능가하려고 하겠지?"

"그렇습니다."

내가 말했네. "그렇다면 정의로운 자는 현명하고 훌륭한 사람을 닮은 반면에, 불의한 자는 못되고 미련한 자를 닮았네."

"그런 것 같네요."

"또한 우리는 정의로운 자든 불의한 자든 그는 자기가 닮은 사람의 자질을 지닌다는 데 동의했네."

"동의했습니다."

"그렇다면 정의로운 사람은 훌륭하고 현명하며, 불의한 자는 미련하고 못됐다는 것이 밝혀졌네."

트라시마코스는 이 모든 것에 수긍했지만 진땀을 흘리며 질질 끌려 d
오다 마지못해 동의했네. 여름철이긴 했지만 말이야. 나는 트라시마코스의 얼굴이 붉어진 것을 보았네. 전에 못 보던 모습이었지. 이렇게 정의는 미덕이고 지혜인 반면 불의는 악덕이고 미련한 것이라는 데 우리가 동의하고 나서 내가 말했네. "좋네. 이 문제는 이렇게 해결된 것으로 하세. 하지만 불의가 강력하다는 말도 나왔지. 기억하나, 트라시마코스?"

그는 말했네. "기억합니다. 하지만 지금 선생이 하시는 말씀은 내 마
음에 들지 않고, 그에 대해 할 말도 있습니다. 하지만 선생은 내가 일장 e
연설을 늘어놓는다고 하실 게 틀림없어요. 그러니 내가 하고 싶은 말을 다하게 해주시든지 아니면 선생이 묻고 싶은 게 있으면 물으시지요. 나는 할머니들의 얘기를 들을 때처럼 '그래요' 하며 고개를 끄덕이거나 '아니요' 하며 고개를 저을 테니까요."

그래서 내가 말했네. "하지만 자네 생각에 반대되는 답은 절대 하지 말게나."

그는 "내가 말하는 것을 허락하지 않으니 그렇게라도 선생을 기쁘게 해드려야지요. 또 원하는 게 있으면 말씀하세요"라고 말했네.

내가 말했네. "달리 원하는 건 없네. 자네가 그렇게 해주겠다니 그럼 질문을 하지."

"그럼요. 질문하셔야지요."

351a 내가 말했네. "내 질문은 조금 전에도 언급한 것인데, 불의에 비추어 정의가 어떤 것인지 차례차례 논의해가기 위함이네. 불의가 정의보다 강력하고 힘 있다는 말이 앞에서 분명 나왔으니 말일세. 하지만 이제 정의가 지혜이자 미덕이고 불의는 무지임이 밝혀졌으니, 정의가 불의보다 강력하다는 사실도 쉽게 드러나리라고 생각하네. 이것을 모르는 사람은 아무도 없겠지. 다만 나는 단순히 말하고 끝내버리는 게 아니라 다음과
b 같이 살펴보려 하네, 트라시마코스. 자네는 불의한 국가가 불의한 방법으로 다른 국가를 속국으로 삼으려 하며 실제로 많은 속국을 거느리고 있다고 말하고 싶은가?"

그는 "물론입니다. 가장 완벽하게 불의한 최고의 국가라면 그렇게 할 겁니다"라고 대답했네.

내가 말했네. "알겠네. 그것이 자네 주장이었지. 하지만 나는 과연 정의 없이도 한 국가가 다른 국가보다 강력해질 수 있는지, 아니면 반드시 정의가 필요하지 살펴보려 하네."

c 그는 "선생이 방금 말씀하셨듯이 정의가 지혜라면 필요하겠지만, 내 말이 옳다면 불의가 필요하겠지요"라고 대답했네.

내가 말했네. "트라시마코스, 자네가 고개를 끄덕이거나 가로젓지 않고 훌륭하게 대답해주어 정말 기쁘네."

그는 "선생의 비위를 맞춰드려야 하니까요"라고 말했네.

"어쨌든 고맙네. 그러면 한 번 더 호의를 베풀어 말해주게나. 국가든 군대든 강도 집단이든 도둑 떼든 어떤 집단이 함께 불의를 저지른다고 가정해보게. 한 집단 내에서 서로에게 불의를 저지르는 경우에도, 그 집단이 하려고 하는 일을 해낼 수 있다고 생각하는가?

그는 "당연히 해낼 수 없지요"라고 대답했네. d

"그들이 서로에게 불의를 저지르지 않는다면 어떤가? 더 잘해낼 수 있지 않을까?"

"물론 그럴 겁니다."

"트라시마코스, 그것은 불의가 서로 간에 증오와 다툼을 낳지만 정의는 화합과 우애를 낳기 때문이 아니겠는가?"

그는 "선생과 다투고 싶지 않으니 그렇다고 해두지요"라고 대답했네.

"고맙네. 하지만 이에 대해서도 답해주게. 불의가 어디에 존재하든
증오를 낳는다면, 자유민 사이에서든 노예 사이에서든 불의가 발생한
다면 서로 미워하고 불화한 나머지 협력하여 일하는 것이 불가능하지 e
않겠나?"

"물론입니다."

"불의가 두 사람 사이에 생기면 어떻겠는가? 서로 불화하고 미워하여 그들끼리는 말할 것도 없고 정의로운 자들과도 적이 되지 않겠나?"

그는 "그렇게 되겠지요"라고 대답했네.

"그런데 불의가 한 사람의 내면에서 생겨난다면 어떻겠는가? 그 경우에도 불의는 본래의 힘을 유지하겠지?"

그는 "네, 힘을 조금도 잃지 않고 유지할 겁니다"라고 대답했네.

"그러면 불의는 이런 힘을 지닌 거로군. 즉 불의는 국가든 부족이든

352a 군대든 어떤 집단에서든 불화와 다툼을 일으켜 그 집단이 하려는 바를 못하게 만드네. 그리고 집단이 자기 자신과 적이 되게 할 뿐 아니라, 정의를 포함해 자신과 반대되는 모든 것과도 적이 되게 하지 않겠는가?"

"물론입니다."

"불의는 개인의 내면에서도 본성적으로 제 기능을 할걸세. 자기 자신과 반목하고 불화해 아무것도 못하게 만들고, 자신뿐만 아니라 정의로운 자들과도 척지게 만들걸세. 그렇지 않은가?"

"그렇습니다."

"여보게, 신들도 정의롭겠지?"

그는 "그렇다고 치시지요"라고 대답했네.

b "그렇다면 트라시마코스, 불의한 자는 신들의 적이고, 정의로운 자는 신들의 친구네."

그는 "안심하고 말의 향연을 마음껏 즐겨보시지요. 나는 여기 있는 사람들의 미움을 사지 않기 위해서라도 선생의 말씀에 반박하지 않을 테니까요"라고 말했네.

내가 말했네. "그런가? 그렇다면 남아 있는 여러 문제에도 지금처럼 대답해 내가 말의 향연을 만끽할 수 있게 해주게. 이제 정의로운 자는 더 현명하고 훌륭하며 강력하게 일을 해낼 수 있지만, 불의한 자는 협력

c 하여 어떤 일을 이루지 못한다는 점이 밝혀졌네. 따라서 불의한 자들이 서로 협력해 어떤 일을 힘차게 추진한다고 말한다면 전혀 진실이 아닐걸세. 전적으로 불의한 자들은 서로에게 온갖 불의한 짓을 서슴지 않을 테니 말일세. 그러니 그들에게 어느 정도 정의가 있어 그들의 표적이 된

자들에게는 불의를 저지르지만 서로에게는 삼가고, 절반쯤 불의한 상태에서 불의한 일에 착수해 자신들이 하려고 했던 불의를 해낸 것이네. 전적으로 타락해 완벽하게 불의한 자는 아무 일도 할 수 없기 때문이지.
그래서 나는 이제 이것이 진실이고 자네가 처음에 주장한 바는 진실이 d
아님을 알겠네.

앞에서 우리는 정의로운 자가 불의한 자보다 더 훌륭하고 행복하게 사는지 나중에 살펴보기로 했는데, 이제 그 문제를 좀 보아야 할 것 같네. 지금까지의 논의에 비추어볼 때, 내 생각에는 그 말이 여전히 맞는 것 같네. 하지만 좀 더 면밀히 살펴볼 필요가 있어. 이것은 사소한 일상이 아니라 어떤 인생을 살아야 하는가에 관한 논의이기 때문이지."

"살펴보시지요"라고 트라시마코스가 말했네.

그래서 내가 말했네. "그러면 말해주게. 자네는 말[馬]에 고유한 기능이 있다고 생각하나?"

"네, 있다고 생각합니다." e

"그렇다면 말이나 다른 어떤 것의 고유한 기능이 오직 그것만이 할 수 있거나 가장 잘하는 일이라고 생각하나?"

그는 "무슨 말인지 잘 모르겠는데요"라고 대답했네.

"그러면 이렇게 말해보지. 자네는 눈이 아닌 다른 것으로 볼 수 있나?"

"당연히 볼 수 없지요."

"귀가 아닌 다른 것으로 들을 수 있나?"

"결코 들을 수 없지요."

"그렇다면 보는 것과 듣는 것이 눈과 귀의 고유한 기능이라 해도 맞겠지?"

"물론입니다."

353a "그러면 어떤가? 포도나무 가지를 칠 때 자네는 단검이나 조각도, 그 밖에 다른 도구로 그 일을 할 수 있나?"

"당연히 할 수 있지요."

"하지만 내 생각에는 가지치기용 가위를 사용할 때보다 잘할 수 없을 것 같네."

"옳은 말씀입니다."

"그렇다면 이것을 가지치기용 가위의 고유 기능이라고 해야 하지 않겠나?"

"맞습니다."

"내가 조금 전에 어떤 사물만이 해낼 수 있거나 다른 사물보다 더 잘 할 수 있는 일이 그 사물의 고유한 기능이 아니겠느냐고 물었는데, 이제 자네는 내 질문이 무슨 의미인지 잘 알았을걸세."

b 그는 "물론 잘 이해했습니다. 나도 그것이 각 사물의 고유한 기능이라고 생각합니다"라고 대답했네.

내가 말했네. "좋아. 자네는 고유한 기능을 부여받은 각 사물에 미덕도 존재한다고 생각하지 않는가? 앞에서 말한 것으로 다시 돌아가 생각해보면, 눈의 고유한 기능이 존재한다고 말하겠지?"

"그렇습니다."

"그렇다면 눈의 미덕도 존재하는가?"

"물론 존재합니다."

"어떤가? 귀의 고유한 기능이 존재하는가?"

"네."

"그렇다면 귀의 미덕도 존재하는가?"

"존재합니다."

"어떤가? 다른 사물도 모두 마찬가지가 아니겠는가?"

"그렇습니다."

"그렇다면 눈에 고유한 미덕이 결여되고, 도리어 그 미덕을 방해하 c
는 악덕이 존재한다면 눈이 자기 고유 기능을 훌륭하게 해낼 수 있겠
는가?"

그는 "어떻게 그럴 수 있겠습니까? 선생이 말씀하시는 악덕이라는 게 사람이 볼 수 없는 눈먼 상태를 말하는 것 같은데요"라고 대답했네.

내가 말했네. "나는 눈의 미덕은 보는 것, 눈의 악덕은 눈먼 것이라고 콕 집어 말한 것이 아니네. 자네에게 한 질문은 그런 게 아니라, 자기 고유의 기능과 관련된 미덕을 지닌 경우 그 일을 훌륭하게 해내지만 그 미덕을 방해하는 악덕을 지닌 경우에는 그 일을 잘 해낼 수 없지 않나 하는 걸세."

그는 "선생이 그렇게 말씀하셨으니 당연히 옳습니다"라고 말했네.

"그렇다면 귀도 고유한 미덕을 상실했을 때는 자기 고유 기능을 잘 해낼 수 없겠지?"

"물론입니다."

"그렇다면 다른 모든 것에도 동일하게 말할 수 있지 않겠는가?" d

"그렇다고 생각합니다."

"이번에는 이 점을 생각해보게. 혼에는 다른 무엇이 해낼 수 없는 고유 기능이 존재하는가? 예를 들면 관리나 통치, 심사숙고, 그 비슷한 모든 일들 말일세. 혼 외에 이런 일을 고유 기능으로 부여받은 다른 것이

있다고 보는가?"

"혼 외에는 없지요."

"그렇다면 산다는 것은 어떤가? 산다는 건 혼의 고유 기능이라고 할 수 있지 않은가?"

"산다는 것은 다른 무엇보다도 혼의 고유한 기능이지요."

"그러면 혼에도 어떤 미덕이 있지 않겠는가?"

"그렇습니다."

e "트라시마코스, 혼이 제 미덕을 상실하면 고유 기능을 훌륭하게 해내겠는가, 아니면 해낼 수 없겠는가?"

"해낼 수 없겠지요."

"혼의 상태가 나쁘면 잘못 통치하고 관리하겠지만, 혼의 상태가 좋으면 훌륭하게 통치하고 관리할 수밖에 없네."

"그렇습니다."

"그런데 우리는 정의는 혼의 미덕이고 불의는 혼의 악덕이라는 데 동의하지 않았는가?"

"동의했지요."

"그렇다면 정의로운 혼과 정의로운 자는 훌륭하게 살겠지만 불의한 자는 형편없이 살게 될걸세."

그는 "선생의 논리대로라면 그럴 것 같네요"라고 말했네.

354a "그러면 훌륭한 삶을 사는 사람은 축복받고 행복하겠지만, 그렇지 못한 사람은 그 반대일걸세."

"당연히 그렇겠지요."

"그러니 정의로운 자는 행복하고 불의한 자는 불행하네."

그는 "그렇다고 하시지요"라고 말했네.

"그런데 불행한 것은 이익이 안 되지만 행복한 것은 이익이 되네."

"당연히 그렇겠지요."

"그렇다면 트라시마코스, 불의는 결코 정의보다 더 이익이 되지 않는
는 것이네."

그는 "소크라테스 선생, 이 자리는 벤디스 여신의 축제일을 맞아 선생을 위해 차린 잔칫상이니 마음껏 드시지요"라고 말했네.

그래서 내가 말했네. "그것은 자네가 내게 화내거나 소리 지르지 않
고 친절하게 대해준 덕분일세. 그래도 나는 마음껏 먹지는 못했네. 식탐 b
있는 사람이 먼저 나온 요리를 충분히 음미하지도 않은 채 다음 요리를
얼른 낚아채서 먹는 것처럼 나도 그랬다는 생각이 들지만, 그건 어디까
지나 내 탓이네. 우리는 정의가 무엇인지 살펴보겠다고 하고서는 답을
찾기도 전에 그 문제는 내버려두고, 정의가 악덕이자 무지인지 아니면
지혜이자 미덕인지 살펴보는 일에 착수했네. 그러다가 불의가 정의보다
더 이익이라는 문제가 제기되자 이번에도 다루던 문제를 내버려두고
그 문제로 옮겨가 버렸네. 그 결과 나는 지금까지 논의해 알게 된 게 아
무것도 없네. 정의가 무엇인지 알지 못하는 한 정의가 미덕인지, 정의로 c
운 자가 행복한지 불행한지 알 길이 없을 테니 말일세."

제2권

357a 그러고 나서 나는 이제 토론에서 벗어났다고 생각했지. 하지만 지금까지의 토론은 서막인 듯했네. 매사에 대담한 글라우콘이 이번에도 트라시마코스의 포기를 수긍하지 않고 이렇게 말했기 때문이네. "소크라테
b 스 선생님, 선생님은 정의가 불의보다 모든 면에서 나은 것 정도를 설득한 것으로 만족하세요, 아니면 참으로 설득하고 싶으세요?"

내가 말했네. "할 수만 있다면 진정으로 설득하고 싶네."

그는 말했네. "그렇다면 선생님은 바라는 대로 하지 않으시는군요. 말씀해주세요. 선생님은 결과와 상관없이 그 자체로 우리가 좋아하고 갖고 싶어 하는 것이 있다고 생각하시나요? 예컨대 기쁨이라든지 오래 지니고 있어도 해롭지 않은 즐거움 말입니다."

그래서 내가 말했네. "나는 그런 것이 있다고 생각하네."

c "그렇다면 이건 어떠세요? 그 자체로도 좋아하고 그것이 가져오는 결과 때문에도 좋아하는 것이 있을까요? 예컨대 생각하기, 보기, 건강함 같은 것 말입니다. 우리는 방금 말한 두 가지 이유로 그런 것을 좋아하는 것 같으니까요."

나는 "그렇네"라고 말했네.

"선생님은 신체 단련이나 질병 치료 또는 의술, 그 외 다른 돈벌이 같은 부류에 속하는 좋은 것도 있다고 보시나요? 우리는 그런 것은 힘들고 부담스럽기는 해도 이익이 된다고 말하며, 그 자체가 좋아서가 아니라 보수를 포함해 그로 인한 혜택이 좋아서 받아들이니까요." d

내가 말했네. "그런 부류의 좋은 것도 있지. 그런데 그런 말은 왜 하나?"

그는 "선생님은 정의가 이 세 가지 부류의 좋은 것 중 어디에 속한다고 생각하세요?"라고 되물었네.

내가 말했네. "내 생각에 정의는, 축복받은 자가 되기 바라는 사람이 358a
그 자체로도, 거기에서 생겨나는 결과 때문에도 좋아할 수밖에 없는 가장 아름답고 고상한 부류의 좋은 것에 속한다네."

그는 말했네. "하지만 대부분의 사람은 그렇게 생각하지 않습니다. 정의는 힘들고 부담스럽긴 해도 혜택이 있어서 좋은 것에 속한다고 생각하지요. 보수나 좋은 평판을 얻으려면 정의를 행해야 하지만, 그 자체로는 행하기 힘들고 어려워서 피해야 한다고 여기니까요."

내가 말했네. "정의를 대부분 그렇게 생각한다는 건 나도 아네. 그래서 앞에서 트라시마코스도 정의를 비난하고 불의를 칭찬한 게 아니겠나? 하지만 나는 깨달음이 느린 사람 같으이."

그는 말했네. "그렇다면 우선 제 말을 듣고 동의할 수 있는지 한번 보 b
시지요. 제가 보기에 트라시마코스 선생은 뱀이 뱀 부리는 사람에게 홀린 듯 진즉에 선생님에게 홀려서 지나치게 고분고분한 것 같으니까요. 그래서 지금까지 해온 논증이 죄다 마음에 들지 않습니다. 저는 다만 정의와 불의가 무엇인지, 정의나 불의가 혼 속에 자리 잡을 경우 어떤 힘을 지니는지 듣고 싶을 뿐입니다. 정의나 불의에서 생겨나는 보수 같은 것에는 관심이 없거든요.

c 선생님이 동의하신다면, 저는 트라시마코스 선생이 했던 말을 소환해 첫째, 사람들이 정의가 무엇이고 어디에서 기원했다고 생각하는지 말하겠습니다. 둘째, 모든 사람이 정의를 좋게 여겨서가 아니라 어쩔 수 없이 행한다는 것을 말하겠습니다. 셋째, 사람들의 그런 행동이 결코 불합리한 게 아니라고 말하겠습니다. 불의한 자가 정의로운 자보다 훨씬 나은 삶을 산다고들 하니까요. 소크라테스 선생님, 저는 그렇게 생각하지 않지만 트라시마코스 선생을 비롯해 많은 사람들에게 그런 말을 귀
d 가 따갑도록 듣다 보니 저도 어찌 해야 할지 모르겠습니다. 정의가 불의보다 낫다며 정의를 옹호하는 변론을 지금까지 누구에게도 만족스럽게 들어본 적이 없으니까요. 저는 정의가 그 자체로 칭찬받는 걸 듣고 싶은데, 다른 누구보다 선생님이 그런 말을 들려주실 수 있으리라 생각합니다. 이제부터 제가 불의한 삶에 대한 칭찬을 힘껏 쥐어짜서 늘어놓겠습니다. 선생님이 어떤 식으로 불의를 비난하고 정의를 옹호하시는지 듣고 싶기 때문입니다. 저의 제안이 선생님이 바라시는 방법인지 한번 살펴봐주세요."

그래서 내가 말했네. "내가 몹시 바라는 바네. 지각 있는 사람이라면 아무리 많이 말하고 들어도 흥겨운 주제니 말일세."

e 그는 말했네. "더할 나위 없이 훌륭한 말씀입니다. 그러면 제가 첫 번째로 말하겠다고 한 것, 정의가 무엇이고 어디에서 기원했는지 들어보시지요.

사람들은 본질적으로는 불의를 행하는 것이 좋고, 불의를 당하는 것

은 나쁘다고 말합니다. 하지만 불의를 당하는 자의 손해가 불의를 행하는 자의 이익보다 훨씬 큽니다. 사람들은 서로 불의를 행하기도 하고 당하기도 하면서, 불의를 당했을 때의 손해는 피할 수 없었고 불의를 행했 359a
을 때의 이익은 얻을 수 없었던 사람들이 만나 불의를 행하거나 당하지 않도록 계약을 맺는 것이 이롭다고 생각하게 되었지요. 그래서 법을 정하고 계약을 맺어서[26] 법이 정한 바를 합법적이고 정의로운 것이라 명명했습니다. 이것이 정의의 기원이고 본질입니다. 불의를 행하고도 벌받지 않는 가장 좋은 경우와 불의를 당하고도 보복하지 못하는 가장 나쁜 경우의 중간인 셈이지요. 양쪽 극단의 중간인 정의[27]가 좋은 것이어서 좋아하는 게 아니라, 불의를 행할 힘이 없는 사람들이 불의를 당하지 b
않게 해주기 때문에 존중하는 것입니다. 불의를 행할 수 있는 진정한 남자라면 불의를 행하지도 당하지도 못하게 하자는 계약은 맺지 않을 겁니다. 제정신이라면 말이지요. 소크라테스 선생님, 이것이 사람들이 말하는 정의의 본질 혹은 그와 비슷한 것이요 정의의 기원입니다.

불의를 행할 힘이 없어 마지못해 정의를 행한다는 말이 사실임을 가장 쉽게 알려면, 다음과 같은 상황을 생각해보면 됩니다. 정의로운 자와 c
불의한 자 모두에게 마음대로 할 수 있는 자유를 준 다음, 정의나 불의가 각각 그들을 어디로 이끄는지 몰래 관찰하는 것입니다. 그러면 정의로운 자 또한 탐욕에 이끌려 불의한 자와 같은 방향으로 가는 걸 목격

26 고대 그리스에서 '법'은 좁은 의미로는 국가의 실정법을 가리키지만, 넓은 의미에서는 시민들 사이에 통용되는 관습을 포함한다. 사람들 간의 묵시적, 명시적 '계약'이 법인 셈이다.
27 '양쪽 극단의 중간', 즉 지나침과 모자람의 중간인 중용(中庸)은 플라톤과 아리스토텔레스가 전형적으로 갖고 있는 정의의 개념이다.

하게 될 겁니다. 법을 통한 강제력으로 누구나 동등하게 갖는 것[28]을 존
중하도록 이끌지 않는다면 본성상 탐욕을 좇기 마련이니까요.

d 옛적에 리디아인 기게스의 조상[29]이 가졌다는 능력이 주어진다면, 이
두 사람은 제가 말했던 '마음대로 할 수 있는 힘'을 제대로 얻게 될 것입
니다. 전설에 의하면, 기게스의 조상은 당시 리디아 왕이 고용한 목자였
습니다. 어느 날 천둥을 동반한 폭우가 내리고 지진이 나더니 그가 양을
치던 땅이 갈라져 틈이 생겨났습니다. 깜짝 놀란 그는 갈라진 땅 틈 속
으로 내려갔지요. 그는 거기에서 여러 놀라운 광경을 보았는데, 속이 비
어 있고 작은 문이 달린 청동말이 눈에 들어왔습니다. 그 안에 들어가서
보니 보통 사람보다 큰 시신 한 구만 놓여 있었지요. 아무것도 걸치지
e 않은 시신의 손가락에 황금 반지만 끼워져 있어, 그는 그 반지를 빼서
들고 나왔습니다. 그 후 한 달에 한 번 있는 목자들의 모임에 이 반지를
끼고 참석했지요. 목자들과 함께 앉아 있다가 우연히 끼고 있던 반지를
360a 돌려서 보석이 박힌 부분이 손바닥 쪽으로 오게 했습니다. 그러자 그의
모습이 보이지 않게 되었고, 다른 목자들은 마치 그가 가버리고 없는 것
처럼 대화를 하더랍니다. 깜짝 놀라서 반지를 도로 제자리로 돌리자 그
의 모습이 나타났습니다. 그는 과연 반지에 그런 능력이 있는지 실험해
보았고, 보석이 박힌 부분을 손바닥 안쪽으로 돌리면 자기 모습이 사라

---

28 여기에 정의에 대한 또 하나의 개념이 나온다. 즉 "누구나 동등하게 갖는 것"이다. 이는 일률적으로 동일한 양을 갖는 것이 아니라 합리적 기준에 따라 각자가 자신에게 합당한 몫을 갖는 것을 말한다.

29 헤로도토스의 『역사』 1권 8-13장은 리디아의 왕 기게스와 관련해 이 이야기를 전해준다. 여기에서는 "기게스의 조상"이라고 말하지만, 612b에서는 "기게스의 반지"라고 말한다. 리디아는 소아시아 중서부 지방에 있다.

지고 바깥쪽으로 돌리면 다시 나타나는 걸 확인했습니다. 그는 즉시 왕에게 가는 사자(使者)들 틈에 섞여 왕궁으로 들어갔고, 왕비와 잠자리를 b
한 후 왕비와 함께 왕을 죽이고 왕권을 장악했다고 합니다.

그러니 이런 반지가 두 개 있어 하나는 정의로운 자가 끼고 다른 하나는 불의한 자가 낀다면, 굳은 의지로 정의를 고수하여 남의 것에 손대지 않을 사람은 아무도 없을 거라 생각됩니다. 시장에서 자기가 갖고 싶은 것을 아무 두려움 없이 가질 수 있고, 아무 집에나 들어가 자기가 원 c
하는 사람과 동침할 수 있으며, 누구라도 죽이거나 감옥에서 풀어줄 수 있고, 그 밖의 일에서도 사람들 사이에서 신처럼 행동할 수 있을 테니까요. 정의로운 자라 해도 불의한 자와 다를 바 없이 행동하고, 둘 다 동일한 방향으로 가게 될 것입니다.

이것은 어떤 사람이 정의롭다 해도 스스로 원해서가 아니라 마지못해 그런 것이라는 강력한 증거라고 할 수 있습니다. 불의를 저질러도 아무 문제가 없다는 사실을 알면 누구든 어디에서든 불의를 저지를 테니까요. 개인에게는 불의가 정의보다 훨씬 이익이 된다고 누구나 생각하 d
지요. 이런 주장을 지지하는 사람은 그렇게 믿는 것이 옳다고 여깁니다. 앞에서 말한 그런 능력을 얻었는데도 불의를 행하지 않거나 남의 것에 손대지 않는 자가 있다면, 다들 그를 세상에서 가장 한심하고 멍청하다고 생각할 겁니다. 자기가 불의를 당하는 것이 두려워서 사람들 앞에서는 속마음을 숨긴 채 그를 칭찬하겠지만요. 이 문제는 이 정도로 해두지요.

두 유형의 인물을 어떻게 평가할 것이냐 하는 문제는, 가장 정의로운 e
자와 가장 불의한 자를 각각 살펴봐야 올바르게 판단할 수 있을 것입니다. 그러면 어떤 식으로 살펴봐야 할까요? 일단 불의한 자의 불의나 정

의로운 자의 정의를 가장 완벽한 형태로 상정하고, 두 사람 모두 가장
완벽한 불의와 가장 완벽한 정의를 추구한다고 가정해야 합니다. 그러
면 불의한 자부터 시작하겠습니다. 그를 자기 분야의 최고 전문가로 보
겠습니다. 예컨대 최정상에 있는 선장이나 의사는 자신의 전문 기술로
361a 불가능한 일과 가능한 일을 알기에 가능한 일만 하고 불가능한 일은 내
버려두며, 어쩌다가 실수를 하더라도 얼마든지 바로잡을 수 있습니다.
또한 이 자는 불의를 행하는 데도 뛰어나 불의한 일을 아무도 모르게
감쪽같이 해냅니다. 불의한 일을 들킨다면 고수가 아닐 테고, 최고의 고
수는 불의한 일조차 불의가 아닌 것처럼 보이게 만들 테니까요. 그러니
완벽하게 불의한 자는 완벽한 불의를 행하는 데 조금도 부족함이 없고,
b 가장 불의한 일을 행하면서도 가장 정의롭다는 명성을 얻는 자라고 해
야 합니다. 그는 실수를 해도 바로잡을 수 있고, 불의한 일이 탄로 나도
사람들을 충분히 설득할 수 있으며, 필요한 경우에 친구들과 재력을 동
원해 과감하게 강제력을 사용할 준비가 되어 있습니다.

이제 그 옆에 정의로운 자를 세워보겠습니다. 여기에서 정의로운 자
는 순박하고 고귀하며, 아이스킬로스[30]가 말한바 훌륭한 사람처럼 보이
는 게 아니라 훌륭한 사람이기를 진정 바라는 자로 상정해야 합니다. 그
저 정의로워 '보이는' 사람이면 안 됩니다. 만약 그가 정의로워 보인다
c 면, 명예를 비롯해 정의로워 보이는 사람에게 주어지는 선물을 받게 될
테고, 그러면 그가 정의롭게 행하는 것이 정말 정의가 좋아서인지, 아니

30 아이스킬로스(기원전 525-456년)는 고대 그리스 3대 비극작가 중 첫 번째 인물이다. "훌륭한 사람처럼 보이는" 것과 진정으로 "훌륭한 사람인 것"의 대비가 그의 비극 『테바이 공략 7장군』 592행에 나온다.

면 그로 인해 받는 선물과 명예가 좋아서인지 분명하지 않기 때문입니다. 따라서 그에게서 정의만 남겨놓고 다른 모든 것은 제거해야 합니다. 그는 앞에서 말한 불의한 자와는 정반대 처지에 있습니다. 즉 그는 불의한 일을 전혀 하지 않았는데도 가장 불의한 자라는 악평을 듣는다고 상정해야 합니다. 그래야 그가 그런 악평과 잇따르는 결과에도 마음이 약해지지 않고 흔들림 없이 정의를 고수하는지 시험해볼 수 있기 때문입
니다. 그는 정의로운 자인데도 평생 불의한 자처럼 보이는 삶을 살아갑 d
니다. 이렇듯 정의로운 자에게는 극단적으로 정의로운 삶을 살게 하고, 불의한 자에게는 극단적으로 불의한 삶을 살게 해야, 둘 중 어느 쪽이 더 행복한지 판단할 수 있습니다."

내가 말했네. "여보게 글라우콘, 조각가가 인물을 조각하듯 정의로운 자와 불의한 자의 모습을 판단하기 좋게 선명하고 생생하게 제시하다니 정말 놀랍네."

그는 말했네. "최선을 다해봤습니다. 이제 두 유형이 어떤 인물인지
정리되었으니, 어떤 삶이 그들을 기다리고 있는지 설명하기가 전혀 어 e
렵지 않을 테지요. 이제 말씀드리겠습니다. 소크라테스 선생님, 제가 다소 거칠게 말하더라도 그것은 제 말이 아니라 정의보다 불의를 더 찬양하는 자들의 말이라고 생각해주세요.

사람들은 이렇게 말합니다. 정의로운 자가 앞에서 우리가 말한 그런 사람이라면, 그는 채찍질 당하고, 사지를 비트는 고문을 당하며, 쇠사슬
에 묶여 투옥되고, 인두로 두 눈을 지지는 형벌을 당하며, 그 밖에도 온 362a
갖 고통을 당한 후 결국 나무기둥에 묶이고 창에 찔려 죽는 십자가형을 당할 것이고, 그런 일을 당하고 나서야 진정으로 정의롭게 행해서는 안

되며 다만 정의롭게 보이려고 행해야 한다는 것을 알게 된다고요.

그러니 제가 앞에서 인용한 아이스킬로스의 말은 정의로운 자가 아
니라 불의한 자에게 해당한다고 보는 게 훨씬 정확합니다. 진정으로 불
의한 자는 좋은 평판을 얻기보다는 현실에서 자기 목표를 이루려고 살
아가기 때문에, 단지 불의한 자로 보이려는 게 아니라 진정으로 불의한
b 자가 되려 한다고들 하니까요. 불의한 자는 '마음 깊은 밭고랑에서 온갖
계략을 주의 깊게 싹틔워 수확하는 자'[31]입니다. 불의한 자는 사람들에
게 정의로운 자로 보여 먼저 국가를 다스리고, 그다음으로 자기가 원하
는 가문과 혼인하며, 자녀들을 원하는 사람과 혼인시키고, 자기가 원하
는 사람들과 교제하고 거래하며, 더불어 불의한 일을 아무 거리낌 없이
할 수 있기 때문에 모든 일에서 이익을 본다고들 하지요. 그래서 불의한
자는 공적이든 사적이든 모든 경쟁에서 적을 압도하고, 이렇게 해서 부
c 자가 되면 친구들에게는 잘해주고 적에게는 해를 입히며, 신들에게는
제물과 헌물을 넉넉하게 바치고, 신들이나 자기 마음에 드는 사람들을
정의로운 자보다 훨씬 더 잘 섬기지요. 그 때문에 사람들은 불의한 자가
정의로운 자보다 신들의 사랑을 더 많이 받는 게 당연하다고 말합니다.
소크라테스 선생님, 그래서 신들과 사람들은 정의로운 자보다는 불의한
자에게 더 나은 삶을 제공한다고들 하지요."

d 글라우콘이 말을 마치자 이번에는 내가 무어라 말할 생각이었지만,
그의 형 아데이만토스가 나서서 말했네. "소크라테스 선생님, 선생님은
설마 이 문제가 충분히 논의되었다고 생각하시는 건 아니지요?"

---

31 아이스킬로스, 『테바이 공략 7장군』 593-594행.

나는 "그게 무슨 말인가?" 하고 물었네.

그러자 그는 "가장 중요한 것을 거론하지 않았기 때문이지요"라고 말했네.

그래서 나는 말했네. "'형제는 서로 도와야 한다'는 속담도 있지 않은가. 글라우콘이 빠뜨린 게 있다면 자네가 보완하게. 하지만 글라우콘이 지금까지 한 말만으로도 이미 나는 나가떨어질 지경이니 내게는 정의를 구해낼 힘이 없네."

그는 말했네. "그런 말씀 말고 제 말을 마저 들어주세요. 글라우콘의 e
말과 반대되는 것, 그러니까 정의를 찬양하고 불의를 비난하는 주장도
들어보아야 합니다. 그래야 더 확실하게 글라우콘이 의도한 대로 되리
라고 봅니다. 아버지들은 아들에게 정의로운 사람이 되라고 충고하고,
누군가를 돌보는 사람도 다 그렇지만, 그들은 정의 자체보다는 정의를 363a
행했을 때 얻게 되는 좋은 평판을 찬양하기 때문에 그런 조언을 하는
거라고 사람들은 말합니다. 정의로운 자처럼 보여서 정의롭다는 평판을
얻으면, 그런 평판과 함께 관직과 혼인을 비롯해 방금 글라우콘이 말한
온갖 혜택을 받게 될 테니까요.

정의롭다는 평판을 얻으면 그 밖에도 많은 것이 주어진다고 사람들
은 말합니다. 고귀한 헤시오도스[32]와 호메로스의 말처럼, 그런 사람은
신들의 환심을 사서 신들이 경건한 사람에게 하사한다는 좋은 것을 차
고 넘치게 받을 테니까요. 헤시오도스는 신들이 정의로운 자를 위해 b

---

32 헤시오도스는 기원전 8세기에 활동한 보이오티아 출신의 농민 시인으로, 이오니아파였던 호메로스와는 대조적으로 종교적이고 교훈적이며 실용적 특징을 보인 보이오티아파의 서사시를 대표한다. 현존 작품으로 『노동과 나날』, 『신들의 계보』가 있다.

'참나무 꼭대기에는 도토리가 열리게 하고, 중간에는 꿀이 나오게 하며, 양들이 몸을 가눌 수 없을 만큼 귀한 양털이 풍성히 자라게 한다'[33]고 말할 뿐만 아니라 그 밖에도 정의로운 사람에게 신들이 주는 좋은 것이 많다고 말합니다. 호메로스도 마찬가지로 노래합니다. '그 왕은 신들을 경외하고, 정의롭게 행하는 더할 나위 없이 훌륭한 자여서 검은 대지는
c 그 왕에게 밀과 보리를 내어주고, 나무는 휘어질 만큼 열매를 내어주며, 가축은 어김없이 새끼를 낳아주고, 바다는 물고기를 내어준다네.'[34]

무사이오스[35]와 그의 아들은 신들이 정의로운 사람에게 앞에서 말한 것보다 더 멋진 선물을 준다고 말합니다. 그들이 들려주는 이야기에 따르면, 신들은 정의로운 사람을 저승으로 데리고 가서 머리에 화관을 씌워주고 침상에 반쯤 기대어 앉게 한 후, 경건한 사람을 위한 잔치를 베
d 풀고 내내 술에 취해 세월을 보내게 한다지요. 이는 영원히 술 취한 상태에 머물게 하는 것이 미덕을 행한 이에게 주는 가장 큰 상이라고 신들이 여기기 때문입니다. 어떤 이들은 신들이 주는 상이 더 있다고 하고, 신을 걸고 맹세한 바를 지키는 경건한 사람에게는 대대로 자녀가 태어나 대가 끊기는 일이 없다고 합니다.

사람들은 이런 유의 비슷한 혜택 때문에 정의를 찬양합니다. 반면에 불경하고 불의한 자는 신들이 저승에서 진창에 빠뜨리고, 체로 물을 길

---

33 헤시오도스, 『노동과 나날』 232-234행.

34 호메로스, 『오디세이아』 19권 109, 111-113행.

35 그리스 신화에서 '남자 무사이'('무사이'는 영어로 '뮤즈' 여신들을 가리킨다)라는 뜻의 이름을 지닌 고대 그리스의 전설적인 가인(歌人)이다. '그의 아들'은 엘레우시스 밀교의 창시자 에우몰포스를 가리키는데, 그는 그리스 신화에 나오는 음유시인이자 리라의 명연주자 오르페우스와 쌍벽을 이룬다.

어 나르게 할 뿐 아니라 살아가는 동안 나쁜 평판을 듣게 하고, 글라우 e
콘이 말한바, 정의롭더라도 사람들에게 불의한 자로 보였던 자가 겪는
다는 벌을 받게 한다고 합니다. 이것이 불의한 자가 받는 벌이라며 그들
에 대해 그 외 다른 말은 하지 않지요. 이것이 정의로운 자와 불의한 자
에 대한 사람들의 찬양과 비난입니다.

하지만 소크라테스 선생님, 이런 말뿐 아니라 다른 유형의 말, 그러
니까 정의와 불의에 관해 사사롭게 말하는 것과 시인들의 말[36]도 살펴 364a
보세요. 사람들은 한목소리로 거듭 말하길, 절제와 정의[37]는 아름답지만
행하기 어렵고 힘든 반면, 방종과 불의는 즐겁고 쉽게 할 수 있지만 평
판과 법의 차원에서는 수치스럽다고 합니다. 그런데도 사람들은 대부분
불의를 행하는 것이 정의를 행하는 것보다 더 이익이 된다고 하고, 악하
더라도 부자인 데다가 그 외 다른 능력도 갖춘 사람을 행복한 사람이라
고 부르며 공적으로나 사적으로 아무 거리낌 없이 존경합니다. 반면 힘
없고 가난한 자에 대해서는 앞에서 말한 악한 자보다 더 나은 사람이라 b
는 데는 동의할지언정 그들을 업신여기고 깔봅니다.

이 주제와 관련해 무엇보다 놀라운 것은 미덕에 대한 신들의 태도를
보며 사람들이 하는 말입니다. 신들조차 훌륭한 사람에게는 불운과 불
행한 삶을 선물하는 반면, 나쁜 사람에게는 행운과 행복한 삶을 선물하

---

36 "사사롭게 말하는 것"은 개인의 사적인 말을 가리킨다. 이것을 "시인들의 말"과 대비한 것은 시인은 시민의 교사라는 공인 자격으로 말한다고 여겼기 때문이다.

37 '절제'는 욕망이 모든 것에서 지나침과 모자람이 없는 상태를 가리키는 성품이고, '정의'는 지나침과 모자람이 없는 중용이라는 점에서 이 둘은 매우 비슷하다. 반면 '방종'은 온갖 욕망이 지나친 상태이고, 이는 '불의'로 이어진다.

는 경우가 많다고들 하지요. 그래서 사제나 예언자들은 부잣집 문 앞에
서 자신들이 신들에게 제물을 바치고 주문을 외운 덕분에 신통력을 받
c 았다고 하면서, 그 집에 사는 부자나 그의 조상이 지은 죄가 있다면 제
사로 신들을 달래어 죄를 씻을 수 있다고 설득합니다. 그리고 그 부자가
해코지하고 싶은 사람이 있다면 상대가 정의로운 자든 불의한 자든 상
관없이 약간의 보수만 받고 주술과 기도로 신들을 설득해 그 사람에게
해를 입힐 수 있다고 말합니다.

그리고 이 모든 말이 사실임을 말해주는 증인으로 시인들을 끌어들
입니다. 악덕이 행하기 쉽다는 것을 증명하려고 한 시인의 말을 제시하
d 는 사람도 있습니다. '나쁜 짓은 얼마든지 쉽게 할 수 있네. 그 길은 평탄
하고 가까이 있기 때문이지. 하지만 신들은 미덕 앞에는 땀을 두었지.'[38]
미덕을 행하는 길은 멀고 험하며 가파르다는 것이지요. 어떤 사람은 인
간이 신들의 마음을 돌릴 수 있음을 증언해줄 자로 호메로스를 소환합
니다. '신들조차 기도에는 마음이 흔들린다네. 제물을 드리고 공손하게
e 서원하며 제주를 따르고 분향하고 탄원하면 신들일지라도 뜻을 돌린다
네. 누구든 주제넘게 행하여 죄를 지었다 해도 말이네.'[39] 또한 그들은
셀레네 여신과 무사 여신들[40]의 자손이라고 하는 무사이오스와 오르페
우스가 신들에게 제물을 바치는 의식에 관해 쓴 요란한 책들[41]을 자신

---

38 헤시오도스, 『노동과 나날』 287-289행.

39 호메로스, 『일리아스』 9권 497, 499-501행.

40 셀레네는 달의 여신이다. 무사는 시가의 여신으로 아홉 명으로 이루어져 있어 '무사 여신들'(그리스어 복수형 '무사이')이라고 말한다.

41 밀교 의식을 설명한 책이다. 오르페우스는 아폴론과 무사 여신 칼리오페 사이에서 태어난 아들로 그리스 신화에서 가장 위대한 음악가이자 시인이다. 그가 죽은 아내 에우리디케

들이 행하는 제사 의식의 근거로 제시하고서, 제물을 바치고 제의 놀이 365a
를 하면 산 사람뿐 아니라 죽은 사람의 죄도 용서받고 씻을 수 있다고 개인뿐 아니라 국가까지 설득하려 든다고 합니다. 이른바 이 입교 의식을 치르면 저승에서 겪게 될 고통에서 벗어날 수 있지만, 그렇지 않으면 나쁜 일이 기다리고 있다면서요."

그는 계속 말했네. "소크라테스 선생님, 사람들과 신들이 미덕과 악덕을 어떻게 평가하는지 보여주는 이런 무수한 말을 청년들이 들었을 때, 그들의 혼이 어떤 영향을 받을 것 같습니까? 똑똑한 청년들은 이 말들
을 하나하나 음미하면서 자기가 어떤 사람이 되고 어떻게 살아야 가장 b
훌륭하게 살 수 있을지 결론 내리지 않겠습니까?

그런 청년들은 핀다로스[42]처럼 자문할 것입니다. '더 높은 성벽에 오르기 위해 정정당당하게 행해야 하나, 아니면 속임수와 편법을 써야 하나?' 후자를 선택해서라도 주위에 울타리를 두르고 안전하게 살아가야 하지 않을까? 아무리 정의로워도 다른 사람들에게 정의롭게 보이지 않으면 아무 이익 없이 죽도록 고생하고 손해만 볼 거라고 사람들은 말한다. 반면에 실제로는 불의하더라도 정의롭다는 평판만 얻으면 경이로운
인생이 주어진다고 하지 않는가. 현자들의 말마따나 사람들에게 어떻게 c
'보이는지'가 '진실을 압도하고' 행복을 좌지우지한다고 하니 나도 그쪽

를 되찾기 위해 저승으로 내려가서 겪은 일이 유명하다. 그가 창시한 오르페우스 밀교와 363c에서 말하는 무사이오스의 아들 에우몰포스가 창시한 엘레우시스 밀교가 이 책들의 내용이었던 것 같다. 밀교에서는 신들의 세계로 가기 위한 준비 단계로 죄를 씻는 정화 의식을 중시했다.

42 핀다로스는 각주 12를 보라. 이 인용문은 핀다로스, 『단편』 213(Bergk)에 나온다.

으로 방향을 잡아야 하지 않을까? 나의 앞모습과 윤곽은 미덕을 지닌 듯 보이게 전체적으로 칠해놓고, 뒤로는 현명한 아르킬로코스[43]가 말한 자유자재로 모습을 바꾸는 저 교활한 여우를 끌고 다녀야 해.

물론 누군가는 '나쁜 짓을 하면서 들키지 않기란 쉽지 않다'고 말하겠지요. 하지만 우리는 이렇게 말할 겁니다. 큰일을 하는 데 쉬운 건 없
d 어요. 나중에 행복해지려면 그런 말이 보여주는 길을 가야 합니다. 들키지 않기 위해 정당이나 협회를 결성할 수 있고, 설득의 귀재인 선생들에게 돈을 주고 대중 연설과 법정 변론의 지혜를 배울 수도 있습니다. 이런 도움을 받아서 어떤 때는 설득하고 어떤 때는 폭력을 쓴다면, 욕심을 채우고도 아무런 처벌도 받지 않을 수 있습니다.

'신들에게 들키지 않거나 폭력을 쓰는 건 불가능하다'고 말하는 사람이 있겠지요. 그러나 신들이 존재하지 않거나 존재하더라도 인간사에
e 전혀 관심이 없다면, 우리가 하는 일을 신들에게 들키지 않으려고 애쓸 이유가 없지 않을까요? 설령 신들이 존재하고 인간사에 관심을 보인다 해도, 제물과 '공손한 서원'과 헌물로 신들의 마음을 돌리면 됩니다. 신들에 관한 전승이나 관습 또는 신들의 계보를 알려주는 시인들이 그렇게 말하지 않습니까? 우리는 신들에 관한 이 두 가지 사실을 둘 다 믿든지, 아예 믿지 말든지 해야 합니다. 둘 다 믿는다면 불의를 행하고, 그로
366a 인해 얻은 것으로 신들에게 제물을 바치면 됩니다. 우리가 정의롭게 행한다면 신들에게 벌은 받지 않아도 불의가 가져다줄 이익은 걷어차게

43 아르킬로코스는 기원전 7세기에 활동한 파로스 출신의 시인이다. 그는 여우를 '교활'의 대명사로 묘사했다. 이 내용은 아르킬로코스, 『단편』 86-89에 나온다.

되지만, 불의를 행한다면 이익을 얻고, 불의가 지나쳐 죄를 짓게 된다 해
도 기도로 신들을 설득해 벌을 받지 않고 넘어갈 수 있을 테니까요. '하
지만 불의를 행하면 우리 자신이나 자손이 저승에서 벌을 받게 된다'고
말한다면, 그 청년들은 이렇게 조리 있게 말할 겁니다. '여보세요, 입교
의식과 죄를 용서해주는 신들에게는 큰 힘이 있어요. 강대국들도 그렇 b
게 말하고, 신들의 자손 중에 시인과 예언자가 된 사람들도 그것이 사실
이라고 밝히고 있습니다.'

사정이 이러한데, 우리가 가장 완벽한 불의를 버려두고 정의를 선
택할 이유가 어디 있습니까? 불의를 행하더라도 고상함으로 위장하는
데 성공한다면, 살아서나 죽어서나 신들과 사람들 앞에서 우리 마음대
로 행할 수 있다고 대다수 사람과 최정상에 있는 사람들이 말하기 때문
입니다. 그러니 앞에서 말한 모든 것에 비추어볼 때, 지적 능력과 체력 c
이 출중하고 부유하며 가문 좋은 사람이라면 누군가가 정의를 찬양하
는 말을 들었을 때 비웃지 않고 진정으로 정의를 존중하려고 할까요, 소
크라테스 선생님? 설령 우리가 앞에서 언급한 바가 거짓임을 증명할 수
있고 정의가 가장 훌륭한 것임을 뻔히 안다 해도, 그는 불의한 자들을
너그럽게 용서할 것이고 그들에게 화내지 않을 것입니다. 불의를 견디
지 못하는 성품을 타고났거나 지혜를 얻어 불의를 멀리하는 사람이 아 d
니라면, 다들 스스로 원해서 정의로운 게 아니고, 용기가 없거나 늙었거
나 다른 이유로 불의를 행할 능력이 없기에 다른 이들의 불의를 비난한
다는 것을 알고 있기 때문입니다. 이것은 명백한 사실입니다. 그런 자들
은 누구라도 힘이 생기면 앞장서서 자기가 할 수 있는 온갖 불의를 행
할 테니까요.

이 모든 것의 원인은 다름 아니라 글라우콘과 제가 소크라테스 선
생님을 상대로 한 토론의 출발점이 된 이 주장 때문이었습니다. '보십
e 시오, 어록을 남긴 최초의 영웅에서 오늘날 사람들에 이르기까지 정의
를 찬양한 이들 중에 정의나 불의에서 파생하는 평판이나 명예, 그 밖
의 것과는 상관없이 정의나 불의를 그 자체로 비난하거나 찬양한 사람
은 없었습니다. 정의나 불의 그 자체가 무슨 일을 하는지, 사람의 혼 속
에서 무슨 작용을 일으키는지 신들과 사람들은 전혀 관심을 갖지 않았
습니다. 불의는 사람이 혼 속에 지닐 수 있는 가장 나쁜 것인 반면에,
정의는 가장 좋은 것임을 시나 개인의 발언을 통해 충분히 논증한 이는
367a 아무도 없었습니다. 하지만 그들 모두가 처음부터 그렇게 말하고 어릴
때부터 우리를 설득했더라면, 우리는 누가 불의를 행하면 어쩌나 하고
서로 경계할 필요가 없었을 겁니다. 자신이 혹여 불의를 행하여 가장
나쁜 것과 동거하게 될까 봐 각자 자신의 가장 훌륭한 감시자가 되었을
테니까요.'

소크라테스 선생님, 트라시마코스 선생을 비롯해 여러 사람은 정의
와 불의를 그렇게 말하거나 더한 말도 할 수 있었을 것입니다. 그런데
제가 보기에 그들은 대중의 생각을 따라 정의와 불의가 지닌 힘을 반대
b 로 말하는 것 같습니다. 하지만 저는 숨길 필요가 전혀 없기 때문에 선
생님이 해주시는 정반대의 말씀을 듣고 싶어 이렇게 온 힘을 짜내서 말
했습니다. 그러니 정의가 불의보다 낫다는 말씀만 하지 마시고, 정의와
불의가 각각 정의로운 자와 불의한 자에게 무슨 작용을 하기에 정의는
그 자체로 좋고 불의는 그 자체로 나쁜지 말씀해주시지요.

하지만 글라우콘이 요청한 대로 정의나 불의에 따른 평판은 제외해

주세요. 선생님이 정의와 불의에 대한 진정한 평판은 제거하고 거짓된
평판을 갖다 붙이시면, 우리는 선생님이 정의로운 것이 아니라 정의로
워 보이는 것을 찬양하고, 불의한 것이 아니라 불의해 보이는 것을 비난 c
함으로써, 들키지 말고 불의를 행하라고 권하시는 것으로 생각하겠습니
다. 또한 정의는 남에게 좋은 것, 즉 강자에게 이로운 반면에, 불의는 자
기에게 이롭고 이익이 되지만 약자는 불의를 행할 수 없다고 말한 트라
시마코스의 주장에 동의하시는 것으로 생각하겠습니다.

이미 선생님은 가장 좋은 것은 그로 인한 결과 때문에도 가치 있지만
사실은 결과보다 그 자체로 훨씬 가치 있고, 그런 부류로는 보기, 듣기, d
생각하기, 건강 등이 있으며 정의도 그런 가장 좋은 것에 속한다는 데
동의하셨습니다. 평판이 아니라 본질 때문에 정의가 좋은 것에 속한다
는 데 동의하셨지요.

그러니 선생님은 정의나 불의에서 파생한 보상이나 평판에 대한 찬
양은 다른 이들에게 맡겨두시고, 오직 정의는 그 자체로 정의로운 자에
게 어떻게 이롭고, 불의는 그 자체로 불의한 자에게 어떻게 해가 되는지
말씀하면서 정의 자체를 찬양해주시기 바랍니다. 다른 사람이 정의와 불
의가 주는 보상과 평판을 칭찬하거나 욕하는 방식으로 정의를 찬양하고
불의를 비난한다면 받아들이겠지만, 선생님이 그렇게 하시는 건, 선생님
이 수긍하라고 명령하지 않는 한 저로선 받아들일 수 없습니다. 선생님
은 바로 이 문제를 살피면서 일생을 보내신 분이니까요. 그러니 정의가 e
불의보다 낫다는 말씀만 하지 마시고, 신들과 사람들이 진정으로 정의로
운 자와 불의한 자를 알아주든 말든 정의와 불의 그 자체가 각각 어떤 작
용을 하기에 하나는 좋고 다른 하나는 나쁜지 말씀해주세요."

나는 늘 글라우콘과 아데이만토스의 자질에 감탄해왔지만, 그 말을
368a 듣고 몹시 기뻐하며 말했네. "그 아버지에 그 아들이라더니. 자네들이
메가라 전투[44]에서 공을 세웠을 때, 글라우콘을 사랑하는 사람[45]이 자
네들을 칭송하는 시를 지어, '가문에서 유명하여 신 같은 아리스톤에게
서 태어난 자제들이여'라고 첫 행을 시작한 게 틀리지 않았네. 이보게,
자네들이 제대로 말했네. 자네들은 불의를 옹호하는 주장을 이렇게 잘
할 수 있으면서도 정작 불의가 정의보다 낫다고 믿지 않으니, 자네들이
야말로 신들의 자손이 아니고 뭐겠는가. 나는 자네들이 진정 불의를 옹
b 호한다고 믿지 않으니 말일세. 자네들이 한 말만 놓고 보면 불의를 옹호
하는 것 같지만 자네들의 평소 언행을 보고 그렇게 판단한 걸세. 하지만
그럴수록 내가 어떻게 말할지 난감해지네. 내게는 정의를 구해낼 방법
이 없으니 말이야. 내겐 그럴 능력이 없네. 내가 트라시마코스에게 정의
가 불의보다 낫다는 것을 증명했다고 생각했지만, 자네들이 나의 그런
생각에 수긍하지 않는 것이 그 증거네. 그렇다고 해서 정의를 구하지 않
c 고 내버려둘 도리도 없네. 정의가 비난받고 있는데도, 아직까지 숨 쉬고
말할 수 있는 내가 수수방관한다면 불경을 저지르는 것 같아 두렵기 때
문이네. 그러니 내가 할 수 있는 데까지 정의를 구해보려 하네."

---

44 메가라는 펠로폰네소스 반도 북동쪽의 도시 코린토스와 아테네 중간에 있던 도시국가다. 아테네의 패권에 맞선 스파르타 진영과 아테네 진영 간의 펠로폰네소스 전쟁(기원전 431-404년)에서 메가라는 스파르타 쪽에 가담했다. 여기에 언급된 메가라 전투는 기원전 409년에 벌어졌다.

45 여기에서 '사랑하는 사람'은 동성애 관계에서 나이가 많은 쪽을 가리킨다. "글라우콘을 사랑하는 사람"은 알려져 있지 않지만 그의 외숙부 크리티아스로 추정된다. 고대 그리스의 아테네 상류사회에서는 동성애가 삶의 일부였다.

그러자 글라우콘과 다른 사람들은 내게 논의를 포기하지 말고 어떻게든 정의를 구해달라고 요청하면서 정의와 불의가 각각 무엇이고, 그 자체가 주는 이익이 무엇인지 철저히 규명해달라고 말했네.

그래서 나는 "내가 보기에 우리가 착수하려는 과제는 사소하지 않고 예리한 통찰력이 필요한 일 같네"라고 말한 뒤 이렇게 덧붙였네. "우리 d
는 뛰어난 사람들이 아니니 이 문제를 다음과 같은 방식으로 탐구하는 게 좋겠네. 시력이 안 좋은 사람들이 멀리 있는 작은 글자를 정확히 읽으라는 명령을 받았다고 치세. 그중 한 명이 자신이 읽어야 할 글자와 똑같은 글자가 어딘가 더 큰 장소에 더 크게 적혀 있지 않을까 생각하고는 실제로 발견해 읽은 다음, 그것을 작은 글자와 비교해 동일한지 확인할 수 있다면 잘된 일이 아니겠는가."

아데이만토스가 말했네. "물론입니다. 하지만 소크라테스 선생님, 방 e
금 드신 예와 정의를 탐구하는 것 사이에 어떤 유사성이 있나요?"

나는 말했네. "말해주겠네. 우리는 정의가 한 개인의 문제이기도 하지만 국가 전체의 문제라고 말하지 않았나?"

그는 "물론이지요"라고 말했네.

"국가는 한 개인보다 더 크지?"

그는 "더 크지요"라고 말했네.

"그렇다면 정의는 더 큰 곳에 더 큰 규모로 존재하고, 그렇기 때문에 알아보기도 쉬울걸세. 그러니 자네들만 좋다면, 먼저 국가의 정의가 무 369a
엇인지 탐구해보세. 그런 다음 국가라는 큰 범위에서 찾아낸 사실을 개인이라는 작은 범위에서도 찾아낼 수 있는지 살펴보자는 것이지."

그는 "좋은 생각 같습니다"라고 말했네.

그래서 내가 말했네. "국가가 생기는 과정을 이론적으로 고찰해보면, 국가 안에서 정의와 불의가 어떻게 생기는지도 보게 되지 않겠는가?"

그는 "아마도 그럴 겁니다"라고 말했네.

"그러면 우리가 찾는 것을 좀 더 쉽게 찾게 되겠지?"

b "가능성이 훨씬 많아질 겁니다."

"방금 내가 제안한 것을 시도해도 되겠나? 결코 작은 일이 아니니 잘 생각해보게!"

아데이만토스가 말했네. "이미 생각해봤으니 다른 생각은 마시지요."

내가 말했네. "내 생각에 국가가 생기는 이유는 우리 각자가 혼자서는 자기에게 필요한 많은 것을 공급하며 살 수 없기 때문인 것 같네. 자네는 국가가 생기는 다른 이유가 있다고 보나?"

그는 "아니요"라고 대답했네.

c "사람이 살아가는 데는 많은 것이 필요하기 때문에 어느 하나의 필요를 채우려고 자기 외에 한 사람을 맞아들이고, 또 하나의 필요를 채우려고 또 한 사람을 맞아들이게 된다네. 이런 식으로 서로 도울 사람들이 한데 모여 살게 되는데, 우리는 이렇게 많은 사람이 모여 사는 곳에 국가라는 명칭을 부여했네. 그렇지 않은가?"

"맞습니다."

"한데 모인 사람들이 각자의 것을 주고받는 건, 그렇게 하는 것이 더 낫다고 여기기 때문이겠지?"

"물론입니다."

내가 말했네. "자, 이론적으로 처음부터 국가를 세워보세. 그러면 필요에 의해 국가가 세워진 것이 드러날걸세."

"왜 아니겠습니까?"

"모든 필요 중에 가장 중요한 것이 생존을 위한 양식 마련이네." d

"전적으로 그렇습니다."

"두 번째는 주거이고, 세 번째는 의복 같은 것이네."

"그렇습니다."

내가 말했네. "우리가 이런 것을 마련하도록 국가는 어떻게 도울 수 있겠나? 농사 짓는 사람과 집 짓는 사람, 옷감 짜는 사람이 필요하지 않겠나? 신발 만드는 사람이나 다른 이들의 신체를 돌봐줄 사람도 필요하겠지?"

"물론입니다."

"국가가 세워지려면 적어도 네댓 명은 반드시 필요하겠군."

"그런 것 같습니다." e

"그렇다면 그들은 각자 모두의 필요를 마련하기 위해 일해야 할까? 예컨대 농부는 네 사람의 양식을 마련하기 위해 일해야 할까? 네 배의 시간과 네 배의 노력을 들여 네 사람의 양식을 마련해 나눠 주어야 하느냐는 말일세. 아니면 다른 사람은 신경 쓰지 않고 오직 자기에게 필요한 것만 마련하기 위해 자기 시간의 4분의 1을 들여 국가 전체에 필요한 식량의 4분의 1만 생산하고 남은 4분의 3은 자기 집을 짓고 옷이나 370a
신발을 만드는 데 쓰는 게 나을까?"

아데이만토스는 "소크라테스 선생님, 전자가 더 쉬울 것 같습니다"라고 말했네.

내가 말했네. "맹세하건대 당연한 일일세. 자네가 그렇게 말하니 나도 이런 생각이 들었네. 우리는 모두 서로 다른 적성을 가지고 태어나 각기 b

다른 일을 하게 되네. 자네도 그렇게 생각하지?"

"그렇게 생각합니다."

"그러면 이건 어떤가? 사람은 언제 일을 더 잘해내는가? 한 사람이 여러 기술을 사용해 여러 분야에서 일할 때인가, 아니면 한 가지 기술을 사용해 한 분야에서 일할 때인가?"

그는 "그야 한 가지 기술을 사용할 때이지요"라고 말했네.

"또한 적절한 시기를 놓쳐도 분명 그 일을 망치게 될걸세."

"그렇습니다."

"일이라는 게 일할 사람이 한가해질 때까지 기다려주지 않으니, 그
c 일을 부업으로 해서는 안 되고 반드시 전념해야 한다고 생각하네."

"물론입니다."

"이는 모든 사람이 각자 적성에 따라 한 가지 일을 적절한 때에 하고, 다른 일은 한가할 때 하는 것이 더 많은 일을 훌륭하고 쉽게 할 수 있음을 보여주네."

"전적으로 그렇습니다."

"여보게 아데이만토스, 그런데 사람들에게 필요한 것들을 마련하기 위해서는 네 명보다는 훨씬 많은 시민이 필요하네. 농부가 쓸 만한 쟁기
d 가 필요하다고 해서 직접 쟁기를 만들지는 않네. 괭이는 물론이고 그 밖의 농사 도구도 직접 만들지 않을걸세. 이는 건축가나 직조공이나 제화공도 마찬가지네. 그렇지 않은가?"

"옳은 말씀입니다."

"그런 이유로 목수와 대장장이를 비롯해 다른 전문 기술자들이 우리가 세우고자 하는 이 작은 국가에 합류했고, 덕분에 국가가 이미 꽤 커졌네."

"분명 그렇습니다."

"하지만 그들 외에 소와 양 치는 사람을 비롯해 다른 축산업자를 추
가한다 해도 이 국가가 아주 커지지는 않을걸세. 축산업자를 국가에 추 e
가한 이유는 농부가 논밭을 경작하려면 소가 필요하고, 건축업자도 짐
을 실어 나르는 가축이 필요하며, 직조공과 제화공에게는 가죽과 양모
가 필요하기 때문이지."

그는 "지금까지 언급한 사람만 합류해도 결코 작은 국가라고 할 수 없습니다"라고 말했네.

내가 말했네. "게다가 물건을 수입할 필요가 없는 국가를 세운다는 건 불가능하네."

"그렇습니다."

"그렇다면 국가에 필요한 물건을 수입할 사람이 더 필요하겠군."

"그렇습니다."

"하지만 타국민에게 갈 때 빈손으로 간다면 그들은 자국민에게 필 371a
요한 물품을 공급해주지 못할 테니 우리도 빈손으로 돌아오게 될걸세.
그렇지 않은가?"

"그럴 것 같습니다."

"따라서 국가는 자국민에게 필요한 수량뿐 아니라 타국민이 자기 필요를 채우는 데 필요한 수량까지 생산해야 하네."

"그래야겠지요."

"그러면 우리가 상정한 국가에는 앞에서 말한 것보다 더 많은 농부와 기술자가 필요하게 되네."

"그렇지요."

"그리고 온갖 물건을 수입하고 수출하는 이들도 필요하지. 무역상 말이네."

"그렇습니다."

"그렇다면 우리의 국가에 무역상을 추가해야겠군."

"물론입니다."

b "무역이 바닷길을 따라 이루어진다면, 바다와 관련된 일에 정통한 사람들도 많이 추가해야 할걸세."

"그럴 겁니다."

"그러면 각 분야에서 생산된 물건을 국가 안에서 어떻게 나누어 가져야 하겠나? 결국은 그러자고 서로 동반자가 되어 국가를 세우지 않았는가?"

그는 "사고파는 일을 통해 해야지요"라고 말했네.

"시장과 거래를 위한 화폐가 생긴 것은 이 때문이네."

"물론입니다."

c "그런데 농부나 기술자가 생산품의 일부를 시장에 가져가서 팔려고 해도 제때 구매자를 만나지 못하면, 본업을 내팽개친 채 하염없이 시장 바닥에 주저앉아 있어야 할까?"

그는 말했네. "그렇지 않습니다. 이런 일을 맡겠다고 나선 사람들이 있으니까요. 바르게 통치되는 국가에서는 대체로 몸이 허약해 다른 일
d 은 할 수 없는 사람들이 이런 일을 합니다. 이들은 시장에 자리 잡고 머무르면서 물건을 팔려는 사람에게는 돈을 주고 물건을 매입하고, 물건을 사려는 사람에게는 돈을 받고 물건을 내주는 일을 하지요."

내가 말했네. "그래서 우리가 상정한 국가에 소매상이 생기게 된 것이네. 시장에서 자리 잡고 사고파는 일에 종사하는 사람을 소매상이라 하

고, 국가 사이를 오가며 그런 일에 종사하는 사람을 무역상이라고 하지?"

"물론입니다."

"그 밖에 필요한 종사자들도 있네. 지적인 일에 참여하기에는 적합하 e
지 않지만 체력이 충분해 힘든 노동을 감당할 수 있는 사람들이네. 육체 노동의 대가를 임금이라고 하니 그런 사람을 임금 노동자라고 부르는 게 아니겠는가?"

"맞습니다."

"그러니 임금 노동자도 국가 구성원이라고 할 수 있네."

"그렇습니다."

"그렇다면 아데이만토스, 우리가 상정한 국가는 이제 완성된 건가?"

"그런 것 같네요."

"그러면 이 국가의 어디에 정의와 불의가 있겠는가? 지금까지 검토한 것 중 무엇과 관련해 정의와 불의가 생긴 걸까?"

그는 "소크라테스 선생님, 정의와 불의는 이 사람들 서로 간의 필요 372a
와 연관이 있다고 봅니다. 다른 생각은 나지 않네요"라고 대답했네.

내가 말했네. "자네 말이 옳네. 아무튼 머뭇거리지 말고 계속 살펴보세. 먼저 이 사람들이 어떤 방식으로 살아가는지 보자고. 그들은 빵과 포도주, 옷, 신발을 만들며 살겠지? 집을 짓고 그곳에 거주하며, 여름에
는 대체로 옷을 벗고 맨발로 일하지만 겨울에는 옷을 껴입고 신발도 신 b
고 일할걸세. 보리쌀로는 보릿가루를, 밀로는 밀가루를 만들어 반죽하고 구워서 좋은 품질의 과자나 빵을 만들어 갈대 받침이나 깨끗한 나뭇잎 위에 얹어 내놓고, 주목과 도금양 가지로 짠 돗자리에 기대고 누워서 자녀들과 함께 먹고, 식후에는 포도주도 마시지. 머리에 화관을 두르고

c 신들을 찬송하고 서로 즐겁게 교제하며, 가난이나 전쟁에 대비해 각자
재력으로 감당할 수 있는 수만큼 자녀를 낳을걸세."
그러자 글라우콘이 끼어들며 말했네. "선생님은 그 사람들의 밥상에
서 요리는 아예 빼버리신 것 같습니다."
"자네 말이 옳네. 그들이 요리도 먹는다는 걸 깜빡했네. 분명 그들은
소금과 올리브와 치즈도 먹을 것이고, 시골에서 그러하듯이 뿌리채소
나 일반 채소도 삶아 먹을걸세. 아마도 무화과와 콩 종류의 후식도 먹
d 고, 도금양 열매와 도토리를 불에 구워 먹으며 포도주도 적당히 마시겠
지. 그렇게 건강하고 평화롭게 평생을 살다가 나이들어 죽고 똑같은 생
활방식을 자손들에게 물려주겠지."
그러자 글라우콘이 말했네. "소크라테스 선생님, 돼지들의 국가를 세
우고 계신 겁니까? 그 먹거리가 돼지들의 사료와 무엇이 다릅니까?"
그래서 나는 "그러면 글라우콘, 어떻게 해야 하겠는가?"라고 물었네.
그는 말했네. "사람들이 일반적으로 하는 것을 말씀하셔야지요. 저는
그들도 편한 것을 좋아해 침상에 기대고 비스듬히 앉아 식탁에 차려진
e 음식을 먹고, 오늘날 사람들이 먹는 요리와 후식을 먹을 거라고 생각합
니다."
"알겠네. 일반적인 국가뿐만 아니라 사치스러운 국가가 생기는 방식
도 살펴보자는 것이로군. 그것도 그리 나쁘지 않을 듯싶네. 그런 국가를
살펴보면 어떻게 국가에 정의와 불의가 생겨나는지 알 수 있을 것 같기
도 하네. 진정한 국가는 앞에서 묘사한 건강한 나라라고 나는 생각하네.
하지만 자네들이 원한다면 곪아서 부어오른 국가도 고찰해보세. 그러
373a 지 못할 이유가 어디 있겠나. 사실 내가 지금까지 말한 생활방식에 충분

히 만족하지 못하는 사람도 있을걸세. 아마도 온갖 종류의 침상과 식탁을 비롯한 가구들, 요리와 향유, 향료, 기녀(창녀), 생과자가 추가로 필요할 거야. 자, 이제 국가에는 우리가 처음에 말한 집과 옷, 신발 같은 생필품뿐 아니라 그림, 자수, 황금, 상아와 같은 것도 필요해졌네. 그렇지 않은가?"

그는 "그렇습니다"라고 말했네. b

"그렇다면 더 큰 국가를 상정해야 하네. 앞에서 말한 건강한 국가로는 더 이상 감당할 수 없네. 국가 수립에 반드시 필요하지 않은 인원도 합류해 규모가 훨씬 커지고 사람들도 많아졌기 때문이네. 예컨대 온갖 부류의 사냥꾼, 모방[46]이 직업인 사람들 말일세. 그들 중에는 형태와 색을 다루는 이도 많지만, 시인과 그 밑에서 일하는 이야기꾼, 배우, 합창 가무단원, 연출가처럼 시와 노래를 다루는 사람도 많네. 여성 장신구를 비롯해 온갖 종류의 기구와 소품을 만드는 기술자도 있네. 우리를 도와 c
주는 사람도 있어야 할 거야. 아이들의 교육을 돌봐주는 하인, 유모, 보모, 하녀, 이발사, 일반 요리사, 고기 요리사도 있어야 할 것 같지 않은가? 그러면 돼지치기를 비롯해 다른 가축을 기르는 사람도 더 있어야겠지. 우리가 처음 상정한 국가에서는 필요하지 않아 빠졌지만 이 국가에는 들어가야 하지 않겠나?"

"왜 아니겠습니까?"

"그런데 사람들이 그런 식으로 살아간다면 이전보다 훨씬 더 많은 의 d
사가 필요하지 않겠나?"

---

46 온갖 부류의 예술가들이 하는 일을 총칭하여 '모방'(μίμησις, 미메시스)이라고 한다. 여기에서 '모방이 직업인 사람들'을 번역한 그리스어는 '미메테스'(μιμητής, 모방하는 사람)다. 『국가』에서는 '모방'을 참된 것이나 실재와 관련해 뒤떨어진 것으로 취급한다.

"그러겠지요."

"영토도 전에는 사람들을 먹여 살리기에 충분했지만 이제는 작을걸세. 그렇지 않은가?"

그는 "그렇습니다"라고 말했네.

"가축을 기르고 농사 짓는 데 충분한 땅을 확보하려면 이웃 국가의 영토 일부를 차지할 수밖에 없네. 이웃 국가들도 꼭 필요한 정도를 넘어
e 무한히 재물을 얻으려 한다면 우리에게 그렇게 하지 않겠나?"

그는 "그럴 수밖에 없을 겁니다, 소크라테스 선생님"이라고 말했네.

"그렇다면 다음 수순은 전쟁이 아니겠나, 글라우콘? 그렇지 않은가?"

그는 "그럴 겁니다"라고 대답했네.

"전쟁이 어떤 결과를 가져다줄지 지금은 언급하지 말고 전쟁의 기원을 발견했다는 것만 말해두기로 하세. 아무튼 국가에서 사적으로나 공적으로 나쁜 일이 일어난다면 원인은 대체로 그런 데 있다는 걸세."

"물론입니다."

"여보게, 그렇기 때문에 국가는 더 커야 하네. 약간 큰 정도가 아니라
374a 침략자에 맞서 싸워서 시민의 재산은 물론이고 우리가 지금껏 언급한 모든 것을 지켜줄 큰 군대를 둘 정도로 말일세."

그는 "어째서지요? 한 국가를 이루는 시민들로 충분하지 않을까요?"라고 물었네.

내가 말했네. "충분하지 않네. 지금까지 우리가 국가를 세우면서 동의한 것이 옳다면 말일세. 자네도 기억하겠지만, 한 사람이 여러 기술 분야에서 일을 잘하기란 불가능하다는 데 우리는 이미 동의했네."

그는 "맞습니다"라고 말했네.

내가 말했네. "그렇다면 자네는 전쟁에서 승리하는 것은 기술이 아니 b
라고 생각하나?"

그는 "당연히 기술이지요"라고 말했네.

"그러면 전쟁 기술보다는 신발 만드는 기술에 더 공을 들여야 할까?"

"결코 그렇지 않습니다."

"제화공이 농부나 직조공 혹은 건축자가 되는 것을 말리고 오직 제화
공으로 일하게 한 것은 훌륭한 신발을 생산하려는 의도였네. 다른 이들
도 한 가지 일만 하게 했는데, 이는 각자 적성에 맞는 일을 선택해 평생
그 일에 전념하며 다른 일은 신경 쓰지 않아 적기를 놓치지 않고 그 일 c
을 잘하게 하기 위해서였네. 그런데 전쟁이라는 게 아주 쉬워서 농부나
제화공이나 다른 기술직 종사자가 본업과 겸할 수 있을 만한 일인가?
장기나 주사위 놀이의 고수가 되는 것도 어릴 적부터 계속해오지 않았
다면 어렵지 않은가? 하물며 어느 날 갑자기 방패나 전쟁 무기와 장비 d
를 집어 들었다고 해서 누구나 즉시 중무장 보병으로 싸우거나 전투에
능한 전사가 될 수 있겠는가? 마찬가지로 어떤 도구를 집어 들었다고
해서 기술자나 운동선수가 될 수는 없네. 도구라는 것이 그 도구에 대한
지식을 잘 갖추었거나 그 도구로 충분히 연습하지 않은 사람에게는 아
무 쓸모도 없지 않겠나?"

그는 "그렇습니다"라고 대답했네.

내가 말했네. "국가 수호자들[47]의 임무는 중차대하므로 최대한 다른 e

---

47 '수호자'로 번역된 '퓔락스'(φύλαξ)는 이 책에서 국가 수호를 담당하는 사람을 가리킨다. 수호자에는 군인과 통치자가 있는데, 넓은 의미에서는 두 부류를 포괄하고, 좁은 의미에서는 군인들만 가리킨다.

일은 신경 쓰지 않고 그 기술을 갈고 닦는 데만 집중해야 하네."

그는 "동의합니다"라고 말했네.

"그렇다면 이 일도 적성이 맞아야 하겠지?"

"당연히 그렇지요."

"따라서 어떤 적성을 가진 사람이 국가 수호에 적합한지 최대한 가려내는 것이 우리가 할 일이네."

"분명 그렇습니다."

내가 말했네. "맹세하건대 우리가 하려는 일은 작은 일이 아니네. 어쨌거나 해낼 힘이 있다면 머뭇거려는 안 되지."

375a 그는 "물론이지요. 머뭇거려서는 안 됩니다"라고 말했네.

"수호라는 일의 관점에서 볼 때, 혈통 좋은 개나 가문 좋은 청년 사이에 본성적으로 차이가 있다고 보는가?"

"무슨 말씀인지요?"

"예컨대 이런 거지. 둘 다 감각이 예민하고 날렵하게 추적하며 붙들고 싸우는 힘이 세야 할걸세."

그는 "잘 지키려면 그런 자질을 갖추어야 하겠지요"라고 말했네.

"또한 잘 싸우려면 용감해야 하네."

"물론입니다."

"그런데 말이든 개든 어떤 동물이든 격정적이지 않다면 용감해질 수
b 있을까? 격정[48]이 얼마나 천하무적이고 불굴의 것인지 자네는 아는가?

48 플라톤은 인간의 혼이 세 부분, 즉 이성, 욕구, 격정으로 이루어져 있다고 보았다. 여기에서 격정은 기개와 의분을 주관하며 욕구와는 구별된다.

격정이 깃든 혼은 무슨 일에든 두려움이 없고 불굴의 의지를 갖는다네."

"압니다."

"따라서 수호자의 신체 조건이 어떠해야 하는지 분명해졌네."

"그렇습니다."

"성격상 적어도 격정적이어야 한다는 점도 분명해졌네."

"그렇습니다."

내가 말했네. "글라우콘, 그들의 적성이 그렇다면 그들이 서로 또는 다른 시민들을 거칠게 대하지는 않겠는가?"

그는 "맹세하건대 그러기가 쉬울 겁니다"라고 말했네.

"어쨌든 그들은 자기편에게는 온순하고 적에게는 인정사정없어야 c
하네. 그렇지 않으면 적들에게 파멸되기 전에 그들이 먼저 자멸하고 말
걸세."

그는 "옳은 말씀입니다"라고 대답했네.

내가 말했네. "그러면 어찌해야 하나? 온순하면서도 극히 격정적인 사람을 어디에서 찾는단 말인가? 두 성품은 서로 반대되는데 말이야."

"글쎄요."

"두 성품 중 하나라도 갖추지 못하면 훌륭한 수호자가 될 수 없네. 하
지만 둘 다를 갖추기란 불가능하지. 그렇다면 훌륭한 수호자가 나올 수 d
없다는 말이 되네."

그는 "그런 것 같습니다"라고 대답했네.

난감해진 나는 지금까지 언급한 것을 되짚어보며 말했네. "여보게, 우리가 앞에서 언급한 비유를 빠뜨렸나 보네. 그러니 난감해진 것도 당연하지."

"무슨 말씀이지요?"

"불가능다고 생각한 일, 즉 서로 반대되는 두 성품을 동시에 갖춘 경우가 존재한다는 사실을 우리가 미처 깨닫지 못했다는 말이네."

"그런 경우가 어디에 있습니까?"

e "여러 동물이 있지만 무엇보다 앞에서 우리가 수호자에 비유한 동물이 그러하네. 혈통 좋은 개는 함께 사는 사람이나 아는 사람에게는 온순하지만 낯선 사람에게는 사납다는 사실을 자네도 알걸세."

"물론 압니다."

내가 말했네. "그러니 그와 같은 수호자를 찾는 것은 자연의 이치에 어긋나지 않네."

"그런 것 같네요."

"그런데 수호자가 될 사람은 격정적인 성품뿐 아니라 지혜를 사랑하는 성품도 지녀야 하지 않겠나?"

376a 그는 "무슨 말씀인지 잘 모르겠습니다"라고 대답했네.

내가 말했네. "이런 면모도 개들에게서 볼 수 있지. 이 짐승이 지닌 놀라운 점이라네."

"어떤 점을 말씀하시는지요?"

"개는 낯선 사람을 보면 자기에게 해를 입힌 적이 없어도 사납게 대하네. 반면에 아는 사람을 보면 자기에게 좋은 일을 해준 적이 없어도 반갑게 대하지. 자네는 이 점이 신기하지 않은가?"

그는 "그런 생각은 해본 적이 없지만, 개들이 실제로 그렇긴 하지요"라고 대답했네.

b "개의 그런 본성은 영리하고 진정으로 지혜를 사랑하는 것으로 보이네."

"어떤 점에서 그런가요?"

내가 말했네. "개는 어떤 형태를 볼 때, 자기가 아는지 모르는지에 따라 친구인지 적인지 구별하기 때문이네. 이렇게 지식과 무지를 기준으로 아군과 적군을 구별하는데 어떻게 배움을 좋아하지 않을 수 있겠나?"

그는 "분명히 그럴 겁니다"라고 대답했네.

내가 말했네. "배움을 좋아하는 것은 지혜를 사랑하는 것과 분명 동일하지 않은가?"

그는 "동일하지요"라고 말했네.

"그렇다면 사람의 경우에도 자기편, 즉 아는 사람에게 온순하려면 천 c
성이 지혜를 사랑하고 배움을 좋아하는 사람이어야 한다고 감히 주장할 수 있겠지?"

그는 "그렇습니다"라고 말했네.

"따라서 장차 국가를 잘 지키는 수호자가 되려면, 천성적으로 지혜를 사랑하고 격정적이며 날렵하고 힘센 사람이어야 할걸세."

그는 "두말할 필요도 없습니다"라고 말했네.

"국가를 훌륭하게 지키는 수호자는 그런 천성을 지닌 사람임이 분명해졌네. 그런데 그런 사람을 어떻게 양육하고 교육해야 할까? 이 문제
는 우리가 하고 있는 이 모든 고찰의 목적, 즉 국가에서 정의와 불의가 d
어떤 식으로 생기는지 알아내는 데 도움이 되겠나? 논의가 미진해도 안 되지만 장황해도 안 되니 하는 말일세."

그러자 글라우콘의 형이 대답했네. "틀림없이 도움이 된다고 봅니다."

내가 말했네. "그렇다면 아데이만토스, 논의가 생각보다 길어져도 절대 포기해서는 안 되네."

"알겠습니다."

"자, 그러면 이야기 속의 여유로운 화자처럼 우리의 논의를 통해 장차 수호자가 될 사람을 교육해보세."

e "좋습니다."

"그렇다면 어떤 교육을 시켜야 할까? 예로부터 내려오는 교육만 한 게 어디 있겠나? 그런 것에는 신체를 교육하는 체육이 있고, 혼을 교육하는 시가(詩歌)가 있네."

"그렇습니다."

"체육보다는 시가를 먼저 교육해야 하겠지?"

"물론입니다."

내가 말했네. "그런데 자네는 시가에 이야기를 포함시키는가, 안 시키는가?"

"저는 포함시킵니다."

"이야기에는 두 종류가 있네. 하나는 사실적인 이야기이고, 다른 하나는 지어낸 이야기겠지?"

"네."

377a "두 가지 교육을 모두 받아야 하지만 허구부터 시작해야 하지 않겠나?"

그는 "무슨 말씀인지 잘 모르겠는데요"라고 대답했네.

내가 말했네. "우리가 아이들에게는 설화부터 들려준다는 것을 모르는가? 설화에는 사실도 일부 들어 있지만 거의가 지어낸 내용이지. 우리는 아이들의 체력을 단련시키기에 앞서 설화를 들려주고 있지."

"그렇습니다."

"그런 까닭에 체육보다 시가를 먼저 교육해야 한다고 말한 것이네."

그는 "맞는 말씀입니다"라고 말했네.

"모든 일에는 시작이 가장 중요하네. 특히 어리고 연한 것과 관련해 b
말이지. 가장 유연한 때여서 누가 무엇을 새기든지 잘 받아들이니 말
일세."

"물론입니다."

"그렇다면 아이들이 아무나 지어낸 이야기를 마구잡이로 듣고, 장성했을 때 그들 안에 마땅히 있어야 하는 것과 반대되는 것을 그들의 혼 속에 받아들이도록 경솔하게 내버려둬서야 되겠는가?"

"결코 그래서는 안 되지요."

"따라서 우리는 먼저 설화 작가들을 감독해 그들이 쓴 훌륭한 설화는 c
받아들이고, 그렇지 않은 것은 배척해야 하네. 그런 다음 보모들과 어머
니들을 설득해 우리가 받아들인 설화들을 아이들에게 들려주게 해야지.
아이들의 신체를 돌보는 것 이상으로 혼을 조성하는 데 힘쓰게 하는 걸
세. 지금 아이들에게 들려주는 설화 중에는 버릴 것이 상당수네."

그는 "어떤 것들인가요?라고 물었네.

내가 말했네. "좀 더 큰 규모의 설화들에 대해 말한다면 작은 규모의
설화들에도 적용될걸세. 큰 설화나 작은 설화나 전체 틀은 동일하고, 아
이들에게 미치는 영향도 동일할 테니까. 그렇게 생각하지 않나?" d

그가 대답했네. "저도 그렇게 생각합니다. 하지만 선생님이 버려야 한다고 말씀하신 큰 설화가 어떤 것인지 잘 모르겠습니다."

내가 말했네. "헤시오도스와 호메로스, 그 밖의 시인들이 들려주고 있는 것이네. 그들은 자신이 지어낸 설화를 사람들에게 들려주었고, 지금

도 들려주고 있기 때문이네."

그는 "어떤 설화가 그런가요? 어떤 점이 비난받아 마땅하다는 건가요?"라고 물었네.

내가 말했네. "무엇보다도 나쁜 거짓말을 지어낸 경우가 그러하네."

"무엇을 두고 하시는 말씀입니까?"

e "화가가 무언가를 전혀 닮지 않게 그린 것처럼, 신들과 영웅들이 어떤 존재인지 영 잘못 표현한 경우를 뜻하네."

그는 "그건 비난받아 마땅한 일이지요. 그런데 구체적으로 어떻게 표현한 것을 말씀하시나요?"

내가 말했네. "먼저, 가장 중요한 일에서 가장 큰 거짓말을 한 경우가 좋지 않네. 예컨대 우라노스가 크로노스에게 한 일이라든지, 크로노스
378a 가 우라노스에게 복수한 일에 관해 헤시오도스가 지어낸 이야기가 그러하네.[49] 크로노스가 한 일과 자기 아들에게 당한 일[50]은 설령 실제로 일어난 사건이라 해도 철없고 아직 어린아이들에게 얘기하는 건 너무 경솔하므로 침묵이 최선이라고 생각하네. 어쩔 수 없이 얘기해야 한다

49 그리스 신화에서 제1대 주신 우라노스(하늘)는 아내 가이아(땅)와의 사이에서 태어난 자녀들이 세상에 나오지 못하게 가이아의 자궁인 지옥(타르타로스)에 가둔다. 이에 분노한 가이아는 자녀들 중 한 명인 크로노스와 함께 복수를 계획하고, 크로노스는 큰 낫으로 우라노스의 남근을 자르고 제2대 주신에 등극한다. 이 이야기는 헤시오도스, 『신들의 계보』 154-210행에 나온다.

50 제2대 주신이 된 크로노스는 아내 레아에게서 태어난 자녀가 그의 자리를 빼앗을 것이라는 예언 때문에 자녀가 태어날 때마다 삼켜버린다. 이에 레아는 제우스를 낳고서는 크로노스를 속여 제우스 대신에 돌을 삼키게 하고, 제우스는 크레타섬에 숨긴다. 장성한 제우스는 크로노스를 포함해 티탄 신족의 12신을 몰아내고 제3대 주신으로 등극하여 올림포스 12신의 시대를 연다. 이 이야기는 헤시오도스, 『신들의 계보』 453-506행에 나온다.

면 새끼 돼지 정도가 아니라 구하기 힘든 귀한 가축을 바치며 누설하지 않겠다는 서약을 받은 후 되도록 극소수만 듣게 해야 하네."

그는 "사실 그런 건 위험천만한 이야기지요"라고 말했네.

그래서 내가 말했네. "그러니 아데이만토스, 이 국가에서는 그런 이야 b
기를 아이들에게 들려줘서는 안 되네. 어떤 신들이 극악무도한 짓을 저질렀는데도 별일 아니라는 식으로 아이들이 듣는 데서 말해도 안 되고, 위대한 최고의 신들이 불의를 저지른 자기 아버지를 온갖 방법을 동원해 응징했다는 말을 해서도 안 되네."

그는 "맹세하건대 그렇게 해서는 안 됩니다. 제 생각에도 그런 이야기를 들려주는 것은 적절하지 않습니다"라고 말했네.

그래서 내가 말했네. "신들이 서로 전쟁을 일으키고 음모를 꾸미며 c
싸운 이야기도 들려줘서는 절대 안 되네. 사실이 아니기도 하거니와 장차 국가를 지킬 수호자들이 서로 미워하는 것을 가장 수치스럽게 여기는 일이 몸에 배게 하기 위함일세. 신들과 거인족 간의 싸움[51]을 들려주거나 그런 내용을 옷에 수놓아서도 결코 안 되네.[52] 그 밖에 신들과 영웅들이 동족이나 아군에게 행했다는 무수한 적대 행위도 들려줘서는 안 되네. 시민들이 서로 미워하는 일이 없도록 하고, 그것이 불경스러운 행

---

51 '거인족'은 크로노스가 자른 제1대 주신 우라노스의 남근에서 나온 피로 우라노스의 아내 가이아가 잉태하여 낳은 자식들이다. 제우스가 제2대 주신 크로노스에 맞서서 이기고 그를 비롯한 티탄 12신을 지옥에 가두자 가이아의 부추김으로 거인족과 제3대 주신 제우스를 위시한 올림포스 12신 사이에 10년 전쟁이 벌어진다. 결국은 제우스가 승리하는데, 이 싸움에서 제우스와 아테나 여신이 가장 큰 역할을 한다.

52 아테나 여신의 탄생을 기리는 축제가 아테네에서 4년마다 열렸다. 이때 아테나 여신과 올림포스 12신이 거인족에게 승리한 장면을 아테네의 처녀들이 옷에 수놓아 축제 행렬에 내걸었다.

d 위임을 납득시키려면, 할아버지들과 할머니들이 아이들에게 그런 내용을 담은 이야기를 들려주어야 하네. 시인들도 앞으로 장성할 아이들을 위해 그런 이야기를 쓰게 해야 하네. 헤라 여신이 자기 아들에 의해 사슬에 묶였다든지,[53] 헤파이스토스가 매 맞는 어머니를 지키려다가 아버지에게 내동댕이쳐졌다든지[54] 하는 이야기나 호메로스가 들려주는 온갖 신들의 싸움은 숨은 의도가 있든 없든 간에 이 국가에서 받아들여서는 안 되네. 아이들은 숨은 뜻이 있는지 없는지 모르는 데다가 그 나이
e 에 받아들인 생각은 씻어내기 어렵고 바꿀 수 없어 일생 동안 간직하게 되기 때문이네. 그러니 어린 시절에는 미덕을 최대한 훌륭하게 부각시키는 이야기를 들려주는 것이 무엇보다 중요하네."

그는 "일리 있는 말씀입니다. 그런데 어떤 설화가 그런지 묻는다면 뭐라고 대답할까요?"라고 말했네.

379a 내가 말했네. "아데이만토스, 나나 자네나 지금은 시인이 아니라 국가를 세우는 사람이네. 시인이 써야 하는 설화 규범을 알고, 규범에 맞지 않는 설화를 허용하지 않으면 되지 스스로 설화를 쓸 필요는 없네."

그는 "옳은 말씀입니다. 그러면 신들의 이야기를 쓸 때 지켜야 할 규

53 여기에서 '아들'은 올림포스 12신 중 하나인 불과 대장장이의 신 헤파이스토스를 가리킨다. 그는 제우스와 헤라 사이에서 태어났다. 헤라는 헤파이스토스를 낳았지만 너무 작고 못생긴 데다 시끄럽게 울어대자 올림포스 꼭대기에서 내던졌고, 아기는 종일 추락하다가 바다에 떨어지면서 절름발이가 되었다. 나중에 헤파이스토스는 어머니에게 복수하기 위해 황금 옥좌를 보내는데, 거기에 앉은 헤라는 아들이 장치한 사슬에 묶여 꼼짝할 수 없게 된다.

54 헤라가 헤라클레스를 집요하게 괴롭히자 제우스는 그 문제로 헤라와 말다툼을 했고 이때 헤파이스토스가 어머니 편을 들자 제우스는 화가 나 그를 하늘에서 던져버렸다. 헤파이스토스는 종일 추락하다가 렘노스섬에 떨어졌다.

범에는 무엇이 있을까요?"라고 말했네.

내가 말했네. "예컨대, 신에 관한 이야기를 쓸 때면 서사시든 서정시든 비극시든 언제나 신을 있는 그대로 묘사해야겠지."

"당연히 그래야지요."

"그렇다면 신은 좋은 존재이니 좋게 말해야 하지 않겠나?" b

"물론입니다."

"좋은 것 중에서 해로운 것은 없네. 그렇지 않은가?"

"없을 겁니다."

"그런데 해롭지 않은 것이 해를 입히겠는가?"

"결코 그럴 수 없지요."

"해를 입히지 않는 것이 나쁜 짓을 하겠는가?"

"그런 일은 있을 수 없습니다."

"어떤 나쁜 짓도 하지 않는다면 나쁜 것의 원인이지도 않겠지?"

"물론입니다."

"그러면 좋은 것은 유익한가?"

"네."

"그렇다면 좋은 것은 잘되는 것의 원인이겠지?"

"네."

"그러니 좋은 것은 모든 것의 원인이 아니라 좋은 상태의 원인이지 나쁜 것의 원인은 아니네."

그는 "전적으로 그렇습니다"라고 대답했네. c

내가 말했네. "그렇다면 신은 좋은 존재이므로 대다수 사람들이 말하는 것과 달리 모든 인간사의 원인은 아니네. 일부분의 원인이지 대다수

의 원인이 아니라는 말일세. 우리에게는 좋은 일이 나쁜 일보다 훨씬 적
으니 말이야. 따라서 신이 아닌 다른 것이 좋은 것의 원인도 아니지만,
나쁜 것의 원인은 신이 아닌 다른 것들에서 찾아야 하네."

그는 "지극히 옳은 말씀입니다"라고 대답했네.

d 내가 말했네. "그러면 호메로스나 다른 시인들이 신들에 관해 분별없
이 말한 것을 받아들여서는 안 되네. '큰 항아리 두 개가 제우스 궁 바닥
에 놓여 있습니다. 하나에는 행운이, 또 하나에는 불운이 가득 들어 있
습니다.'[55] 제우스가 무작위로 준 두 항아리를 받은 사람은 '어떤 때는
불운을 만나고 어떤 때는 행운을 만납니다.' 반면 제우스가 두 번째 항
아리에서 꺼낸 것만 받은 사람은 '먹을 게 없어서 신성한 대지를 떠돌
e 게 됩니다.' 또 어떤 시인이 제우스는 '좋은 일도 나쁜 일도' 나누어 주
는 분이라고 말한 것도 받아들여서는 안 되네. 판다로스가 서약을 어기
고 휴전 협정을 파기한 것은 아테나와 제우스 때문이라고 말한 것도 받
380a 아들여서는 안 되네.[56] 신들 간의 다툼과 힘겨루기가 테미스와 제우스
때문이라고 말하거나,[57] 아이스킬로스가 '신이 한 집안을 철저히 파멸하

---

55 호메로스, 『일리아스』 24권 527-528행. 그다음 인용문은 같은 책 530행에 나오며, 세 번째 인용문의 출처는 알려져 있지 않다.

56 트로이아 전쟁에서 그리스군과 트로이아군은 10년 동안 싸웠지만 결말이 나지 않아 휴전한다. 하지만 제우스는 그리스군을 편드는 헤라의 성화에 못 이겨서 헤라가 트로이아로 하여금 휴전 협정을 위반하도록 꼬드기는 것을 허락한다. 또한 그리스군을 편드는 아테나 여신도 트로이아 진영으로 가서 판다로스에게 그리스군 진영의 스파르타 왕 메넬라오스를 활로 쏘아 죽이라고 부추긴다. 판다로스는 이 말에 넘어가 메넬라오스에게 화살을 쏘아 부상을 입히는데, 이 일로 휴전 협정은 깨지고 트로이아는 결국 멸망의 길로 치닫는다.

57 테미스는 하늘의 신 우라노스와 땅의 여신 가이아 사이에서 태어난 티탄 신족 12신 중 한 명이다. 율법과 질서를 관장하는 신으로 올림포스산에서 신들의 회의를 소집하고 연회를 주관했다. 트로이아 전쟁이 일어나자 제우스는 테미스를 시켜 신들을 올림포스 산으로

고 싶을 때 사람들 가운데 화근을 심어놓는다'[58]라고 말한 것도 아이들이 듣게 해서는 안 되네.

이런 내용이 들어 있는 니오베의 고난 이야기[59]나 펠롭스 가문 이야기[60], 트로이아 전쟁[61] 이야기나 그 비슷한 것을 쓰려고 할 경우, 신들이 그런 일을 했다고 말하는 것을 허용해서는 안 되네. 신들에 관한 이야기를 쓰려면, 지금 우리가 찾는 것과 비슷한 이야기를 찾아내 신이 그 b
런 자들을 벌하여 사람들에게 유익을 끼쳐서 정의롭게 좋은 일을 했다고 써야 하네. 반면에 신에게 벌받은 사람은 불행하고, 그를 그렇게 만든 것이 신이라고 쓰게 해서는 안 되네. 나쁜 사람은 벌을 받아야 하므로 그가 벌받은 것은 안됐지만, 신에게 은혜를 입은 것이라고 쓰는 경우에는 허용해야 하네. 그러나 신은 좋지만 어떤 사람에게는 나쁜 일의 원

소집한 다음, 그들이 그리스군을 돕든 트로이아군을 돕든 상관하지 않겠다고 말한다. 이 이야기는 호메로스, 『일리아스』 20권 1-74행, 21권 385-513행에 나온다.

58 아이스킬로스, 『니오베』, 단편 156(Bergk).

59 니오베는 제우스의 아들이자 리디아의 왕이었던 탄탈로스의 딸이다. 테바이 왕의 왕비가 되어 아들과 딸을 일곱 명씩 각각 둔 그녀가 아들과 딸 하나씩만 낳은 레토 여신을 모욕하자, 레토의 자녀였던 아폴론과 아르테미스가 화살을 쏘아 니오베의 자녀들을 모두 죽인다. 슬픔에 빠진 니오베는 돌이 되었고, 돌이 된 후에도 계속 눈물을 흘렸다고 한다.

60 펠롭스는 탄탈로스의 아들이다. 막대한 부를 누리며 신들의 사랑을 받았지만 오만방자해진 탄탈로스는 신들을 시험하기 위해 자기 자식 펠롭스를 죽여 요리를 한 후 신들에게 바쳤고, 신들의 식사에 초대되어 알게 된 비밀을 인간에게 누설했으며, 신들의 음식을 훔쳐서 인간에게 준 벌로 지옥에 떨어졌다. 그는 거기에서 목까지 늪에 잠긴 채 물을 마시려 하면 물이 없어지고, 과일이 달린 나뭇가지에 손을 뻗으면 가지가 물러나 영원한 갈증과 굶주림으로 고통당하고 머리 위에 큰 돌이 얹혀 짓눌리는 공포에 시달린다. '펠롭스 가문'은 그리스 비극에 자주 등장하는 이 저주받은 탄탈로스 가문을 말한다.

61 기원전 12-14세기에 트로이아의 왕자 파리스가 스파르타 왕비 헬레네를 납치하면서 그리스군과 트로이아군 간에 10년이 넘게 벌어진 전쟁이다. 호메로스는 『일리아스』에서 트로이아 전쟁을 배경으로 수많은 영웅과 신들의 활약을 이야기했고, 『오디세이아』에서는 전쟁의 영웅 오디세우스가 귀향하면서 겪은 모험담을 그렸다.

인이라고 쓰는 것은 모든 방법을 동원해 맞서 싸워야 하네. 국가를 제
c 대로 다스리려면 저자의 나이가 많든 적든, 글이 운문이든 산문이든, 그 국가에서는 아무도 이런 내용을 말하거나 듣지 못하게 해야 하네. 경건하거나 유익하지 않으며 그 자체로도 모순되기 때문이네."

그는 "선생님이 제안하신 그 법이 마음에 드니 찬성표를 던지겠습니다"라고 대답했네.

내가 말했네. "그렇다면 신들과 관련된 첫 번째 규범은 이것일세. 즉 신은 모든 것의 원인이 아니라 좋은 것의 원인이고, 이야기꾼과 시인은 그에 따라서 이야기를 들려주거나 써야 한다는 것이네."

그는 "아주 만족스럽습니다"라고 말했네.

d "두 번째 규범으로 이것은 어떤가? 자네는 신이 마법사처럼 때에 따라 자유자재로 모습을 바꾸고 나타나 우리를 기만한다고 생각하는가? 아니면 언제나 한결같은 모습을 하고 있다고 생각하는가?

그는 "당장은 전자인지 후자인지 잘 모르겠습니다"라고 말했네.

e "그러면 이것은 어떤가? 무엇이 본래 모습에서 벗어난다는 건 필연적으로 자의에 의해서든 타의에 의해서든 변화되는 게 아니겠는가?"

"그렇지요."

"그런데 최선의 상태에 있는 것은 다른 것에 의해 변화되거나 움직이기가 불가능하지 않겠나? 예컨대 신체는 먹고 마시는 것이나 힘든 일 때문에 변화를 겪고, 식물은 태양열이나 바람이나 그 밖의 영향으로 변
381a 화를 겪지만, 그나마 가장 건강하고 강할 때 그런 변화를 가장 적게 겪지 않겠나?"

"물론입니다."

"사람의 혼도 가장 용감하고 지혜로울 때 외부 영향에 가장 덜 흔들리고 변화되겠지?"

"네."

"가구나 집, 옷 등도 마찬가지일세. 잘 만들어진 최상품이 시간이나 그 밖의 영향을 가장 덜 받지."

"그럴 겁니다."

"그렇다면 자연에서 생긴 것이든 기술로 만든 것이든 또는 둘 다에 b
의해서든 훌륭한 상태에 있는 모든 것은 다른 것에 의한 변화를 가장 적게 겪게 되네."

"그럴 것 같습니다."

"그런데 신과 신에 속하는 것은 모든 면에서 가장 훌륭한 상태에 있네."

"물론입니다."

"그러면 신이 여러 형태를 지니고 있을 가능성은 아주 적네."

"그렇습니다."

"그렇다면 신은 스스로 변화하고 모습을 바꾸는 건가?"

그는 "신이 변화한다면 분명 스스로 하는 것일 테지요"라고 말했네.

"그렇다면 신은 더 낫고 아름답게 변할까, 아니면 더 못하고 추하게 변할까?"

그는 "아마도 나쁘게 변할 수밖에 없을 겁니다. 신은 아름다움과 훌 c
륭함에서 이미 부족함이 없을 테니까요"라고 대답했네.

내가 말했네. "지극히 옳은 말이네. 그런데 아데이만토스, 그런 경우에 신이든 사람이든 자발적으로 자신을 더 나쁘게 바꾸려고 할 수가 있겠나?"

그는 "그럴 수 없지요"라고 대답했네.

내가 말했네. "그렇다면 신은 자신을 바꾸지 않고, 도리어 가장 아름답고 훌륭한 본모습을 한결같이 유지할걸세."

그는 "제 생각도 같습니다"라고 대답했네.

d 내가 말했네. "그러니 여보게, 어떤 시인도 '신들은 다른 나라에서 온
낯선 사람처럼 온갖 모습으로 찾아옵니다'[62] 같은 말은 못하게 해야 하
네. 누구도 프로테우스나 테티스[63]에 관해 거짓말하지 못하게 하고, 비
극에서든 다른 시에서든 헤라 여신이 '생명을 주는 자로 알려진 아르고
스강의 신 이나코스의 아들들'을 위해 구걸하는 여사제로 등장하지 않
e 게 해야 하네.[64] 또한 누구도 이런 수많은 거짓말을 못하게 해야 하네.
이런 이야기를 사실로 믿은 어머니들이 신들은 밤에 온갖 낯선 사람의
모습을 하고 돌아다닌다는 등의 좋지 않은 이야기를 자녀에게 들려주
면서 겁을 주어서 신들을 모독하고 아이들을 겁쟁이로 만드는 일은 없
게 해야 하네."

그는 "정말 그런 일은 없어야 합니다"라고 대답했네.

---

62 호메로스, 『오디세이아』 18권 485-486행.

63 프로테우스는 해신 중 한 명으로 '바다의 노인'이라 불린다. 예언 능력이 뛰어나고 사자나 뱀, 늑대, 물, 나무 등으로 변신할 수 있었다. 바다 요정 테티스는 모습을 자유자재로 바꿀 수 있는 능력을 이용해 프티아의 왕 펠레우스와 결혼하여 아킬레우스를 낳는다.

64 이나코스는 아르고스 지방에 있는 이나코스강의 신이자 아르고스의 첫 번째 왕이다. 그의 딸 이오는 제우스의 사랑을 받았다는 이유로 헤라에게 학대를 받고 암소로 변한다. 이나코스의 딸 이오와 제우스 사이에서 태어난 아들이 에파포스이고, 에파포스의 후손들은 그리스뿐 아니라 페르시아, 아프리카에 있는 많은 왕가의 시조와 뛰어난 영웅을 배출한다. 메두사의 목을 벤 페르세우스와 영웅 헤라클레스도 이나코스의 딸 이오의 자손이다. 여기에서 헤라 여신이 '구걸하는 여사제'로 변신한 이유는 이나코스의 딸 이오를 박해하기 위한 것 같다.

내가 말했네. "그러면 신들이 자기 모습을 바꾸지는 않더라도, 우리를 기만하거나 마술을 걸어 온갖 모습으로 나타난다고 믿게 만드는 일은 있을까?"

그는 "아마도 그럴 것 같습니다"라고 대답했네.

내가 말했네. "그러면 어떤가? 신은 말이나 행동으로 위장해 우리를 382a
속이고 싶어 할까?"

그는 "그건 모르겠습니다"라고 대답했네.

내가 말했네. "이런 표현이 적절할지 모르겠지만, 진정한 거짓은 신이든 사람이든 모두가 미워한다는 사실을 자네는 모르나?"

그는 "무슨 말씀이지요?"라고 물었네.

내가 말했네. "내 말은 자신의 가장 중요한 부분에서 가장 중요한 문제와 관련해 일부러 속이려는 자는 아무도 없으며, 오히려 그곳에 거짓이 있는 것을 가장 두려워한다는 거네."

그는 "아직도 무슨 말씀인지 모르겠습니다"라고 대답했네.

내가 말했네. "내가 지금 거창한 말을 한다고 생각하니 그런 게지. 내 b
말은 사람들이 존재와 관련된 일에서 속임을 당하고 거짓과 무지의 제물이 되어 자기 혼 안에 거짓을 지니게 되는 일을 가장 피하고 싶어 한다는 것이지. 혼에 거짓이 있는 걸 가장 싫어한다는 말일세."

그는 "몹시 싫을 겁니다"라고 말했네.

"하지만 방금 내가 말한 것, 즉 속은 자의 혼 속에 있는 무지를 진정한 거짓이라고 부르는 게 가장 옳을걸세. 말 속 거짓은 혼 속 거짓을 모
방한 것이고 나중에 생긴 것이어서 원래의 순수한 거짓이 아니기 때문 c
이네. 그렇지 않은가?"

“물론입니다.”

“그래서 진정한 거짓은 신들뿐 아니라 사람들도 미워한다네.”

“저도 그렇게 생각합니다.”

“말 속의 거짓은 어떤가? 언제 누구에게 거짓말을 해야 유익해서 미
움을 받지 않을 수 있겠나? 적에게 하는 거짓말이라든지, 제정신이 아
니거나 어리석음에 빠져 나쁜 짓을 하려는 친구에게 하는 거짓말이 아
니겠나? 친구의 나쁜 짓을 막을 수 있는 거짓말이라면 약처럼 유익하지
d 않겠나? 조금 전에 말한 설화의 경우에도, 옛일의 진실을 모르니 최대
한 진짜같이 이야기를 지어낸다면 그 또한 유익한 거짓말일걸세.”

그는 “분명 그렇지요”라고 말했네.

“그러면 이 중에 어떤 거짓말이 신에게 유익하겠는가? 신이 옛일을 몰라서 진실 같은 거짓말을 꾸며내겠는가?”

그는 “말도 안 됩니다”라고 말했네.

“그러니 신들 중에 거짓을 말하는 시인은 없겠군.”

“제 생각에도 그렇습니다.”

“그렇다면 적이 두려운 나머지 신이 거짓말을 하겠는가?”

e “결코 그렇지 않습니다.”

“그렇다면 자기 사람들이 제정신이 아니거나 어리석음에 빠져 나쁜 짓을 하려는 걸 막으려고 거짓말을 하겠는가?”

“그런 자들 중에 신의 사랑을 받는 자는 아무도 없습니다.”

“그러면 신이 거짓말할 이유는 전혀 없는 셈이네.”

”그렇습니다.”

“그렇다면 신이나 신과 관련된 모든 면에서 거짓은 있을 수 없네.”

그는 "전적으로 동의합니다"라고 말했네.

"따라서 신은 말과 행동에서 절대적으로 한결같고 진실하며, 환영이나 말이나 꿈이나 현실의 징조를 통해서라도 자신을 바꾸거나 남을 속이지 않네."

그는 "선생님이 그리 말씀하시니 저도 그렇다는 생각이 듭니다"라고 383a
대답했네.

내가 말했네. "그렇다면 신들은 자신의 모습을 바꾸는 마법사가 아니며 거짓된 말과 행동으로 인간을 오도하지 않는다는 것이 두 번째 규범일세. 신들에 관해 말하거나 시를 쓸 때는 이 규범을 지켜야 한다는 데 동의하는가?"

"동의합니다."

"따라서 우리는 많은 부분에서 호메로스를 칭송할지언정, 제우스가
아가멤논의 꿈에 나타났다는 이야기[65]는 칭찬할 수 없네. 테티스 여신이
자기 결혼식에서 아폴론이 '자기 자녀들에게 주어질 복'에 관해 말했다 b
고 쓴 아이스킬로스의 이야기도 칭찬할 수 없네. '나의 자녀들은 병 걸리는 일 없이 오래오래 살 것이라고 하셨습니다. 내가 신들의 사랑을 받고 살아가는 행운을 누릴 것이라고 온갖 찬가를 들려주며 나를 기쁘게 해주셨습니다. 포이보스는 신성한 입이고 예언에 능하신 분이라 거짓

65 아가멤논은 미케네의 아트레우스왕의 아들이자 스파르타 왕 메넬라오스의 형이다. 그는 메넬라오스의 왕비 헬레네가 트로이아 왕자 파리스에게 납치되자, 그리스군을 소집하여 테티스 여신의 아들 아킬레우스와 함께 트로이아 전쟁에 나선다. 전쟁이 길어지자 아가멤논은 철군을 생각하지만, 제우스가 그의 꿈에 나타나 트로이아를 공격하면 함락시킬 수 있다고 거짓말을 한다. 이 이야기는 호메로스, 『일리아스』 2권 1-34행에 나온다.

이 없을 것이라 믿었습니다. 그런데 잔치에 참석해 친히 찬가를 부르며
c 이런 말씀을 해주신 분이 바로 내 자식을 살해한 자라니.'[66] 신들에 관
해 이런 식의 이야기를 쓰는 사람이 있다면, 우리는 분개하고 그에게
합창가무단을 제공해서는 안 되네.[67] 장차 국가를 지킬 수호자가 인간
으로서 가능한 범위 내에서 최대한 신을 경배하는 경건한 자가 되려면,
교사들이 이런 이야기를 들려주며 아이들을 교육하는 것도 허용해서는
안 되네."

그는 "그런 규범에 전적으로 동의하고, 이를 법으로 만들어야 한다고 생각합니다"라고 말했네.

---

66 트로이아 전쟁에서 그리스군의 최고 영웅 아킬레우스는 테티스 여신이 펠레우스와의 사이에서 낳은 아들이다. 둘의 결혼식에는 올림포스의 신들이 모두 초대되었고, 그 자리에서 태양신 아폴론이 테티스의 자녀를 축복하는 예언을 한다. 테티스 여신은 아킬레우스를 스틱스 강물에 담가 불사의 몸이 되게 하지만 발목 부위에는 물이 닿지 않았다. 나중에 트로이아 전쟁에서 파리스가 아킬레우스에게 화살을 쏘았고, 아폴론은 아킬레우스의 발목 부위에 화살이 꽂히게 해서 그를 죽게 만든다. '태양이 찬란하게 빛난다'는 의미를 지닌 '포이보스'는 아폴론의 별명이다. 이 인용문은 아이스킬로스, 『단편』 350(Bergk)에 나온다.

67 아테네에서 비극이나 희극 경연대회를 할 때, 후원자가 합창가무단의 운영비를 대주었고, 국가는 후원자를 지정하는 역할을 했다. 합창가무단이 없으면 비극이나 희극을 무대에 올릴 수 없었다.

제3권

내가 말했네. "장차 신들을 경배하고 부모를 공경하며 서로의 우정을 중 386a
시해야 할 사람들이 어릴 때부터 신들에 관해 듣거나 듣지 말아야 할 이야기는 이런 것일세."

그는 "우리 의견이 옳은 것 같습니다"라고 대답했네.

"그들이 용감해지려면 어떻게 해야 하겠나? 죽음을 두려워하지 않게
해줄 이야기를 들려주어야 하지 않을까? 자네는 죽음에 대한 두려움을 b
품고 사는 자가 용감해질 수 있다고 믿는가?"

그는 "그럴 수 없다고 믿습니다"라고 말했네.

"그러면 저승의 일이 실재하는 무서운 사실이라고 믿는 사람이 죽음을 두려워하지 않으며, 전투에서 패하여 노예가 되느니 죽음을 택할 수 있다고 생각하는가?"

"전혀 그렇지 않습니다."

"그러니 우리는 이런 설화를 들려주는 자들을 감독하여 저승을 무조건 헐뜯기보다 좋게 묘사하도록 요구해야 하네. 그들의 이야기가 사실
과 다르고, 장차 전사가 될 이들에게 유익하지도 않으니 말일세." c

그는 "반드시 그래야 합니다"라고 대답했네.

내가 말했네. "따라서 다음과 같은 구절은 모두 지워버려야 하네. '나
는 썩어 문드러진 시신들을 다스리는 왕이 되느니 자기 땅 한 뼘 없어
d 살길이 막막해 남의 땅을 부쳐 먹고사는 농노가 될걸세.'[68] '신들조차 혐
오하는 끔찍하고 습한 내 거처가 필멸의 인간들과 불사의 신들에게 드
러날까 두렵구나.'[69] '저승의 거처에도 혼과 유령은 있지만 의식은 전
혀 없구나.'[70] '오직 그의 혼만 의식을 지녔고, 다른 혼들은 그림자가 되
어 휙휙 지나갑니다.'[71] '그의 혼은 사지에서 빠져나와 기개와 젊음을 남
387a 겨둔 채 자기 운명을 한탄하며 저승으로 날아갔다.'[72] '그의 혼은 비명을
지르며 연기처럼 땅속으로 사라졌다.'[73] '박쥐 무리가 음산하고 깊고 후
미진 동굴 바위에 매달려 있다가, 그중 한 마리가 바위에서 떨어지면 모
두 비명을 지르며 서로 엉겨붙어 이리저리 날아다니듯 혼들도 일제히
비명을 지르며 함께 떠나갔다.'[74]

---

68 죽은 아킬레우스가 저승에 볼 일이 있어 온 오디세우스에게 신세한탄으로 한 말이다. 호메로스, 『오디세이아』 11권 489-491행.

69 그리스 신화에서 죽은 자들의 신이자 저승의 지배자, 크로노스와 레아의 아들, 제우스 및 포세이돈의 형제인 하데스가 땅이 갈라져 자신의 거처인 지하 세계가 드러나는 것을 염려하는 말이다. 호메로스, 『일리아스』 20권 64-65행.

70 친구인 파트로클로스의 혼이 저승으로 떠나자 아킬레우스가 한 말이다. 호메로스, 『일리아스』 23권 103-104행.

71 오디세우스가 귀향할 방법을 찾지 못하자 예언자 테이레시아스에게 조언을 구하기 위해 하데스로 그를 찾아가려 했을 때, 마녀 키르케가 테이레시아스에 관해 해준 말이다. 제우스는 테이레시아스에게 죽어서도 예언할 수 있는 능력을 주었다. 호메로스, 『오디세이아』 10권 495행.

72 트로이아의 맹장 헥토르에 의해 파트로클로스가 죽었을 때를 묘사한 말이다. 호메로스, 『일리아스』 16권 856-857행.

73 파트로클로스가 죽었을 때 그의 혼에 관한 묘사다. 호메로스, 『일리아스』 23권 100-101행.

우리는 호메로스와 그 외 다른 시인들에게 이 모든 비슷한 구절에 줄 b
을 그어 지워버린다 해도 화내지 말아달라고 간청할걸세. 그런 구절들이 시답지 못하거나 사람들이 듣기에 즐겁지 않아서가 아닐세. 자유민으로서 노예가 되는 것을 죽음보다 더 두려워하는 사람을 만들기 위해서네. 시적인 구절일수록 아이든 어른이든 듣지 못하게 해야 하네."

"전적으로 동감합니다."

"또한 죽음과 관련된 온갖 끔찍하고 무시무시한 명칭도 배척해야 하
네. '코키토스'(울부짖음의 강), '스틱스'(혐오의 강),[75] '땅 밑에 사는 자들', c
'송장들' 같이 이름만 들어도 몸서리치게 되는 것들 말일세. 그런 명칭이 다른 용도로는 쓸모 있을지 몰라도, 장차 국가를 지킬 수호자들이 그런 것에 불안해하고 나약해져 자기소임을 다하지 못할까 봐 염려되기 때문이네."

그는 "당연한 말씀입니다"라고 말했네.

"그렇다면 그런 명칭은 없애야 하겠지?"

"네."

"그와 반대되는 명칭은 권장하고?"

"물론이지요."

"유명인사들이 비통해하고 통곡하는 내용도 제거해야 하겠지?" d

---

74 오디세우스의 아내 페넬로페를 괴롭혔던 구혼자들이 오디세우스 손에 죽은 뒤 그들의 혼에 관한 묘사다. 호메로스, 『오디세이아』 24권 6-9행.

75 그리스 신화에서 저승을 감싸고 흐르는 아홉 개의 강에 속한 강들이다. 코키토스는 불이 흐르는 플레게톤과 반대로 얼음처럼 차가운 물이 흐르고, 이 강물을 마시면 죽은 자는 이승의 삶이 끝났음을 깨닫고 비탄에 잠기게 된다.

그는 "당연히 제거해야지요"라고 대답했네.

내가 말했네. "우리가 그런 것을 제거하는 것이 옳은지 그른지 생각해보세. 훌륭한 사람은 다른 훌륭한 사람을 위해 죽는 걸 두려워하지 않는다고 우리는 말하지."

"네, 그렇게 말합니다."

"그렇다면 훌륭한 사람은 그런 식으로 죽은 사람이 마치 끔찍한 일을 당한 것처럼 비통해하며 통곡하지는 않을걸세."

"분명 그렇지 않을 겁니다."

"심지어 훌륭한 사람은 자신의 삶에 지극히 만족하기 때문에 일반인
e 들과 달리 다른 사람들에게 그리 의존하지 않을 것이라는 말도 우리는 한다네."

그는 "맞습니다"라고 대답했네.

"그런 훌륭한 사람이라면 자녀나 형제, 재물 등을 잃는다 해도 다른 누구보다 덜 두려워할 것이네."

"분명히 그럴 겁니다."

"그런 일이 닥치더라도 통곡하거나 흔들리지 않고 견뎌낼 것이네."

"그렇습니다."

"그렇다면 유명한 남자들의 애가(哀歌)를 골라내어 별로 뛰어나지 않
388a 은 여자들이나 못난 남자들의 이야기로 바꾸는 것이 옳네. 그래야 장차 이 땅을 수호하도록 양육받는 자들이 그런 일이나 그 비슷한 일을 경멸하게 될 테니 말이야."

그는 "옳은 말씀입니다"라고 대답했네.

"그래서 우리는 호메로스와 그 외 다른 시인들에게 테티스 여신의 아

들 아킬레우스를 다음과 같이 묘사하지 않도록 요구할 것이네. '그는 옆
으로 누웠다가 똑바로 눕고 엎드려 눕기도 하다가…갑자기 벌떡 일어
나 몹시 혼란스러워하며 황량한 해변을 거닐었다.' '그는 다 타버린 재 b
를 움켜쥐더니 자기 머리 위에 쏟아부었다.'[76] 또 다른 작품에서 호메로
스가 묘사한 것처럼 비통해하며 통곡하는 장면도 쓰지 말라고 요구할
것이네. 신에 가까운 인물로 태어난 프리아모스가 애걸한다든지 '오물
위를 구르며 한 사람 한 사람의 이름을 불렀다'[77]는 표현도 쓰지 못하게
할 것이네. 특히 신들이 통곡하며 이렇게 말하는 장면은 묘사하지 말라
고 강력히 요구할 것이네. '가장 훌륭한 아들을 둔 불행한 어미라니, 내 c
신세가 참으로 처량하구나!'[78] 적어도 최고의 신이 신분에 어울리지 않
게 이렇게 말하는 장면은 없어야 하네. '사랑하는 사람이 쫓겨 다니며
성을 맴도는 모습을 내 눈으로 보려니 비통하기 짝이 없구나.'[79] '참으로
슬프다. 내가 가장 사랑하는 인간 사르페돈이 메노이티오스의 아들 파 d
트로클로스 손에 죽을 운명이라니.'[80]

---

76 첫 번째 인용문은 아킬레우스가 죽은 친구 파트로클로스를 생각하며 잠 못 이루는 모습을 묘사한다. 호메로스, 『일리아스』 24권 10-12행. 두 번째 인용문은 아킬레우스가 친구 파트로클로스의 전사 소식을 듣고 보인 반응이다. 같은 책, 18권 23-24행.

77 프리아모스는 트로이아의 마지막 왕으로 제우스의 자손이다. 이 인용문은 프리아모스가 죽은 아들 헥토르의 시신을 찾아오기 위해 아킬레우스에게 가게 해달라고 트로이아 백성에게 애원하는 모습을 묘사한다. 호메로스, 『일리아스』 22권 414-415행.

78 테티스 여신이 아들 아킬레우스의 죽음을 예감하고는 비탄에 잠겨서 한 말이다. 호메로스, 『일리아스』 18권 54행.

79 프리아모스의 아들 헥토르가 아킬레우스에게 죽임을 당할 것을 알고서 제우스가 탄식하는 말이다. 호메로스, 『일리아스』 22권 168-169행.

80 리키아의 왕 사르페돈은 제우스와 라오다메이아 사이에서 태어난 아들이다. 트로이아군 편에서 싸우다가 파트로클로스에게 죽임을 당할 것을 알고는 제우스가 탄식하는 말이다. 호메로스, 『일리아스』 16권 433-434행.

여보게 아데이만토스, 우리 청년들이 이런 이야기들을 진지하게 듣는다면, 나중에 자신이 그렇게 말하거나 행하고 싶어질 때 그것은 부끄러운 일이라며 스스로를 책망하기 어려울 것이네. 별것 아닌 일에도 애가를 부르거나 통곡하겠지."

e 그는 "지극히 옳은 말씀입니다"라고 대답했네.

"지금까지 우리가 논의한 대로라면 청년들은 그래서는 안 되네. 더 설득력 있는 주장이 나오기 전까진 우리의 말대로 하는 게 마땅하네."

"그렇습니다."

"그렇다고 청년들이 웃음에 중독되어서도 안 되네. 웃음이 지나치면 성품이 크게 변하기 쉬우니 말일세."

그는 "저도 그렇게 생각합니다"라고 말했네.

389a "그러니 거론할 가치가 있는 사람들을 웃음에 사로잡힌 자로 묘사하는 것도 용납해서는 안 되네. 신들의 경우는 더더욱 그러하네."

그는 "물론입니다"라고 대답했네.

"따라서 호메로스가 신들에 대해 이렇게 표현한 부분도 수긍해서는 안 되네. '헤파이스토스가 집 안을 돌아다니는 모습을 본 복된 신들 가운데서 끊임없이 웃음이 터져 나왔다.'[81] 자네 주장대로라면 그런 표현을 받아들여서는 안 되네."

그는 "선생님이 그것을 제 주장이라고 말씀하고 싶다면 그렇게 하세

b 요. 어쨌든 그런 표현은 분명 받아들여서는 안 됩니다"라고 말했네.

---

81 헤파이스토스는 제우스와 헤라의 아들이자 올림포스 12신 중 한 명으로 불과 대장장이의 신이다. 작고 못생겼으며 절름발이인 그가 집 안을 돌아다니는 우스꽝스러운 모습을 보고 올림포스의 신들이 웃은 것이다. 호메로스, 『일리아스』 1권 599-600행.

"하지만 우리는 진실을 소중히 여겨야 하네. 앞에서 말한 대로, 거짓말이 신들에게는 아무 쓸모가 없지만 사람들에게는 일종의 약으로 쓰일 수 있다면, 그런 거짓말은 의사만 사용하고 개인은 마땅히 멀리해야 하네."

그는 "그렇습니다"라고 대답했네.

"그 외에도 거짓말이 허용된 이들을 생각해보세. 국가 통치자는 국익을 위해 적이나 시민들에게 거짓말하는 것이 허용되지만, 그 외 다른 사람들은 거짓말을 해서는 안 되네. 개인이 국가 통치자에게 거짓말하는 c
것은 환자가 의사에게, 운동선수가 체육 교사에게 진실을 말하지 않는다거나 선원이 선장에게 배와 자기를 비롯한 선원들의 상태를 제대로 보고하지 않는 것과 같은 잘못이네. 아니 더 큰 잘못이지."

그는 "지극히 옳은 말씀입니다"라고 대답했네.

"거짓말이 허용되지 않은 사람이 국가를 상대로 거짓말을 하다가 붙 d
잡힌 경우, '그가 무슨 전문가든, 다시 말해 예언자든 의사든 목수든'[82] 간에 국가를 전복시켜 파멸한 풍속을 들여온 자로 규정하고 처벌해야 하네."

"우리의 논의대로라면 그렇게 해야 합니다."

"또한 청년들에게 절제가 필요하지 않겠나?"

"물론입니다."

"대중에게 절제의 중요한 측면은 국가 통치자에게 복종하는 것이지 e
만, 음주나 성, 음식과 관련된 즐거움에서는 자신이 스스로를 다스리는

82 호메로스, 『오디세이아』 17권 383-384행.

통치자가 아니겠나?"

"저도 그렇게 생각합니다."

"그러니 호메로스의 작품에서 디오메데스가 '여보게, 잠자코 내 말대로 하게'[83]라고 표현한 것이나, 거기 나오는 '아카이아인들은 지휘관들이 두려워서 묵묵히 씩씩하게 나아갔다'[84]는 표현이나 그 외 비슷한 표현들은 훌륭하다고 인정할 만하네."

"그렇지요. 훌륭한 표현들입니다."

"그런데 '이 술독에 빠진 자여, 개의 눈과 사슴의 심장을 지닌 자여'[85]
390a 라는 말이나 그 뒤에 이어지는 표현들처럼 개인이 산문이나 운문에서 국가 통치자에게 해대는 막말은 훌륭하다고 볼 수 있겠나?"

"훌륭한 표현이 아닙니다."

"그런 표현은 절제를 배우는 청년들이 듣기에 적절치 않다고 보네. 다른 즐거움은 가져다줄지언정 절제를 배우는 데는 조금도 도움이 되지 않네. 자네가 보기에는 어떤가?"

그는 "저도 그렇게 생각합니다"라고 말했네.

"그러면 이런 표현은 어떤가? 가장 지혜로운 사람이 '식탁에는 빵과

---

83 디오메데스는 트로이아 전쟁에 그리스군으로 참전한 영웅이며 아르고스의 왕이다. 그리스군 총사령관 아가멤논이 군대를 순시하며 디오메데스를 꾸짖었을 때, 그의 부장인 스테넬로스가 항의하자 디오메데스가 그에게 한 말이다. 호메로스, 『일리아스』 4권 412행.

84 아카이아인들은 기원전 2천 년경에 그리스 본토로 이주해 그 지역의 발달된 농업 문화를 흡수하고, 기원전 16-12세기까지 미케네 문명의 번영을 이룬 그리스의 대표적인 부족이다. 호메로스는 그리스인을 총칭해 '아카이아인들'이라고 부르기도 한다. 이 인용문은 호메로스, 『일리아스』 3권 8행과 4권 431행을 합친 것이다.

85 분노한 아킬레우스가 그리스군 총사령관 아가멤논을 모욕하는 말이며, 여자를 좋아하는 호색한이자 비겁한 술주정뱅이라는 뜻이다. 호메로스, 『일리아스』 1권 225행.

고기가 가득하고, 술 따르는 이가 술통에서 포도주를 떠와 부지런히 잔 b
을 채우는'[86] 그때가 가장 좋다고 묘사한 것이나, '사람이 겪을 수 있는 가장 비참한 운명은 굶어 죽는 것이라네'[87]라는 표현이 절제를 배우는 청년들이 듣기에 적합하다고 생각하나? 다른 신들과 인간이 모두 잠든 시간에 혼자 깨어서 계획을 세우던 제우스가 헤라를 보자 넋이 나가 침 c
실에 들어갈 새도 없이 바로 땅바닥에서 관계를 하고 싶을 만큼, 둘이 '부모 모르게' 처음 관계했을 때보다 더 큰 욕정에 사로잡혔다고 헤라에게 말하는 장면[88]은 어떤가? 헤파이스토스가 그와 비슷한 이유로 아레스와 아프로디테를 결박한 것[89]을 묘사한 장면은 어떤가?"

그는 "맹세하건대 적합하지 않다고 생각합니다"라고 대답했네.

내가 말했네. "반면 유명한 사람이 모든 면에서 자신의 언행을 인내 d
하는 묘사가 있다면, 그것이야말로 청년들이 보고 들어야 할 것이네. 예컨대 '그는 가슴을 치며, 심장아, 전에는 더 심한 것도 참았으니 이번에도 반드시 참아다오 하며 자기 심장을 나무랐다'[90]가 그런 것이지."

---

86 오디세우스가 귀향길에 알키노오스 왕에게 후한 대접을 받은 다음에 한 말이다. 호메로스, 『오디세이아』 9권 8-10행.

87 오디세우스 일행이 트로이아 전쟁을 끝내고 귀향할 때, 그의 동료이자 부관인 에우릴로코스가 태양신 헬리오스의 신성한 소들을 잡아먹자고 군인들을 부추기며 한 말이다. 이 때문에 그는 신의 노여움을 사서 다른 군인들과 함께 죽는다. 호메로스, 『오디세이아』 12권 342행.

88 헤라가 트로이아군에게 쫓기는 그리스군을 돕기 위해, 제우스가 트로이아군을 지원하지 못하도록 아름답게 치장하고 그를 찾아가 유혹해 동침하는 장면이다. 호메로스, 『일리아스』 14권 296-351행.

89 불과 대장장이의 신 헤파이스토스는 아내 아프로디테가 전쟁의 신 아레스와 바람피우는 것을 알고는 보이지 않는 그물로 동침한 둘을 침대에 가둔 다음, 올림포스의 모든 신을 불러 그 장면을 보게 한다. 호메로스, 『오디세이아』 8권 266-366행.

90 오디세우스가 아내의 구혼자들에게 복수를 감행하기 전날 밤, 그들이 하녀들과 놀아나는

그는 "물론입니다"라고 말했네.

"청년들이 뇌물이나 재물을 좋아하는 사람이 되게 해서도 안 되네."

e "결코 안 되지요."

"그러니 청년들을 향해 '뇌물은 신들을 설득하고, 존귀한 왕들도 설득한다'[91]고 노래하게 해서는 안 되네. 또 포이닉스가 제자인 아킬레우스에게, 아카이아인들이 뇌물을 주면 그들을 돕고 뇌물을 주지 않으면 분노를 풀지 말라고 한 조언이 적절하다며 칭송해서도 안 되네.[92] 우리는 아킬레우스가 아가멤논에게 뇌물이나 대가를 받을 때에만 시신을
391a 내어줄 정도로 돈을 밝히는 사람이라고 생각하지 않고, 그런 생각에 동의하지도 않을 것이네."[93]

그는 "그런 칭송은 정의롭지 않습니다"라고 말했네.

그래서 내가 말했네. "호메로스가 썼기에 이런 말을 하기가 주저되지만, 아킬레우스에 대해 그런 말을 하는 것도 그런 말을 믿는 것도 불경스럽네. 아킬레우스가 아폴론에게 '멀리 쏘는 자여, 모든 신 중에서 가장 파괴적인 자여, 당신이 나를 속였다. 내게 그럴 힘만 있다면 반드시

모습을 보며 분노했지만 지금은 참아야 한다고 자신을 달래는 말이다. 호메로스, 『오디세아아』 20권 17-18행.

91 출처가 알려져 있지 않다.

92 포이닉스는 오르미니온의 왕 아민토르와 클레오불레의 아들로, 아버지를 죽이려다가 실패하고 프티아로 도망갔다가 프티아의 왕 펠레우스의 아들 아킬레우스의 스승이 된다. 나중에 그는 아킬레우스와 함께 트로이아 전쟁에 참여한다. 여기에서 '아카이아인'은 그리스인을 가리킨다. 호메로스, 『일리아스』 9권 515-523행.

93 아킬레우스가 아가멤논의 뇌물을 받은 내용은 호메로스, 『일리아스』 19권 278-281행에, 트로이아의 왕 프리아모스가 아들 헥토르의 시신을 되찾기 위해 아킬레우스에게 뇌물을 주는 장면은 24권 470행 이하에 나온다.

당신에게 보복하겠다'[94]라고 말했고, 신이기도 한 그 강의 말을 듣지 않 b
고 싸우려 했으며,[95] 또 다른 강의 신인 스페르케이오스에게 자기 머리카락을 바치기로 해놓고 파트로클로스는 이미 시신이 되었는데도[96] '이 머리카락을 영웅 파트로클로스에게 줘서 가져가게 할 것이다'라고 말하고서는 실제로 그렇게 했다는 것도 믿어서는 안 되네. 또한 아킬레우스가 헥토르의 시신을 파트로클로스의 무덤 주변에서 수차례 끌고 다녔다든가, 파트로클로스를 화장하는 장작더미에 포로들을 던져 넣어 학
살했다든가[97] 하는 이 모든 이야기가 진실이 아니라고 말해야 하네. 또 c
제우스의 손자이자 가장 분별 있는 펠레우스와 한 여신 사이에서 태어나 가장 지혜로운 자 케이론에게 양육된 아킬레우스가 극심한 혼란에 빠져서, 자신 속에 두 가지 상반된 질병, 즉 탐욕으로 말미암은 쩨쩨함과 신들과 사람들을 멸시하는 태도를 함께 품고 있었다고 청년들이 믿게 내버려둬서는 안 되네."[98]

---

94 태양신 아폴론이 속임수를 써서 트로이아군이 무사히 성으로 퇴각할 수 있게 해준 것을 알게 된 아킬레우스가 아폴론에게 복수를 맹세하는 말이다. 아폴론은 트로이아 편을 들었고, 결국에는 트로이아 왕자 파리스의 화살을 빌어 아킬레우스를 죽인다. 호메로스, 『일리아스』 22권 15, 20행.

95 여기에서 "그 강"은 트로이아 지역의 스카만드로스강을 가리킨다. 호메로스, 『일리아스』 21권 211행 이하.

96 스페르케이오스는 피티아의 가장 큰 강이자 강의 신이다. 고대 그리스에는 자신의 머리카락을 강에 바치는 풍습이 있었다. 계속 자라나는 머리카락은 생명력을 상징하므로 이는 생명을 보호해달라는 의미이기도 했다. 아킬레우스는 무사귀환을 빌며 스페르케이오스강에 자신의 머리카락을 바치겠다고 서원했지만 살아 돌아갈 희망이 사라지자 서원을 파기한다. 호메로스, 『일리아스』 23권 140-151행.

97 호메로스, 『일리아스』 24권 14-18행, 23권 175-177행.

98 아킬레우스는 펠레우스와 테티스 여신 사이에서 태어났다. 케이론은 그리스 신화에 나오는 상반신은 사람이고 하반신은 말인 켄타우로스족 중 한 명으로 의술, 궁술, 예술에 능하

그는 "옳은 말씀입니다"라고 말했네.

그래서 내가 말했네. "또한 포세이돈의 아들 테세우스와 제우스의 아들 페이리토스가 끔찍한 납치를 감행했다든가,[99] 신의 아들이나 영웅이 저질렀다고 오늘날까지 잘못 전해지는 잔인하고 불경스러운 짓을 믿어서는 안 되고, 그렇게 전하는 것을 허용해서도 안 되네. 우리는 시인들에게 그들이 그런 짓을 하지 않았다거나 그들은 신의 자녀가 아니라고 말하게 해서 그릇된 말들이 전해지지 않게 해야 하네. 또한 신들이 나쁜 일을 도모하고, 영웅이라고 해서 일반인보다 나을 게 없다는 것도 청년들이 믿지 못하게 해야 하네. 이미 말했듯이 그런 이야기는 경건하지 못하고 사실도 아니니 말일세. 신들 때문에 나쁜 일이 생기는 것이 불가능하다는 사실은 앞에서 이미 증명했네."

d

e

"그렇습니다."

"게다가 그런 이야기는 듣는 이에게 해를 입힌다네. '신들의 가까운 친척들'이고 '제우스와 가까운 자들'이어서 '이다산 정상에 조상 제우스를 위해 하늘 높이 솟은 제단을 차려놓은' 자들,[100] '신의 피가 여전히 그

고 예언 능력도 지닌 현자여서 여러 영웅을 가르쳤다. "신들과 사람들을 멸시하는 태도"는 대범함을 의미하기 때문에 "탐욕으로 말미암은 쩨쩨함"과 반대된다.

99 테세우스는 어머니 아이트라가 하룻밤 사이에 아테네 왕 아이게우스와 동침한 후 또다시 포세이돈과 동침해 낳은 아들이다. 그리스 신화에서 헤라클레스에 비견되는 영웅으로 훗날 아테네의 왕이 된다. 테세우스와 페이리토스는 제우스의 딸들과 결혼하기로 했지만 테세우스는 열세 살의 헬레네를 납치하고, 페이리토스는 하데스의 아내 페르세포네와 결혼하기로 맹세한다. 둘은 하데스로 내려갔는데 테세우스만 헤라클레스에 의해 구출되고, 페이리토스는 하데스의 아내를 탐한 죄 때문에 영원히 하데스에 남게 된다.

100 크레타의 이다산에는 제우스가 어린 시절을 보낸 동굴이 있다. 이 인용문은 아이스킬로스, 『니오베』, 단편 162(Nauck)에 나오는 두 구절을 합친 것이다. 여기에서 니오베는 아버지 탄탈로스가 제우스의 아들이면서도 극악무도한 자라는 사실을 말한다.

들의 혈관에 흐르는' 자들이 그런 짓을 행했고 지금도 행하고 있다고 믿
는 사람은 나쁜 짓을 하더라도 스스로에게 관대할 것이 뻔하네. 그래서
이런 설화를 금지해야 하네. 우리 청년들에게 거리낌 없이 악을 생각하 392a
는 마음을 심어주기 때문이지."

그는 "그렇습니다"라고 말했네.

그래서 내가 말했네. "지금 우리는 청년들에게 가려서 들어야 할 이야기를 정하고 있는데, 아직 남아 있는 종류가 있을까? 신과 신적 존재와 저승에 관한 이야기는 이미 살펴봤다네."

"그렇습니다."

"이제 남은 것은 인간에 관한 이야기겠군."

"분명 그렇습니다."

"하지만 지금은 이 문제를 다룰 수 없네."

"왜 그렇지요?"

"시인들과 산문 작가들이 인간에 대한 가장 중요한 부분을 잘못 말하 b
고 있음을 지적해야 하기 때문이네. 불의한 자는 대체로 행복한 반면 정
의로운 자는 대체로 불행하고, 불의한 행위는 들키지만 않는다면 이익
이 되지만 정의는 남에게만 좋을 뿐 자신에게는 손해가 된다고 말하는
것을 금지시키고, 그와는 반대되는 면을 노래하고 이야기하라고 그들에
게 지시해야 할 테니 말일세. 자네는 그렇게 생각하지 않는가?"

그는 "그렇게 생각합니다"라고 대답했네.

"그렇다면 우리가 계속 찾고 있는 것에 대해서도 자네가 동의한다고 봐도 되겠나?"

그는 "그렇습니다"라고 대답했네.

c “따라서 정의가 무엇이고, 정의롭게 보이든 보이지 않든 정의를 지닌 자에게 정의가 본성상 어떻게 이익이 되는지 알아낸 뒤에야 비로소 인간에 대해 이러저러한 말을 해야 한다는 데 동의하겠지?”

그는 “지극히 옳은 말씀입니다”라고 대답했네.

“이야기의 내용에 관한 논의는 이 정도로 하고 이제 말투를 살펴봐야겠네. 그러면 무엇을 말하고, 어떻게 말해야 하는지 완벽하게 고찰할 수 있을 것이네.”

그러자 아데이만토스가 “무슨 말씀인지 모르겠습니다”라고 말했네.

d 그래서 내가 말했네. “반드시 알아야 할 부분이네. 이런 식으로 생각하면 이해하기가 쉬울걸세. 설화 작가나 시인은 과거와 현재와 미래의 일을 들려주는 사람이 아닌가?”

그는 “그렇지요”라고 대답했네.

“그들은 그 일들을 직접 들려주기도 하고, 모방하기도 하고, 두 가지 방법을 섞기도 하겠지?”

그는 “지금 하시는 말씀을 좀 더 분명히 설명해주세요”라고 말했네.

그래서 내가 말했네. “내가 설명을 잘 못하는 바보 같은 교사인가 보
e 네. 그러면 어눌한 사람처럼 뭉뚱그리지 않고 한 부분만 떼어 내가 말하려는 바가 뭔지 분명히 보여주겠네. 『일리아스』 첫 대목에서 크리세스[101]

---

101 크리세스는 트로이아에서 아폴론의 제관이다. 그의 아름다운 딸 크리세이스가 아가멤논의 전리품이 되자 그를 찾아가 막대한 몸값을 주며 딸을 돌려 달라고 간청하지만 거절당한다. 분노한 크리세스는 아폴론 신에게 복수해달라는 기도를 올리고, 아폴론은 그의 기도를 들어준다. 그리스의 예언자 칼카스는 그리스군 진영에 돌고 있는 역병이 아폴론의 분노 때문이며 크리세이스를 돌려보내야 끝날 것이라고 예언한다. 결국 아가멤논은 크리세이스를 아버지에게 돌려보낸다.

가 아가멤논에게 자기 딸을 풀어달라고 간청하지만 아가멤논이 화만 내고 풀어주지 않자, 아카이아인들을 응징해달라고 신에게 비는 장면이 393a 나오는 것을 자네도 알고 있지?"

"알고 있습니다."

"그러면 '그리고 그는 모든 아카이아인, 그중에서도 특히 병사 지휘관인 아트레우스의 두 아들에게 간청했다'[102]라고 말하는 대목까지는 시인이 직접 이야기를 들려주고, 시인이 아닌 다른 이가 말한다는 착각이 들 만한 시도를 전혀 하지 않는다는 점도 알걸세. 그런데 그 뒤부터 시인은 자기가 마치 크리세스인 것처럼 말하며 화자가 시인 호메로스가 b 아니라 나이 든 제관이라는 생각이 들게 하지. 트로이아나 이타케[103]에서 일어난 사건들, 『오디세이아』의 전체 사건들도 그런 식으로 들려주네."

그는 "분명 그렇습니다"라고 말했네.

"등장인물을 내세워 말하든, 중간에 직접 말하든 모두 시인이 들려주는 이야기가 아닌가?"

"물론이지요."

"하지만 어떤 대목에서는 마치 등장인물이 말하듯이 말투를 최대한 c 맞추지 않는가?"

"그렇습니다."

"목소리나 몸짓이 타인을 닮는다는 것은 그 사람을 모방한다는 의미가 아닌가?"

---

102 아트레우스는 미케네의 왕이고, 그의 두 아들은 아가멤논과 메넬라오스를 가리킨다. 호메로스, 『일리아스』 1권 15-16행.

103 이타케는 그리스 서쪽에 있는 섬이며, 『오디세이아』의 주인공 오디세우스의 고향이다.

"그렇지요."

"그런 경우에 시인이 모방을 통해 이야기를 들려주는 것이네."

"물론입니다."

d 내가 말했네. "반면에 시인이 자신을 감추려 하지 않았다면 그의 시와 이야기에서 모방을 사용하지 않은 것이네. 자네의 이해를 돕기 위해 예를 들어보겠네. 크리세스가 자기 딸의 몸값을 가지고 가서 아카이아인들, 그중에서도 특히 왕들에게 간청했다고 호메로스가 말한 다음, 크리세스의 입장에서 말하지 않고 계속 호메로스로서 말했다면, 거기에는 모방을 통한 이야기는 없고 시인이 직접 들려주는 이야기만 있게 되네. 그럴 경우 다음과 같이 서술되겠지. 나는 시인이 아니니 운율을 사용하지 않고 읽겠네.

e '그 제관은 그들이 무사히 트로이아를 점령하게 해달라고 신들에게 기원했고, 또한 그들이 섬기는 신을 공경해 자기 딸의 몸값을 받고 풀어주기를 기원했다. 그가 기원을 마치자 다른 사람들은 경의를 표하며 그의 말에 동의했지만, 아가멤논은 화를 내면서 그의 홀과 그가 섬기는 신의 화관도 그를 지켜주지 못할 것이라고 말했다. 또한 그의 딸은 풀려나지 못할 것이며 자기와 함께 아르고스[104]에서 늙어갈 것이니, 혼자라도 무사히 집으로 돌아가고 싶거든 더 이상 화를 돋우지 말고 즉시 떠나서

104 아르고스는 제우스가 최초의 인간이라고 하는 포로네우스의 딸 니오베와 관계를 맺어 태어난 아들이다. 아르고스는 포로네우스가 건설한 펠로폰네소스 반도의 도시를 다스렸으며, 이 도시는 그의 이름을 따서 '아르고스'라고 불린다. 아르고스인은 그리스인을 총칭하는 말로 사용될 정도로 그리스 신화에서 이 도시는 중요한 위치를 차지한다. 아가멤논은 아르고스의 왕이다.

다시는 오지 말라고 명령했다. 이 말에 노인은 겁먹고 말없이 떠나기는 394a
했지만, 군영을 벗어나서는 아폴론 신에게 많은 기원을 했다. 그는 이 신의 여러 이름을 부르고 자기가 지금껏 이 신을 위해 신전을 세우고 제물을 바친 일을 상기시키면서, 그런 행동이 흡족했다면 보답으로 은총을 베풀어달라고 간청했다. 신의 화살을 사용해 그가 흘린 눈물의 대가를 아카이아인들이 치르게 해달라고 간절하게 기원했다.'

여보게, 이것이 바로 시인이 모방 없이 직접 들려주는 이야기라네." b

그는 "알겠습니다"라고 대답했네.

그래서 내가 말했네. "또한 등장인물의 말 사이사이에 시인의 말을 제거해버리고 서로 주고받는 말만 남겨두는 경우, 앞의 사례와 정반대가 되겠지."

그는 "네, 비극이 그런 경우지요"라고 대답했네.

그래서 내가 말했네. "이제야 제대로 이해했군. 어떤 시와 이야기는
처음부터 끝까지 모방을 통해 들려주는데, 자네가 말했듯이 비극과 희 c
극이 그러하네. 또한 어떤 것은 시인이 직접 들려주는데, 무엇보다 디티람보스 시[105]가 그러하지. 두 가지 방식을 다 사용하는 것도 있네. 서사시나 그 외 다른 많은 이야기가 그러하네. 자네가 내 말을 이해했다면 알걸세."

그는 "무슨 말씀인지 이제 알겠습니다"라고 말했네.

"우리가 무엇을 논의할지만 살펴보았을 뿐 방법은 아직 살펴보지 않

105 '디티람보스 시'는 고대 그리스에서 주신 디오니소스를 찬양하는 합창이며, 주로 신화를 이야기 형식의 노래로 만들어 부른다. 떠들썩하고 요란한 것이 특징이다. 디티람보스는 디오니소스의 별명이다.

았다는 점도 기억해주게."

"기억하고 있습니다."

d "내가 말하고 싶은 것은 시인들에게 모방을 어느 정도까지 허용할지 우리가 합의해야 한다는 것이네. 전면적으로 허용할지, 일부만 허용할지, 아니면 아예 금지시켜야 할지 말일세."

그는 "선생님은 이 국가에 비극과 희극을 허용할지 말지를 생각하시는 게 분명합니다"라고 말했네.

그래서 내가 말했네. "그럴 수도 있고, 그 이상일 수도 있지. 사실 나도 잘 모르겠네. 우리의 논의가 흘러가는 대로 따라가야 하기 때문이지."

그는 "훌륭한 말씀입니다"라고 말했네.

e "자, 아데이만토스, 장차 우리 국가를 지킬 수호자가 모방을 잘하는 사람이어야 할지 그렇지 않은지 생각해보세. 이 문제도 앞에서 말한 원칙을 따라야 할까? 사람은 저마다 한 가지 일만 훌륭하게 해낼 수 있고, 많은 일을 붙잡으려 하다가는 오히려 다 놓쳐서 결국 어떤 일도 잘 해낼 수 없게 된다는 원칙 말일세."

"물론입니다."

"모방도 마찬가지로 여러 가지를 모방하려고 하면 한 가지만 모방할 때처럼 훌륭하게 해낼 수 없겠지?"

"그럴 테지요."

395a "그렇다면 가치 있게 여기는 일 중 하나를 행하면서 동시에 많은 것을 모방하는 경우에 모방을 잘하는 사람이 되기란 거의 불가능하네. 아무리 비슷한 유형이어도 둘을 동시에 훌륭하게 모방할 수는 없네. 예컨대 자네가 좀 전에 모방물이라고 부른 희극과 비극을 쓰는 것이 그렇지."

"그렇습니다. 한 사람이 두 가지 역할을 잘해낼 수 없다는 말씀이 옳
습니다."
"한 사람이 음유시인인 동시에 배우가 되기도 불가능하네."
"맞습니다."
"또 한 사람이 희극배우인 동시에 비극배우가 되기도 불가능하네. 이 b
모든 일이 모방이니 말일세. 그렇지 않은가?"
"그렇습니다."
"여보게 아데이만토스, 내가 보기에 인간의 적성은 이보다 훨씬 세분
되어 있어, 많은 일을 훌륭하게 모방하거나, 모방물이 비슷하게 그려낸
원래의 일을 해내기란 불가능할 것 같네."
그는 "지극히 옳은 말씀입니다"라고 말했네.
"그러니 우리가 처음에 논의했듯이, 국가의 수호자라면 다른 모든 전
문 기술을 포기하고 엄밀한 의미에서 국가의 자유를 위한 전문가가 되 c
어야 하네. 그러자면 그것에 도움이 되지 않는 어떤 일에도 매여서는 안
되고 모방하는 일을 해서도 안 되네. 설령 모방하더라도 그들에게 어울
리는 것, 즉 용기 있고 절제 있으며 경건하고 자유인다운 면모나 그와
비슷한 미덕을 지닌 사람을 모방해야 하네. 그것도 어릴 때부터 모방해
야 하네. 비굴하거나 수치스러운 짓은 모방해서는 안 되네. 그런 짓을
모방하다가 실제로 그런 사람이 되지 않으려면 말이야. 모방이 어릴 때 d
부터 오랫동안 지속되면 신체나 목소리, 생각에 습관이 들고 결국에는
그것이 본성으로 굳어버린다는 것을 모르지 않겠지?"
그는 "잘 알고 있습니다"라고 대답했네.
"훌륭한 남자로 키우기 위해 각별히 신경 쓰는 사람이 있다면, 여자

들을 모방하게 두어서는 안 되네. 젊은 여자든 나이 든 여자든, 남편에
e 게 욕을 퍼붓는 여자든, 자기 잘난 맛에 신들에게 맞서는 여자든, 불운을 겪고 슬픔과 비탄에 빠진 여자든, 모방하지 못하게 해야 하네. 하물며 병이 들었거나 사랑에 빠졌거나 산통을 겪는 여자는 더 말할 것도 없네."

그는 "물론입니다"라고 말했네.

"여자 노예나 남자 노예를 모방하는 것도 당연히 허용해서는 안 되네."

"물론입니다."

"나쁜 사람, 그러니까 비겁한 사람, 앞에서 우리가 모방해도 된다고 말했던 것과 반대되는 행동을 하는 사람, 비방하고 조롱하며, 술에 취해서
396a 든 맨 정신으로든 비속어를 퍼붓는 사람 등 이런 부류가 언행으로 자신은 물론 다른 사람에게 저지르는 잘못을 모방하게 해서도 안 되네. 정신나간 사람처럼 말하고 행동하는 것을 우리 청년들이 자연스럽게 받아들이도록 내버려둬서도 안 되네. 누가 제정신이 아니고 나쁜 사람인지 구별할 줄 알아야 하지만, 그런 자의 언행을 모방해서는 안 되니 말일세."

그는 "지극히 옳은 말씀입니다"라고 대답했네.

그래서 내가 말했네. "그러면 이건 어떤가? 대장장이나 다른 전문 기
b 술자, 삼단노선[106]의 노 젓는 자나 구령 붙이는 자, 또는 그와 관련된 자들은 모방해도 되겠나?"

그는 "우리 청년들이 그런 데 관심 갖는 것조차 허용되지 않을 텐데 어떻게 그럴 수 있겠습니까?"라고 말했네.

---

106 15쌍으로 된 노가 3단으로 배치된 빠르고 날렵한 전함이다. 아테네가 그리스-페르시아 전쟁의 살라미스 해전에서 승리를 거둔 이후로 펠로폰네소스 전쟁으로 몰락할 때까지 해양 제국으로 성장하는 바탕이 되었다. 노예들이 이 전함에서 노를 저었다.

"그러면 말이나 소 우는 소리, 강물 흐르는 소리, 바다나 천둥 굉음, 또는 그 비슷한 것을 모방하는 건 어떤가?"

그는 "청년들에게 정신 나간 자처럼 행하는 것을 금하라고 하셨지요"라고 대답했네.

그래서 내가 말했네. "내가 제대로 이해한 거라면, 자네는 훌륭하고
좋은 사람이 사용하는 이야기체와, 정반대의 성품을 타고나고 그렇게 c
양육된 사람이 사용하는 이야기체가 따로 있다고 말한 것이네."

그는 "그게 어떤 것입니까?"라고 물었네.

그래서 내가 말했네. "절제 있는 사람은 이야기를 전개하다가 훌륭한
사람의 말이나 행동을 묘사하는 대목에서 마치 자신이 그 사람이 된 양
묘사할 것이고, 그런 모방을 부끄러워하지 않겠지. 물론 훌륭한 사람이 d
꿋꿋하고 지혜롭게 행동하는 모습은 최대한으로 모방하고, 병에 걸렸거
나 사랑에 빠졌거나 술에 취했거나 다른 불행으로 불미스러운 모습을
보일 때는 소극적으로 모방하려고 할 것이네. 한편, 자기보다 못한 사람
을 묘사하는 대목에서는 그자가 어쩌다 가치 있는 일을 할 때를 제외하
고는 그를 열정적으로 묘사하기는커녕 수치스러워하겠지. 그런 부류를
모방하는 데 미숙할뿐더러 나쁜 사람의 전형에 자기를 맞추는 걸 못 견 e
뎌 하고, 장난삼아 하는 게 아니라면 그런 모방을 경멸할 테니 말이야.

그는 "그럴 것 같습니다"라고 말했네.

"따라서 절제 있는 사람은 우리가 조금 전 호메로스의 시를 들어 설명했던 이야기 전개 방식을 사용할걸세. 모방과 직접 이야기하기 방식을 둘 다 쓰겠지만, 긴 이야기에서 모방은 적게 쓰이지 않는가? 내가 지금 말도 안 되는 얘기를 하고 있는 건가?"

그는 "아닙니다. 절제 있는 사람은 틀림없이 그런 식으로 말할 겁니다"라고 대답했네.

397a 그래서 내가 말했네. "반면에 절제를 모르고 천박한 사람은 못하는 이야기가 없고 자기에게 어울리지 않는 것도 없다고 생각할 것이네. 천둥이나 바람, 우박 소리, 수레바퀴와 도르래의 굉음, 나팔과 아울로스, 목적[107]을 비롯한 온갖 악기 소리, 심지어 개, 양, 새 소리 등 온갖 것을
b 사람들 앞에서 열심히 모방하겠지. 그런 사람이 하는 이야기는 온통 소리와 몸짓의 모방으로 채워질 테니 그가 직접 들려주는 부분은 적지 않겠는가?"

그는 "그럴 수밖에 없을 테지요"라고 대답했네.

그래서 내가 말했네. "이것이 바로 내가 말한 두 종류의 이야기체네."

그는 "그렇군요"라고 말했네.

"두 종류의 이야기체 중 하나는 변화가 적기 때문에 적절한 선법과 리듬[108]을 부여해 구연하는 경우, 거의 동일한 선법을 계속 가져가도 될

107 아울로스는 고대 그리스의 관악기이며, 현악기인 리라나 키타라와 함께 널리 사용되었다. '아울로스'라는 명칭은 갈대 또는 줄기를 뜻한다. 목적(牧笛)은 목동이 불던 원시 악기로서 그리스의 팬파이프를 가리킨다. 여러 개의 관을 일렬로 연결해 관 위쪽에 입술을 대고 바람을 불어넣어 소리를 낸다.

108 음악의 3요소는 선율, 화성, 리듬이다. 선율은 갖가지 높이와 길이의 음을 가로로 결합한 음의 선적 연속을 가리킨다. 화성이 복수음의 동시적, 수직적 결합이라면, 선율은 높이가 서로 다른 단수음의 연속적, 수평적 결합이다. 음의 연속이 음악이 되려면 시간적 질서, 즉 리듬을 포함해야 한다. '리듬'으로 번역한 그리스어 '뤼트모스'(ῥυθμός)는 '규칙적으로 다시 등장하는 움직임'을 뜻한다. 리듬의 구성 요소로는 장단과 강약이 있다. 영어에서는 강약격을 사용하는 반면, 그리스어에서는 장단격을 사용한다. '선법'(ἁρμονία, 하르모니아)은 선율에서 사용하는 음들의 음계를 음정 관계, 으뜸음 위치, 음역 등에 따라 세분한 음의 일정한 배열과 구조를 가리킨다.

걸세. 리듬도 마찬가지고." c

그는 "분명 그럴 테지요"라고 말했네.

"그러면 다른 하나는 어떨까? 이 이야기체는 온갖 형태의 변화를 다루기 때문에 그런 점을 적절하게 살리려면, 앞에서 말한 이야기체와는 반대로 갖가지 선법과 리듬이 필요하겠지?"

"물론입니다."

"따라서 시인을 비롯해 무엇인가를 말하는 사람은 두 이야기체 중 하나나 이 둘을 결합한 방식을 쓰지 않겠는가?"

그는 "그럴 수밖에 없겠지요"라고 대답했네.

내가 말했네. "그렇다면 우리가 세운 국가에서는 이 모든 이야기체를 d
받아들여야 할까, 둘 중 하나만 받아들여야 할까? 아니면 둘의 결합을 받아들여야 할까?"

그는 "저라면 훌륭한 사람을 모방하는 이야기체를 받아들일 것입니다"라고 대답했네.

"하지만 아데이만토스, 두 유형을 결합한 이야기체도 즐거움을 준다네. 아이들과 아이들의 교육을 맡은 노예들, 그리고 대다수 평범한 사람들은 자네의 선택과 반대되는 유형에서 훨씬 큰 즐거움을 느끼지."

"그렇겠지요."

"우리 국가에서는 한 사람이 한 가지 일만 하기 때문에 다방면으로 e
재능 있는 사람은 없으니, 그런 이야기체가 어울리지 않는다고 자네는 말하겠지."

"그렇습니다."

"우리 국가에서만 제화공은 구두를 만들 뿐 키잡이 일까지 겸하는 경우가 없고, 농부는 농사를 지을 뿐 재판관 일까지 하지는 않네. 전사는 전쟁을 수행할 뿐 돈 버는 일까지 하지는 않지. 다른 사람들도 마찬가지겠지?"

그는 "옳은 말씀입니다"라고 대답했네.

398a "따라서 온갖 것으로 변신할 수 있는 모방의 귀재가 우리 국가에 와서 그런 자신과 자기 작품을 보여준다고 가정해보세. 우리는 그를 신성하고 놀랍고 재미있는 사람으로 떠받들며 경배는 하겠지. 하지만 우리 국가에는 당신 같은 사람은 없고 앞으로도 없는 게 합당하다고 말하며 그의 머리에 향유를 붓고 양모 관까지 씌워서[109] 다른 국가로 보낼 것이

b 네. 그리고 국익을 위해 엄격하고 덜 재미있는 시인과 산문 작가를 채용하겠지. 우리가 처음에 국가 수호자를 어떻게 교육할지 논의하면서 제정한 규범에 따라 훌륭한 사람이 사용하는 언어를 모방하여 이야기를 들려줄 사람 말일세."

그는 "그럴 권한이 있다면 우리는 당연히 그렇게 할 겁니다"라고 말했네.

그래서 내가 말했네. "여보게, 어떤 이야기를 어떻게 해야 하는지 말했으니, 이제 시가에 관한 논의는 완전히 마친 것 같네."

그는 "제 생각도 그렇습니다"라고 말했네.

c 내가 말했네. "그러면 노래와 곡조에 관한 논의를 하면 되겠지?"

"네, 그렇습니다."

109 "향유를 붓고 양모 관을 씌우는" 것은 신상이나 그 외 신성한 대상에게 하듯 시인을 신성한 존재로 대우해준다는 의미다.

"그런데 앞에서 말한 것과 일관성을 유지하려면, 이제 무슨 말을 해야 할지 우리 모두가 이미 찾은 듯하네."

그러자 글라우콘이 웃으며 말했네. "하지만 소크라테스 선생님, 저는 그 '모두'에 해당되지 않는 것 같습니다. 짐작되는 것은 있지만 당장은 자신 있게 말할 수 없으니까요."

내가 말했네. "우선은 자신 있게 할 수 있는 말이 있네. 노래는 가사, d
선법, 리듬, 세 가지로 이루어졌다는 것이지."

그는 "네, 그렇지요"라고 말했네.

"그중에서 가사는 앞에서 논의한 이야기 틀과 방식으로 말할 수 있다는 점에서 곡을 붙이지 않은 이야기라고 할 수 있네."

그는 "옳은 말씀입니다"라고 말했네.

"선법과 리듬은 가사에 따라 정해지네."

"물론입니다."

"그런데 우리 이야기에는 비통하고 한탄하며 통곡하는 내용은 필요 없다고 우리는 말했네."

"그렇습니다."

"비탄을 표현하는 선법에는 어떤 것이 있나? 말해보게. 자네는 시가 e
에 밝지 않은가?"

"혼성 리디아 선법과 고음 리디아 선법[110] 같은 것이 있지요."

"그런 선법은 남자는 물론이고 여자가 훌륭해지는 데도 전혀 유익하

---

110 혼성 리디아 선법은 '미-미(4)-파-솔-라-라(4)-라(반)-미'이고, 고음 리디아 선법은 '미-미(4)-파-라-도'다. 여기에서 (4)는 4분음 올림 , (반)은 반음 올림 표시다.

지 않으니 제외해야 하지 않겠나?"

"물론입니다."

"술 취함이나 유약함, 게으름도 국가 수호자에게는 전혀 어울리지 않네."

"물론입니다."

"유약함이나 술자리에 어울리는 선법에는 뭐가 있는가?"

그는 "이오니아 선법과 리디아 선법[111] 중 몇 가지가 유약함과 어울린다고 들었습니다"라고 대답했네.

399a "자네는 전사들에게 그런 선법을 사용해도 된다고 보는가?"

그는 "아니요, 사용해서는 안 됩니다. 요컨대 선생님은 도리아 선법과 프리기아 선법[112]만 남겨두자는 말씀인 것 같습니다"라고 말했네.

그래서 내가 말했네. "나는 선법을 모르네. 하지만 전투를 비롯해 무
력을 쓰는 일에 뛰어드는 용감한 사람이나, 혹시라도 부상을 입거나 죽
b 음에 직면하거나 그 밖의 불운을 만나더라도 결연하게 이겨내는 사람
의 어조와 억양을 모방하는 데 적합한 선법은 남겨둬야 한다고 보네. 또
한 평화롭게 자발적으로 누군가에게 뭔가를 설득하고 요구하거나, 신
에게 기도하거나, 인간에게 가르침과 조언을 주는 경우, 그 반대로 그런
요구나 가르침을 받거나 설득되는 경우에 거만하지 않고 모든 면에서
c 절도 있게 행하며 결과에 승복하는 사람의 어조와 억양을 모방하는 데

111 이오니아 선법은 '미-미(4)-파-라-도-레'이고, 리디아 선법은 '미(4)-파-라-시-시(4)-도-미-미(4)'다.

112 도리아 선법은 '솔-라-라(4)-라(반)-레-미-미(4)-파-라'이고, 프리기아 선법은 '솔-라-라(4)-라(반)-레-미-미(4)-파-솔'이다.

적절한 선법도 남겨둬야 하네. 이 두 가지 선법, 즉 무력을 쓰는 일이나 자발적 일과 관련해 불운한 사람과 운 좋은 사람, 절제 있는 사람과 용감한 사람의 어조를 가장 훌륭하게 모방할 수 있는 선법은 남겨두세."

그는 "방금 제가 말씀드린 선법이 바로 그런 것들입니다"라고 대답했네.

내가 말했네. "그렇다면 우리의 노래와 곡조에는 현이 많거나 모든 선법을 연주할 악기는 필요하지 않을 것이네."

그는 "그럴 것 같네요"라고 대답했네.

"그러니 우리는 삼각 하프나 일반 하프[113]를 비롯해 많은 현으로 다양 d
한 선법을 연주하는 악기들을 만드는 기술자는 부양하지 않을 것이네."

"그렇습니다."

"그렇다면 아울로스를 만들거나 연주하는 사람을 이 국가에서 받아들이는 건 어떤가? 이 악기는 음역이 넓어서 선법을 연주하는 모든 악기들이 사실 아울로스를 본떠서 만든 게 아닌가?"

그는 "분명 그렇습니다"라고 대답했네.

그래서 내가 말했네. "그러면 이 국가에서 쓰이는 악기로는 리라와 키타라가 남은 셈이네. 물론 시골 목동들의 피리인 목적도 남겠지."

그는 "지금까지 논의한 바에 따르면 그렇습니다"라고 대답했네.

내가 말했네. "그러니 우리가 마르시아스와 그의 악기[114]가 아니라 아 e

---

113 리디아인들은 여러 종류의 하프를 사용했다. '삼각 하프'는 '트리고노스'(τρίγωνος)를, '일반 하프'는 '펙티스'(πηκτίς)를 번역한 말이다.

114 마르시아스는 그리스 신화에 나오는 숲의 정령이자 주신 디오니소스의 시종들인 사티로스 중 한 명이다. 그가 사용한 악기 아울로스는 좌우 두 개의 관으로 이루어진 피리로서

폴론과 그의 악기를 선택하더라도 새삼스러울 건 없네."

그는 "맹세하건대 제가 보기에도 그렇습니다"라고 대답했네.

그래서 내가 말했네. "이제 앞에서 우리가 사치스럽다고 말했던 국가를 어느새 다시 온전히 정화했다고 단언할 수 있네."

그는 "우리는 절제 있는 사람들이니까요"라고 대답했네.

내가 말했네. "그러면 아직 남아 있는 것도 정화해보세. 선법 말고도 리듬이 남았으니까. 우리는 온갖 잡다한 보격[115]을 추구해서는 안 되고, 절제 있고 용감한 삶을 표현하는 리듬이 어떤 것인지 알아내야 하네. 그
400a 런 다음 박자[116]와 선율을 그런 사람이 하는 말, 즉 가사에 맞춰야지 그 반대로 해서는 안 되네. 어떤 리듬이 그런지 선법을 다룰 때처럼 자네가 알려주게나."

그는 말했네. "저는 그런 능력이 없습니다. 선법을 만드는 음이 네 종류인 것처럼[117] 보격을 만드는 세 가지 형태의 리듬[118]이 있다는 것만 말씀드릴 수 있어요. 각 리듬이 어떤 삶을 모방한 건지는 모릅니다."

열광적이고 관능적인 음색이 특징이며, 디오니소스의 제례 때 주로 사용되었다. 나중에 마르시아스는 태양신 아폴론과 연주 시합을 벌이는데, 이때 아폴론이 사용한 악기는 리라였다.

115 '보격'으로 번역한 그리스어 '바시스'(βάσις)는 말 그대로 '걸음'이라는 뜻이다. 고대 그리스에서 주로 리듬을 구성하는 보격은 장음과 단음으로 이루어졌고, 장음과 단음의 배열 방식에 따라 여러 명칭의 보격이 생겼다.

116 '박자'로 번역한 '푸스'(πούς)는 보격을 이루는 각각의 걸음, 즉 '박'(拍, beat)을 가리킨다. 박이 모여 균등한 시간적 거리가 이루어져 장단이 규칙적으로 되풀이되면서 형성되는 리듬의 기본 단위가 박자다. '선율'로 번역한 '멜로스'(μέλος)는 '멜로디' 또는 '곡조'를 뜻한다.

117 고대 그리스 선법은 4음계가 기본이고 노래를 부를수록 음계가 내려가는 특징이 있다. 참고로 동양의 선법은 5음계(궁, 상, 각, 치, 우)를, 현대 음악은 7음계를 사용한다.

118 "세 가지 형태의 리듬"은 박을 수학적 비율로 표시한 2:2(단단단단, 장장, 장단단, 단단장), 3:2(장단장), 2:1(장단) 또는 1:2(단장)를 말한다.

그래서 내가 말했네. "비굴함, 오만함, 광기를 비롯해 여러 악덕에 적 b
합한 보격은 무엇인지, 그것에 반대되는 미덕을 위해 남겨둬야 할 리듬
은 무엇인지 다몬[119]과 상의할걸세. 정확하지는 않지만, 나는 그가 모종
의 운율, 즉 장음과 단음을 혼합하고 배열하여 단음이 올라갈 때와 내려
갈 때의 길이가 손가락 마디 정도의 길이로 동일한 운율을 행진곡풍 운
율 또는 영웅시 운율이라고 명명하고,[120] 장음이나 단음 하나로 구성된
운율을 각각 단장격 운율, 장단격 운율이라고 부르는 것을 들었네.[121] 그
는 이러한 보격과 운율, 또는 이 둘을 결합해 각각 장단점을 말한 것 같 c
네. 하지만 이미 말했듯이 이 문제는 다몬에게 맡기기로 하세. 여기에서
논의하기에 작은 일이 아니니 말이야. 그렇게 생각하지 않나?"

"당연히 그렇게 생각합니다."

"그런데 리듬의 좋고 나쁨에 따라 우아함과 천박함이 결정된다는 건 자네도 알지 않나?"

"물론입니다."

"앞에서 말했듯이, 가사가 리듬과 선율을 따르는 게 아니라 리듬과 d
선율이 가사를 따른다면, 훌륭한 가사인지 아닌지에 따라 리듬과 선법
의 좋고 나쁨이 결정될걸세."

그는 "분명히 리듬과 선율이 가사를 따라야 하지요"라고 대답했네.

---

119 다몬은 기원전 5세기에 활동한 아테네의 음악 교사이며, 케오스 출신의 1세대 소피스트인 프로디코스의 제자다. 플라톤과 소크라테스는 그를 높이 평가했다.

120 '행진곡풍 운율' 또는 '영웅시 운율'은 장단단격 운율로서 2:2 운율에 속한다. 이때 하나의 장음 길이와 두 개의 단음을 합한 길이는 동일하다.

121 '단장격 운율'은 이암보스 운율이라고 부른다.

그래서 내가 말했네. "그러면 말씨와 말은 어떤가? 그것들은 심성을 따르지 않겠는가?"

"물론입니다."

"리듬과 선법은 말씨를 따르네."

"네."

e "따라서 좋은 말과 좋은 선법, 우아함과 좋은 리듬은 심성을 따르네. 사람들은 아무것도 모르는 순진함을 미화해 좋은 심성이라고 부르지만, 내가 말하는 좋은 심성이란 훌륭한 지성을 갖춘 심성을 가리키네."

그는 "물론입니다"라고 말했네.

"그러니 청년들이 자기 할일을 제대로 하려면 항상 이런 것을 추구해야 하지 않겠나?"

"그렇습니다."

401a "그림을 비롯한 온갖 기예들을 보면 그런 것들이 가득 차 있네. 직조술, 자수, 건축을 비롯해 그 밖의 기구를 만드는 일이나 인체와 각종 제작품의 형태에도 그런 것이 가득 차 있네. 이 모든 것 속에는 우아함이나 천박함이 내재되어 있기 때문이지. 천박함과 나쁜 리듬 및 선법은 나쁜 말과 심성을 닮은 반면, 우아함과 좋은 장단 및 선법은 절제 있고 좋은 심성을 닮고 모방한 것이네."

그는 "전적으로 그렇습니다"라고 말했네.

b "그렇다면 시인들만 감시하면서 그들에게 좋은 심성을 모방한 시만 쓰게 하고, 따르지 않을 경우 시를 못 쓰게 하면 되는 건가? 다른 기술자들도 다같이 감시하며 동물 그림이나 건축물, 그 외 다른 제작물에 무절제하고 비굴하고 천박하며 나쁜 심성을 담아내지 못하게 하고, 따르

지 않을 경우 제작 활동을 금지시켜야 하지 않겠나? 그래야 장차 국가
를 지킬 수호자들이 악덕을 모방한 것이 펼쳐진 나쁜 풀밭에서 날마다 c
조금씩 그것을 뜯어먹다가 자기도 모르는 사이에 결국 그들의 혼 안에
큰 악이 쌓이는 사태는 일어나지 않을 것이네. 그러니 우리는 천성적으
로 훌륭하고 우아한 본성을 추구하는 기술자들을 찾아내야겠지? 그럴
때 청년들은 건강한 환경에서 살면서 혜택을 얻을 것이네. 좋은 곳에서
불어오는 건강한 산들바람처럼 훌륭한 작품에서 나오는 좋은 것이 그
들의 눈과 귀에 들어와 어릴 때부터 자기도 모르는 사이에 훌륭한 말을 d
닮고 친근하게 동화될 것이네."

그는 "그런 식으로 양육하는 것이 훨씬 좋겠습니다"라고 말했네.

그래서 내가 말했네. "그러니 글라우콘, 시가를 통한 양육이 가장 중
요하지 않겠는가? 리듬과 선법은 혼의 가장 깊은 곳에 스며들어 그것
에 수반된 우아함으로 혼을 사로잡아 우리를 우아한 사람으로 만드니
말일세. 제대로 양육받는다면 그렇게 될 것이고, 그렇지 못하면 정반대 e
가 되겠지. 시가로 올바르게 양육받은 사람은 훌륭하게 만들어지거나
제대로 자라지 못한 것의 결핍을 민감하게 알아채 싫어하고, 훌륭한 것
을 칭송하고 기뻐하며 자기 혼 속에 받아들이는 식으로 훌륭하고 좋은 402a
사람이 될 것이네. 그런 사람은 어려서는 영문도 모른 채 수치스러운 것
을 비난하고 미워하지만, 나중에 커서 그 이유를 알게 되었을 때, 자기
가 어려서부터 그렇게 양육받은 덕분에 훌륭한 것을 감지하고 친근하
게 느끼는 것을 반가워할걸세."

그는 "그것이 시가 교육의 목적인 것 같습니다"라고 말했네.

그래서 내가 말했네. "글을 자유자재로 읽고 쓰는 과정도 비슷하네.

몇 개 안 되는 문자가 서로 조합되어 여기저기서 나타난다는 것을 알고
b 는 짧은 단어든 긴 단어든 개의치 않고 글을 해독하려고 애쓸 때, 비로
소 글에 정통한 사람이 될 테니 말일세."

"옳습니다."

"그렇다면 물 위나 거울에 문자의 형상이 나타난다 해도, 우리가 문자를 알지 못하면 그 형상을 알아볼 수 없을 테니, 이 둘은 동일한 기술이요 일이 아니겠는가?"

"물론입니다."

c "그러니 내가 하고 싶은 말은, 우리 자신이나 우리가 국가 수호자로
교육하려는 사람들이 시가에 밝아지는 이치도 이와 마찬가지라는 것이
네. 절제, 용기, 자유인다운 너그러움, 고귀함을 비롯해 다른 미덕의 형
상, 그리고 이와 반대되는 악덕의 형상이 여기저기 모든 사물에서 나타
나는데, 그 속에 사물 자체와 그 형상이 내재되어 있음을 알고, 작은 사
물에 들어 있든 큰 사물에 들어 있든, 그것과 그 형상을 아는 것이 전문
지식과 동일한 일이라고 생각하며 무시하지 않을 때 비로소 시가에 밝
은 사람이 될 수 있기 때문이네."

그는 "반드시 그럴 겁니다"라고 대답했네.

d 그래서 내가 말했네. "그런데 어떤 사람의 혼 안에 훌륭한 성품이 내
재하고, 외모 또한 그런 성품과 일치하고 조화를 이룬다면, 그것이 가장
아름다운 광경이 아니겠는가?"

"당연히 그렇습니다."

"가장 아름다우니 가장 사랑스러운 것이겠지?"

"물론입니다."

"시가에 밝은 사람은 바로 이런 사람을 가장 사랑할 테지만, 불협화음이 있는 사람은 사랑하지 않을 것이네."

그는 "혼에 결함이 있다면 사랑하지 않을 테지만, 신체에 결함이 있는 사람이라면 용인하고 반갑게 맞이할 겁니다"라고 말했네.

그래서 내가 말했네. "자네에게 사랑하는 소년이 지금이나 전에 있었 e
다는 것을 아네.[122] 나도 자네 말에 동의하네. 그런데 이 질문에 답해주게. 절제와 지나친 즐거움은 양립할 수 있을까?"

그는 "지나친 즐거움은 괴로움 못지않게 사람을 정신 못 차리게 하는데 어떻게 그럴 수 있겠습니까?"라고 대답했네.

"그러면 다른 미덕과는 양립할 수 있을까?" 403a

"결코 그럴 수 없습니다."

"그러면 오만함이나 무절제와는 양립할 수 있을까?"

"무엇보다도 잘 양립할 수 있습니다."

"성적 즐거움보다 더 크고 강렬한 즐거움이 있을까?"

그는 "그보다 더 광적인 것은 없습니다"라고 대답했네.

"하지만 올바른 사랑이란 본성상 질서 있고 아름다운 것을 절제되고 교양 있게 사랑하는 것이겠지?"

그는 "물론입니다"라고 대답했네.

---

122 고대 그리스의 상류층에서 나이 많은 남자('사랑하는 사람')와 소년('사랑받는 소년') 간의 동성애는 흔한 일이었다. 플라톤의 저작에도 동성애가 자주 언급되는데, 이것은 일종의 후견인 관계이기도 했다. 소크라테스와 플라톤은 이성 간의 사랑보다 남자의 용감함, 너그러움 등의 미덕을 높이 평가하며 남자들의 동성애를 성적 관계가 아니라 이러한 미덕의 관점으로 본다.

"그렇다면 올바른 사랑에는 광기나 무절제 같은 것이 조금도 개입해서는 안 되겠지?"

"그렇습니다."

b "따라서 성적 즐거움은 올바른 사랑에 개입해서는 안 되고, 사랑하는 사람과 사랑받는 소년 사이에 관여해서도 안 되네."

그는 "맹세하건대 그래서는 안 됩니다, 소크라테스 선생님"이라고 말했네.

"그렇다면 자네는 우리가 세우고 있는 이 국가에 이런 법을 제정할 것 같으이. '소년을 사랑하는 사람은 소년이 허용하는 경우에 아들에게 하듯 선의의 입맞춤을 하고 함께하며 어루만질 수 있다. 그러나 진심으
c 로 아끼는 사람과의 관계가 그 선을 넘어서는 것처럼 보이는 다른 행위를 해서는 안 된다. 그렇지 않을 경우 교양 없고 아름다움이나 훌륭함이 무엇인지 모르는 자라는 비난을 받아 마땅하다.'"

그는 "그럴 겁니다"라고 대답했네.

그래서 내가 말했네. "자네가 보기에 시가에 관한 논의가 마무리된 것 같은가? 어쨌든 우리는 마무리를 아주 잘했네. 시가는 아름답고 훌륭한 것에 대한 사랑 이야기로 마무리되는 게 마땅하니 말일세."

그는 "제 생각도 그렇습니다"라고 말했네.

"청년들이 시가 다음으로 배워야 할 것은 체육이네."

"물론입니다."

d "체육 교육도 어릴 때 시작해 일생 동안 정확히 받아야 하네. 나는 신체 상태가 좋다고 해서 혼이 훌륭해지는 게 아니라, 반대로 훌륭한 혼으로 인해 신체가 최상의 상태가 된다고 보네. 자네 생각은 어떤가?"

그는 "저도 그렇게 생각합니다"라고 말했네.

"마음과 생각에 대해 이미 충분히 살펴보았으니 그에 비추어 신체도 살펴봐야겠지만, 논의가 장황해지지 않도록 개략적으로 언급하는 게 옳 e
지 않겠나?"

"물론입니다."

"앞에서 우리는 청년들이 술에 취해서는 안 된다고 말했네. 국가 수호자가 술에 취해 자기가 어디 있는지조차 모르는 건 결코 허용할 수 없는 일이네."

그는 "국가를 지켜야 할 수호자를 누군가가 지켜줘야 한다는 건 우스운 일이지요"라고 말했네.

"그러면 음식은 어떤가? 국가 수호자는 가장 큰 경기를 치르는 운동선수라고 할 수 있네. 그렇지 않은가?"

"네."

"그렇다면 훈련받는 운동선수 같은 상태가 그들에게 적합하겠는가?" 404a

"그럴 것 같습니다."

내가 말했네. "하지만 그것은 일종의 가수면 상태여서 건강상으로는 위태롭다네. 운동선수들이 일생을 그렇게 보내다 보니 정해진 생활 패턴에서 조금만 벗어나도 중병을 앓는다는 것을 자네는 아는가?"

"알고 있습니다."

내가 말했네. "그러니 전사들에게는 좀 더 나은 훈련이 필요하네. 그들은 개처럼 깨어 있어야 하고, 최대한 예리하게 보고 들으며, 출전 중에는 물과 음식, 혹서, 혹한 같은 환경 변화에 건강을 위협받아서는 안 b
되기 때문이네."

"그런 것 같습니다."

"그렇다면 최고의 체육은 우리가 좀 전에 살펴본 단순한 시가의 자매편이지 않겠나?"

"무슨 말씀입니까?"

"최고의 체육은 단순하고 훌륭한 체육, 특히 전쟁과 관련된 것을 다루는 체육이라는 말이네."

"그런 체육은 어떤 것인가요?"

내가 말했네. "우리는 그것을 호메로스에게서도 배울 수 있네. 그의
c 글을 보면, 원정 중 영웅들의 식탁에는 생선이 없었지. 헬레스폰토스 해협[123] 바닷가에 진치고 있을 때조차 그러했네. 또한 그들은 삶은 고기 대신 구운 고기만 먹었네. 그릇을 가지고 다니기보다 불만 사용해 음식을 해먹는 편이 훨씬 용이했기 때문이지. 구운 고기는 군인이 가장 쉽게 조달할 수 있는 음식이었네."

"정말 그렇습니다."

"호메로스는 양념이나 조미료를 언급한 적도 없네. 좋은 신체 상태를 유지하려면 이런 것을 피해야 한다는 사실은 운동선수들도 알고 있을 걸세."

그는 "그렇습니다. 그렇게 하는 게 옳습니다"라고 대답했네.

d "그렇다면 여보게, 자네는 시라쿠사이식 식단이나 시칠리아식의 요란한 요리[124]를 칭찬하지 않을 것 같군."

---

123 헬레스폰토스 해협은 에게해에서 흑해로 들어가는 어귀에 위치한다. 트로이아 전쟁의 무대였던 고대의 트로이아는 이 해협의 서쪽 입구 아시아 쪽에 있었다.

124 시칠리아는 이탈리아 남서부 지중해 상의 섬으로 서부 섬과 동부 섬으로 나뉘어 있다.

"그렇습니다."

"자네는 상태를 유지하려는 남자가 코린토스 처녀[125]와 사귀는 것도 나무랄 듯하네"

"물론입니다."

"자네는 진미라고 알려진 아티카[126]의 과자도 못마땅하겠군."

"당연히 그렇습니다."

"이런 식단과 생활양식 전체를 선법과 운율이 조합된 노래에 비유한다면 적절하지 않겠나?" e

"물론입니다."

"그렇다면 잡다함이 시가에서는 무절제를 낳고 체육에서는 질병을 낳는 반면, 단순성은 혼에 절제를 부여하고 신체에는 건강을 가져다주지 않겠나?"

그는 "지극히 옳은 말씀입니다"라고 대답했네.

"무절제와 질병이 넘쳐나면 법정과 병원이 번창하지 않겠나? 자유 405a
민조차 그런 데 열을 올리면 변론술과 의술이 아주 중요한 대접을 받게 되겠지?"

"물론입니다."

"육체노동을 하는 하층민뿐 아니라 자유민으로 교육받았다는 이들조

시라쿠사이는 동부 섬에 있는 도시로 이탈리아 최초의 그리스 식민도시다. 이곳의 사치스러운 식단이 플라톤의 『일곱 번째 서신』 326b-327b에도 언급된다.

125 코린토스는 그리스 본토와 펠로폰네소스 반도를 잇는 코린트 지협의 고대 도시국가다. 그리스 남북 육상 교통의 요지인 동시에 이오니아해와 에게해를 잇는 해상 교통의 요지로서 무역의 발달로 부유했고 매춘으로도 유명했다. '코린토스 처녀'는 매춘부를 뜻한다.

126 아티카는 그리스의 중남부 지방으로 아테네를 포함한 주변 지역을 가리킨다.

차 그 정도로 의사와 재판관이 필요하다는 것은, 국가가 얼마나 형편없
b 고 부끄러운 교육을 했는지 보여주는 가장 명백한 증거임을 아는가? 정의가 무엇인지 스스로 결정할 수 없어 다른 사람이 정해주는 대로 수긍하는 것이 부끄러운 일이며 교육의 부재를 보여주는 강력한 증거가 아니겠나?"

그는 "네, 가장 부끄러운 일이지요"라고 대답했네.

그래서 내가 말했네. "더 부끄러운 일은 법정에서 피고나 원고 노릇을 하며 인생을 허비할 뿐 아니라 그렇게 살아가는 것을 자랑스러워하
c 는 게 아니겠나? 아름답고 훌륭한 것에 무지하고 불의한 짓에는 유능한 자들이 그러하네. 온갖 편법과 빠져나갈 구멍을 능수능란하게 찾아내어 처벌받지 않는 것을 자랑스러워하지. 그런 사람은 자기 앞에서 졸고 있는 재판관이 필요 없는 삶이 훨씬 아름답고 훌륭하다는 사실을 모른다네. 그러니 하찮고 쓸모없는 것을 위해 그런 짓을 하지."

그는 "그렇습니다. 그런 삶이 더 부끄러운 일입니다"라고 대답했네.

d 그래서 내가 말했네. "상처나 계절병 때문이 아니라 우리가 앞에서 말한 생활양식이나 나태함으로 인해 의술이 필요하게 된다면 이 또한 부끄러운 일이 아니겠나? 고인 늪처럼 몸에 점액과 가스가 차오르는 그러한 질병에 똑똑한 아스클레피오스의 후예가 고창병과 점액증이라는 병명을 붙였지."[127]

---

127 그리스 신화에 나오는 의술의 신 아스클레피오스는 뱀이 휘감긴 지팡이를 들고 있는 모습으로 묘사된다. '고창병'은 복부에 물이 차서 심장, 신장, 간장 등을 압박해 몸이 붓는 병이고, '점액증'은 머릿속에 생긴 병적 염증성 점액 물질이 비강이나 구강으로 흘러내리는 병이다.

그는 "정말 생소한 병명이네요""라고 대답했네.

그래서 내가 말했네. "아스클레피오스 시대에는 그런 질병이 없었다고 보네. 어떤 여자가 프라므네이에서 생산한 포도주에 보릿가루를 많 e
이 뿌리고 치즈까지 갈아 넣은 것을 트로이아 전쟁에서 부상당한 에우리필로스에게 주어 마시게 했을 때, 그리고 파트로클로스가 그런 치료 406a
법을 사용했을 때, 아스클레피오스의 아들들이 비난하지 않았다는 것이 그 증거네. 그런 치료법은 염증을 일으킨다고 여겨졌거든."[128]

그는 "어쨌든 부상당한 사람에게 그런 것을 마시게 했다는 게 이상합니다"라고 말했네.

그래서 내가 말했네. "오늘날 아스클레피오스의 후예들은 오랜 시간 요양하는 방식의 의술을 사용하지만, 헤로디코스[129]가 등장하기 이전에는 그런 의술을 사용하지 않았다는 것을 안다면 이상한 일도 아니네. 체
육 교사였던 헤로디코스는 병에 걸리자 체육과 의술을 혼합해 먼저 자 b
신을 가장 괴롭혔고 나중에는 다른 많은 사람을 괴롭게 했네."

그는 "그게 무슨 말씀입니까?"라고 물었네.

---

128 에우리필로스는 테살리아의 왕이다. 헬레네의 구혼자로 테살리아군을 이끌고 그리스 연합군으로 트로이아 전쟁에 참가했다가 파리스의 화살에 부상을 입었다. 파트로클로스는 아르고 원정대의 일원이었던 메노이티오스의 아들이다. 어릴 때 프티아의 왕 펠레우스의 아들 아킬레우스와 친구가 되었고, 펠레우스는 두 소년의 교육을 현자인 켄타우로스족의 케이론에게 맡겼다. 아킬레우스와 파트로클로스는 동성애 관계로 유명하다. '아스클레피오스의 아들들'은 마카온과 포달레이리오스다. 두 사람 모두 헬레네의 구혼자였기 때문에 구혼한 여자를 돕는다는 서약에 따라 헬레네의 남편 스파르타 왕 메넬라오스의 요청으로 트로이아 전쟁에 참가한다.

129 헤로디코스는 기원전 5세기에 활동한 셀림브리아 출신의 체육 교사이며, 나중에 자신이 병에 걸리면서 섭생과 요양의 전문가가 되었다. 그는 의술의 아버지인 히포크라테스의 스승이었고, 히포크라테스는 『섭생론』을 썼다.

그래서 내가 말했네. "자신의 죽음을 오랫동안 미루었다는 뜻일세. 그는 죽을병에 걸린 후 일생 동안 자신을 치료하며 세심하게 요양하는 일에만 전념했는데, 결국은 낫게 할 수 없었기 때문이라고 보네. 그는 정해진 생활 방식에서 조금이라도 벗어나면 큰 고통을 겪기는 했어도 그런 재주 덕분에 노년까지 살 수 있었네."

그는 "자신의 재주에 대한 훌륭한 상을 받은 셈이로군요"라고 말했네.

c 그래서 내가 말했네. "그것은 사정을 모르는 사람이 하는 말이네. 아스클레피오스가 그런 의술을 몰랐거나 경험이 없어서 후손에게 전하지 않은 게 아니네. 잘 통치되는 국가에서는 누구나 특정한 일이 주어지고 그 일을 하지 않으면 안 되는 까닭에, 평생 요양하며 치료받을 만큼 한가한 사람이 없다는 것을 알았기 때문일세. 하지만 어이없게도 우리는 이런 일이 기술자에게 해당하는 것은 알지만, 부자나 행복한 사람에게도 해당한다는 사실은 알지 못하네."

그는 "그게 무슨 말씀입니까?"라고 물었네.

d 그래서 내가 말했네. "목수는 병이 났을 때 의사에게 약을 받아 먹고 토하거나 설사해서 병을 얼른 내보내기를 바라네. 아니면 병난 곳을 지지거나 잘라내어 병에서 벗어나기를 바라네. 그런데 의사가 머리에 털모자 같은 것이나 씌워주면서 장기간 식이요법을 처방한다면 어떻게 나오겠나? 자기는 할일을 둔 채 누워서 병을 앓고 있을 여유가 없으며,
e 그렇게 사는 건 무의미하다고 말할 것이네. 그리고 원래의 익숙한 생활로 돌아가 어떻게든 몸을 회복시켜 하던 일을 계속할걸세. 그러다 회복하지 못하면 죽어서야 그 일을 놓게 되겠지."

그는 "그런 사람에게는 의술을 그런 식으로 사용하는 게 적절하겠네

요"라고 말했네.

그래서 내가 말했네. "그것은 그에게 해야 할 일이 있고, 그 일을 하지 407a
못하면 사는 것이 무의미해지기 때문이 아니겠나?"

그는 "물론입니다"라고 대답했네.

"그런데 부자는 반드시 해야 할 일이 없으니 어떤 일을 못하게 되더라도 사는 게 무의미해지지는 않을 거라고 사람들은 말하네."

"그렇게 말하기는 합니다."

내가 말했네. "그것은 포킬리데스[130]가 한 말, 즉 이미 먹고살 걱정이 없는 사람은 미덕을 수련하는 데 힘써야 한다는 말을 듣지 못했기 때문이네."

그는 "그러기 전부터 미덕 수련에 힘써야 한다고 생각합니다"라고 말했네.

그래서 내가 말했네. "그 점에 대해서는 포킬리데스와 다투지 말기로 하세. 다만 부자가 미덕을 수련해야 하는지, 미덕을 수련하지 않는 사람
의 삶은 무의미한지, 요양하며 병을 치료하는 것이 목수 일이나 그 밖의 b
기술직에는 방해가 되어도 포킬리데스의 권고를 따르는 데는 방해가 되지 않는지만 알아보세."

그는 말했네. "통상적인 체력 단련을 넘어 몸에 지나치게 신경을 쓰면 살아가는 데 지장이 생길 게 분명합니다. 집안을 돌보거나 전쟁에 나가거나 관직을 수행하기가 어려울 테니까요."

---

130 포킬리데스는 기원전 5세기 후반에 활동한 이오니아의 밀레투스 출신의 시인이며, 도덕관이나 교훈이 담긴 격언시로 유명하다.

c “요양하며 병을 치료할 경우, 무엇을 공부하거나 깊이 생각하거나 집
중하기가 힘들어진다는 게 가장 중요하네. 머리가 아프거나 현기증이
날 때마다 이것이 철학을 해서 생긴 증상은 아닌지 의심하게 되고, 병
걱정이 떠나지 않으니 미덕을 행하고 수련하는 데 온통 방해가 되기 때
문이지.”

그는 “정말 그럴 것 같네요”라고 말했네.

“아스클레피오스도 그 점을 간파하고, 선천적으로 건강하고 일상생
d 활에서도 몸이 튼튼하지만 특정한 부위에 병이 난 사람은 약과 수술로
병을 고친 후 일상으로 복귀시켜 국가가 순조롭게 경영되도록 했네. 반
면에 온몸이 병든 사람은 식이요법과 약을 써서 조금씩 낫게 해보아야
병약한 채 골골대며 오래 살다가 십중팔구 자신과 같이 병약한 자손을
e 남기니, 정상적인 삶을 살 수 없다면 자신을 위해서나 국가를 위해서나
유익하지 않으므로 치료해서는 안 된다고 생각했네.”

그는 “아스클레피오스가 정치가였다는 말씀이군요”라고 대답했네.

408a 내가 말했네. “확실히 그렇다네. 그런 사람이었으니 그의 아들들도 트
로이아 전쟁에서 훌륭한 전사로 활동하며 내가 말한 대로 의술을 펼친
게 아니겠나. 그들은 메넬라오스가 판다로스에게 입은 상처 부위의 ‘피
를 빨아내고 통증을 완화하는 약을 발라주었지만’,[131] 에우리필로스에
게 해준 것과 달리 그에게는 무엇을 먹고 마셔야 하는지는 전혀 처방하

---

131 판다로스는 그리스 신화에 나오는 제레이아 왕 리카온의 아들이다. 태양신 아폴론에게 궁술을 배워 활쏘기의 명수였다. 트로이아 전쟁에서 그리스군 진영에 속한 스파르타의 왕 메넬라오스가 그의 화살에 맞아 부상을 입는다. 이 인용문은 호메로스, 『일리아스』 4권 218행에 나온다.

지 않았네. 평소에 건강하고 절도 있게 생활한 사람이라 처방한 약만으
로 충분하고, 그 즉시 보릿가루와 치즈를 갈아 넣은 포도주를 마셔도 괜 b
찮다고 생각했기 때문이지. 반면에 선천적으로 병약하고 무절제한 사람
은 살아봐야 그 자신에게나 다른 사람에게 유익하지 않으니, 그런 이에
게 의술을 사용해서는 안 된다고 생각했다지. 미다스[132]보다 더 큰 부자
가 찾아와도 치료해주지 않았다고 하네."

그는 "선생님은 아스클레피오스의 아들들이 영리하다고 말씀하시는 군요"라고 말했네.

그래서 내가 말했네. "분명 그렇다네. 그런데도 비극시인들과 핀다
로스[133]는 우리의 의견에 동의하지 않고, 아폴론의 아들 아스클레피오
스가 황금을 받고서 이미 죽은 것이나 다름없는 부자를 치료해주었기 c
때문에 벼락을 맞고 죽었다고 말한다네.[134] 하지만 우리는 앞에서 밝힌
바에 따라 그들의 말을 믿지 않네. 그가 신의 아들이었다면 돈을 밝히지
않았을 것이고, 돈을 밝혔다면 신의 아들이 아니었을 테니까."

그는 말했네. "지극히 옳은 말씀입니다. 그런데 여쭤볼 것이 있습니
다, 소크라테스 선생님. 우리가 세우려는 국가에는 훌륭한 의사가 필요
하지 않을까요? 온갖 부류의 다양한 성품을 접해본 사람이 훌륭한 재판 d

---

132 미다스는 기원전 8세기 무렵 소아시아 지역 프리기아의 왕이다. 그리스 신화에 의하면, 탐욕스러운 미다스 왕은 막대한 재산에도 불구하고 더 많은 부를 원해 주신 디오니소스에게 손에 닿는 것마다 황금이 되게 해달라고 간청했고, 술에 취한 디오니소스는 그의 소원을 들어주었다.

133 핀다로스는 각주 12를 보라.

134 이 내용은 아이스킬로스의 『아가멤논』 1022행 이하, 에우리피데스의 『알케스티스』 3-4행, 핀다로스의 『피티아 경기의 우승자들』 3권 55-58행에 나온다.

관이 되듯이, 건강한 사람이든 병든 사람이든 많이 다루어봐야 훌륭한 의사가 되지 않을까요?"

내가 말했네. "당연히 훌륭한 의사가 필요하네. 그런데 자네는 내가 어떤 의사를 훌륭하게 여기는지 아는가?"

그는 "말씀해주세요"라고 대답했네.

그래서 내가 말했네. "그러지. 그런데 자네는 한 가지 질문으로 서로 다른 두 가지를 묻고 있네."

"무슨 말씀인가요?"

내가 말했네. "유능한 의사가 되려면 어릴 때부터 의술을 익혀야 할 뿐 아니라 심각한 환자도 많이 접해야 하고, 스스로도 병약한 체질로 태
e 어나 온갖 병에 걸려봐야 하네. 의사는 자기 몸으로 남의 몸을 치료하는 게 아니거든. 만약 그렇다면 의사의 몸 상태가 나쁘거나 나빠지는 것을 용납해서는 안 되겠지. 하지만 치료란 혼으로 하는 것이어서 의사는 혼이 병 들면 안 되네. 그러면 환자를 치료할 수 없게 되네."

그는 "옳습니다"라고 말했네.

409a "하지만 재판관은 혼으로 혼을 다스리네. 그런데 혼은 신체의 질병과 달리 어릴 때부터 나쁜 혼과 어울리며 자라고 온갖 나쁜 짓을 저지르고 겪기도 해야 다른 사람의 나쁜 짓을 예리하게 판단할 수 있는 게 아니네. 오히려 좋고 훌륭하고 정의로운 것을 건전하게 판단하려면, 혼은 어릴 적에 나쁜 성품을 겪거나 그런 것에 더럽혀져서는 안 되네. 그런 까닭에 훌륭한 사람은 어릴 때는 순진해 보이고 불의한 자에게 잘 속는데,
b 그것은 그들 안에 악한 자들과 똑같이 느낄 수 있게 해줄 본이 없기 때문이네."[135]

그는 "훌륭한 사람이 불의한 자에게 잘 속는 건 사실입니다"라고 말했네.

내가 말했네. "그런 까닭에 나이가 지긋해야 훌륭한 재판관이 될 수
있다네. 자기 혼 속에 있는 불의와 친숙해서 불의를 알아보는 게 아니
라, 자기와는 이질적인 혼 속에 있는 그것이 본성상 나쁜 것임을 오랜
세월 동안 관찰하면서 분명히 알게 되기 때문이네. 그런 사람은 직접 불 c
의를 저질러서 불의를 아는 게 아니라 지식을 통해 아는 것이네."

그는 "그런 사람이 가장 고귀한 재판관일 것 같습니다"라고 말했네.

"그런 자가 자네가 물어본 훌륭한 사람이네. 훌륭한 혼을 지녔기 때
문이지. 반면에 영리하고 의심 많은 사람, 온갖 불의를 저지르면서도 스
스로 현명하다고 여기는 사람은 자기와 똑같은 부류와 어울릴 때는, 자
기 안에 내재한 본을 주시하며 조심하기 때문에 영리해 보인다네. 하지
만 훌륭하고 나이 지긋한 사람을 접했을 때는 어리석어 보일걸세. 시도 d
때도 없이 의심하며, 건전한 성품을 알아보지 못하지. 이는 자기 안에
그런 성품의 본이 없기 때문이네. 그런 자는 훌륭한 사람보다 나쁜 사람
을 더 자주 만나기 때문에 자신이나 다른 사람에게 현명해 보이는 것일
뿐이네."

그는 "지극히 옳은 말씀입니다"라고 말했네.

그래서 내가 말했네. "그러므로 우리가 찾는 훌륭하고 현명한 재판관은 이런 사람이 아니라 우리가 앞에서 말한 사람이네. 악은 자기 자신도

---

135 나쁜 사람은 자기 내면의 나쁜 성품이라는 본을 따라 나쁜 짓을 하지만, 훌륭한 사람은 자기 안에 그런 본이 없어 나쁜 짓을 하기는커녕 알지도 못하고 순진해 나쁜 사람에게 잘 속는다는 뜻이다.

미덕도 알지 못하지만, 타고난 미덕은 교육이 더해지면 시간이 지나면
e 서 미덕과 악덕을 구별하는 지식을 갖게 되기 때문이네. 따라서 이런 사람이 현명해질 수 있을 것 같네."

그는 "저도 같은 생각입니다"라고 말했네.

"그러면 자네는 이런 사법 제도와 더불어 우리가 앞에서 의술에 대해
410a 논의한 바를 국가법으로 정하지 않겠나? 그러면 시민 중에 건강한 신체와 혼을 지니고 태어난 사람은 치료하고 돌보더라도, 건강하지 못하게 태어나 불치의 병에 걸린 사람은 죽게 내버려두고, 정신에 결함이 있는 사람도 그렇게 하게 될걸세."

그는 "그러는 것이 당사자나 국가 모두에게 최선일 듯합니다"라고 말했네.

그래서 내가 말했네. "하지만 우리가 세우는 국가에서 청년들은 사법 제도가 필요하지 않도록 신중하게 행동할 게 분명하네. 절제를 낳는 단순한 시가로 교육을 받기 때문이지."

그는 "그렇습니다"라고 말했네.

b "그런 시가 교육을 받은 사람은 원한다면 체육 교육도 동일한 방식으로 받을 테니, 부득이한 경우가 아니면 의술이 필요 없지 않겠나?"

"저도 그렇게 생각합니다."

"게다가 그가 체력 단련을 하는 것은 격정적인 본성[136]을 일깨우기 위해서지 단순히 체력을 기르기 위해서가 아니네. 운동선수들이 음식을 먹고 체력 단련을 하는 이유와 다르네."

---

136 여기에서 격정적인 본성이란 기개와 의분을 말한다.

그는 "지극히 옳습니다"라고 대답했네.

내가 말했네. "그렇다면 글라우콘, 청년을 시가와 체육으로 교육하기로 정한 것은, 흔히 생각하듯이 체육으로는 신체를 보살피고 시가로는 c
혼을 보살피는 게 그 목적이 아닌 듯하네."

그는 "그러면 무엇을 위해 정한 거지요?"라고 물었네.

그래서 내가 말했네. "아무래도 둘 다 혼을 위한 것 같네."

"어째서지요?"

내가 말했네. "평생 체육만 접하고 시가는 접해본 적 없는 사람과, 반대로 시가만 접하고 체육은 접해본 적 없는 사람들의 심성이 어떨지 생각해본 적이 있는가?"

"무슨 말씀인지요?"

그래서 내가 말했네. "전자는 사납고 거칠며, 후자는 유약하고 온순 d
하네."

그는 "순전히 체육만 해온 사람은 필요 이상으로 사나워지고, 시가만 해온 사람은 지나치게 유약해진다는 건 저도 압니다"라고 말했네.

그래서 내가 말했네. "사나움은 격정적인 본성에서 나올 텐데, 제대로 양육받는다면 이러한 본성이 용감한 기질로 이어지지만, 필요 이상으로 강화될 때는 거칠고 다루기가 어려워지네."

그는 "동의합니다"라고 말했네.

"온순함은 어떤가? 온순함은 지혜를 사랑하는 데서 나오지 않나? 온 e
순함이 지나칠 경우 사람이 필요 이상으로 유약해지지만, 잘 양육받는다면 온순함과 절제를 갖추게 될걸세."

"그건 그렇습니다."

"국가를 지키는 수호자들은 이 두 품성을 모두 지녀야 한다고 말한 바 있네."

"그렇지요."

"그렇다면 두 품성은 서로 조화를 이루어야겠지?"

"당연합니다."

"두 품성이 조화를 이루는 사람의 혼은 절제 있고 용감하겠지?"

411a "물론입니다."

"그렇지 못한 사람의 혼은 비겁하고 사납겠지?"

"그렇습니다."

"어떤 사람이 시가에 몰두해 아울로스를 연주하며 귀를 깔때기 삼아 감미롭고 부드러운 비탄조의 시가를 혼에 들이부으면서 일생을 보낸다고 생각해보게. 그에게 격정적인 면이 있었다면, 쇠가 부드러워지듯 처
b 음에는 딱딱해 쓸모없던 그 부분이 부드러워져 쓸모 있게 될 것이네. 하지만 거기에서 그치지 않고 계속 시가에 홀려서 지낼 경우, 그 격정은 어느새 녹아내리고 힘줄이 잘리듯 혼에서 도려내져 결국 그는 '창을 든 나약한 병사'[137]가 되고 말 것이네."

그는 "분명히 그럴 겁니다"라고 말했네.

그래서 내가 말했네. "천성적으로 격정이 없는 사람은 이런 일이 신속하게 진행될걸세. 격정이 있다 해도 병들고 연약해 작은 일에도 금세
c 끓어올랐다가 이내 사그라들겠지. 걸핏 하면 화를 내는 성마른 사람이나 될걸세."

137 호메로스, 『일리아스』 17권 588행.

"그렇습니다."

"반대로 체육에 힘쓰고 먹기도 잘 하지만 시가와 철학을 접하지 않은 사람은 어떻게 되겠나? 처음에는 몸이 건강하니 결의와 기개가 가득하고 본래의 모습보다 더 용감해지지 않을까?"

"당연히 그러겠지요."

"그런데 그가 계속 체육 외에 다른 일은 전혀 하지 않고, 무사 여신[138]과도 사귀지 않는다면 어떻게 되겠나? 설령 그의 혼 속에 배움을 좋아 d
하는 측면이 어느 정도 있다 해도 어떤 학문이나 탐구도 맛보지 않고 어떤 토론이나 시가도 접하지 않으니, 결국에는 약해지고 무뎌지고 눈멀게 되지 않겠는가?"

그는 "그렇습니다"라고 대답했네.

"그런 사람은 당연히 토론을 싫어하고 시가를 모르는 교양 없는 사람이 될 것이네. 상대를 말로 설득할 생각은 전혀 하지 않고, 짐승처럼 매 e
사를 폭력으로 해결하려 들고 무지하고 졸렬하며 상스럽고 무례한 삶을 살게 될 것이네."

그는 "물론입니다"라고 말했네.

"그래서 나는 신이 시가와 체육이라는 두 가지 기술을 인간에게 준 것은, 혼의 격정적인 부분과 지혜를 사랑하는 부분을 적절히 늘리거나 줄여서 서로 조화를 이루게 하기 위해서라고 보네. 시가가 혼을 위하고 412a

138 '무사 여신'은 그리스 신화에서 시인과 예술가에게 영감과 재능을 불어넣는 예술의 여신이자 지나간 모든 것을 기억하는 학문의 여신이다. '무사'라는 명칭은 '생각에 잠기다, 상상하다, 명상하다'라는 의미의 고대 그리스어에서 비롯되었다. 여러 명의 자매 여신들로 나타날 때가 많아 복수형으로 '무사이'라고 부르기도 한다.

체육이 신체를 위한다는 것은 부차적인 목적일 뿐이라고 생각하네."

그는 "그런 것 같습니다"라고 말했네.

"그렇다면 시가와 체육을 이상적으로 혼합해 혼에 적절하게 제공하는 사람이야말로 악기의 현을 조율하는 사람보다 훨씬 조화롭고 더없이 교양 있다고 말하는 것이 지극히 옳겠군."

그는 "그런 것 같네요, 소크라테스 선생님"이라고 대답했네.

"그러면 글라우콘, 우리의 국가도 정치체제를 지키려면 그런 일을 감독할 사람이 늘 필요하지 않겠나?"

b "정말 필요합니다."

"교육과 양육의 규범 논의는 여기까지 하세. 그들이 하는 춤이나 사냥, 경기, 경마에 대해 자세히 설명할 필요는 없겠지? 대체로 우리가 정한 규범을 따르는 것이어서 어떻게 할지 알아내기 어렵지 않으니 말일세."

그는 "어렵지 않을 것 같습니다"라고 대답했네.

내가 말했네. "좋네. 다음으로 해결해야 할 문제는 뭔가? 국가 수호자 중에서 누가 다스리고 다스림을 받는가 하는 문제가 아니겠나?"

c "물론입니다."

"통치자는 나이가 많고, 피치자는 나이가 적어야 한다는 건 분명하지 않나?"

"그렇습니다."

"통치자는 나이 든 사람들 중 최고여야 하는 것도 분명하지 않나?"

"그렇습니다."

"그런데 최고의 농부는 농사일을 가장 잘하는 사람이 아닌가?"

"네."

“그렇다면 통치자는 최고의 국가 수호자이므로 국가를 가장 잘 지키는 자여야 하지 않을까?”

“네.”

“따라서 그는 무엇보다 국가를 지키는 일에 현명하고 유능하며 국가를 염려하는 사람이어야 하겠지?”

“그렇습니다.” d

“그런데 사람들은 자기가 사랑하는 것을 가장 염려하네.”

“물론입니다.”

“그리고 자신과 이해관계가 같다고 믿는 것들, 즉 자신이 잘되고 잘못 되는 것을 좌지우지할 수 있다고 생각하는 그것을 가장 사랑하게 되어 있네.”

그는 “그렇습니다”라고 말했네.

“그러면 우리는 국가 수호자 중에서 국가에 이롭다고 생각되는 일은
평생 온 힘을 다하여 행하고, 그렇지 않은 일은 전혀 하지 않을 것 같은 e
사람을 통치자로 선발해야 하네.”

그는 “그런 사람이야말로 국가 통치자에 적합하지요”라고 말했네.

“우리는 인생의 각 단계에서 그들이 무엇에 홀리거나 압박을 받아서 신념을 버리거나 망각하지 않고, 국가를 위해 최선을 다해야 한다는 소신을 계속 유지하는지 지켜보아야 하네.”

그는 “신념을 버린다는 것이 무슨 뜻입니까?”라고 물었네.

내가 말했네. “말해주지. 내가 보기에 마음에서 소신이 사라지는 데는 자발적인 경우와 비자발적인 경우가 있네. 자발적인 것은 자기 소신이
거짓되었음을 알게 될 때이고, 비자발적인 것은 진실한 소신일 때네.” 413a

그는 "자발적인 경우는 알겠는데 비자발적인 경우는 잘 모르겠는데요"라고 대답했네.

그래서 내가 말했네. "사람들이 좋은 것은 어쩔 수 없이 버리지만, 나쁜 것은 스스로 나서서 버린다고 생각하지 않는가? 진실이 기만당하는 것은 나쁜 일이지만 진실을 안다는 것은 좋은 일인데, 진실을 안다는 건 있는 그대로 판단하는 것이라고 자네는 생각하지 않는가?"

그는 "옳은 말씀입니다. 저도 사람들이 어쩔 수 없이 진실한 소신을 버린다고 생각합니다"라고 대답했네.

b "사람들이 진실한 소신을 버리는 것은 도둑맞거나 홀리거나 압박을 받았기 때문이겠지?"

그는 "이번에도 무슨 말씀인지 모르겠습니다"라고 대답했네.

그래서 내가 말했네. "내가 너무 비극시인처럼 말했군. 도둑맞았다고 한 것은 다른 사람의 말을 듣고 소신을 바꾸었거나 세월이 흘러 자기 소신을 잊어버린 사람을 두고 한 말이네. 전자는 남의 말에, 후자는 시간에 소신을 빼앗긴 것이지. 이제는 무슨 뜻인지 알겠나?"

"네."

"또한 압박을 받아서 소신을 버렸다는 건 어떤 괴로움이나 슬픔 때문에 소신을 바꾼 경우를 말하네."

그는 "이제 알겠습니다. 옳은 말씀입니다"라고 말했네.

c "홀려서 소신을 버렸다는 건 즐거움에 빠졌거나 두려움에 휩싸여 소신을 바꾼 경우임을 자네도 알겠지?"

그는 "속이는 것이 다 사람을 홀리는 행동이라는 생각이 드네요"라고 말했네.

"그러니 우리는 언제나 국가를 위해 최선이라고 생각되는 일을 해야
한다는 신념을 단호하게 고수할 수호자를 찾아내야 하네. 그러자면 그
런 신념을 망각하거나 속아서 저버리기 쉬운 임무를 어릴 때부터 그들
앞에 두고 어떻게 하는지 지켜보아야 하네. 그런 후 자신의 신념을 명심
하여 좀처럼 속지 않는 사람을 통치자로 선발하고, 그렇지 않은 자는 제 d
외해야 하네. 그렇지 않은가?"

"맞습니다."

"또 힘든 일과 괴로움, 경쟁을 부과한 다음 어떻게 행하는지 지켜보아야 하네."

그는 "옳습니다"라고 말했네.

내가 말했네. "또 홀리는 것과 관련된 세 번째 유형의 시험도 치르게
해야 하네. 망아지를 시끄럽고 소란한 곳에 끌고 가서 겁을 먹는지 살펴
보듯이, 청년들을 공포나 쾌락 가운데 집어넣어 불에서 금을 제련할 때 e
보다 훨씬 엄격하게 그들을 시험하는 것이네. 이 모든 시험에서 홀리지
않고 고결하며 자신과 자신이 배운 시가를 훌륭하게 지켜내고 절제 있
고 조화로운 자질을 드러낸 자가 있다면, 그가 바로 자신과 국가에 가장
유익한 인물일 것이네. 우리는 항상 아이와 청년과 어른에게 이런 시험
을 부과해 그들 가운데서 변질되지 않음이 증명된 사람을 국가 통치자 414a
와 수호자로 세워야 하네. 또한 그가 살아 있는 동안에는 명예를 수여하
고 죽은 후에도 무덤을 비롯해 여러 기념물로 최대한 영예를 안겨주어
야 하네. 반면에 그렇지 못한 사람은 제외시켜야 하네."

이 대목에서 나는 글라우콘을 부르며 또다시 말했네. "여보게 글라우콘, 이것이 통치자와 수호자를 선출하고 세우는 방식일세. 하지만 개략

적일 뿐 자세히 살펴본 것은 아니네."

그는 "제가 보기에도 그런 것 같습니다"라고 말했네.

b "따라서 그들은 완벽한 수호자라고 부르는 게 지극히 옳네. 내부의 동료든 외부의 적이든 국가를 해롭게 할 엄두를 내지 못하게 하니 말일세. 하지만 우리가 지금까지 수호자라고 불러온 청년들은 통치자의 신념을 보좌하고 돕는 자라고 부르는 것이 마땅하네."

그는 "저도 그렇게 생각합니다"라고 대답했네.

그래서 내가 말했네. "앞에서 우리는 꼭 필요한 경우에 훌륭한 거짓
c 말을 해서 특히 통치자가 믿게 하고, 그게 안 된다면 적어도 시민들이 믿게 해야 한다고 말했는데, 그런 방법이 있겠는가?"

그는 "어떤 거짓말을 말씀하시는지요?"라고 되물었네.

내가 말했네. "새로운 건 아니고 페니키아인의 거짓말[139] 같은 이야기를 말하는 걸세. 시인들은 그런 일이 곳곳에서 일어났다고 말하며 사람들이 그렇게 믿게끔 했네. 하지만 오늘날 우리 시대에는 그런 일이 일어난 적이 없고, 앞으로도 과연 일어날지 나는 모르겠네. 설령 그런 일이

---

139 페니키아의 왕 아게노르는 딸 에우로페가 제우스에게 납치되자 두 아들 포이닉스와 카드모스에게 누이동생을 찾아오라며 찾지 못하면 돌아오지 말라고 명령한다. 누이동생을 찾지 못한 카드모스가 델포이의 아폴론 신전으로 가서 신탁을 구하자, 아폴론은 길에서 만나게 될 암소의 뒤를 따라가 암소가 멈춘 곳에 도시국가를 세우고 그 이름을 '테바이'라고 지으라는 신탁을 준다. 암소가 멈춘 곳에서 카드모스는 신에게 제물을 바치기 위해 부하들에게 아레스의 샘에 가서 신성한 물을 길어오게 하지만, 부하들은 그 샘을 지키고 있던 용에게 모두 죽는다. 화가 난 카드모스는 용을 죽이고, 아테나 여신의 지시대로 용의 이빨을 땅에 뿌린다. 그러자 '스파르토이'라는 무장 군인들이 생겨나 그중 다섯 명이 카드모스의 건국을 돕는다. 여기에서 소크라테스는 이 신성한 군인들을 염두에 둔 것으로 보인다.

일어난다 해도 사람들이 믿게 하려면 설득이 꽤 있어야 할걸세."

그는 "말씀하시기를 몹시 망설이는 듯합니다"라고 말했네.

그래서 내가 말했네. "내가 실제로 말하면 망설일 만했다는 걸 알게 될걸세."

그는 "걱정 말고 말씀하세요"라고 말했네.

"그러면 말하지. 무슨 말을 어떻게 해야 우선은 통치자와 수호자가, d
그리고 시민들이 믿을지 모르겠지만 이것은 사실이네. 사람들은 우리가 그들을 양육하고 교육했다고 생각하지만 그 모든 것은 꿈속에서 일
어난 일이라네. 사실 그들은 땅속에서 만들어지고 양육되었네. 그들의 e
무기와 기구도 땅속에서 만들어졌고, 모든 준비가 완벽하게 이루어지고 나서야 그들의 어머니인 대지가 그들을 땅 위로 올려 보낸 것이네. 그러니 그들은 이 땅을 어머니요 보모로 여기고, 누군가 공격해오면 대지에서 함께 태어난 형제인 다른 시민들과 힘을 합쳐 이 땅을 지킬 계획을 세우고 실제로 지켜내야 하네."

그는 "선생님이 망설이신 데는 다 이유가 있었군요"라고 말했네.

내가 말했네. "그건 그렇고 나머지 이야기도 들어주게. 우리는 그들에 415a
게 이런 이야기를 들려줄 것이네. '이 국가에 속한 여러분은 모두 형제입니다. 하지만 신이 여러분을 만들 때, 국가를 통치할 자질을 지닌 사람에게는 황금을 섞었고, 그들이 가장 존경받는 것도 그런 이유입니다. 통치자를 보조할 사람에게는 은을 섞었습니다. 농부와 다른 기술자가 될 사람에게는 쇠와 청동을 섞었습니다. 여러분은 대체로 자신을 닮은
자손을 낳지만, 여러분 모두는 동족이므로 때로는 황금 자손에게서 은 b
의 자손이 태어나고, 은의 자손에게서 황금 자손이 태어나기도 하는 등

각 자손에게서 다른 종류의 자손이 태어날 수 있습니다. 그래서 신이 통치자에게 가장 먼저 부여한 중요 임무는, 자신들 자손의 혼에 어떤 성분이 들어 있는지 잘 지켜보는 것입니다. 자손 중에 청동이나 쇠가 섞여
c 태어난 자가 있다면, 절대로 동정하지 말고 기술자나 농부의 부류에 넣어 그의 적성에 맞게 대우해야 합니다. 한편 그들의 부류에서 황금이나 은이 섞여 태어난 자가 있다면, 예우하여 수호자와 보조자로 승격시켜야 합니다. 이는 쇠나 청동 성분을 지닌 사람을 수호자로 임명해 국가를 지키게 할 경우 국가가 멸망할 것이라는 신탁이 주어졌기 때문입니다.'

자네는 사람들이 이런 이야기를 믿게 만들 무슨 방법이 있는가?"

d 그는 "아니요, 없습니다. 하지만 그들의 자식들이나 후손들, 이후 세대 사람들은 믿을지도 모르지요"라고 대답했네.

그래서 내가 말했네. "자네가 무슨 말을 하려는지 대충 알겠네. 하지만 이 이야기를 들려주면 지금 사람들이 국가와 서로에 대해 더 마음 쓰게 하는 데 효과가 있을걸세. 이 이야기는 회자되면서 제 길을 가겠지. 우리는 우리대로 대지에서 태어난 자들을 무장시켜 통치자의 지도를 받도록 이끌어보세. 통치자들이 오면 이 국가에서 주둔하기 가장 좋
e 은 곳을 찾아보게 할 것이네. 국법에 복종하려 하지 않는 시민들을 통제하고, 양 떼를 습격하는 이리처럼 공격해오는 외적을 물리치기에 가장 용이한 곳 말일세. 주둔 후에는 신들에게 제물을 바치고, 그들이 묵을 막사를 짓게 할 것이네. 자네 생각은 어떤가?"

그는 "그렇게 해야겠지요"라고 대답했네.

"그런 막사는 겨울과 여름에 그들을 충분히 보호해주지 않겠나?"

그는 "물론입니다. 선생님은 그들의 거처를 말씀하시는군요"라고 대

답했네.

내가 말했네. "그러하네. 그 막사는 사업가가 아니라 군인이 거처하기에 적합해야 하네."

그는 "그 둘이 어떻게 다른지 말씀해주세요"라고 말했네. 416a

그래서 내가 말했네. "말해주지. 양치기에게 가장 두렵고 수치스러운 일은 양치기를 보조하는 개들을 잘못 훈련한 나머지, 개들이 제 역할을 못하고 이리처럼 무절제나 굶주림 또는 다른 나쁜 습성으로 양들을 해치려 하는 것이네."

그는 "어찌 두려운 일이 아니겠습니까?"라고 말했네.

"그러니 우리는 보조자가 시민들에게 그런 짓을 못하게 온갖 방법을 b
동원해 감시해야 하지 않겠나? 그들이 시민들보다 힘이 세다고 호의적인 동맹군이 아니라 포악한 노예 주인 노릇하는 일이 없도록 말일세."

그는 "그렇습니다"라고 대답했네.

"하지만 그들이 진정 훌륭한 교육을 받았다면, 그런 식으로 행동하지 않기 위해 최대한 주의하겠지?"

그는 "그들은 이미 그런 교육을 받았습니다"라고 대답했네.

그래서 내가 말했네. "여보게 글라우콘, 그것은 단언할 수 없네. 하지
만 앞에서 말했듯이, 그들이 서로는 말할 것도 없고 그들의 보호를 받는 c
사람들에게도 온순하려면 무엇보다 올바른 교육이 중요하다는 점은 자신 있게 말할 수 있네."

그는 "옳은 말씀입니다"라고 말했네.

"또한 생각이 있는 사람이라면 이렇게 말할걸세. 거처나 다른 자산의
소유가 그들이 훌륭한 수호자가 되는 데 방해가 되거나, 다른 시민들에 d

게 해를 끼치는 이유가 되어서는 안 된다고 말일세."

"그렇습니다."

내가 말했네. "그러면 그들이 이런 방식으로 살아야 하지 않을까? 먼저 꼭 필요한 것 외에는 어떤 사유재산도 소유해서는 안 되네. 아무나 출입할 수 없는 집이나 창고를 가지고 있어도 안 되네. 생필품은 절제
e 있는 용감한 전사에게 필요한 만큼만 국가 수호에 대한 보수로 일정량을 정하여 시민들에게서 받게 하되, 그 양은 한 해에 필요한 양을 초과하거나 미달하지 않게 해야 하네. 또 그들은 야영하는 군인들처럼 공동생활과 공동 식사를 해야 하네.[140] 그들은 혼 속에 신들에게 받은 신성한 금은을 항상 품고 있으므로 인간의 금은이 전혀 필요하지 않네. 인간 사회에서는 화폐와 관련해 불경스러운 일이 많이 일어나지만, 그들의 금
417a 은은 순수하므로 신에게 받은 것을 인간의 소유물과 뒤섞어 더럽히는 것은 불경한 일임을 말해주어야 하네. 이 국가의 시민들 중 오직 그들만이 금은을 다루거나 만지는 것이 허용되지 않네. 그들은 집에 금은을 보관해도 안 되고, 걸쳐서도 안 되며, 금이나 은으로 만든 잔으로 술을 마셔도 안 되네. 그래야 자신도 구하고 국가도 구하게 될 것이네.

반면 그들이 자기 땅과 집과 돈을 소유하게 되면 더 이상 수호자가
b 아니라 집주인 내지 농부가 되는 것이고, 시민의 동맹군이 아니라 그들을 적대시하는 노예 주인이 되는 것이네. 그러면 그들은 미워하기도 하고 미움을 받기도 하고, 음모를 꾸미기도 하고 당하기도 하면서, 외부의 적이 아니라 내부의 적을 훨씬 더 두려워하며 일생을 살게 될 것이네.

---

140 공동 식사는 크레타와 스파르타가 채택한 제도였다.

그리하여 자신은 물론 다른 시민들도 파멸로 치닫게 될걸세.

그러므로 우리는 수호자가 거처를 비롯해 그 밖의 것을 앞에서 논의한 대로 갖추어야 한다고 말하고, 이를 법으로 정해야 하지 않겠나?"

글라우콘은 "물론입니다"라고 말했네.

제4권

419a 이때 아데이만토스가 끼어들었네. "소크라테스 선생님, 누군가가 이렇게 말한다면 뭐라고 변명하시겠습니까? '선생님은 이들을 행복한 사람으로 만들고 있지 않습니다. 이들의 처지를 보세요. 남들은 농사 지을 땅도 있고, 크고 아름다운 집도 있고, 집에 어울리는 가구나 집기를 갖추어놓고, 신들에게 개인적으로 제물을 바치고, 손님 접대를 하고, 선생님이 좀 전에 말씀하신 대로 금은을 비롯해 행복한 사람이 되는 데 필요한 건 다 가지고 있지요. 반면 국가를 지키는 건 수호자들인데, 정작
420a 그들이 국가에서 받는 혜택은 아무것도 없습니다.' 그는 수호자들이 이 국가에 주둔하면서 국가를 지키는 일 말고는 할 일이 없는 용병 신세 같다고 말할 겁니다."

내가 말했네. "그렇다네. 그들은 국가를 지키고 그 대가로 양식만 받을 뿐이네. 용병과 달리 양식 말고는 보수를 받지도 않기 때문에 개인적으로 여행하고 싶어도 못하고, 사랑하는 이에게 선물도 못 주고, 이른바 행복한 사람들처럼 돈을 쓰고 싶어도 그럴 수 없겠지. 이것 말고도 자네는 할 말이 아직 더 많을걸세."

그는 "그것도 제가 다 말했다고 치지요"라고 말했네.

"우리가 뭐라고 변명할지 묻는 것인가?" b

"네."

내가 말했네. "우리가 지금까지 해온 방식대로 계속 논의한다면 답변
을 찾을 수 있을 듯하네. 설령 그렇게 살아가는 수호자들이 가장 행복한
사람들이라 해도 전혀 놀랄 일은 아니지만, 우리가 국가를 세우는 목적
은 어느 한 집단이 아니라 국가 전체를 최대한 행복하게 만드는 것이라
고 말할 것이네. 그런 국가에서는 정의를 가장 잘 찾아볼 수 있지만, 가
장 나쁘게 경영되는 국가에서는 불의를 보게 될 것이며, 이 두 국가를 c
비교해보면 우리가 지금까지 내내 찾던 것에 대한 판단을 내릴 수 있다
고 보네. 지금 우리는 선택된 소수가 아니라 국가 전체를 행복하게 만드
는 방식으로 우리가 생각하는 국가를 세워가고 있네. 그런 다음 이와 반
대되는 국가도 살펴볼 것이네.

따라서 그런 비난은 우리가 인물 조각상에 채색을 하고 있는데, 누군
가가 와서 가장 아름다운 눈 부분을 왜 자주색으로 칠하지 않고 검은색
으로 칠하느냐고 비난하는 것과 같네. 그런 사람에게는 이렇게 답변하 d
는 게 적절할 듯하네. '여보시오, 눈에 아름다운 색을 칠해야 한다고 해
서 눈을 전혀 눈 같지 않게 그려도 된다거나 다른 신체 부분도 그래야
한다고 생각하지 마시오. 오히려 각 부분을 적절하게 채색해 조각상 전
체를 아름답게 만들고 있는지 지켜보시오.' 마찬가지로 수호자들에게
걸맞지 않은 행복을 주라고 강요하지 말게나. 우리도 농부가 멋진 정장 e
을 입고 몸에 황금 장식을 두르며 마음 내킬 때만 농사를 짓게 할 수 있네.
도공이 불 가의 침상에 비스듬히 누워 오른쪽 방향으로 돌아가며 술을

권하고 진수성찬을 먹으며, 녹로는 옆에 치워두었다가 도자기를 만들고
싶을 때만 쓰게 할 수도 있네. 다른 모든 사람도 이런 식으로 행복하게
만들어 국가 전체를 행복하게 할 수 있다네. 하지만 우리에게 그렇게 하
라고 요구해서는 안 되네. 자네의 요구대로 하면 농부는 농부가 아니게
421a 되고, 도공은 도공이 아니게 되며, 다른 모든 사람도 국가를 이루는 데
필요한 일을 하는 사람이 아니게 될 테니 말이야. 설령 그렇게 되더라도
보통 사람들은 크게 문제되지 않네. 구두 수선공이 실력이 떨어지고 타
락했다고 해서 국가가 위태로워지는 건 아니니 말일세. 하지만 법과 국
가를 지키는 수호자들이 실제로 수호자라 할 수 없는데도 수호자인 양
행세할 때, 국가 전체가 파멸할 것이네. 국가를 잘 경영하고 국가 전체
를 행복하게 해줄 열쇠를 오직 그들이 쥐고 있기 때문이지.

b 이렇게 우리는 국가에 조금도 해를 입히지 않는 진정한 수호자들에
대해 말하고 있는 반면, 우리를 비난하는 자가 그들을 국가의 구성원이
아니라 그저 연회나 베풀며 즐기는 사람으로 언급한다면 국가가 아닌
다른 것에 대해 말하고 있는 것이네. 따라서 우리는 수호자들을 세울 때
그들의 최대 행복을 염두에 둘지, 아니면 국가 전체의 최대 행복을 염두
c 에 둘지 결정해야 하네. 후자로 결정할 경우, 우리는 보조자와 수호자가
다른 사람들과 마찬가지로 자기 분야에서 최고의 전문가가 되도록 설
득해야 하네. 그래서 국가 전체가 강대해지고 기반이 튼튼해졌을 때, 각
집단마다 자기에게 맞는 행복을 누릴 수 있게 해도 될걸세."

그는 "훌륭한 말씀입니다"라고 말했네.

내가 말했네. "그렇다면 자네는 내가 방금 말한 것과 짝을 이루는 사안에 대해서도 적절하다고 생각할 게 틀림없네."

"정확히 무슨 말씀인지요?"

"이번에는 어떤 것이 기술자를 타락시켜 나쁜 일꾼이 되게 하는지 생 d
각해보게."

"어떤 것이 그렇습니까?"

내가 말했네. "부와 빈곤이 그렇다네."

"어떻게 말입니까?"

"자네는 도공이 부자가 되고 나서도 여전히 자기 기술에 신경을 쓸 것이라고 생각하는가?"

"그렇지 않겠지요."

"아무래도 신경을 덜 쓰겠지?"

"대부분 그럴 겁니다."

"그렇다면 실력 없는 도공이 되지 않겠나?"

그는 "실력이 훨씬 떨어지겠지요"라고 말했네.

"반대로 도공이 가난해져 작업 도구나 장비를 마련할 수 없다면 품질
이 떨어지는 물건을 만들고, 아들들을 비롯해 다른 수하생들도 실력 없 e
는 기술자로 기르겠지?"

"왜 아니겠습니까?"

"부와 빈곤 모두가 제품의 질뿐 아니라 기술자의 실력도 떨어지게 만들고 있네."

"그런 것 같습니다."

"따라서 국가에 몰래 스며드는 일이 없도록 수호자들이 잘 감시해야 하는 두 가지를 찾은 듯하네."

"어떤 것들이지요?"

422a 내가 말했네. "부와 빈곤 말일세. 부는 사치와 나태와 국가 체제의 변혁을 가져오고, 빈곤은 변혁의 욕구와 더불어 노예근성과 생산성 저하를 가져오기 때문이지."

그는 "전적으로 옳습니다. 하지만 소크라테스 선생님, 국가가 가난하다면 어떻게 전쟁을 치러야 합니까? 특히 부강한 국가와 싸울 때 말입니다"라고 말했네.

b 내가 말했네. "싸워야 할 국가가 하나뿐이면 이기기가 힘들겠지만 두 국가를 상대할 경우에는 좀 더 쉬울걸세."

그는 "무슨 말씀입니까?"라고 물었네.

내가 말했네. "국가가 어쩔 수 없이 싸워야 할 때, 우리 수호자들은 전쟁 전문가로서 부자인 적군에게 대항하는 것이 아니겠나?"

그는 "그야 그렇지요"라고 대답했네.

내가 말했네. "아데이만토스, 어떤가? 최고의 훈련을 받은 권투 선수 한 명이 살찐 부자 두 명과 싸우는 편이 더 쉽지 않겠나?"

"두 명과 동시에 싸운다면 쉽지 않을 겁니다."

c 내가 말했네. "약간 물러나 있다가 둘 중 먼저 공격해오는 이에게 반격하면 어떨까? 햇볕이 쨍쨍 내리쬐는 더위 속에서 그러기를 반복하는 걸세. 그런 식으로 싸운다면 상대가 여럿이어도 제압할 수 있지 않겠나?"

그는 "듣고 보니 그렇습니다"라고 대답했네.

"게다가 부자들이 권투보다 전술을 더 잘 알고 경험도 많을 것이라고 생각하나?"

그는 "아니요"라고 대답했네.

"그렇다면 우리 전사들은 자기보다 두세 배 더 많은 적군과도 쉽게 싸울 수 있을 것이네."

그는 "동의합니다. 선생님 말씀이 옳습니다"라고 말했네.

"그런데 우리가 두 국가와 싸우는 경우, 한 국가에 사신을 보내 '우리 d
는 금은을 사용하지 않고 사용 자체가 불법이지만, 당신 국가에서는 합법이니 우리와 한편이 되어 싸운다면 저 국가의 금은을 모두 가져가도 좋소'라고 제안한다면 어떻게 되겠나? 이런 제안을 받은 국가가 개와 한편이 되어 살찌고 약한 양과 싸우는 쪽을 택하지 않고, 튼튼하고 힘센 개와 싸우는 쪽을 택할 것이라고 생각하는가?

그는 "그렇게 생각하지 않습니다"라고 대답했네. "하지만 다른 국가
의 부가 한 국가에 집중될 경우 부유하지 못한 우리 국가에 위협이 되 e
지는 않을까요?"

내가 말했네. "우리가 세우고 있는 국가 말고 다른 공동체도 '국가'라고 부를 수 있다고 생각하다니 자네는 순진하군."

그는 "그러면 뭐라고 불러야 하지요?"라고 물었네.

내가 말했네. "우리 국가 외의 국가들은 '국가'보다 더 큰 명칭으로 불러야 하네. 그런 국가는 어떤 놀이에서처럼 '많은 국가'로 이루어져 있기 때문이네.[141] 거기에는 적어도 두 개의 나라, 즉 가난한 자들의 국가
와 부자들의 국가가 있네. 그 안에도 각각 많은 국가가 포함되어 있으니 423a
이들 국가를 어느 한 국가로 생각하고 접근하면 크게 잘못하는 것이네.

141 이 '놀이'는 서양장기와 비슷한 놀이로 추정된다. 장기판은 '국가'라고 부르는 60개의 영역으로 구분되었을 것이다.

반면 여러 국가로 보고 접근해 그중 한 국가의 부와 힘과 사람들을 다른 국가에 넘겨주겠다고 제안한다면, 우리의 동맹군은 늘어나고 적군은 줄어들걸세. 그리고 우리가 앞에서 논의한 대로 국가를 절제 있게 경영한다면 자네의 국가는 강대국이 될걸세. 규모만 크고 허울뿐인 강대국이 아니라 진정한 강대국일세. 국가를 지키는 전사가 천 명밖에 되지 않더라도 얼마든지 강대국이 될 수 있네. 이보다 몇 배나 더 커보이는 국
b 가는 많지만, 이런 의미에서 강대국인 '한 국가'는 그리스인들[142] 중에서도 이민족들 중에서도 찾기 쉽지 않을걸세."

그는 "전적으로 동감합니다"라고 대답했네.

내가 말했네. "이것은 우리 통치자들에게도 가장 훌륭한 기준이 되네. 국가의 규모를 고려해 이런 기준을 충족시키는 크기의 땅만 영토로 삼고 다른 땅은 상관하지 않는 것이네."

그는 "그 기준은 무엇입니까?"라고 물었네.

내가 말했네. "내가 생각하는 기준이란, 한 국가를 유지할 수 있는 정도로만 확장하고 그 이상으로는 확장하지 않는 것이네."

c 그는 "정말 좋은 말씀입니다"라고 말했네.

"그렇다면 우리는 수호자들에게 또 하나를 지시하는 셈이네. 국가가

142 '그리스인들'은 원문으로 '헬렌'(Ἕλλην)의 복수형인 '헬레네스'(Ἕλληνες)다. 그리스 신화에서 인간의 사악함이 극에 달하자 제우스는 큰 홍수를 일으켜 인류를 멸망시켰다. 이때 프로메테우스의 아들 데우칼리온과 그의 아내 피라만 살아남아 그리스인의 조상이 되는 맏아들 헬렌을 낳았다. 헬렌의 후손에서 아이올리스인, 이오니아인, 아카이아인의 시조가 나온다. 고대 그리스의 주요 부족인 이들은 헬렌의 후손이라는 의미로 자신을 '헬레네스'라 불렀고, 이는 그리스인 전체를 가리키는 명칭이 되었다. 이 책에서는 '헬레네스'를 '그리스인들'로 번역했다.

한 국가로서 너무 크지 않고 작지도 않게 적절한 규모를 유지할 수 있도록 지키는 데 최선을 다해야 한다는 것이지."

그는 "그리 어려운 지시 같지는 않습니다"라고 말했네.

내가 말했네. "그렇다네. 앞에서 우리는 수호자들에게 부족한 자손이 태어나면 그 자손을 다른 집단에 보내고, 다른 집단에서 태어난 자손이 d
라도 출중하다면 수호자 집단에 보내야 한다고 말했는데, 이 지시가 더 쉬울걸세. 모든 시민이 각자 타고난 적성에 따라 한 가지 일에 종사하여, 각 개인이 한 사람처럼 되고 국가 전체가 자연스럽게 한 국가가 될 수 있도록 이런 지시를 한 것이네."

그는 "이 지시가 좀 전의 지시보다 가볍기는 합니다"라고 말했네.

내가 말했네. "여보게 아데이만토스, 우리의 지시가 많고 무겁다고 생각하는 사람도 있겠지만, 수호자들이 속담에서 말하듯 '큰 것 하나', 크 e
고 중요한 것 하나만 제대로 지키면 나머지는 어려울 게 없네."

그는 "크고 중요한 그것이 무엇입니까?"라고 말했네.

그래서 내가 말했네. "교육과 양육이네. 우리 수호자들이 훌륭하게 교육받아서 중용[143]을 지키는 사람이 된다면, 우리가 요구한 모든 것뿐 아니라 아내와 결혼, 출산처럼 지금은 유보해둔 다른 많은 사안도 쉽게 파악할 수 있기 때문이네. 이런 사안들은 '친구는 모든 것을 공유한다'는 424a
속담대로 처리해야 한다는 것도 알게 될걸세."

그는 "지당한 말씀입니다"라고 말했네.

143 '중용'은 지나침도 모자람도 없는 상태로 모든 미덕의 본질이다. 중용을 지킨다는 것은 곧 모든 미덕을 갖춘다는 뜻이다. 각주 27도 보라.

내가 말했네. "게다가 정치체제란 시작이 좋으면 선순환이 이루어지며 점점 더 좋아진다네. 건전한 양육과 교육이 유지되면 훌륭한 성품이 생겨나고, 훌륭한 성품을 지닌 사람이 다시 건전한 교육을 받으면 이전
b 세대보다 더 나은 사람으로 자라기 때문이지. 그런 일은 출산을 비롯한 여러 일에서 일어나는데, 다른 동물의 경우도 마찬가지네."

그는 "그럴 것 같습니다"라고 말했네.

"요컨대 국가의 수호자들은 건전한 교육과 양육이 부지불식 중에 망가지는 일이 없도록 굳건히 지켜야 하네. 이는 체육과 시가 교육이 기존의 방식에서 벗어나 변질되지 않도록 최선을 다해야 한다는 뜻이네. 이를테면 어떤 시인이 '사람들은 가인(歌人)이 부르는 새 노래에 귀를 기
c 울인다'라고 말했을 때, 수호자들은 혹시 그 말이 최근에 나온 새 노래가 아니라 새로운 형식의 노래를 의미한다고 생각해서 칭송하는 사람은 없는지 경계해야 하네. 새로운 형식의 노래는 국가 전체를 위태롭게 하기 때문이네. 시가의 형식이 바뀌면 반드시 국법의 중요한 부분도 바뀐다고 다몬은 말했고, 나도 그렇게 믿네."

아데이만토스는 "저도 그렇게 믿는 사람에 포함시켜주세요"라고 말했네.

d 내가 말했네. "그러니 수호자들은 시가 근처에 위병소를 세우고 지켜야 할 것 같네."

그는 "사람들은 자기도 모르게 시가의 규범을 위반하게 되지요"라고 말했네.

내가 말했네. "그렇다네. 시가는 일종의 놀이여서 그런 위반이 아무런 해가 되지 않는다고 여기기 때문이네."

그는 말했네. "사실 그런 위반이 사람들의 성품과 행실 속으로 슬그머니 들어와 자리를 잡으니 문제지요. 그 속에서 몸집을 키우고 흘러넘쳐 개인 간의 계약 속으로 스며들었다가 이내 다시 국가의 법률과 정치 e
체제로 스며들어 마침내 공과 사를 가리지 않고 모든 것을 뒤집어놓고 마니까요, 소크라테스 선생님."

나는 "좋네. 그런데 정말 그럴까?"라고 물었네.

그러자 그는 "저는 그렇게 생각합니다"라고 대답했네.

"그렇다면 처음에 말했듯이 우리 아이들도 처음부터 준법적인 놀이를 해야겠지? 그 자체가 불법적인 놀이를 아이들이 한다면 애초에 준법적이고 진지한 인물을 배출하기란 불가능할 테니 말일세." 425a

그는 "왜 아니겠습니까?"라고 말했네.

"그러니 아이들이 처음부터 올바른 놀이를 하며 시가 교육을 통해 훌륭한 질서를 받아들인다면, 앞의 경우와는 반대로 모든 면에서 훌륭한 법질서가 따르고 증대될 것이네. 설령 이전에 국가에 잘못된 부분이 있었더라도 바로잡힐 것이네."

그는 "분명 옳은 말씀입니다"라고 말했네.

내가 말했네. "조상들이 완전히 망쳐놓은 훌륭한 관습도 작은 것까지 모두 찾아내 회복시킬 것이네."

"어떤 관습을 말씀하시는지요?"

"이를테면 젊은이가 어른 앞에서 적절하게 침묵하고, 자리를 양보하 b
며, 어른이 들어오면 자리에서 일어난다든가, 부모를 봉양하는 것 말일세. 그 밖에 머리와 옷매무새를 단정히 하는 것들도 있지. 자네는 그렇게 생각하지 않는가?"

"저도 그렇게 생각합니다."

"하지만 이런 것을 법으로 정해놓는 건 어리석은 일 같네. 법으로 정하더라도 유지되지 못하기 때문이네."

"어째서 그렇지요?"

c "여보게 아데이만토스, 사람은 어느 방향으로 교육받느냐에 따라 그대로 결정될 가능성이 크네. 무엇이든 자기와 비슷한 것을 불러들이게 마련이지."

"그렇습니다."

"결국 그것은 좋은 것이든 나쁜 것이든 활발하게 활동하는 하나의 강력한 완전체가 된다고 보아야 하네."

그는 "어찌 그렇지 않겠습니까?"라고 말했네.

내가 말했네. "그런 까닭에 나는 그런 일을 법으로 정하지 않으려는 걸세."

그는 "일리 있는 말씀입니다"라고 말했네.

내가 말했네. "그런데 상거래와 관련된 일은 어떤가? 시장에서 개인
d 간의 계약이나 일꾼들과의 계약, 폭언 및 폭행 고소장과 배심원 선임, 각종 세금 부과와 징수, 시장이나 항만의 치안 등에 관한 일들을 법으로 정해야 할까?"

그는 "훌륭하고 좋은 사람들만 있다면 법으로 정해 명령할 필요가 없
e 지요. 사람들 대부분이 스스로 알아서 문제를 해결할 테니까요"라고 대답했네.

내가 말했네. "그렇다네, 여보게. 신의 도움으로 모든 사람이 우리가 앞에서 말한 법을 스스로 알아서 지킨다면 말일세."

그는 "하지만 그렇지 못할 경우 법을 제정하고 수정하기를 끝없이 계속할 겁니다. 언젠가는 최선의 법을 얻게 되리라고 생각하면서요"라고 말했네.

내가 말했네. "자네 말은 마치 사람들이 병에 걸렸는데도 나쁜 생활 습관을 버리지 못하고 그대로 살아갈 거라는 뜻인 것 같군."

"그렇습니다."

"그래도 그들은 희망을 품고 살아갈걸세. 치료를 받아도 낫지 않고 426a
오히려 여기저기가 더 아프지만, 누군가가 또다시 권하는 약을 먹고 자신이 건강해질 것을 늘 기대하기 때문이지."

그는 "그렇습니다"라고 말했네.

내가 말했네. "그들이 진실을 말하는 자를 가장 미워한다는 사실이
재미있지 않나? 술이나 과식, 성적 쾌락, 나태를 버리지 않으면 아무리 b
약을 쓰고 불로 지지고 잘라내고 주문이나 호신부 등을 써도 효과가 없다는 진실 말이네."

그는 "재미있지는 않습니다. 좋은 말을 해주는 사람에게 화내는 건 재미있는 일이 아니니까요"라고 말했네.

내가 말했네. "자네는 그렇게 화내는 사람을 좋게 보지 않는 것 같군."

"물론입니다."

"그러면 국가가 그러는 것도 자네는 칭찬하지 않을 게 분명하네. 통
치를 잘못하면서도 시민들이 국가의 기존 질서를 바꾸려 하는 것을 금 c
하고, 그런 시도를 하는 자는 사형에 처한다고 엄포를 놓는 국가가 많네. 그런 국가에서는 통치자들을 떠받들고 비위를 맞추는 사람이 능력을 인정받고 출세하지. 그런 국가가 앞에서 언급된 사람들과 똑같은 행

태를 보인다고 생각하지 않나?"

그는 "그런 자들과 똑같은 국가라면 절대 칭찬할 수 없지요"라고 대답했네.

d "그런 국가를 돌보려고 애쓰는 자들은 어떻게 생각하나? 그들의 용기와 의욕이 가상하지 않은가?"

그는 "대중의 칭송에 현혹되어 자신을 진정한 정치가라고 착각하는 사람을 제외한다면 저도 그렇게 생각합니다"라고 대답했네.

내가 말했네. "자네는 그런 사람을 이해하지 못하겠다는 말인가? 어
e 떤 사람이 키 재는 방법을 모르는데, 역시 키 재는 방법을 모르는 다른 여러 사람이 그의 키가 180센티미터[144]라고 말한다면, 그가 그 말을 어떻게 믿지 않을 수 있겠나?"

그는 "저는 그런 사람도 이해할 수 없습니다"라고 대답했네.

"그런 사람들을 심하게 대하지는 말게. 누구보다도 재미있는 자들이니. 그들은 계약상의 속임수를 비롯해 내가 앞에서 말한 온갖 폐단을 없애줄 해결책을 언젠가는 찾아낼 수 있다고 믿으며 끊임없이 법을 제정하고 수정한다네. 그런 일이 히드라[145]의 머리를 베는 것 같다는 사실을 알지 못하기 때문이네."

427a 그는 "정말 그렇습니다"라고 말했네.

---

144 그리스어로 '테트라페퀴스'(τετράπηχυς), 즉 '4큐빗' 또는 '4완척'이다. '큐빗'은 고대 이집트와 바빌로니아 등에서 사용된 길이 단위로서, 팔꿈치에서 가운뎃손가락 끝까지의 길이를 가리킨다. 대략 45센티미터에 해당한다.

145 '히드라'는 그리스 신화에 나오는 괴물로 고대 그리스어로 '물뱀'을 뜻한다. 머리가 여러 개이며 그 수는 전승마다 다르다. 머리 하나를 자르면 그 자리에서 두 개나 생기며, 가운데 머리는 죽지 않는다.

내가 말했네. "그래서 나는 어떤 국가에서든 진정한 입법자라면 그런 일을 법으로 정하려고 애쓸 필요가 없다고 생각하네. 잘못 통치되는 국가에서는 그런 법으로 아무것도 이룰 수 없으니 소용없고, 훌륭하게 통치되는 국가에서는 누구나 법 없이도 스스로 알아서 할 뿐 아니라 관행을 따르면 되니 말일세."

그는 "그렇다면 우리가 법으로 정해야 할 일이 남았나요?"라고 물었네. b

내가 말했네. "아무것도 없네. 하지만 델포이의 아폴론[146]과 관련해서는 가장 중요하고 으뜸가는 일이 남아 있네."

그는 "어떤 일입니까?"라고 물었네.

내가 말했네. "신전 건립과 제물, 신과 수호신과 영웅 숭배, 죽은 자의 매장, 저승에 있는 자들을 달래는 일 등이지. 이에 대해 우리가 아는 바는 없지만 분별력이 있다면 국가를 세울 때 조상들에게 조언을 해주었 c
던 분[147] 말고 다른 이의 조언을 따르거나 사용해서는 안 되네. 이 신은 분명 모든 인간을 위해 조상 대대로 지구 중심의 배꼽에 해당하는 자리에 앉아 그런 일을 조언해주고 있으니 말일세."

그는 "훌륭한 말씀입니다. 그렇게 해야지요"라고 말했네.

---

146 델포이는 그리스 중부의 포키스 지방 파르나소스 산 중턱에 있는 성역이다. 그리스 신화에 따르면, 대지의 여신 가이아의 아들 피톤이 델포이에 정착해 살았는데, 태양신 아폴론이 은화살로 쏘아 죽인 이후 델포이는 아폴론의 신탁을 받는 곳이 되었다. 여기에서 소크라테스는 신과 관련된 일을 "델포이의 아폴론"과 관련된 일이라고 표현한다.

147 델포이의 아폴론을 가리킨다. 델포이는 '세계의 배꼽'으로 불리기도 한다. 제우스가 어느 날 독수리 두 마리를 각각 동쪽과 서쪽에서 놓아주면서 세계의 중심을 향해 날아가게 했더니 델포이에서 만났다고 한다. 두 독수리가 만난 지점은 돌멩이로 표시되어 있다. 그리스인들은 그 돌을 '옴팔로스'(그리스어로 '배꼽')로 명명하고, 그 주변에 신전을 지었다.

d 내가 말했네. "여보게 아리스톤의 아들이여, 이렇게 해서 우리의 국가가 세워졌네. 이제 불을 환히 밝히고 자네 아우와 폴레마르코스와 그 밖에 다른 이들의 도움을 받아 그 국가 어디에 정의와 불의가 자리하고 있는지 살펴보게. 이 둘이 어떻게 다른지도 보고, 둘 중 어느 것을 갖추어야 신들이나 사람들의 인정과 상관없이 행복해질 수 있는지도 살펴보게."

e 그러자 글라우콘은 "그게 무슨 말씀입니까? 선생님은 모든 방법을 동원해 정의를 힘껏 돕지 않는 것은 불경한 일이라며 정의를 친히 찾겠다고 약속하지 않으셨나요?"라고 말했네.

내가 말했네. "맞는 말이네. 그렇게 하겠네. 하지만 자네들도 힘을 보태야 하네."

그는 "당연히 그렇게 하겠습니다"라고 말했네.

내가 말했네. "나는 이렇게 찾아내려고 하네. 내 생각에 우리의 국가가 올바르게 세워졌다면 완벽하고 훌륭한 국가가 아니겠는가?"

그는 "물론입니다"라고 말했네.

"그렇다면 이 국가에는 분명 지혜와 용기와 절제와 정의가 있을걸세."

"그렇습니다."

"이 국가에서 그중 하나를 찾게 된다면 나머지 것도 분명 있을 텐데 다만 우리가 찾지 못한 것이 아니겠나?"

428a "물론입니다."

"그러니 네 개 중 뭐든 먼저 찾은 게 있다면 그것으로 충분하네. 반대로 다른 세 개를 먼저 찾아내더라도 마찬가지고. 나머지 하나도 거기에 분명 있을 테니 말일세."

그는 "옳은 말씀입니다"라고 말했네.

"그렇다면 이것도 네 개이니 동일한 방식으로 찾아내면 되지 않겠나?"

"물론입니다."

"나는 이 국가에서 가장 먼저 찾아볼 수 있는 것이 지혜라고 생각하 b
네. 그런데 이 지혜는 뭔가 특별해 보이네."

그는 "무엇이 특별하다는 말씀입니까?"라고 물었네.

"우리가 자세히 설명해온 이 국가는 분별력이 있다는 점에서 지혜롭네."

"그렇습니다."

"분별력은 일종의 지식이지. 사리를 잘 분별하려면 무지해서는 안 되고 지식이 있어야 하기 때문이네."

"물론입니다."

"이 국가에는 온갖 종류의 지식이 있네."

"왜 아니겠습니까?"

"그런데 이 국가가 지혜롭고 분별력이 있다고 하는 건 목수의 지식이 있기 때문인가?"

그는 "결코 그렇지 않습니다. 그렇다면 그저 뛰어난 목수가 있는 국 c
가라고 하겠지요"라고 대답했네.

"최고의 목제품을 만드는 지식이 있다고 해서 지혜로운 국가가 되는 건 아니네."

"분명 아니지요."

"청동제품이나 그 밖의 것에 대한 지식은 어떤가?"

그는 "그런 지식 때문도 아닙니다"라고 대답했네.

“흙에서 생산하는 것에 관한 지식이 있기 때문인 것도 분명 아니네. 그런 지식에 탁월하다면 뛰어난 농업 국가라고 할 테니까.”

“저도 그렇게 생각합니다.”

내가 말했네. “그러면 이것은 어떤가? 우리가 세운 이 국가에 사는 시
d 민들 중에 국가의 어느 한 부분에 대한 지식이 아니라 국가 전체와 관
련해 국내 및 국제 관계에서 잘 지낼 수 있는 방안을 숙고해 결정하는
지식을 가진 이들이 있는가?”

“물론 있습니다.”

내가 말했네. “어떤 지식이고, 누가 그런 지식을 가지고 있는가?”

그는 “국가 수호에 대한 지식이고, 우리가 좀 전에 완벽한 수호자라고 부른 통치자들이 그런 지식을 가지고 있습니다”라고 대답했네.

“이런 지식을 가진 국가를 자네는 뭐라고 부르겠는가?”

그는 “분별 있고 지혜로운 국가라고 부르겠습니다”라고 대답했네.

e 내가 말했네. “그러면 이 국가에는 대장장이가 더 많겠나, 아니면 참
된 수호자가 더 많겠나?”

그는 “대장장이가 훨씬 많을 겁니다”라고 대답했네.

내가 말했네. “그러면 특정 분야에 종사하는 전문가 중에 참된 수호자들이 가장 적지 않겠나?”

“훨씬 적겠지요.”

“그렇다면 각자 적성에 따라 세워진 이 국가를 지혜로운 국가로 만드
는 것은 가장 작은 집단, 즉 국가를 지도하고 다스리는 수호자들과 그
429a 들의 지식이네. 그들은 본질적으로 가장 작은 집단일 수밖에 없고, 모든
지식 중에서 유일하게 지혜라고 할 수 있는 지식에 관여하는 게 어울리

는 것도 이 집단인 듯싶네."

그는 "지극히 옳은 말씀입니다"라고 말했네.

"그러고 보니 우리는 훌륭한 국가에 필요한 네 가지 가운데 하나를 찾았고, 그것이 이 국가의 어디에 자리하는지도 알아냈군."

그는 "아주 잘 찾아낸 것 같습니다"라고 말했네.

"그런데 용기가 국가의 어느 집단에 속해 있어 이 국가를 용기 있는 국가로 불리게 해주는지 알아내기는 그리 어렵지 않네."

"어떻게 말입니까?"

내가 말했네. "국가를 위해 군인으로 복무하면서 전쟁을 수행하는 집 b
단이 아닌 다른 집단을 보며 비겁한 국가라거나 용기 있는 국가라고 부
를 사람이 누가 있겠나?"

그는 "다른 집단을 보며 그렇게 말할 사람은 없습니다"라고 대답했네.

내가 말했네. "군인이 아닌 사람을 보며 그 국가를 비겁하다거나 용감하다고 판단할 수는 없네."

"그렇습니다."

"한 국가의 어떤 집단이 교육을 통해 입법자에게 지시받은 것을 놓고 c
두려워하는 신념을 항상 간직할 때, 그 국가는 용기 있는 국가가 된다
네. 자네는 이런 것을 용기라고 부르지 않는가?"

그는 "잘 이해되지 않습니다. 다시 한번 말씀해주세요"라고 말했네.

내가 말했네. "용기가 일종의 간직하는 것이라고 말한 걸세."

"무엇을 간직한다는 겁니까?"

"교육을 통해 두려워해야 하는 것들을 알고, 거기에서 생겨난 신념을
언제나 간직한다는 뜻이네. '언제나' 간직한다는 것은 괴로울 때나 즐거 d

울 때나 욕망 가운데서나 공포 가운데서나 신념을 끝까지 견지한다는
뜻이네. 원한다면 적절한 비유를 들어주지."

"그렇게 해주세요."

"자네도 알다시피 양모를 자주색으로 염색할 때는 먼저 흰색 양모만
골라서 적지 않은 사전 처리를 한 후에야 본격적으로 염색 과정에 들어
e 간다네. 그래야 염료가 양모에 짙게 배어들어 아무리 세탁해도 광채가
없어지지 않네. 그런 처리 없이 염색한 양모를 세탁하면 무슨 일이 일어
나는지 자네도 잘 알걸세."

그는 "네, 염색물이 빠져서 형편없게 되겠지요"라고 말했네.

내가 말했네. "우리가 군인을 선발해 시가와 체육 교육을 시키는 것
430a 도 힘닿는 데까지 그런 처리를 하는 것이네. 국법을 염료처럼 최대한 잘
받아들이게 하기 위해서지. 타고난 적성과 적절한 교육 덕분에 그들은
아무리 강력한 세제로 세탁해도 끄떡없네. 소다나 잿물보다 강력한 쾌
b 락이나 고통, 공포, 욕망으로 세탁해도 탈색되지 않네. 두려움에 대한
분별과, 바르고 준법적인 신념을 어떤 상황에서도 간직하는 것을 나는
용기라고 부르지. 자네 생각은 어떤가?"

그는 "저도 그렇게 생각합니다. 다만 선생님은 짐승이나 노예가 교육
을 통하지 않고 갖게 된 신념은 준법적이라 볼 수 없어 용기가 아닌 다
른 명칭으로 부르실 것 같기는 합니다"라고 말했네.

c 내가 말했네. "아주 옳은 말이네."

"그렇다면 선생님이 말씀하신 것만 용기로 받아들이겠습니다."

"내가 말한 것을 '시민적 용기'라고 부르는 게 맞을걸세. 자네가 원한
다면 용기에 대해서는 나중에 다시 자세히 다루기로 하세. 지금 우리가

찾는 것은 용기가 아니라 정의니까. 그 정도면 용기는 충분히 찾았다고 보네."

그는 "그렇습니다"라고 말했네.

내가 말했네. "이제 우리가 찾는 것 중에 두 개가 남았네. 하나는 절제 d
이고, 다른 하나는 우리의 탐구 목적인 정의네."

"분명 그렇습니다."

"어떻게 정의를 찾아내야 절제를 찾는 수고를 덜 수 있겠나?"

그는 말했네. "저는 정의를 찾아내는 방법도 모르지만, 정의를 먼저 찾아낸다 해도 절제를 그냥 지나치는 건 원하지 않습니다. 선생님, 부디 정의에 앞서 절제를 살펴봐주시면 고맙겠습니다."

내가 말했네. "안 그러면 내가 나쁜 사람이 될 것 같으니 그렇게 하 e
겠네."

그는 "그러면 절제에 관해 말씀해주세요"라고 말했네.

내가 말했네. "그러겠네. 일단 절제는 지혜나 용기에 비해 협화음이나 화음과 더 닮았다고 할 수 있네."

"왜 그렇습니까?"

"절제를 가리켜 '자기 자신을 이긴다'라고 표현하지. 그 밖에 절제의 흔적을 지닌 다른 말들에서 보듯이 절제는 쾌락과 욕망이 잘 다스려지는 일종의 질서라네."

그는 "절제는 무엇보다 그런 것이지요"라고 말했네.

"하지만 '자기 자신을 이긴다'는 말이 우습지 않은가? 자기를 이긴다면 지는 자기가 있을 테고, 자기에게 진다면 이기는 자기가 있을 게 분
명한데 이 모든 경우에서 그는 동일인이니 말일세." 431a

"그렇습니다."

내가 말했네. "내 생각에 그 말은 이런 뜻인 듯하네. 즉 인간의 혼 속에는 본성상 우월한 부분과 열등한 부분이 있는데, 우월한 부분이 열등한 부분을 제압했을 때 이를 칭찬하며 '자기 자신을 이겼다'고 말하는 것이지. 잘못된 양육이나 교제 때문에 훨씬 우월한 작은 부분이 훨씬 열
b 등한 큰 부분에 제압당했을 때는 이를 꾸짖으며 '자기 자신에게 진' 무절제한 사람이라 부르고 말일세."

그는 "그런 것 같습니다"라고 말했네.

내가 말했네. "이제 우리의 새 국가로 눈을 돌려보게. 국가에도 우월한 부분과 열등한 부분이 있네. 그래서 훨씬 우월한 부분이 훨씬 열등한 부분을 이겼을 때, 개인의 경우에서 그러하듯 그 국가를 절제 있는 국가라고 부른다네."

그는 "눈을 돌려보니 그 말씀이 옳습니다"라고 말했네.

c "특히 아이들과 여자들, 노예들 그리고 자유민이라 하는 사람들 중에서도 미천한 이들에게 온갖 욕망과 쾌락과 고통을 발견할 수 있을 걸세."

"그럴 테지요."

"반면에 훌륭한 적성을 타고나 최고의 교육을 받은 사람들에게서는 단순하고 절제된 욕망을 찾아볼 수 있네. 그런 욕망은 지성과 바른 신념을 갖춘 이성적 추론에서 나오니 말일세."

그는 "옳습니다"라고 말했네.

d "자네의 국가에도 이런 것들이 있어, 미천한 다수의 욕망이 훌륭한 소수의 욕망과 지혜에 의해 제압되는 것이 눈에 보이는가?"

그는 "네, 보입니다"라고 말했네.

"그렇다면 이 국가도 쾌락과 욕망을 이긴 국가, 자기 자신을 이긴 국가라고 불러야 하네."

그는 "물론입니다"라고 말했네.

"따라서 절제 있는 국가라고 할 수 있지 않겠나?"

그는 "물론입니다"라고 말했네.

"또한 누가 통치하고 통치받는지에 대해 통치자들과 피치자들 간에 e
합의를 본 국가가 있다면 바로 이 국가가 아니겠나?"

그는 "당연히 그렇습니다"라고 말했네.

"그런 국가에서 절제가 어느 쪽에 있다고 할 수 있는가? 통치자들인가, 아니면 피치자들인가?"

그는 "양쪽에 다 있을 것 같습니다"라고 말했네.

내가 말했네. "그러니 내가 앞에서 절제가 일종의 화음이라고 말한 것이 적절한 비유였음을 알겠나?"

"왜 그렇습니까?"

"용기와 지혜는 국가의 어느 한 부분에만 있어도 그 국가를 용기 있 432a
거나 지혜로운 국가로 만들지만, 절제는 그렇지 않기 때문이네. 절제는 지혜, 체력, 인구, 부 등 어느 사안에서든 국가 전체에서 가장 약한 소리를 내는 사람들과 가장 강한 소리를 내는 사람들, 그리고 중간 소리를 내는 사람들이 합창하여 협화음을 낼 때 이루어지기 때문이네. 따라서 국가든 개인이든 어느 쪽이 통치해야 하는지 본성상 우월한 쪽과 열등한 쪽이 한마음 한뜻이 되어 한목소리를 내는 것이 절제라고 보는 게 가장 옳네."

b 그는 "전적으로 같은 생각입니다"라고 말했네.

내가 말했네. "좋네. 우리는 예상대로 이 국가에서 지혜와 용기와 절제를 찾아냈네. 그렇다면 훌륭한 국가가 되는 데 필요한 나머지 하나는 무엇이겠나? 정의임이 분명하네."

"그렇습니다."

"그러면 글라우콘, 이제 우리는 사냥꾼처럼 사냥감이 숨어 있는 덤불
c 을 에워싸고 정의가 도망치지 못하게 정신을 바짝 차려야 하네. 거기 있는 것이 분명하니 열심히 찾아보고, 나보다 먼저 찾으면 알려주게."

그는 "그러면 좋겠지만 저는 뒤따라가다가 앞사람이 무언가를 보여줘야 알 수 있는 사람이니 선생님이 그리해주시는 게 마땅합니다"라고 말했네.

내가 말했네. "그렇다면 잘되기를 함께 기원하고 내 뒤를 따라오게나."

그는 "앞장서시지요"라고 말했네.

내가 말했네. "우리가 들어갈 곳은 그늘지고 어두워서 걸음을 내딛기 힘들고 무언가를 찾기도 어렵다네. 하지만 그곳으로 가야 하네."

d 그는 "물론입니다. 여부가 있겠습니까?"라고 말했네.

그런 후 나는 무언가를 발견하고는 말했네. "여보게 글라우콘, 정의의 흔적을 찾은 것 같네. 멀리는 도망가지 못한 것 같군."

그는 "반가운 소식이네요"라고 말했네.

내가 말했네. "우리의 처지가 한심하군."

"왜 그렇지요?"

"이미 오래전부터, 아니 처음부터 우리 발 앞에서 굴러다니고 있었는데 못 보고 이렇게 찾아 헤맸으니 말일세. 물건을 손에 쥐고도 어디 있

는지 몰라서 찾는 것처럼 우리도 먼 곳만 바라본 것 같네." e

그는 "그게 무슨 말씀입니까?"라고 말했네.

내가 말했네. "우리가 오래전부터 정의에 대해 말하고 듣기도 했으면서 그런 사실을 알아차리지 못했다는 말일세."

그는 "얼른 말씀해주세요. 서론이 너무 깁니다"라고 말했네.

내가 말했네. "내 말이 일리 있는지 들어보게. 우리가 이 국가를 세우 433a
면서 처음부터 어떤 상황에서도 항상 행해야 한다고 말한 것 또는 그런 종류가 정의라고 나는 생각했네. 그리고 자네도 기억하겠지만, 사람들이 저마다 국가와 관련된 일 중에서 적성에 가장 맞는 한 가지 일에 종사해야 한다고 분명 여러 번 말했지."

"네, 그렇습니다."

"또한 정의란 자기 일을 하며 다른 일에는 참견하지 않는 것이라는
말을 다른 사람들에게 많이 듣고 우리 스스로도 자주 말했네." b

"그렇습니다."

내가 말했네. "그러니 여보게, 각자가 자기 일을 할 수 있게 해주는 것이 정의인 것 같네. 내가 무슨 근거로 이렇게 판단하는지 알겠나?"

그는 "모르겠습니다. 말씀해주세요"라고 대답했네.

내가 말했네. "이미 살펴본 절제와 용기와 지혜[148] 외에 남은 것은 이 세 가지 모두를 우리의 국가에 생기게 하고 간직할 수 있게 해주는 것이

---

148 여기에서 '지혜'로 번역한 단어는 '프로네시스'(φρόνησις)로서 '현명함, 분별'을 뜻한다. 429a에서는 '지혜'를 가리킬 때 '소피아'(σοφία)를 사용했다. 플라톤은 두 단어를 동의어로 사용하지만, 아리스토텔레스는 '소피아'는 철학적 지혜를, '프로네시스'는 실천적 지혜를 가리키는 의미로 사용한다.

c 네. 그리고 이 세 가지를 찾아낸 후 남는 것이 정의라고 말하기도 했네."

그는 "그럴 수밖에 없지요"라고 말했네.

내가 말했네. "하지만 이들 중에 무엇이 훌륭한 국가를 만드는 데 가장 크게 기여할지는 판단하기 어렵네. 통치자와 피치자 간의 의견 일치
d 일지, 아니면 두려움을 분별하는 군인의 준법적인 신념일지, 아니면 국가를 지키는 통치자의 지혜일지, 아니면 아이나 여자, 노예, 자유민, 기술자, 통치자, 피치자가 각자 자기 할 일을 하고 남의 일에는 참견하지 않는 것일지 판단하기 어렵다는 말이네."[149]

그는 "어찌 어려운 일이 아니겠습니까?"라고 말했네.

내가 말했네. "따라서 각자가 자기 할 일을 하는 것도 지혜나 절제나 용기와 마찬가지로 훌륭한 국가를 만드는 데 똑같이 기여한다고 보네."

그는 "물론입니다"라고 말했네.

"그렇다면 정의가 한 국가를 훌륭하게 만드는 데 동일한 기여를 한다
e 고 볼 수 있지 않겠나?"

"전적으로 그렇습니다."

"이런 관점도 한번 생각해보게. 자네는 이 국가에서 제기되는 소송 판결을 통치자들에게 위임하겠나?"

"물론입니다."

"그렇다면 그들이 판결할 때 목표가 각자 남의 것을 빼앗지 않고 자기 것을 남에게 빼앗기지도 않게 하려는 게 아니겠나? 아니면 다른 무엇이 있겠나?"

---

149 절제, 용기, 지혜, 정의를 차례대로 언급하고 있다.

"그야 그렇지요."

"그것이 정의이기 때문이겠지?"

"네."

"이런 관점에서 보아도 정의란 자기 것을 소유하고 자기 할 일을 하는 것이라는 데 우리는 동의할 수밖에 없네." 434a

"그렇습니다."

"자네 생각은 어떤가? 목수가 제화공 일을 하거나 제화공이 목수 일을 한다면, 그들이 서로 도구나 직업을 바꾼다면, 한 사람이 두 가지 일을 다 하려 한다면 국가에 큰 손실이 올 것 같지 않은가?"

그는 "별로 그럴 것 같지는 않습니다"라고 대답했네.

"하지만 타고난 적성에 따라 기술자가 되거나 다른 생업을 가진 사람이 부나 대중의 지지나 힘 등을 믿고 기고만장해져 전사가 되려 한다거 b
나, 전사가 아무 자격이 없으면서 국가의 일을 결정하고 수호하려 한다면 어떻게 되겠나? 이렇게 서로 도구나 직업을 바꾸고 한 사람이 모든 일을 동시에 하려는 것이 국가를 파멸로 이끈다고 나는 생각하네. 아마 자네도 그렇게 생각할걸세."

"물론입니다."

"그렇다면 이들 세 집단에 속한 사람들 사이에서 한 사람이 여러 가지 일을 하거나 서로 일을 바꾸는 것은 이 국가에 가장 해가 되는 일이 c
될 테니 최대 악이라 부르는 게 지극히 옳네."

"정말 그렇습니다."

"그런데 자네는 자신의 국가에 최대 악을 행하는 것이 불의라고 말하지 않는가?"

"왜 아니겠습니까?"

"그렇다면 그런 일이 바로 불의일세. 반면 생업에 종사하는 집단, 보조하는 집단, 수호하는 집단[150]이 각각 국가에서 '자기 할 일을 하는 것'은 정의이고. 그것이 이 국가를 정의롭게 만들지 않겠는가?"

d 그는 "저도 그렇게 생각합니다"라고 대답했네.

내가 말했네. "아직은 단정하면 안 되겠지만 이 정의의 이데아[151]를
개개인에게 적용했을 때에도 이것이 정의라는 데 동의한다면, 우리는
즉시 인정해야 하네. 그렇게 인정하지 않고 무슨 말을 하겠는가? 동의
할 수 없다면 다른 것을 살펴야겠지. 우리가 국가의 정의를 고찰해온 것
도 먼저 큰 단위에서 정의를 살펴보면 개인의 정의가 무엇인지 좀 더
e 쉽게 알아낼 수 있으리라고 여겼기 때문이네. 훌륭한 국가에는 정의가
있으니 가능한 한 최고의 국가를 세워본 것이네. 이제 국가와 관련해 밝
혀진 것을 개인에게 적용해보세. 그렇게 맞춰서 일치한다면 고찰은 끝
날걸세. 만약 다른 점이 드러난다면 다시 국가로 돌아가 서로 비교하며
435a 시험해볼 것이네. 점화용 나무막대기를 마찰시키듯 치열하게 비교하고
관찰하다 보면 정의의 불꽃이 피어나겠지. 그렇게 드러난 정의를 우리
는 다른 식으로 좀 더 확인할 것이네."

---

150 여기에서 "보조하는 집단"은 좁은 의미에서 수호자인 군인들이고, "수호하는 집단"은 넓은 의미에서 수호자인 통치자들이며, "생업에 종사하는 집단"은 일반 시민들이다.

151 여기에서 "이 정의의 이데아"로 번역한 '에이도스'(εἶδος)는 '보이는 것, 형태, 모습, 형상'을 가리킨다. 플라톤은 이 단어를 사용해 모든 사물의 실재 또는 참된 것을 에이도스라고 불렀는데, 이때 에이도스는 대개 '형상'으로 번역된다. '형상'은 각 사물에 대해 오직 하나밖에 없고, 이 땅에서 눈에 보이는 많은 각 사물의 원형이다. 플라톤은 이 '형상'을 '이데아'(ἰδέα)로도 표현한다. 이 책에서는 '에이도스'와 '이데아'를 둘 다 주로 '이데아'로 번역했다.

그는 "선생님이 길을 제시했으니 저희는 따라야지요"라고 말했네.

내가 말했네. "큰 것이든 작은 것이든 동일한 이름으로 불린다면, 적어도 그렇게 불리는 점에서는 서로 닮았는가, 닮지 않았는가?"

그는 "닮았습니다"라고 대답했네.

"그렇다면 정의의 이데아라는 관점으로 볼 때, 정의로운 사람과 정의 b
로운 국가는 서로 닮았을 것이네."

그는 "그렇습니다"라고 말했네.

"그런데 한 국가가 정의로울 수 있는 것은 성향이 다른 세 집단이 각각 자기 일을 했기 때문이고, 절제와 용기와 지혜 있는 국가로 여겨지는 것은 세 집단이 서로 다른 처지[152]와 성향을 갖고 있기 때문이네."[153]

그는 "옳습니다"라고 말했다.

"개인의 경우도 마찬가지네. 국가의 세 집단에 해당하는 것이 각각 c
인간의 혼 안에 있고 상황이 동일하다면, 국가와 관련해 그 집단들을 부르는 것과 동일한 이름으로 불러야 할 것이네."

그는 "당연히 그렇습니다"라고 말했네.

"그런데 여보게, 우리는 혼에 관한 간단한 문제, 즉 이 세 가지가 과연 혼 안에 있는가 하는 문제에 부딪히네."

---

152 '처지'로 번역한 '파토스'(πάθος)는 집단 각각의 역할이 다름을 보여주고, '성향'으로 번역한 '헥시스'(ἕξις)는 원래 '일정한 상태'를 나타내며, 집단 각각의 역할이 서로 다른 것은 각 집단이 지닌 본성적 성향 때문임을 보여준다.

153 플라톤이 처음에 절제, 용기, 지혜, 정의를 네 가지의 한 묶음이라고 말한 이유가 여기에서 드러난다. 국가를 구성하는 세 집단과 관련된 미덕이 절제와 용기와 지혜이며, 이 미덕을 생기게 하고 하나로 묶는 것이 정의라는 것이다. '절제'는 일반 시민의 미덕이고, '용기'는 수호자의 미덕이며, '지혜'는 통치자의 미덕이고, '정의'는 각 집단이 각자의 일을 할 수 있게 해주는 질서의 미덕이다.

그는 "간단한 문제가 아닌 것 같습니다, 소크라테스 선생님. '아름다운 것은 어렵다'는 속담이 맞나봅니다"라고 말했네.

d 내가 말했네. "그런 것 같군. 글라우콘, 지금까지 논의에서 사용한 방법으로는 이 문제를 정확히 이해할 수 없다는 점도 알아두게. 이 문제를 정확히 이해할 수 있는 길이 있기는 하지만 더 멀고 시간이 많이 걸리네. 하지만 앞에서 논의한 것이 옳음을 보여줄 증거를 더 제시할 수도 있을 것이네."

그는 "선생님은 만족스럽지 않으신가요? 저로서는 지금까지의 논의로도 충분히 만족합니다만"이라고 말했네.

내가 말했네. "나도 만족하네."

그는 "그렇다면 힘을 내서 계속 말씀하시지요"라고 말했네.

e 그래서 내가 말했네. "국가에 존재하는 것과 동일한 종류와 성향이 우리 각자 안에 존재한다는 데는 당연히 동의하겠지? 국가에 존재하는 그런 종류와 성향이 우리 각자가 아닌 다른 데서 유래하지는 않았을 테니 말일세. 예컨대 트라키아인이나 스키타이인[154] 같은 북방 민족의 격정적인 기질이 그 국가 사람들 개개인에게서 유래하지 않았다고 생각
436a 한다면 우스운 일일걸세. 특히 우리 아티카 지역과 연관된바 배우기를 좋아하는 기질이나, 페니키아인이나 이집트인과 크게 관련 있다고 할

154 기원전 2천 년경부터 도나우강, 흑해, 에게해로 둘러싸인 지방에 정착한 '트라키아인'은 인도유럽어족에 속하고, 호전적이며, 문신과 화장 풍습이 있었다. '스키타이인'은 흑해 북쪽에 있는 남부 러시아의 초원지대에 거주하면서 기원전 6-3세기에 활약한 최초의 기마 유목민족이다. 페르시아계 유럽 인종에 속하고 장신에 강건한 체구를 지녔다. 지중해 동쪽 해안 지대 도시국가의 '페니키아인'은 지중해 무역을 독점했고, 지중해 연안의 넓은 지역에 카르타고를 비롯한 식민지를 건설했다.

수 있는 장사꾼 기질도 마찬가지일 테고."

그는 "물론입니다"라고 말했네.

내가 말했네. "이것은 사실이고, 그 사실을 알기도 전혀 어렵지 않네."

"그렇습니다."

"하지만 다음 세 가지 행위가 우리 안에 있는 동일한 한 부분에서 나
오는지, 아니면 각각의 부분에서 나오는지는 알기 어렵네. 어느 한 부분
으로는 배우려 하고, 다른 한 부분으로는 화를 내고, 또 다른 부분으로
는 식욕이나 성욕, 그 밖의 쾌락을 추구하는 것인지, 아니면 처음부터 b
혼 전체에서 그런 각각의 행위가 나오는 것인지 알기 어렵다는 말이네."

그는 "저도 그렇게 생각합니다"라고 말했네.

"그러니 이런 행위들이 한 부분에서 나오는지, 아니면 서로 다른 부분에서 나오는지 알아보세."

"어떻게 말입니까?"

"동일한 어떤 것이 동일한 부분에서 서로 상반된 행동을 동시에 행하
거나 겪지 않는다는 점은 분명하네.[155] 따라서 이 행위들에서 그런 일이
벌어진다면, 그것들이 우리 안에 있는 동일한 한 부분이 아니라 여러 부 c
분에서 나온 것임을 알 수 있네."

"좋습니다."

"그러면 이제 내가 말하는 것을 한번 생각해보게."

그는 "말씀하시지요"라고 말했네.

내가 말했네. "동일한 어떤 것이 동일한 부분에서 멈춰 서 있는 동시

---

155 이것은 모순율, 즉 어떤 명제와 그것의 부정이 동시에 참이 될 수 없다는 원리를 말한다.

에 움직이는 것이 가능한가?"

"불가능합니다."

"논의 과정에서 서로 다른 말을 하는 일이 없도록 우리가 합의한 바를 좀 더 정확히 해두세. 어떤 사람이 서서 두 손과 머리를 움직이는데, 그가 가만히 서 있는 동시에 움직인다고 말할 수 있는가? 누군가 그렇
d 게 주장하면 우리는 그건 말이 안 된다고 지적한 후, 그 사람의 일부는 멈춰 있지만 다른 일부는 움직이고 있다고 정정해서 말해야 할걸세. 그렇지 않은가?"

"그렇습니다."

"그런데 그런 주장을 하는 사람이 재치를 더 발휘해 팽이를 예로 든다고 생각해보게. 한 지점을 축으로 도는 팽이는 동일한 지점에서 회전하는 다른 모든 물체와 마찬가지로 그 전체가 가만히 서 있으면서 동시에 움직인다고 말하는 것이지. 그렇더라도 우리는 받아들이지 않을걸
e 세. 그런 경우 멈춰 서 있는 동시에 움직이는 것이 동일한 부분일 수 없으니 말이네. 팽이의 축은 어느 쪽으로도 기울지 않아 서 있지만, 팽이의 외곽은 움직이고 있다고 말해야겠지. 게다가 팽이가 축이 기울어진 채 돌고 있다면 어떤 식으로든 정지해 있다고 말할 수 없네."

그는 "옳습니다"라고 말했네.

내가 말했네. "따라서 누군가가 그렇게 주장하더라도 당혹스러워하
437a 지 말게. 동일한 어떤 것이 동일한 부분에서 서로 상반된 행위를 하거나 그런 일을 겪을 수 없다는 사실을 알면 되네."

"물론입니다."

"이 모든 쟁점을 일일이 검토하느라 논의가 길어지지 않도록 우리가

방금 한 말이 옳다는 전제하에 논의를 계속하세. 물론 우리의 전제가 거짓으로 밝혀지면 거기에서 이끌어낸 모든 것이 무효가 되는 데 동의해야 하겠지만 말일세."

그는 "그렇게 해야 할 것 같네요"라고 말했네.

내가 말했네. "그러면 자네는 긍정과 부정, 갈망과 거부, 끌어당김과 b
밀어냄이 모두 능동적이든 수동적이든 서로 반대된다고 보는가? 여기에서는 능동적이든 수동적이든 아무런 차이가 없기 때문이네."

그는 "서로 반대된다고 봅니다"라고 말했네.

내가 말했네. "이것은 어떤가? 갈증과 허기 같은 일반적인 욕구, 더
나아가 무언가를 원하고 하려는 것은 모두 방금 말한 것 중 어딘가에 c
해당한다고 보지 않나? 예컨대 욕구를 지닌 사람의 혼은 언제나 그 욕구의 대상을 갈망하거나 이루어지길 바라는 것을 끌어당긴다고 볼 수 있지 않겠나? 무언가를 갖기 원하는 경우 혼은 마치 질문을 받은 것처럼 그것을 긍정하고 소유하기를 갈망하지 않겠나?"

"그럴 테지요."

"욕망이나 염원, 욕구가 없는 것은 무언가를 혼으로부터 밀어내고 쫓아내는 것으로 보고, 이를 앞에서 말한 것과 반대된다고 여기면 되겠나?"

"왜 아니겠습니까?" d

"그렇다면 욕구라는 것이 존재하고, 그중에서 가장 두드러지는 것을 갈증이나 허기라고 부를 수 있겠지?"

그는 "그렇습니다"라고 대답했네.

"전자는 마시고 싶은 욕구이고, 후자는 먹고 싶은 욕구가 아닌가?"

"그렇습니다."

"그러면 갈증은 그 대상인 음료를 바라는 혼의 욕구인가? 예컨대 뜨거운 음료든 찬 음료든, 많은 음료든 적은 음료든 상관없이 음료 자체에
e 대한 욕구 말이네. 더울 때 갈증이 나면 찬 음료에 대한 욕구를 추가로 갖게 되고, 추울 때 갈증이 나면 뜨거운 음료에 대한 욕구를 추가로 갖게 되지. 갈증의 정도에 따라 많은 양을 원하는가 하면 적은 양을 원하고 말이야. 그러나 갈증 자체는 본질상 대상인 마실 것 외에 다른 것에 대한 욕구가 아니네. 이것은 허기의 경우에도 마찬가지겠지?"

그는 "그렇습니다. 각각의 욕구는 본성상 대상 자체에 대한 것이고, 그 대상에 이러저러한 욕구가 추가된 것이지요"라고 대답했네.

438a 내가 말했네. "자, 이렇게 살펴보았으니 이제 사람들이 아무 음료가 아니라 좋은 음료를 원하고, 먹을 것도 이왕이면 좋은 것을 원하니, 갈증이 욕구라면 그것이 음료에 대한 욕구든 다른 것에 대한 욕구든 좋은 것을 바라는 욕구가 틀림없다고 이의 제기를 하는 사람이 있더라도 헷갈리지 말게."

그는 "그렇게 말하는 사람도 일리 있어 보입니다"라고 말했네.

b 내가 말했네. "하지만 내 생각에, 다른 것과 상관관계에 있는 모든 것은 특정 속성에 따라 다른 것의 특정 속성과 관련되지만, 각각의 것 자체는 단지 다른 것 그 자체에만 관련되네."

그는 "무슨 말씀인지 모르겠습니다"라고 말했네.

내가 말했네. "크다는 것은 언제나 다른 무엇과 비교해 더 크다는 의미임을 알고 있겠지?"

"물론 압니다."

"그러니 더 작은 것보다 더 크다는 뜻이 아니겠나?"

"그렇습니다."

"훨씬 더 큰 것은 훨씬 작은 것과 비교해 훨씬 크고 말이야. 그렇지 않은가?"

"그렇습니다."

"그러면 전에 더 컸던 것은 전에 작았던 것과 비교해 더 컸고, 앞으로 더 커지게 될 것은 더 작아지게 될 것과 비교해 더 커질 것이라는 뜻이네."

그는 "왜 아니겠습니까?"라고 말했네.

"더 많은 것은 더 적은 것과 비교해 더 많고, 두 배인 것은 반인 것과 c
비교해 두 배이며, 이는 다른 것들도 마찬가지네. 더 무거운 것은 더 가벼운 것과 비교해 더 무겁고, 더 빠른 것은 더 느린 것과 비교해 더 빠르며, 뜨거운 것은 차가운 것과 비교해 더 뜨겁고 말이야."

"물론입니다."

"그러면 지식은 어떤가? 마찬가지 아니겠나? 지식 자체는 배움의 대상, 즉 지식의 대상을 뭐라고 부르든 바로 그 대상에 대한 지식이라고
할 수 있지. 하지만 특정 지식은 어떤 특정한 대상에 대한 지식이네. 내 d
가 말하려는 바가 이런 것이네. 집짓기에 관한 지식이 생겼을 때, 우리는 그 지식을 다른 지식과 구별해 건축술이라고 부르지 않는가?"

"왜 아니겠습니까?"

"이는 그 지식이 다른 지식과는 다른 특정 지식이기 때문이네."

"그렇습니다."

"그 지식은 어떤 특정한 것에 대한 지식이기 때문에 특정 지식이 된 게 아니겠나? 다른 기술과 지식도 마찬가지네."

"그렇습니다."

내가 말했네. "이제 자네도 좀 전에 내가 했던 말을 알아들었을걸세. 다른 것과 상관관계에 있는 모든 것 자체는 단지 다른 것 그 자체에만 관련되지만, 특정 속성에 따라서는 다른 것의 특정 속성과 관련된다고
e 말했지. 그런데 나는 어떤 것에 대한 지식이 곧 어떤 것 자체라고 말하는 건 아니네. 예컨대 건강에 대한 지식이 건강하다거나 병에 대한 지식이 병약하다는 뜻이 아니라는 걸세. 선에 대한 지식이 곧 선이요, 악에 대한 지식이 곧 악이 아닌 것처럼 말이네. 지식의 대상이기만 하면 무엇이든 다 특정 지식이 되는 게 아니라, 특정한 것(여기에서는 건강과 병이지만)에 대한 지식만이 어떤 특정 지식이 되지. 이 경우에 그 지식은 단순히 지식이라고 부르지 않고, 특정 지식임을 추가하여 의술이라고 부르네."

그는 "이제 알았습니다. 제 생각에도 그런 것 같습니다"라고 말했네.

439a 내가 말했네. "갈증도 어떤 특정한 것에 대한 것이라고 생각되지 않는가? 분명히 갈증은…."

그는 "그렇게 생각합니다. 마실 것에 대한 갈증이니까요"라고 대답했네.

"따라서 특정한 갈증은 특정 음료에 대한 갈증이지만, 갈증의 대상 자체는 많은 양이나 적은 양, 좋은 것이나 나쁜 것, 한마디로 특정한 것이 아니라 본성상 단지 마실 것 자체가 아니겠나?"

"물론입니다."

b "그런데 사람의 혼은 갈증을 느끼는 동안에는 아무것도 원하지 않고 오직 마실 것만 갈망하고 추구하네."

"너무나 분명한 사실이지요."

"그러니 갈증을 느끼는 혼을 반대쪽으로 끌어당기는 무언가가 있다면, 그 혼을 마시는 것 쪽으로 끌어당기는 것과는 다른 부분이 혼 안에 있다는 뜻이 아니겠나? 우리는 앞에서 이미 동일한 것이 동일한 부분에서 동시에 서로 상반된 행위를 할 수 없다는 데 동의했으니 말일세."

"그렇습니다."

"활 쏘는 사람이 두 손으로 활을 밀어내는 동시에 끌어당긴다고 말하는 건 옳지 않지만, 한 손으로는 활을 밀어내고 다른 한 손으로는 끌어당긴다고 말하는 건 옳은 이치와 같네."

그는 "전적으로 동의합니다"라고 말했네. c

"그런데 갈증을 느끼면서도 마시려 하지 않는 사람이 있을까?"

그는 "물론입니다. 그런 경우가 많습니다"라고 말했네.

내가 말했네. "그런 사람은 어떻게 설명할 수 있겠나? 그들의 혼 안에 마시기를 종용하는 부분이 있지만, 그것을 제압하는 부분이 더 우세했다고 볼 수 있지 않겠나?"

그는 "그렇게 보입니다"라고 대답했네.

"마시기를 막는 부분은 이성적 추론에서 기인하지만, 마시는 쪽으로 d
이끌고 끌어당기는 부분은 그가 처한 상황이나 병적 상태 때문에 생기는 게 아니겠나?"

"그런 것 같습니다."

내가 말했네. "나는 이 두 부분을 서로 다른 것으로 보고 달리 부르는 게 불합리하다고 보지 않네. 하나는 이성적 추론과 관련된 부분이라고 부르겠네. 다른 하나는 만족이나 쾌락과 한 패거리로서 욕구와 관련된 비이성적 부분이라 부르겠네. 혼에서 사랑하고 허기와 갈증을 느끼며 그 밖의 욕구 때문에 흥분하는 부분이지."

e 그는 "불합리하기는커녕 그렇게 하는 게 마땅합니다"라고 말했네.

내가 말했네. "그러면 이 두 부분이 우리 혼 안에 서로 구별되어 존재한다고 해두겠네. 그런데 우리에게 격정을 불러일으키는 부분은 제3의 것일까, 아니면 둘 중 어느 하나에 해당할까?"

그는 "욕구를 느끼는 부분과 성격이 동일하다고 봅니다"라고 말했네.

내가 말했네. "언젠가 이와 관련된 이야기를 들은 적이 있는데, 나는 그 이야기가 사실이라고 믿네. 아글라이온의 아들 레온티오스[156]가 페이라이에우스에서 북쪽 성벽의 바깥쪽 길을 따라 시내로 들어가다가 사형집행인 옆에 시체들이 널려 있는 것을 보았다는군. 그는 시체들을 보고 싶은 마음과 끔찍해서 외면하고 싶은 마음이 동시에 들어 한동안 갈

440a 등하며 얼굴을 가리고 있었다네. 하지만 보고 싶은 마음이 커져서 두 눈을 부릅뜨고 시체 쪽으로 다가가 이렇게 말했다고 하네. '그래, 고약한 마음아, 좋은 구경거리니 실컷 보아라.'"

그는 "저도 그 이야기를 들었습니다"라고 말했네.

내가 말했네. "이 이야기는 분노가 욕구와는 별개의 것임을 암시하네. 때로는 분노가 욕구에 맞서 싸우기도 하지."

그는 "그렇습니다"라고 말했네.

b 내가 말했네. "그런 경우가 종종 있지 않은가? 예컨대 욕구가 어떤 사람에게 이성을 거슬러 행하도록 강요할 때, 그 사람이 스스로를 꾸짖으

---

156 레온티오스에 대해서는 알려진 바가 없다. 페이라이에우스는 아테네의 외항이고, 여기에서 '시내'는 아테네를 가리킨다. 각주 1도 보라.

며 서로 다투는 둘 중 어느 한 편을 두둔하듯 이성의 편에 서서 그런 강요에 분개하는 경우 말일세. 이성이 만류하는 데도 격정이 욕구와 한편이 되는 경우는 어디에서도 본 적이 없을걸세.”

그는 “맹세하건대 본 적이 없습니다“라고 말했네.

내가 말했네. “그러면 자기 자신이 불의를 행했다고 인정하는 경우에 c
는 어떻겠는가? 그의 잘못에 어떤 처분을 내릴 권한이 있는 사람이 그에게 굶주림이나 추위 같은 고통을 겪게 해도, 그는 분노하지 않고 내가 말했던 격정을 일으키지 않을걸세. 고귀한 사람일수록 말일세. 그렇지 않은가?”

그는 “옳은 말씀입니다”라고 말했네.

“하지만 자신이 불의를 당했다고 생각하는 경우에는 어떻겠는가? 그 때는 격정이 끓어오르고 분개하며 정의롭다고 생각되는 것과 한편이 되어 싸우고, 어떤 굶주림이나 추위나 고통을 겪더라도 견디고 이겨내 d
지 않겠나? 마침내 뜻한 바를 이루거나 죽거나 목자가 개를 부르듯 이성이 불러들여 그를 진정시킬 때까지 그 고귀한 일을 멈추지 않을걸세. 그렇지 않은가?”

그는 “그 비유는 선생님이 앞에서 말씀하신 것과 비슷하군요. 개가 목자에게 복종하듯 국가에서 보조자들이 통치자들에게 복종한다고 말씀하셨지요”라고 대답했네.

내가 말했네. “내 말을 정말 잘 알아들었네. 그 밖에 이것도 생각해보면 어떻겠는가?”

“무엇을 말입니까?” e

“우리가 이제 격정을 담당하는 부분에 대해 알게 된 사실은 앞에서 생각했던 바와 반대되네. 앞에서 우리는 그 부분이 욕구를 담당하는 부분과 관련 있다고 생각했는데, 지금은 도리어 혼 안에서 분쟁이 일어날 때 이성과 한편이 되어 싸우기 위해 무장한다고 말하고 있으니 말일세."

그는 "정말 그렇습니다"라고 말했네.

"그렇다면 격정을 담당하는 부분은 이성적 추론을 담당하는 부분과도 다른가, 아니면 이성적 추론을 담당하는 부분의 일종이어서 혼에 세 가지가 아니라 두 가지, 즉 이성적 추론을 담당하는 부분과 욕구를 담당
441a 하는 부분이 존재하는 것인가? 그도 아니면 국가에서 사업하는 부류와 보조하는 부류와 통치하는 부류가 함께 국가를 떠받치듯, 혼에도 격정을 담당하는 부분이 세 번째로 있어 나쁜 양육으로 인해 훼손되지 않는 한 본성상 이성적 추론을 담당하는 부분을 보조하는 것인가?"

그는 "세 번째 부분이 반드시 존재한다고 봅니다"라고 대답했네.

내가 말했네. "격정을 담당하는 부분이 욕구를 담당하는 부분과 다르다는 것이 밝혀졌듯 이성적 추론을 담당하는 부분과도 다른 것이 밝혀진다면 그럴 것이네."

그는 말했네. "그 점을 밝히기란 어렵지 않습니다. 아이는 태어나자마자 격정으로 가득하지만 이성적 추론은 늙어 죽을 때까지 갖지 못하는
b 사람도 있고, 많은 사람은 오랜 시간이 지나서야 갖게 되는 걸 보면 말입니다."

내가 말했네. "맹세하건대 그러하네. 자네가 잘 말해주었어. 짐승도 그러하다는 걸 누구나 알지. 앞에서 우리가 인용했던 호메로스의 글도 그렇게 증언한다네. '그는 가슴을 치며 이런 말로 자기 심장을 꾸짖었다.'[157] 여기에서 호메로스는 더 나은 행동이나 못한 행동을 이성적으로 추론

하는 부분과 그런 추론 없이 격해지는 부분을 서로 다른 것으로 보고 한 부분이 다른 부분을 꾸짖는 것으로 묘사하는 게 분명하네." c

그는 "전적으로 옳습니다"라고 말했네.

내가 말했네. "이렇게 우리는 힘들고 어려운 논의 과정을 거쳐, 국가에 있는 부류와 동일한 부분이 개인의 혼에도 있을 뿐 아니라 그 수도 동일하다는 점에 합의하는 만족스러운 성과를 거두었네."

"그렇습니다."

"따라서 국가를 지혜롭게 만드는 방식과 부류가 필연적으로 개인에게도 동일하게 적용되지 않겠나?"

"물론입니다."

"개인을 용기 있게 해주는 것과 동일한 부류와 방식으로 국가도 용 d
기 있는 국가가 되고, 다른 모든 미덕에서도 개인과 국가는 동일하지 않겠나?"

"두말할 필요도 없습니다."

"따라서 글라우콘, 우리는 국가가 정의롭게 되는 것과 동일한 방식으로 사람이 정의롭게 된다고 말해야 하네."

"그 역시 두말할 필요도 없습니다."

"하지만 이 국가가 정의로울 수 있는 것은 국가 안의 세 부류가 각자 자기 일을 했기 때문이라는 점을 결코 잊어서는 안 되네."

그는 "네, 잊어서는 안 되지요"라고 말했네.

"우리 각자도 자기 안에 있는 각 부분이 자기 역할을 할 때 자기 할일 e

157 호메로스, 『오디세이아』 20권 17행.

을 하는 정의로운 사람이 된다는 점을 기억해야 하네."

그는 "반드시 기억해야지요"라고 말했네.

"그렇다면 지혜로우며 혼 전체에서 이성적 추론을 담당하는 부분은 통치에 적합하고, 격정을 담당하는 부분은 이성적 추론을 담당하는 부분에 복종하며 협력하는 것이 적합하지 않겠나?"

"물론입니다."

"그러니 앞에서 말했듯 시가와 체육을 결합할 때 이 두 부분이 조화
442a 를 이루지 않겠나? 훌륭한 논리와 학문으로는 이성적 추론 부분을 함양하고, 격정 부분은 화음과 선율로 이완하고 진정시키며 순화하는 걸세."

그는 "전적으로 그렇습니다"라고 말했네.

"이 두 부분이 그렇게 양육되어 진정 자기 할 일을 배우고 교육받으면 욕구 부분을 잘 이끌 수 있을걸세. 욕구 부분은 개인의 혼에서 가장 크게 자리하며, 재물에 대한 탐욕은 끝이 없다네. 이 부분이 육체적 쾌
b 락으로 가득 차지 않도록 감시해야 하네. 자기 할 일은 하지 않고 주제넘게 나머지 두 부분을 지배하려다가 모두의 삶을 완전히 뒤집어놓지 않도록 말일세."

그는 "정말 그렇습니다"라고 말했네.

내가 말했네. "두 부분 중 하나가 숙의해 결정을 내리면, 다른 하나가 복종해 전쟁을 수행하며 결정된 사항을 용기 있게 완수함으로써 혼과 신체를 외부의 적으로부터 아주 훌륭하게 막아낼 것이네."

"그렇습니다."

c "용기 있다는 것은 격정과 관련된다고 보네. 이성이 두려워해야 하는 것과 두려워해서는 안 되는 것을 명령하면, 격정 부분이 괴로우나 즐거

우나 그 명령을 끝까지 완수할 때, 우리는 그 사람을 용기 있다고 하니 말일세."

그는 "옳은 말씀입니다"라고 말했네.

"하지만 어떤 사람을 지혜롭다고 할 때는, 통치하고 명령하는 부분이 그 사람 안에 있는 작은 부분, 즉 세 부분 각각을 위해 또한 세 부분으로 이루어진 전체를 위해 무엇이 유익한지 아는 지식을 가지고 있는 경우라고 할 수 있네."

"분명 그렇습니다."

"그러면 이것은 어떤가? 어떤 사람을 절제 있다고 하는 것은, 세 부분이 서로 사랑하고 화합할 때, 즉 통치하는 부분과 통치받는 두 부분이 d
다 함께 이성적 추론이 통치해야 한다는 데 동의하고 서로 반목하지 않을 때가 아니겠나?"

그는 "국가든 개인이든 절제란 분명 그런 것이지요"라고 말했네.

"반면 정의로운 사람은 우리가 거듭 말한 바와 방식에 따라 그리 될 것이 분명하네."

"물론입니다."

내가 말했네. "어떤가? 개인의 정의는 왠지 모호해 국가의 정의와 다를 것 같지 않은가?"

그는 "그렇게 생각하지 않습니다"라고 말했네.

내가 말했네. "정의에 대한 우리의 규정에서 아직 미심쩍은 부분이 남았다면 일상에 적용해보게. 맞는지 틀리는지 완벽하게 확인할 수 있 e
을걸세."

"어떤 일상 말입니까?"

"예컨대 타고난 본성과 양육을 통해 우리의 국가를 닮게 된 사람을 한번 생각해보게. 그런 사람이 다른 이의 금이나 은을 맡아 보관하게 되었을 때, 그것을 착복할지 여부에 대해 우리의 의견이 일치하는지 보는
443a 것이네. 그가 그렇지 않은 사람보다 그럴 가능성이 더 높다고 생각할 사람이 있겠나?"

그는 "아무도 없을 겁니다"라고 말했네.

"그런 사람은 신전을 약탈하거나 도둑질하거나 친구를 배신하거나 국가에 반역하는 일도 없겠지?"

"그렇습니다."

"또한 그런 사람은 맹세나 합의나 다른 어떤 경우에도 신의를 지킬 걸세."

"당연히 그렇습니다."

"다들 간통하거나 부모를 봉양하지 않거나 신들을 섬기는 데 소홀해도 그 사람만은 그러지 않을걸세."

그는 "지극히 옳습니다"라고 말했네.

b "그럴 수 있는 것은 그 사람 안에 있는 각각의 부분이 통치하는 것이나 통치받는 것과 관련해 각자 할 일을 하기 때문이 아니겠나?"

"바로 그 때문이지요."

"그런데도 자네는 여전히 정의가 그런 사람과 국가를 만드는 힘이 아니라 다른 무엇이라고 여기며 찾고 있는가?"

그는 "결코 그렇지 않습니다"라고 대답했네.

"그렇다면 우리의 꿈이 마침내 이루어졌네. 이 국가를 세우기 시작하
c 자마자 신의 도움으로 정의의 기원과 형태가 이런 것임을 어렴풋이 알

게 되었으니 말이네."

"정말 그렇습니다."

"글라우콘, 우리는 타고난 제화공이 다른 일은 하지 않고 구두 만드는 일만 해야 하고, 목수는 목공 일만 해야 하며, 그 밖에 다른 사람도 그래야 하는 것이 옳다고 말했는데, 그런 생각이 정의의 어렴풋한 형태를 보여주는 데 도움이 되었네."

"그런 것 같습니다."

"사실 정의는 외적으로 자기 할 일을 하는 것이라기보다 내적으로 혼 d
의 세 부분이 조화를 이루어 절제 있고 조화로운 사람이 되는 것이네.
혼의 각 부분이 자기 일이 아닌 것은 못하게 하고 서로 간섭하지 않게
하며 자기 것을 잘 안배하여 질서정연하게 스스로 통치하는 것이지. 음
계를 결정하는 세 음, 즉 최저음과 최고음과 중간음이 그 사이의 다른
음들까지 결합해 완벽한 하나를 이루는 것과 같네. 혼에서 이런 일이 이 e
루어진 사람이 돈을 벌거나 신체를 보살피거나 정치를 하거나 개인 간
계약을 할 때, 처음부터 끝까지 그런 상태를 유지하는 것을 정의롭고 아
름다운 행위라 부르고, 그런 행위를 주관하는 지식을 지혜라고 부르지.
반면 그런 상태를 무너뜨리는 것을 불의한 행위라 부르고, 그런 행위를 444a
주관하는 생각을 무지라고 부르네."

그는 "소크라테스 선생님, 전적으로 참된 말씀입니다"라고 말했네.

내가 말했네. "좋네. 이제 우리가 정의로운 개인과 정의로운 국가, 그리고 그 안에 있는 정의가 무엇인지 찾아냈다고 말해도 거짓말은 아닌 듯하네."

그는 "맹세하건대 거짓말이 아닙니다"라고 말했네.

"그러면 그렇게 말하기로 하세."

"물론입니다."

내가 말했네. "이제 불의를 고찰해야 하니 정의는 이쯤 해두세."

"네."

b "그렇다면 불의는 이 세 부분 간의 내분이자 간섭이며 자기 할 일이 아닌 것을 행하고, 본성상 통치에 적합하지 않고 복종에 적합한 부분이 혼을 통치하려 한다는 점에서 혼 전체를 반역하는 것이라고 보아야 하지 않겠나? 세 부분의 혼선과 탈선이 불의이자 무절제이고 비겁함이자 무지이며 한마디로 온갖 악덕을 의미한다고 나는 생각하네."

그는 "바로 그것입니다"라고 말했네.

c 내가 말했네. "이제 정의와 마찬가지로 불의도 밝혀졌으니 불의를 행하는 것과 불의하게 행하는 것, 정의를 행하는 것, 이 모든 것이 무엇인지도 분명히 밝혀진 게 아니겠나?"

"어째서 그렇지요?"

내가 말했네. "정의로운 행위와 불의한 행위는 각각 건강한 것이나 병든 것과 다를 바 없기 때문이네. 전자는 혼에 영향을 미치고, 후자는 신체에 영향을 미친다는 게 다를 뿐이네."

그는 "어떤 식으로 말입니까?"라고 말했네.

"건강한 것은 사람을 건강하게 하고, 병든 것은 사람을 병들게 하지."

"그렇군요."

d "정의로운 행위는 정의를 낳고, 불의한 행위는 불의를 낳지 않겠는가?"

"물론입니다."

"그러니 건강하다는 건 본성에 맞게 신체의 여러 부분이 서로 지배하고 지배받는 것이고, 병이 있다는 건 신체의 그런 관계가 본성에 어긋나 있다는 것일세."

"그렇습니다."

내가 말했네. "따라서 정의는 본성에 맞게 혼의 여러 부분이 서로 지배하고 지배받을 때 만들어지고, 불의는 혼의 그런 관계가 본성에 어긋나 있을 때 만들어지는 게 아니겠나?"

그는 "정확히 그렇습니다"라고 말했네.

"그러므로 미덕은 혼의 건강함이고 아름다움이며 좋은 상태지만, 악 e
덕은 혼의 질병이고 추함이며 허약함인 듯하네."

"그렇습니다."

"그러면 훌륭한 습관은 미덕으로 이끌지만, 수치스러운 습관은 악덕으로 이끌지 않겠는가?"

"그럴 수밖에 없겠지요."

"이제 우리에게 남은 일은 다른 사람이 알아주든 몰라주든 정의를 행 445a
하고 훌륭함을 추구하며 정의로운 것이 더 이익인지, 아니면 불의를 행해도 벌금을 내지 않고 처벌과 교정도 받지 않는 경우가 더 이익인지 살펴보는 것이네."

"소크라테스 선생님, 이제 와서 그 문제를 살펴보는 것은 우스운 듯합니다. 신체의 본성이 망가지면 온갖 음식과 재물과 권력을 가져도 살아갈 가치를 느끼지 못하는데, 하물며 한 인생의 토대인 혼의 본성이 혼
란에 빠지고 망가진다면 어떻겠습니까? 악덕과 불의, 정의와 미덕이 무 b
엇인지 이미 분명히 밝혀졌으니, 설령 자기가 원하는 것을 뭐든 다 할 수 있다 해도 악덕과 불의에서 벗어나지 못하고 정의와 미덕을 얻지 못

덕을 얻지 못한다면 더 이상 살아갈 가치를 느끼지 못할 겁니다."

그래서 내가 말했네. "정말 우습게 됐네. 하지만 그러함을 분명하게 볼 수 있는 지점까지 왔으니 여기에서 주저앉으면 안 되네."

그러자 그는 "결단코 그래서는 안 되지요"라고 말했네.

c 내가 말했네. "자, 나를 따라오면서 얼마나 많은 악덕이 있는지 자네도 보게나. 살펴볼 가치가 있는 악덕의 종류가 다양하네."

그는 "따라가겠으니 말씀하시지요"라고 말했네.

내가 말했네. "우리의 논의가 여기에 이르고 보니 마치 망루에서 내려다보듯, 미덕은 한 종류인데 악덕의 종류는 무수히 많은 게 보이네. 그중에서 눈여겨볼 것은 네 가지라네."

그는 "무슨 말씀이신지요?"라고 물었네.

내가 말했네. "정치체제에 여러 유형이 있듯 혼의 유형도 여러 종류가 있네."

"몇 종류나 됩니까?"

d 내가 말했네. "정치체제의 유형은 다섯 가지이고, 혼의 유형도 다섯 가지네."

그는 "어떤 것인지 말씀해주세요"라고 말했네.

내가 말했네. "정치체제 중 하나는 이미 자세히 설명했는데, 그 명칭은 두 가지일세. 여러 통치자 중 한 명이 탁월한 경우는 왕도정(王道政), 통치자가 여러 명인 경우는 집단왕도정[158]이라고 부르네."

---

158 '집단왕도정'으로 번역한 '아리스토크라티아'(ἀριστοκρατία)는 직역하면 '가장 훌륭한 자들의 통치'라는 뜻이다. 여기에서 '가장 훌륭한 자들'은 세습 귀족이 아니라 지금까지 얘기해온 통치자들을 가리킨다. 그래서 '최선자정체'(最善者政體)라고 번역하기도 한다.

그는 "옳은 말씀입니다"라고 말했네.

내가 말했네. "왕도정과 집단왕도정은 구별하지 않고 통합해 하나의 정치체제로 보겠네. 통치자가 한 명이든 여러 명이든 우리가 자세히 설 e
명한 대로 양육과 교육을 시행한다면, 국가의 중요한 법률을 바꾸지 않을 테니 말일세."

그는 "그럴 겁니다"라고 말했네.

제5권

449a “그래서 나는 그런 국가와 정치체제와 사람을 훌륭하고 정의롭다고 부른다네. 이런 종류가 올바르다면, 그 밖의 다른 것들은 국가 경영에 관해서든 개인 혼의 상태에 관해서든 나쁘고 잘못된 것이라고 할 수 있지. 이렇게 나쁜 것에는 네 종류가 있네.”

그는 “어떤 것입니까?”라고 물었네.

나는 나쁜 것 네 종류 중에서 내 생각에 가장 먼저 언급해야 할 것을
b 말하고 거기에서부터 자연스럽게 다음으로 넘어가며 설명하려고 했네. 그런데 아데이만토스에게서 조금 떨어져 앉아 있던 폴레마르코스가 손을 뻗어 그의 옷자락을 끌어당기더니 자기도 몸을 기울이며 귓속말을 하더군. 다른 말은 못 듣고 이 말만 들었네. “그냥 넘어갈까, 아니면 어떻게 할까?”

아데이만토스는 “절대로 그냥 넘어가서는 안 됩니다”라고 큰 소리로 말했네.

그래서 내가 말했네. “두 사람은 도대체 무엇을 그냥 넘어가지 않겠다는 건가?”

아데이만토스는 "선생님에 대해서요"라고 말했네.

그래서 나는 "도대체 무엇을 말인가?"라고 물었네. c

그러자 그는 이렇게 말했네. "저희가 보기에 선생님은 직무유기를 하시는 것 같습니다. 우리의 논의에서 빠뜨리면 안 될 사안을 통째로 빼버리시니 말입니다. 처자식과 관련해 '친구는 모든 것을 공유한다'는 말씀만 하시고는 너무나 명백한 사실이라는 듯 별 설명 없이 쓱 넘어가면 저희가 모를 줄 아셨나 봅니다."

나는 다시 반문했네. "그러면 아데이만토스, 그 말이 옳지 않다는 뜻인가?"

그는 대답했네. "아니요. 하지만 이 사안도 다른 사안처럼 어떤 의미에
서 옳은지 설명이 필요합니다. 공유하는 데는 여러 방식이 있기 때문입
니다. 그러니 어떤 방식을 말씀하시는 건지 설명해주세요. 저희는 선생 d
님이 출산과 양육, 처자식의 공유에 관해 전반적으로 설명해주실 것이
라 생각하고 내내 기다렸습니다. 이 일이 국가 정치체제 전체에 중대한
영향을 미친다고 생각하기 때문입니다. 그런데 선생님이 충분한 설명
없이 다음 논의로 넘어가시려 하니 그래서는 안 된다고 결의한 겁니다." 450a

글라우콘이 "저도 그 결의에 참여한 것으로 해주세요"라고 말했고, 트라시마코스도 "소크라테스 선생, 우리 모두 틀림없이 그렇게 결의한 것으로 생각해주시지요"라고 말했네.

그래서 내가 말했네. "자네들이 내 말을 끊고 그렇게 말하는 건 국가
의 정치체제에 관한 모든 논의를 처음부터 다시 하자는 것과 같네. 나는
이미 자세히 설명했다고 생각했고, 이대로 다음 논의로 넘어갔다면 만
족했을 것이네. 자네들은 그 요구가 얼마나 많은 논의를 유발하는지 모 b

르고 있네. 하지만 나는 알기에 골치 아픈 문제를 피하려고 그냥 넘어가려 했던 걸세."

그러자 트라시마코스가 반문했네. "무슨 말씀입니까? 지금 여기 있는 사람들이 논의를 들으러 왔지 설마 금이라도 제련하러 왔다고[159] 생각하시는 겁니까?"

나는 "그렇기는 하네. 그래도 적절한 분량의 논의를 들으려고 온 것이 아니겠나"라고 대답했네.

글라우콘이 말했네. "하지만 소크라테스 선생님, 지각 있는 사람은 평생토록 논의를 들어도 부족하다고 생각할 겁니다. 그러니 저희 걱정은
c 마시고 저희 질문에 대한 선생님의 생각을 자세히 말씀해주시면 됩니다. 우리 수호자들이 처자식을 공유한다는 건 무엇이고, 자녀가 태어나 교육을 받게 될 때까지가 가장 힘들다고 하는데 이 시기에 자녀를 어떻게 양육해야 하는지 말씀해주세요."

내가 말했네. "여보게, 이 문제는 다루기가 쉽지 않네. 앞에서 다룬 문제들보다 의문점이 훨씬 많을걸세. 어떻게 해서든 이 문제를 언급한다 해도 그런 일이 가능하다고 사람들이 믿지 않을 테고, 설령 가능하다고
d 믿는다 해도 과연 최선이라고 생각할지는 모르겠네. 내 말을 한낱 희망사항으로 여길까 봐 주저한 것이네."

그는 "선생님의 말씀을 듣고 있는 저희는 무지하지도 불신하지도 악의를 갖고 있지도 않으니 주저 말고 말씀하세요"라고 말했네.

---

159 아테네의 휘메토스산에서 많은 금이 발견되면서 아테네인들이 생업을 팽개치고 금을 캐러 몰려들었지만 결국 빈손으로 돌아가게 되었다. 그 일로 인해 '금을 제련한다'는 말은 아무런 이익 없는 허황된 일에 매달리는 것을 뜻하는 속담이 되었다.

그래서 내가 말했네. "여보게, 나를 격려하려고 그런 말을 하는 것이지?"

그는 "네, 그렇습니다"라고 대답했네.

내가 말했네. "하지만 자네는 정반대로 행하고 있네. 무슨 말을 해야
할지 내가 이미 알고 확신한다면 자네 말이 격려가 되겠지. 지혜롭고 친
밀한 친구들에게 아주 중요하고 친숙한 진실을 말하는 건 안심되고 힘 e
이 나는 일이니까. 하지만 지금 나처럼 확신이 없고 아직 해법을 찾고
있는 상태에서 어떤 주장을 한다는 건 두렵고 위태로운 일이라네. 웃음 451a
거리가 될까 봐 두려운 게 아니네. 그르치면 안 되는 일인데 혹여 진실
에서 벗어난 말을 했다가 나뿐 아니라 친구들까지 끌어들이는 것이 두
려워서네. 하지만 글라우콘, 내가 혹시 잘못된 말을 하더라도 너그럽게
용서해주시길 아드라스테이아 여신[160]에게 엎드려 빌겠네. 아름답고 좋
고 정의로운 관습을 의도적으로 속이는 사람보다 어쩌다 실수로 살인
한 사람의 죄가 덜하다고 생각하기 때문이지. 그러니 이런 위험 부담이
있는 일은 친구들보다 적들 가운데서 하는 게 더 낫네. 그런 의미에서 b
자네가 나를 격려한 것은 잘한 일이네."[161]

그러자 글라우콘이 웃으며 말했네. "하지만 소크라테스 선생님, 혹시

160 '피할 수 없는 여자'라는 뜻을 지닌 이름의 아드라스테이아는 네메시스 여신의 별칭이다. 네메시스는 그리스 신화에 나오는 복수의 여신이다. 또 다른 복수의 여신 에리니에스 자매가 질서의 수호자로 질서를 어지럽히는 범죄자, 특히 부모 살해나 형제 살해 등 신성한 혈족의 유대를 깨뜨리는 자들을 추궁하고 벌한 반면, 네메시스는 좀 더 일반적으로 선악의 구분 없이 분수를 넘어서는 모든 종류의 지나침을 응징했다. 모든 종류의 지나침은 세상의 질서와 균형을 무너뜨릴 수 있으므로 마땅히 벌을 받아야 한다는 것이다.

161 이것은 반어법으로, 글라우콘의 격려가 반갑지 않다는 뜻이다.

이 논의 때문에 저희가 잘못되는 일이 있더라도 선생님에게 살인죄를 씌우지 않고 무사히 방면해드리겠습니다. 선생님도 저희를 의도적으로 속일 분은 아니니 용기 내어 말씀해주시지요."

내가 말했네. "법에서도 방면된 자는 죄가 없다고 말하고 있으니 그렇다면 이 경우에도 적용되겠군."

그는 "그러니 어서 말씀해주세요"라고 말했네.

c 내가 말했네. "그러면 다시 이전으로 돌아가 그때 말했다면 차례대로 했을 것을 지금부터 말하겠네. 남성극을 완전히 끝내고 이제 여성극을 새롭게 시작해 끝내는 것도 좋겠군.[162] 특히 자네가 그렇게 해주기를 요청하니 그렇게 하겠네. 태어나 교육받은 사람들이 어떻게 처자식을 얻고 대해야 하는지 논하려면 우리가 처음에 출발했던 그 길을 따라가는 수밖에 없네. 그 논의에서 우리는 남자들을 시민의 수호자로 만들려고 했지."

"그렇습니다."

d "그러니 그 길을 따라가 동일한 방식으로 여자의 출생과 양육을 논의하는 게 적합한지 살펴봐야 하네."

그는 "어떻게 말입니까?"라고 말했네.

"이를테면 암컷 양치기개는 수컷과 함께 똑같이 양을 지키고 사냥을 하며 그 밖의 일도 해야 하는지, 아니면 새끼를 낳아 길러야 하니 집 안에만 있고 수컷만 양 지키는 일을 도맡아야 하는지 살펴보자는 것이네."

e 그는 "여자는 힘이 약하고 남자는 힘이 세다는 걸 감안해야 하지만,

---

162 기원전 5세기에 활동한 시라쿠사 출신의 소프론은 남자들과 여자들을 교대로 다루는 무언극을 썼다. 여기에서는 남자들에 대해서는 이미 다루었으므로 이제는 여자들을 다루겠다는 뜻이다.

그 문제만 제외하면 모든 일을 함께 해야 합니다"라고 말했네.

내가 말했네. "그러면 어떤 동물을 동일하게 양육하거나 교육하지 않고도 다른 동물이 하는 그 일에 쓸 수 있다는 말인가?"

"그럴 수는 없습니다."

"그러니 남자가 하는 일에 여자를 쓰려면 여자도 남자와 동일하게 가르쳐야 하네."

"옳습니다." 452a

"우리는 남자들에게 분명 시가와 체육을 가르쳤네."

"네."

"그렇다면 여자에게도 이 두 가지 기술과 전쟁 기술을 가르쳐 남자가 하는 일을 동일하게 하게 해야 하네."

그는 "선생님 말씀대로라면 그래야 할 것 같습니다"라고 말했네.

내가 말했네. "내가 방금 주장한 많은 부분이 관습에 벗어나 있어 그대로 실행한다면 아마도 우스꽝스러워 보일걸세."

그는 "분명 그럴 겁니다"라고 말했네.

내가 말했네. "어떤 일이 가장 우스꽝스럽겠나? 분명 여자들이 체육실에서 벌거벗고 남자들과 함께 운동하는 것이겠지? 나이 든 남자는 주 b
름살이 많아 보기 흉한데도 체육을 좋아해 운동에 열을 올리는 것처럼, 젊은 여자뿐 아니라 나이 든 여자도 그렇게 체력 단련장[163]에 나와 운동

163 '체력 단련장'으로 번역한 '귐나시온'(γυμνάσιον)은 고대 그리스에서 사람들이 '옷을 벗고서'(귐노스) 체력 단련을 한 체육장이다. 회랑으로 둘러싸인 직사각형의 안마당과 그 주변에 많은 방이 있던 '팔라이스트라'(앞에서 '체육실'로 번역함)를 포함해 실내 경기장, 노천 경기장, 탈의실, 구기 연습장, 모래사장, 욕실 등을 갖춘 방대한 체육 종합시설이었다.

한다면 분명 우스꽝스러워 보일걸세."

그는 "맹세하건대 그럴 테지요. 지금 기준에서 보면요"라고 말했네.

내가 말했네. "그러니 이후에 호사가들이 조롱하고 비꼬더라도 두려워해서는 안 되네. 그들은 체육이나 시가 교육의 이런 변화는 물론이고
c 여자가 무기를 들고 말을 타는 것에 대해서도 온갖 말을 할 테니 말일세."

그는 "옳은 말씀입니다"라고 말했네.

"이왕에 논의를 시작했으니 껄끄러운 관습이나 법도 다루어야 하네. 오늘날 이민족 대부분이 남자가 옷 벗은 모습을 수치와 조롱거리로 여기지만, 사실 그리스인이 그런 생각에서 벗어난 지는 그리 오래되지는 않았네. 처음에는 크레타인이, 다음으로 스파르타인이 옷을 벗고 체력
d 단련을 시작했을 때, 이 모든 일이 호사가들에게 풍자 대상이 될 수 있었음을 일깨우면서, 늘 하던 일에서 벗어나 이런 변화를 진지하게 생각해볼 것을 요구해야 하네. 그렇지 않겠는가?"

"저도 그렇게 생각합니다."

"하지만 사람들이 직접 해보니 옷을 입고 운동하는 것보다 벗고 하는 편이 낫다는 게 드러나면서 몰골이 우습다는 생각은 이치를 따지는 최선의 방법에 밀려 사라져버렸다고 나는 생각하네. 이는 나쁜 일이 아닌데도 우스꽝스럽게 여기는 것, 어리석거나 악하지 않은 광경인데도 조
e 롱하는 것, 또는 좋지 않은 것을 아름다움으로 규정하고 진지하게 추구하는 것이 아무 근거 없는 일임을 보여주었네."

그는 "전적으로 동의합니다"라고 말했네.

"그러면 먼저 우리의 제안이 과연 실행 가능한지 아닌지를 놓고 의견 일치를 보아야 하지 않겠나? 인간 본성의 관점에서 여자도 남자가 하는

모든 일에 동참할 수 있는지, 아니면 아무 일에도 동참할 수 없는지, 아니면 어떤 일은 동참할 수 있고 어떤 일은 동참할 수 없는지 누군가 따지고 든다면 허용해야 하지 않겠나? 특히 전쟁과 관련해 따진다면 말일세. 재미로 하든 진지하게 문제 삼든 상관없네. 그렇게 논의를 시작하는 것이 최선이니 그 끝도 좋지 않을까 싶네." 453a

그는 "그럴 것 같습니다"라고 말했네.

내가 말했네. "우리와 다른 주장이 속수무책으로 공격당하지 않도록 우리가 다른 이들을 대신해 서로 논쟁하는 것은 어떤가?"

그는 "그렇게 하지 못할 이유가 전혀 없지요"라고 말했네. b

"그러면 그들을 대신해 말해보겠네.

'이보시오, 소크라테스와 글라우콘. 굳이 남들이 당신들과 논쟁할 필요가 없소. 국가를 세울 때 처음부터 각자가 적성에 맞는 한 가지 일을 해야 한다고 여러분은 합의했기 때문이오.'

'분명히 그렇게 합의했지요.'

'하지만 여자와 남자는 본성적으로 아주 많이 다르지 않소?'

'왜 다르지 않겠습니까?'

'그러니 각자 본성에 따라 여자와 남자에게 다른 일을 맡기는 게 적 c
절하지 않겠소?'

'물론입니다.'

'남자와 여자는 본성이 전혀 다른데도 여러분은 남녀가 같은 일을 해야 한다고 말하니 앞뒤가 맞지 않소.'

자, 글라우콘, 자네는 이 말에 어떻게 변론하겠는가?"

그는 말했네. "갑자기 질문하시니 대답하기가 쉽지 않네요. 하지만 저희 대답이 무엇이든 선생님이 대신 말씀해주시기를 요청하고 싶고, 또 한 요청합니다."

d 내가 말했네. "글라우콘, 나는 이런 반론들이 제기되는 것을 진즉에 예견하고 걱정했다네. 그래서 처자식을 얻는 것과 양육에 관한 법을 다루기를 주저한 것이네."

그는 "분명 그러셨을 겁니다. 쉽게 대답할 수 있는 문제가 아니니까요"라고 말했네.

내가 말했네. "정말 쉽지 않네. 하지만 작은 수영장에 빠지든 큰 바다에 빠지든 헤엄쳐야 한다는 건 매한가지겠지."

"물론입니다."

"그러니 우리도 논의의 바다를 헤엄치면서 빠져나오기 위해 노력해야 할걸세. 돌고래 등에 올라타거나[164] 또 다른 기적 같은 일이 일어나기를 바라면서 말이네."

e 그는 "그래야 할 것 같습니다"라고 말했네.

내가 말했네. "그러면 어떻게 해야 출구를 찾을지 살펴보세. 적성이 다르면 다른 일을 해야 하고, 여자와 남자의 적성이 다르다는 점에 우리는 동의했네. 그런데도 우리는 지금 적성이 다른 남녀가 같은 일을 해야 한다고 말하고 있네. 이것이 우리가 비난받는 부분이지?"

"정확히 그렇습니다."

---

164 기원전 7세기에 레스보스 출신의 서정시인 아리온은 이탈리아에서 돈을 많이 벌어 배를 타고 귀향하다가 돈에 눈이 먼 선원들에 의해 바다에 던져졌다. 그가 죽기 전에 부른 노래를 듣고 돌고래가 나타나 그를 등에 태워 육지로 데려다주었다고 한다. 헤로도토스, 『역사』 1권 23-24장.

내가 말했네. "글라우콘, 논쟁술[165]의 힘은 굉장하다네." 454a

"왜 그렇지요?"

"많은 사람이 본의 아니게 논쟁에서 헤어나지 못하는데도 자기는 논쟁이 아니라 토론을 하고 있다고 생각하기 때문이네. 상대방의 말을 여러 방면에서 고찰하지 않고,[166] 표면적인 말 자체에만 집착하고 반대하며, 토론이 아니라 논쟁을 벌이지."

그는 "그런 일이 많기는 합니다만, 현재 우리 논의도 그렇다는 말씀인가요?"라고 물었네.

내가 말했네. "전적으로 그러하네. 우리도 본의 아니게 논쟁에 빠진 b
듯하네."

"어떻게 말입니까?"

"적성이 동일하지 않으면 같은 일을 하게 해서는 안 된다는 말 자체에만 집착해 고집을 부리고 있었네. 적성에 따라 일해야 한다고 말하면서도, 정작 적성이 어떤 종류에 속하는지, 적성의 다름과 동일함을 구분하는 기준은 무엇인지 전혀 살펴보지 않았네."

그는 "네, 살펴보지 않았습니다"라고 말했네.

내가 말했네. "그러니 대머리인 사람과 머리가 긴 사람의 적성이 동 c
일한지 반대인지 자문해볼 수 있네. 이 두 부류의 적성이 반대라는 데

---

165 '논쟁술'로 번역한 '안티로기케 테크네'(ἀντιλογικῆ τέχνῃ)는 어떤 말이 모순임을 지적해 반박하는 기술을 가리킨다.

166 상대방이 어떤 말을 했을 때 표면적인 말만 놓고 일률적으로 해석하는 것이 아니라, 그 말이 지닌 여러 경우의 수를 분석해 각각의 경우에 그 말이 어떤 의미인지 살펴야 논쟁이 아니라 토론이 될 수 있다는 것이다. 이렇게 분석해 각각의 경우를 구분하는 것은 논리적 추론과 변증의 토대가 된다.

동의한다면, 대머리인 사람이 제화공일 경우 머리가 긴 사람은 제화공이 될 수 없네. 그 반대의 경우도 마찬가지네."

그는 "우스꽝스러운 일이 벌어지겠군요"라고 말했네.

내가 말했네. "그런 우스꽝스러운 일이 벌어지는 건 우리가 앞에서
d 적성의 동일성 여부를 전반적으로 살펴본 게 아니라 단지 일로만 살펴보았기 때문이네. 남자 의사와 여자 의사는 혼과 관련해 적성이 동일하다고 말한 것이 그 예일세. 그렇게 생각하지 않나?"

"저도 그렇게 생각합니다."

"그러나 남자 의사와 남자 목수는 서로 적성이 다르겠지?"

"전적으로 다르지요."

내가 말했네. "남자와 여자의 적성이 어떤 기술이나 일과 관련해 서로 다르다는 게 밝혀진다면 각자 다른 일을 해야 한다고 말할 수 있네.
e 하지만 남자와 여자의 다른 면이 여자는 아이를 낳고 남자는 아이를 만드는 것뿐이라면, 우리의 논의에서 남녀의 차이는 전혀 증명되지 않았다고 보아야 하네. 그리고 수호자와 그의 아내는 동일한 일을 해야 한다고 우리는 여전히 생각해야 하네."

그는 "옳은 말씀입니다"라고 말했네.

455a "그러니 이번에는 우리 말에 반대하는 사람에게 국가의 구성과 관련된 기술이나 일에서 남녀의 적성이 다르다는 것을 증명해 가르쳐달라고 요구해야 하지 않겠는가?"

"그것은 분명 정당한 요구입니다."

"그러면 좀 전에 자네가 말한 것처럼 아마 그 사람도 당장은 몰라도 시간을 두고 생각해보면 어렵지 않을 것이라고 말할걸세."

"정말 그럴 것 같습니다."

"그러면 우리 말에 반대하는 사람에게 우리의 논의를 따라오며, 국가
경영과 관련해 오직 여자만 해야 하는 일 같은 것은 전혀 없음을 우리 b
가 어떻게 증명하는지 지켜보라고 요구하면 어떻겠나?"

"전적으로 찬성입니다."

"그에게 다음 질문에 대답해줄 것을 요구하겠네. '어떤 일이 적성에
맞고 안 맞고는 그 일을 얼마나 쉽게 또는 어렵게 배우느냐에 달려 있
다는 뜻입니까? 짧은 시간에 배운 것보다 훨씬 많은 일을 해낼 수 있으
면 적성에 맞고, 오랫동안 배우고 수련해도 배운 것조차 제대로 사용하
지 못하면 적성에 맞지 않는 것입니까? 어떤 일을 할 때 몸이 생각대로
잘 움직이면 적성에 맞고, 몸과 생각이 따로 놀면 적성에 맞지 않는 것 c
입니까? 적성 여부를 구분하는 기준에는 이런 것 외에 또 무엇이 있을
까요?'"

그는 "그런 것 외에 다른 기준을 대지 못할 것 같네요"라고 말했네.

"그러면 자네는 남자가 여자보다 못하는 일이 있다는 걸 아는가? 옷
감 짜기, 과자 굽기, 채소 삶기같이 여자들이 한다고 알려진 일을 여자
가 남자보다 못하면 웃음거리가 된다는 걸 우리가 굳이 장황하게 논의 d
해야 하겠는가?"

그는 "남자가 훨씬 잘하는 일이 있는가 하면 여자가 훨씬 잘하는 일이 있다는 선생님의 말씀은 옳습니다. 많은 일에서 남자보다 나은 여자도 있지만, 대체로 선생님이 말씀하신 그대로입니다"라고 말했네.

"그러니 여보게, 국가 경영에서도 여자만 할 수 있거나 남자만 할 수 있는 일은 따로 없네. 여러 적성이 남녀 가운데 동일하게 퍼져 있기 때

e 문에 여자든 남자든 자기 적성에 따라 모든 일에 종사하면 되네. 다만 모든 점에서 여자가 남자보다 힘이 약하다는 점은 고려해야 하네."

"전적으로 그렇습니다."

"그런데도 여자는 제쳐두고 남자에게만 모든 일을 맡겨야 하겠나?"

"어찌 그러겠습니까?"

"여자들 중에도 의술이나 시가에 뛰어난 이가 있고 그렇지 못한 이도 있을걸세."

"왜 아니겠습니까?"

456a "체육이나 전쟁에 능숙한 여자가 있는가 하면 그런 걸 싫어하는 여자도 있지 않겠나?

"그렇습니다."

"또 지혜를 사랑하는 여자가 있는가 하면 싫어하는 여자도 있고, 격정적인 여자가 있는가 하면 소심한 여자도 있겠지?"

"그렇습니다."

"그렇다면 우리가 수호자로 선발한 남자들에게 수호자의 적성이 있는 것처럼 여자들 중에도 수호자가 적성에 맞는 이도 있고 맞지 않는 이도 있을 것이네."

"그렇습니다."

"따라서 힘의 강약 차이만 제외한다면 여자든 남자든 둘 다 국가 수호에 맞는 적성을 가지고 있네."

"그런 것 같습니다."

b "그러니 적성에 맞는 여자를 선발해 같은 적성의 남자들과 함께 살면서 국가를 수호하게 해야 하네. 그런 여자들은 충분히 국가를 수호할 수

있고, 적성도 그런 남자들과 동일한 부류에 속하기 때문이네."

"물론입니다."

"동일한 적성을 가졌으니 남자든 여자든 동일한 일을 하게 해야겠지?"

"그렇습니다."

"따라서 앞에서 말했듯 수호자의 아내가 시가 교육과 체육 교육을 받는 것은 본성에 어긋난 것이 아니라는 데 우리는 동의한 것이네."

"전적으로 그렇습니다."

"우리는 본성에 따른 법을 제정한 것이지 불가능한 일이나 희망사항 c
을 법으로 제정한 것이 아니네. 도리어 오늘날 본성을 따르지 않은 법이 본성에 어긋난 것으로 보이네."

"그런 것 같습니다."

"그런데 우리가 지금까지 살펴보려 한 것은, 우리 제안이 과연 실현 가능하며 최선책인지 확인하기 위한 것이었지?"

"그렇습니다."

"이제 우리는 그것이 실현 가능하다는 합의를 이끌어냈네."

"그렇습니다."

"그다음으로 이끌어낼 합의는 그것이 최선책인가 하는 점이네."

"분명 그렇습니다."

"그러면 여자 수호자를 길러낼 때는, 적성이 동일한데도, 남자 수호자 d
를 길러낼 때와 다른 교육을 해야 하겠는가?"

"그렇지 않습니다."

"이 문제를 자네는 어떻게 생각하는가?"

"무슨 문제 말입니까?"

"더 나은 사람이 있는가 하면 더 못한 사람도 있다는 문제 말이네. 설마 자네는 모든 사람이 똑같다고 생각하는 건 아니겠지?"

"물론입니다."

"그렇다면 자네는 우리가 세운 이 국가에서 누가 더 나은 사람이라고 생각하는가? 우리가 자세히 설명한 교육을 받은 수호자인가, 아니면 신발 만드는 기술을 교육받은 제화공인가?"

그는 "우스운 질문을 하십니다"라고 말했네.

e "알았네. 그러면 이 질문은 어떤가? 시민 가운데서 수호자가 가장 훌륭한 사람이겠지?"

"그렇습니다."

"여자들 가운데서는 여자 수호자가 가장 훌륭한 사람이 아니겠나?"

그는 "그렇습니다"라고 말했네.

"그렇다면 가장 훌륭한 여자와 남자가 생기는 것보다 국가에 더 좋은 일이 뭐가 있겠는가?"

"없습니다."

457a "그러자면 우리가 자세히 설명한 것처럼 시가와 체육의 도움을 받아야겠지?"

"물론입니다."

"그렇다면 우리가 제정하고 있는 법은 국가를 위해 실행 가능할 뿐 아니라 최선인 것이네."

"그렇습니다."

"그러니 수호자의 아내는 옷 대신에 미덕을 입어야 하고, 전쟁을 비롯해 국가 수호에 참여해야 하지만 다른 일을 해서는 안 되네. 하지만 여

자는 힘이 약하기 때문에 국가를 수호하는 일 중에서 비교적 가벼운 일
을 남자보다는 여자에게 주어야 하네. 최선을 다하기 위해 옷을 벗고 체 b
력 단련을 하는 여자들을 비웃는 사람은 '설익은 웃음의 열매를 따는'[167]
것이네. 자기가 무엇을 보고 비웃는지, 무슨 짓을 하는지도 모르는 것
같으니 말이야. '이로운 것은 아름답고, 해로운 것은 추하다'는 말은 지
금도 명언이지만 앞으로도 명언으로 남을걸세."

"전적으로 그렇습니다."

"이제 우리는 여자와 관련된 법을 말하면서 하나의 파도를 넘은 셈이
네. 남자 수호자와 여자 수호자가 모든 일을 공동으로 행해야 한다고 말
하고, 그런 일이 실행 가능하며 이로움을 보여줌으로써 논의의 일관성 c
을 확보했으니 말일세."

그는 "그렇습니다. 결코 작은 파도가 아니었습니다"라고 말했네.

내가 말했네. "하지만 다음에 오는 파도를 본다면 이걸 큰 파도라고 하지는 못할걸세."

그는 "무슨 파도인지 볼 수 있게 말씀해주세요"라고 말했네.

내가 말했네. "다음으로 생각해야 할 법은 이것이네."

"어떤 것입니까?"

"수호자 부류의 모든 여자를 같은 부류의 모든 남자가 공유하고, 어떤 d
여자도 개인적으로 남자와 함께 살지 못하게 하는 것이네. 자식도 공유
하여 부모가 자기 자식을 알지 못하게 하고, 자녀도 자기 부모를 모르게

---

167 핀다로스, 『단편』 209(Bergk)에는 "설익은 지혜의 열매를 따고 있는"이라는 구절이 나오는데, 여기에서는 '지혜'를 '웃음'으로 바꾸었다. '설익은 웃음'은 웃지 않아야 할 일을 보고 우스꽝스럽게 여기고 비웃는 것을 가리킨다.

해야 하네."

그는 "그런 일이 과연 가능한지 그리고 유익한지 믿을 수 없다는 점에서 이번 파도가 훨씬 더 클 것 같습니다"라고 말했네.

내가 말했네. "여자들과 아이들을 공유할 수만 있다면 그것이 최선이라고 생각하기 때문에 유익성에는 논쟁의 여지가 없다고 보네. 하지만 이런 일이 가능할지가 최대 논쟁거리가 될걸세."

e 그는 "두 가지 모두 논쟁이 극심할 겁니다"라고 말했네.

내가 말했네. "나는 가능성만 논의하면 될 줄 알았는데, 자네는 둘 다 논의해야 한다고 말하는군."

그는 "은근슬쩍 피해 가지 못하게 되었으니 두 가지 모두 말씀해주시지요"라고 말했네.

458a 내가 말했네. "내게 호의를 베풀어 게으른 사람이 공상을 즐기는 것처럼 나도 축제일을 느긋하게 즐길 수 있게 해주게. 그런 사람은 자신이 바라는 일이 실현 가능한지 고민하다가 지레 지쳐버리는 일 없이, 일단 그 일이 실현되었다 치고 자기가 하게 될 일을 자세히 구상하며 즐거워
b 하고 여유를 누리지 않는가? 나도 실현 가능성은 나중에 살펴보고 지금은 여유를 좀 누렸으면 하네. 자네가 허락한다면 처자식의 공유가 가능하다 치고, 그것이 실현되었을 때 통치자들이 세부적으로 어떻게 운영할지, 그리고 국가와 수호자들에게 정말 유익할지를 생각해보려 하네. 허락하겠는가?"

그는 "허락합니다. 그러니 살펴보시지요"라고 말했네.

c 내가 말했네. "통치자들과 보조자들이 자기 이름에 걸맞게 행동하려면, 보조자들은 지시받은 것을 행하려 할 것이고, 통치자들은 지시하려

고 할걸세. 우리가 그들에게 일임한 일이라 해도 모두 법률에 준해 지시할 것이네."

그는 "그렇겠지요"라고 말했네.

내가 말했네. "이 국가에서 입법자인 자네는 남자들과 마찬가지로 여자들도 가급적 동일한 적성을 가진 사람들로 선발하겠지. 그들은 공동으로 거주하고 공동으로 식사하며 함께 생활할 것이네. 체육 훈련을 비 d
롯해 다른 교육도 함께 받으며 어울리다가 본성에 이끌려 필연적으로 성관계도 갖게 될 것이네. 자네는 내가 필연적이지 않은 일을 말한다고 생각하는가?"

그는 "기하학적인 필연성은 아니지만 대중을 설득하거나 끌어당기는 데 더 강력한 힘을 발휘하는 성적 필연성이겠지요"라고 말했네.

내가 말했네. "물론이네. 하지만 글라우콘, 그렇다고 문란한 성관계나 그와 비슷한 일을 한다면, 행복한 사람들이 살아가는 이 국가에서 경건 e
하지 못한 일일뿐더러 통치자들도 이를 허용하지 않을걸세."

그는 "올바른 일이 아니니까요"라고 말했네.

"따라서 우리가 다음으로 할 일은 결혼을 최대한 성스러운 것으로 만드는 것이네. 가장 유익한 결혼이야말로 성스러운 것일 테니."

"전적으로 그렇습니다."

"가장 유익한 결혼이 되려면 어떻게 해야 하겠나? 자네가 말해주게, 459a
글라우콘. 이렇게 청하는 건 자네 집에서 혈통 좋은 사냥개들과 새들을 많이 보았기 때문이네. 그것들이 짝짓기하고 새끼 낳는 것을 볼 때 특이한 점은 없었는가?"

그는 "무엇을 말씀하시는지요?"라고 물었네.

"그것들이 모두 혈통이 좋기는 하지만 그중에서도 더 특출한 것이 있지 않았나?"

"있었지요."

"그렇다면 자네는 모두에게서 똑같이 새끼를 얻으려 하는가, 아니면 특출한 것에서 새끼를 얻으려 하는가?"

"특출한 것에서 새끼를 얻으려 하지요."

b "그러면 자네는 가장 어린 것, 가장 노쇠한 것, 최대 절정기에 있는 것 중 어느 것에서 새끼를 얻으려 하는가?"

"절정기에 있는 것입니다."

"그런 식으로 새끼를 얻지 못하면 자네 집의 새들과 개들의 혈통이 나빠질 것이라고 생각하는가?"

그는 "네, 그렇게 생각합니다"라고 말했네.

내가 말했네. "말이나 그 밖의 동물은 어떤가? 다른 점이 있는가?"

그는 "다른 점이 있다면 그게 이상한 일이지요"라고 말했네.

내가 말했네. "여보게, 이것이 인류에게도 마찬가지라면 통치자들은 반드시 최상급이어야 하네."

c 그는 "분명 그렇기는 한데 왜 그렇습니까?"라고 말했네.

내가 말했네. "통치자들은 약을 쓸 일이 많기 때문이네. 약 없이 식이요법만 써도 되는 신체를 돌보려면 평범한 의사로도 충분하지만, 약을 써야 한다면 더 용기 있는 의사가 필요하지 않겠나?"

"옳은 말씀입니다만 그런 말씀을 하시는 이유가 무엇입니까?"

내가 말했네. "통치자들이 피치자들의 이익을 위해 거짓말과 속임수
d 를 써야 할 일이 많을 것 같기 때문이네. 우리는 그런 일들을 약으로 쓰

면 유용하다고 말하고 있는 것이네."

그는 "그런 건 정당한 일입니다"라고 말했네.

"결혼이나 출산 문제에 그런 거짓말과 속임수를 쓰는 것이 가장 정당할 것 같네."

"왜 그렇습니까?"

"앞에서 우리가 이미 동의한 바에 따르면, 가장 훌륭한 남자는 가장 훌륭한 여자와 최대한 성관계를 가져야 하는 반면, 가장 형편없는 남자는 가장 형편없는 여자와 최소한의 성관계를 가져야 하네. 또한 전자에서 태어난 아이들은 잘 양육해야 하지만, 후자에서 태어난 아이들은 그럴 필요가 없네. 최상급의 무리가 되려면 말일세. 그리고 수호자 집단 내에서 이런 일이 분쟁 없이 이루어지려면 통치자들 말고는 아무도 이 사실을 알아서는 안 되네." e

그는 "지극히 옳은 말씀입니다"라고 말했네.

"따라서 통치자는 축제를 열고 한 해에 수차례씩 신에게 제물을 바치는 행사를 갖도록 법으로 정해 이 기간에 신부와 신랑이 만나 결혼식 460a
을 올리고, 시인들에게 결혼식 찬가를 짓도록 해야 하네. 결혼하는 사람 수는 전쟁이나 질병 등의 사안을 감안해 정하고, 남자 수가 최대한 동일하게 유지되도록 해서 이 국가가 커지거나 작아지는 일이 없도록 해야 하네."

그는 "옳은 말씀입니다"라고 말했네.

"그러자면 결혼할 사람을 선발할 정교한 추첨 제도를 만들어야 하네. 그래야 형편없는 사람들이 자신의 운을 탓할 뿐 통치자들을 탓하지 않지."

그는 "당연히 그렇게 해야 합니다"라고 말했네.

b "전쟁이나 그 밖의 일에 뛰어난 청년들에게는 특전이나 상을 내리고 여자와 자주 동침할 수 있는 권리를 주어야 하네. 이는 가장 훌륭한 자들의 후손을 최대한 많이 얻는 방법이기도 하지."

"옳은 말씀입니다."

"태어난 아이들을 돌볼 관청도 필요하네. 남자와 여자 모두가 그곳의 관리가 될 수 있네. 이런 관직은 남녀가 공유해야 하기 때문이지."

"그렇습니다."

c "이 관리들은 아이들을 넘겨받아 지정된 국가 보안구역으로 데려가 그곳에 거주하는 양육자들에게 넘겨주네. 한편 뛰어난 자들의 자녀 중에서도 장애가 있는 아이나 열등한 자들의 자녀는 눈에 띄지 않는 장소에 숨겨두는 것[168]이 적절하네."

그는 "수호자 집단을 순수하게 보전하려면 그렇게 해야겠지요"라고 말했네.

"이 관리들은 아이들의 양육도 담당하는데, 젖이 나오는 산모들을 보
d 안구역으로 안내하되 어떤 산모도 자기 자식을 알아보지 못하게 해야 하네. 산모의 젖이 충분하지 않으면 다른 수유모로 대체하고, 산모들이 적정한 시간 동안만 수유하게 하며, 불침번을 비롯해 그 밖의 일은 보모나 다른 양육자에게 맡겨야 하네."

---

168 고대 그리스에서 거의 모든 도시국가는 인구 과잉을 바람직하지 않은 것으로 보아 영아 유기를 인구 제한의 한 방법으로 사용했다. 여기에서 플라톤은 의도적으로 모호하게 언급하고 있지만, 이것이 영아를 유기하여 죽이는 것을 뜻함은 459d-e와 461b-c에 암시되어 있다.

그는 “수호자의 아내가 쉽게 자녀를 출산하고 양육하게 해야 한다고 말씀하시는 것이로군요”라고 말했네.

내가 말했네. “그것이 적절하기 때문이네. 이제 앞에서 말한 문제를 계속 살펴보세. 우리는 적령기에 있는 사람들이 자녀를 낳을 수 있게 해야 한다고 말했지.”

“그렇습니다.”

“그런데 적령기가 여자는 대략 20년이고, 남자는 대략 30년이라는 데 e
동의하는가?”

“어떻게 해서 그렇게 되는 것이지요?”

“여자는 20세에서 40세까지 국가를 위해 자녀들을 낳고, 남자는 인생이라는 경주의 절정에 도달한 때[169]에서 55세까지 국가를 위해 자녀들을 낳는 것이네.”

그는 “그 나이가 신체적으로나 지적으로나 남자와 여자의 전성기지 461a
요”라고 말했네.

“이보다 나이가 많거나 어린 사람이 출산에 참여하는 것은 경건한 일도 정의로운 일도 아니네. 결혼식이 거행될 때마다 남녀 제관과 국가 전체가 신에게 제물을 바치며 뛰어난 자들에게서 더 뛰어난 자녀가, 유익한 자들에게서 더 유익한 자녀가 태어나기를 축원하는데, 적령기에서
벗어난 자들이 낳는 아이들은 그런 의식이나 축원 없이 무절제의 산물 b
로 어둠 속에서 몰래 태어나기 때문이네.”

그는 “옳은 말씀입니다”라고 말했네.

---

169 앞에서 남자의 적령기가 대략 30년이라고 했기 때문에 이때를 25세 정도로 볼 수 있다.

내가 말했네. "적령기에 있다 해도 통치자의 허락 없이 낳은 아이라면 우리는 동일한 법을 적용해 사생아이자 인정받지 못할 불경한 아이를 국가에 떠넘긴다고 말할 것이네."

그는 "지극히 옳은 말씀입니다"라고 말했네.

c "하지만 여자든 남자든 출산 적령기를 벗어나면 자유롭게 성관계를 갖게 내버려둬야 할 것이네. 다만 남자는 자기 딸과 어머니, 딸의 자식과 어머니의 선대 여자들은 피해야 하고, 여자는 자기 아들과 아버지, 아들의 자식과 아버지의 선대 남자들은 피해야 하네. 그들에게서 생겨난 태아가 빛을 보는 일이 없도록 최선을 다해야 하며, 어쩔 수 없이 낳더라도 키울 수 없다는 점을 주지시켜야 하네."

d 그는 "그것도 적절한 말씀입니다. 하지만 누가 아버지이고 딸인지, 누가 방금 말씀하신 그런 관계인지 어떻게 구별합니까?"라고 물었네.

내가 말했네. "사실 전혀 구별할 수 없다네. 하지만 누구든지 자기가 신랑이 된 날을 기준으로 일곱 번째 달에서 열 번째 달 사이에[170] 태어난 남자아이는 아들, 여자아이는 딸이라 부르고, 그 아이는 그를 아버지라고 부르면 되네. 같은 방식으로 그는 그들이 낳은 아이를 손자 또는 손녀라 부르고, 그 손자는 그의 세대를 할아버지 또는 할머니라 부를 것이
e 네. 어머니와 아버지가 아이를 낳은 시기에 태어난 아이들은 모두 서로를 형제자매라 부르고, 우리가 방금 말했듯이 성관계를 갖지 않을 것이네. 하지만 추첨을 통해 형제와 자매가 서로 짝지어지고, 피티아의 신탁[171]이

170 "일곱 번째 달에서 열 번째 달 사이"는 태아가 살아서 태어날 가능성이 아주 높은 시기를 나타낸다.

171 '피티아'는 델포이의 신탁을 받아 전하는 여사제를 부르는 명칭이다. 델포이 신탁은 델포

있는 경우에 그 결혼은 법으로 허용될 것이네."

그는 "지극히 옳은 말씀입니다"라고 말했네.

"이보게 글라우콘, 자네가 세운 국가의 수호자들이 처자식을 공유한다는 건 바로 이런 것이네. 이제 우리가 다음으로 할 일은 이것이 우리의 정치체제에 부합하고 최선의 제도임을 확인하는 것이네. 그렇지 않은가?"

그는 "맹세하건대 그렇게 해야 합니다"라고 말했네. 462a

"이에 대해 합의하려면 무엇보다 입법자가 법을 제정할 때 무엇을 목표로 삼아야 하는지, 즉 국가를 조직할 때 최대의 선과 최대의 악이 무엇인지 자문해야 하네. 그런 다음 좀 전에 처자식을 얻고 활용하는 것에 대한 언급이 좋음과는 합치하고 나쁨과는 합치하지 않은지를 살펴봐야겠지."

그는 "정말 그렇습니다"라고 말했네.

"그렇다면 국가를 분열시켜 여럿으로 만드는 것보다 국가에 더 나쁜 b
일이 있겠는가? 또 국가를 일치단결시켜 하나로 만드는 것보다 더 좋은 일이 있겠는가?"

"없습니다."

"그렇다면 모든 시민이 같은 일에 대한 성공과 실패를 놓고 즐거움과 괴로움을 공유할 때 국가가 일치단결하지 않겠는가?"

그는 "전적으로 그렇습니다"라고 말했네.

이 성역에 있는 아폴론 신전에서 받은 예언을 지칭한다. 고대 그리스 도시 델포이는 아르카이크 시대(기원전 7-6세기)에 '피토'라고 불렸기 때문에 피티아라는 명칭은 이 지명에서 유래한 것으로 보인다.

“반면 국가나 시민에게 어떤 일이 일어났을 때, 어떤 시민들은 크게
c 괴로워하는데 또 다른 시민들은 펄쩍 뛸 듯이 기뻐한다면 시민들 간의 감정
사유(私有)[172]가 국가를 분열시키지 않겠는가?”

“왜 아니겠습니까?”

“그런 일이 벌어지는 건 한 국가 안에서 시민들마다 ‘내 것’, ‘내 것이 아닌 것’, ‘남의 것’이라고 주장하는 바가 일치하지 않기 때문이 아니겠는가?”

“정말 그렇습니다.”

“대다수 시민이 동일한 것에 대해 이구동성으로 ‘내 것이다’ 혹은 ‘내 것이 아니다’라고 말하는 국가가 가장 훌륭하게 경영되는 국가가 아니겠는가?”

“분명 그렇습니다.”

“그러면 마치 한 사람인 것 같은 상태에 근접한 국가가 그렇지 않겠
는가? 예컨대 우리 중 한 사람이 손가락을 다쳤을 때, 그 사람의 신체는
물론이고 혼에 이르기까지 통치하는 부분의 주도 아래서 하나로 조직된
d 공동체 전체가 다친 부위의 아픔을 함께 느끼고 괴로워하기 때문에, 우
리는 그가 아픔을 느낀다고 말하는 것이네. 다른 부위도 마찬가지일세.
고통을 느낄 때든 고통이 완화되어 즐거움을 느낄 때든 똑같은 이치가
아니겠나?”라고 나는 말했네.

그는 “당연히 똑같을 겁니다. 선생님이 말씀하신 대로 가장 훌륭하게

172 ‘사유’로 번역한 ‘이디오시스’(ἰδίωσις)는 앞에서 ‘공유’로 번역한 ‘코이노니아’(κοινωνία)와 반대되는 말이다.

경영되는 국가는 한 몸과도 같습니다"라고 말했네.

"그런 국가는 시민 한 사람이 좋은 일이든 나쁜 일이든 어떤 일을 겪
을 때 무엇보다 먼저 국가 전체가 그 일을 겪는다고 말하며 함께 즐거 e
워하거나 괴로워할 것이네."

그는 "훌륭한 법을 갖춘 국가라면 반드시 그럴 테지요"라고 말했네.

내가 말했네. "이제 우리의 국가로 되돌아가 우리가 논의하며 합의한 사항을 이 국가가 가장 많이 갖추고 있는지, 아니면 다른 국가가 더 많이 갖추고 있는지 살펴볼 차례네."

그는 "그래야지요"라고 말했네.

"그러면 어떤가? 다른 국가들과 마찬가지로 이 국가에도 통치자들이 463a
있고 민중[173]이 있겠지?"

"그렇습니다."

"그들은 모두 서로를 시민이라고 부르겠지?"

"물론입니다."

"다른 국가에서는 민중이 통치자들을 부르는 다른 호칭이 있는가?"

"대다수 국가에서는 군주라고 부릅니다. 민주정을 채택한 국가에서는 그대로 통치자라고 부르지요."

---

173 '민중'으로 번역한 단어는 '데모스'(δημός)다. '데모스'는 특권적 지위에 있지 않은 국가나 사회의 구성원을 나타내며 '인민'(people)이라는 뜻이다. 오늘날에는 국가가 인간 사회의 기본 틀로 자리를 잡으며 '국민'이나 '시민'과 동일한 의미로 자주 사용된다. 우리나라에서는 북한이 즐겨 사용하는 '인민' 대신에 '민중'이라는 표현을 많이 사용한다. '민주정'(δημοκρατία, 데모크라티아)은 '인민'(데모)의 '지배'(크라티아), 즉 인민 주권을 의미한다. 반면 단지 '많은 수의 사람'을 가리키는 '플레토스'(πλῆθος)는 '대중'으로 번역했고, 공통 규범이나 조직성 없이 일시적으로 모인 집단을 가리키는 '오클로스'(ὄχλος)는 '군중'을 뜻하지만, 문맥에 따라 '대중'으로 옮기기도 했다.

"우리 국가에서는 민중이 통치자들을 달리 무엇이라 부르는가?"

b 그는 "구원자나 보조자라고 부릅니다"라고 말했네.

"그러면 그들은 민중을 무엇이라고 부르는가?"

"보수를 주는 자 또는 부양자라고 부릅니다."

"다른 국가에서는 통치자들이 민중을 무엇이라 부르는가?"

그는 "노예라고 부릅니다"라고 말했네.

"그러면 통치자들은 서로 무엇이라 부르는가?"

그는 "동료 통치자라고 부릅니다"라고 말했네.

"우리 국가의 통치자들은 서로 무엇이라 부르는가?"

"동료 수호자라고 부릅니다."

"다른 국가의 통치자들은 동료 통치자들 중에 어떤 사람은 친척이라 부르고, 또 어떤 사람은 남이라 부른다는 사실을 아는가?"

"그런 경우가 많습니다."

"친척이라고 부르는 건 그를 자기 집안사람이라 생각하기 때문이고,
c 남이라고 부르는 건 그렇지 않기 때문이겠지?"

"그렇겠지요."

"자네 국가의 수호자들은 어떤가? 동료 수호자들 중에 남이라 여기고 그렇게 부르는 사람이 있는가?"

그는 "그런 일은 결코 없습니다. 수호자들마다 다른 모든 수호자를 형제나 자매, 아버지나 어머니, 아들이나 딸, 자손이나 선대 어른이라고 생각할 테니까요"라고 말했네.

내가 말했네. "아주 잘 말했네. 하지만 친척을 어떻게 불러야 할지 호
d 칭만 법으로 정할 텐가, 아니면 호칭에 걸맞은 행동도 법으로 정할 텐

가? 아버지를 공경하고 봉양하며 낳아준 어버이에게 순종할 것을 법으로 정하는 것이네. 그렇게 행하지 않는 것은 불경하고 불의한 짓이니 말일세. 사람을 그렇게 대하는 자는 신에게도 똑같이 행할 게 분명하네. 누군가에게 들어 자신의 아버지요 친족으로 알고 있는 사람에 대해 아이들이 귀에 딱지가 앉도록 들어야 할 교훈은 이런 것이 아니겠나?"

그는 "그렇습니다. 입으로만 친척이라는 호칭을 사용하고 그에 맞게 e
처신하지 않는 건 우스꽝스러운 일이니까요"라고 대답했네.

"그렇게 한다면 다른 어느 국가보다 이 국가에서는 한 사람이 잘했거나 잘못했을 경우, 모든 사람이 방금 우리가 한 말을 사용해 '내 사람이 잘했다' 혹은 '내 사람이 잘못했다'라고 이구동성으로 말할 것이네."

그는 "지극히 옳은 말씀입니다"라고 말했네.

"앞에서 말했듯 사람들이 이렇게 신념과 표현을 공유하면 즐거움과 464a
괴로움도 공유하게 된다네."

"우리의 말이 역시 옳았습니다."

"그러면 시민들이 동일한 일을 최대한 공유하면서 이구동성으로 그 일을 '내 일'이라고 부르겠지? 그러면 괴로움과 즐거움도 최대한 함께 누리지 않겠는가?"

"분명히 그럴 겁니다."

"여기에는 정치체제 같은 요인도 있겠지만 수호자들이 처자식을 공유한 덕분이 아니겠는가?"

그는 "그것이 큰 요인이겠지요"라고 말했네.

"앞에서 우리는 괴로움과 즐거움을 함께 나누는 것이 가장 좋다는 데 b
동의했네. 그래서 한 몸처럼 일부 지체의 괴로움이나 즐거움을 몸 전체가 느낄 줄 알아야 훌륭하게 경영되는 국가라고 말했지."

그는 "우리의 동의가 옳았습니다"라고 말했네.

"따라서 이 국가가 가장 좋은 것을 보유하게 된 원인이 보조자들[174]의 처자식 공유에 있다고 밝혀졌네."

그는 "물론입니다"라고 말했네.

"그리고 우리는 앞에서 말한 것, 즉 수호자들이 주택이나 토지 혹은
c 다른 재산을 사적으로 소유해서는 안 되고, 진정한 수호자로서 생활에 필요한 모든 것을 국가 수호에 대한 보수로 다른 사람들에게 받아 공동으로 사용해야 한다는 데도 동의했네."

그는 "그렇습니다"라고 말했네.

"앞에서 말한 내용은 지금 우리의 결론과 더불어 그들을 한층 더 참된 수호자들로 만들지 않겠는가? 그렇게 되면 서로 다른 사람들이 서로 다른 것을 내 것이라 부를 수 있게 될걸세. 각자 다들 원하는 것은 뭐든지 자기 집으로 가져가고, 처자식도 각자 따로 두어 사사로운 즐거움과 괴로
d 움 때문에 국가가 분열되는 일도 없을걸세. 도리어 동일한 것을 내 것으로 생각하고 목표로 삼아 모두가 함께 괴로워하고 즐거워하게 될걸세."

그는 "정확히 그렇습니다"라고 말했네.

"어떤가? 그들이 자기 몸 외에는 아무것도 사유하지 않고 모든 것을 공유한다면 그들 가운데 소송이나 고소가 사라지지 않겠는가? 사람들
e 사이에서 분쟁이 일어나는 이유는 각자 재산이나 자녀나 친족을 소유

---

174 여기에서 '보조자들'은 수호자와 통치자를 가리킨다. 통치자도 수호자 중에서 선발하기 때문에 넓은 의미에서는 수호자다.

하기 때문인데 사유하지 않는다면 분쟁도 사라지겠지?"

그는 "그런 분쟁에서 벗어날 게 분명합니다"라고 말했네.

"폭행이나 상해로 인한 소송도 전혀 없을걸세. 동일한 연령대의 사람들이 서로 지켜주는 것이 훌륭하고 정의로운 일임을 법으로 정하면, 사람들이 신체적 물리력을 사용하지 않도록 조심할 테니 말일세."

그는 "옳은 말씀입니다"라고 말했네.

내가 말했네. "사람이 화가 나더라도 그 상황에서 화를 누그러뜨리면 465a
더 큰 분쟁으로 이어지지 않는다는 점에서도 이 법은 정당성을 지니네."

"분명 그렇습니다."

"그리고 연장자들에게 나이 어린 자들을 다스리고 훈육할 책임을 법으로 부여할 것이네."

"그렇게 해야 합니다."

"통치자들의 명령이 없는 한, 나이 어린 자가 연장자를 폭행하거나 때리거나 다른 식으로 무례하게 대하지 않을 것이라고 나는 생각하네. 두려움과 공경심이 그런 일을 충분히 막아줄 수 있을 테니. 나이 어린
자는 교육받은 대로 공경심을 가지고 있기에 부모를 때리지 않을 것이 b
고, 다른 사람들도 교육받은 대로 두려운 마음을 가지고 어떤 이는 아들 입장에서, 어떤 이는 형제 입장에서, 또 어떤 이는 아버지 입장에서 그런 일을 당하는 연장자를 도울 것이네."

그는 "그것은 사실입니다"라고 말했네.

"이 법 덕분에 사람들이 서로 평화롭게 지내지 않겠나?"

"아주 평화롭게 지낼 겁니다."

"수호자들 사이에 분쟁이 없으면 다른 시민들도 반란을 일으키거나

서로 반목할 위험이 없을걸세."

"그렇습니다."

"또한 사람들이 자질구레하게 겪는 온갖 나쁜 일들은 말하기도 민망
c 한데, 그런 일에서도 벗어날걸세. 예컨대 가난한 사람이 부자에게 아첨하는 것, 자녀를 양육하고 가족을 부양하기 위해 돈을 벌거나 빚을 지는 것, 빚을 갚지 못하는 것, 어떻게든 생활비를 마련해 아내와 하인에게 주어 집안 살림을 하게 하는 데서 오는 온갖 어려움과 고통 말일세. 여보게, 그로 인해 겪는 일들은 너무나 뻔하고 추접스러워 언급할 가치조차 없다네."

d "너무나 뻔해서 눈먼 사람들도 아는 일이지요."

"수호자들은 이 모든 일에서 벗어나 올림피아 경기의 우승자들보다 더 축복받은 삶을 살게 될 것이네."[175]

"어떤 식으로 말입니까?"

"올림피아 경기의 우승자는 수호자들이 누리는 삶의 일부만 누리는데도 사람들은 그들이 행복한 삶을 산다고 생각하네. 하지만 수호자들의 승리는 훨씬 더 훌륭할 뿐 아니라 그들에 대한 국가의 부양도 더 완벽하네. 수호자들의 승리는 국가 전체를 구하는 승리이고, 국가는 수호자들과 그들의 자녀를 부양할 뿐 아니라 살아가는 데 필요한 모든 것을

---

175 올림피아 경기의 우승자는 시민들의 열렬한 환영과 선물, 행사장 상석에 앉으며 평생 국비로 식사할 수 있는 특혜를 누렸다. 처음에는 올리브관과 종려나무 가지와 머리띠만 받았지만 나중에는 막대한 금전적 보상도 받았다. 예컨대 아테네에서는 솔론이 올림피아 경기 우승자에게 500드라크마를 포상금으로 수여했다. 이 금액은 아테네의 부유한 상류층이 소유한 재산과 맞먹었다.

공급하고, 살아서는 영예를 누리게 해주고 죽어서는 걸맞게 영예로운 장례를 치러주며 그들을 기리기 때문이네." e

그는 "그런 것이 정말 훌륭한 영예지요"라고 말했네.

내가 말했네. "앞에서 논의할 때 누가 말했는지 모르겠지만 비판하길,
수호자들은 시민들과 달리 아무것도 소유하지 못하기에 우리가 그들의 466a
행복을 막고 있다고 했던 것을 기억하는가? 그때 우리는 설령 수호자들의 그런 모습이 행복해 보이지 않더라도 나중에 살펴보기로 하고, 당장은 국가에 속한 어느 한 집단보다는 모든 시민이 가장 행복할 수 있도록 수호자들을 진정한 수호자답게 하자고 대답했네."[176]

그는 "기억합니다"라고 대답했네.

"어떤가? 이제 우리 보조자의 삶이 올림피아 경기 우승자의 삶보다
훨씬 아름답고 좋은 것으로 밝혀졌으니 제화공이나 다른 기술자나 농 b
부의 삶과 비교할 수 있겠나?"

그는 "비교조차 할 수 없습니다"라고 말했네.

"하지만 내가 했던 말은 지금도 유효하네. 수호자가 우리가 말한 최선의 삶에 만족하지 못하고 진정한 수호자로 살아가기를 포기한 채, 행복에 대한 어리석고 유치한 생각에 사로잡혀 무력으로 국가의 모든 것
을 소유하는 방식으로 행복해지려고 한다면, '절반이 전부보다 낫다'[177] c

---

176 제4권 419a-421c.

177 헤시오도스는 기원전 8세기에 활동한 그리스 보이오티아 출신의 농민 시인이다(각주 32도 보라). 헤시오도스가 부모의 유산 분배와 관련해 동생이 관리에게 뇌물을 주고 형의 몫까지 차지한 일을 보며 한 말이다. '절반'은 정의를, '전부'는 불의를 나타내는데, 불의를 행하면 그 안에 내재된 불행이 언젠가 화가 된다는 말이다. 헤시오도스, 『노동과 나날』 40행.

고 말한 헤시오도스가 진정 현명했음을 언젠가는 알게 될 것일세."

그는 "저라면 그에게 현재의 삶에 만족하라고 충고하겠습니다"라고 말했네.

"그러면 남녀가 동일하게 교육받고 아이들을 공유하며 시민들을 수호하는 일을 공동으로 해야 한다는 말에도 동의하는가? 국내에 있을 때
d 나 전쟁터에 나갔을 때나 함께 국가를 수호하고, 사냥개처럼 함께 사냥하며, 가능한 한 모든 일에 함께해야 한다는 데 동의하는가? 물론 여자의 특성을 고려하고, 남녀 사이의 본성적 상호관계에 맞추어야 하겠지만 말이네."

그는 "동의합니다"라고 말했네.

내가 말했네. "그러면 이제 인간도 다른 동물처럼 남녀가 모든 일을 공동으로 하는 것이 과연 가능한지, 가능하다면 어떤 방식인지 결정하는 일이 남았네."

그는 "제가 그렇게 말하려 했는데 선생님이 선수를 치셨군요"라고 대답했네.

e 내가 말했네. "내 생각에 여자와 남자가 전쟁을 공동으로 수행하려면 어떻게 해야 하는지 분명하네."

그는 "어떻게 해야 합니까?"라고 물었네.

"함께 출전해야지. 건장한 아이들도 데리고 가야 하네. 다른 기술자의
467a 자녀들처럼 자신이 나중에 커서 할 일을 직접 볼 수 있게 말이네. 아이들은 전쟁과 관련된 잔심부름을 하며 보조하고 부모를 봉양하는 일도 할 것이네. 도공의 자녀도 정식으로 도공이 되기까지 얼마나 오랜 기간 심부름을 하며 눈으로 보고 배우는지 자네도 알지 않는가?"

"잘 압니다."

"그런데 자기 자녀가 나중에 할 일을 직접 경험하고 눈으로 보며 배우는 일에 수호자들이 도공보다 덜 신경 쓰면 되겠는가?"

그는 "그래서는 안 되지요"라고 대답했네.

"모든 동물은 자기 새끼가 옆에 있으면 평소보다 더 잘 싸우는 법이네." b

"그래도 소크라테스 선생님, 전쟁에서 패배할 수도 있는데 수호자 자신뿐 아니라 자녀까지 죽으면 나머지 시민들은 재기할 수 없게 됩니다."

내가 말했네. "옳은 말이네. 하지만 자네는 어떤 위험도 없는 삶을 살아야 한다고 생각하는가?"

"전혀 그렇지 않습니다."

"어차피 위험에 직면해야 한다면 아이들이 위험을 극복하면서 더 나은 사람이 되지 않겠나?"

"분명 그렇습니다."

"그런데도 자네는 아이들이 전쟁에 관련된 일을 눈으로 직접 보든 말 c
든 훌륭한 전사가 되는 데는 별 상관이 없으니 그런 위험을 감수할 가치가 없다고 생각하는가?"

"아닙니다. 선생님이 말씀하신 대로 상관있습니다."

"아이들을 훌륭한 전사로 키우려면 전쟁을 직접 보게 하는 일부터 시작해야 하지만, 안전 대책을 마련하는 것이 좋겠지."

"네."

내가 말했네. "무엇보다 아이들의 아버지는 어떤 출정이 위험하고 위
험하지 않은지 인간이 알 수 있는 한도 내에서 판단하지 않겠나?" d

"그럴 것 같습니다."

"그렇다면 아버지들은 아이들을 어떤 출정에는 데려가고 어떤 출정에는 데려가지 않을 것이네."

"옳습니다."

내가 말했네. "또 아이들의 지휘관으로 그저 평범한 사람보다는 경험과 연륜이 많고 지도자이자 교사로서 자질이 충분한 사람을 임명할 것이네."

"그래야 마땅합니다."

"그래도 예상치 못한 일들이 일어나기는 할걸세."

"물론입니다."

"그런 일에 대비해 어릴 때부터 아이들에게 날개를 달아주어 필요할 때 날아서 도망칠 수 있게 해야 하네."

e 그는 "어떻게 말입니까?"라고 물었네.

내가 말했네. "가능한 한 어릴 때부터 승마를 가르치고, 승마술을 익힌 후에는 거칠거나 호전적이지는 않지만 날쌔고 순종적인 말을 타고 전투를 직접 보러 나가게 해야 하네. 위험에 처한 경우에는 연륜 있는 인도자의 지도 아래서 안전하게 구조될 것이네."

그는 "선생님 말씀이 옳습니다"라고 말했네.

468a 내가 말했네. "그러면 군인들은 아군과 적군을 어떻게 대해야 하겠는가? 내 말이 옳은지 옳지 않은지 들어보겠나?"

그는 "말씀해주세요"라고 말했네.

내가 말했네. "군인 중에서 대오를 이탈하거나 무기를 버리는 등 비겁한 짓을 저지르는 자는 기술자나 농부로 강등시키는 게 마땅한가?"

"전적으로 그렇습니다."

"적에게 생포된 자는 적의 전리품이 되어 그들이 원하는 대로 사용하게 두어도 되겠지?"

"정확히 그렇습니다." b

"전쟁에서 혁혁한 전공을 세운 자는 출정 중에라도 전우들과 그의 자녀들이 차례대로 그에게 화관을 씌워주어야 한다고 생각하는가, 아니면 그럴 필요가 없다고 생각하는가?"

"화관을 씌워주어야 한다고 생각합니다."

"오른손을 들어 환호하는 건 어떤가?"

"그것도 좋습니다."

내가 말했네. "하지만 자네도 지금 내가 말하려는 것까지는 생각하지 못했을 것이네."

"그게 무엇입니까?"

"입맞춤을 주고받는 것이네."

그는 말했네. "틀림없이 그렇게 해야 합니다. 저는 다른 것도 법에 추가할 겁니다. 출정 중에 공을 세운 자가 입 맞추기를 원하는 사람은 남 c
자든 여자든 거절할 수 없게 해야 합니다. 그래야 공을 세우기 위해 더 노력할 테니까요."

"좋은 생각이네. 훌륭한 사람에게는 결혼할 기회를 더 많이 주어야 하네. 이는 훌륭한 사람에게서 최대한 많이 자녀를 얻기 위해서라고 앞에서 이미 말했네."

그는 "그렇게 말했지요"라고 말했네.

"호메로스에 따르면, 훌륭한 청년 누구에게나 이런 영예를 수여하는 d
것이 옳네. 호메로스도 전쟁에서 명성을 떨친 아이아스가 '등심을 통째로 상으로 받았다'[178]라고 말하기 때문이네. 이런 상은 혈기왕성하고 용감한 청년에게 어울리는 영예이고 사기 충전에도 좋네."

그는 "지극히 옳은 말씀입니다"라고 말했네.

내가 말했네. "적어도 이 점에서는 호메로스를 따르기로 하세.[179] 신에게 제사를 지낼 때나 그와 비슷한 모든 행사 때 찬가를 써서 헌정한다든지, 좀 전에 말한 상을 준다든지, '상석과 최상급 고기와 최고급 포도주가 가득 담긴 잔'을 수여해 진정으로 훌륭한 사람을 예우하는 것이지.
e 이는 그들을 단련시키기에도 좋은 일이네."

그는 "지극히 훌륭한 말씀입니다"라고 말했네.

"출정 중에 활약하다가 전사한 자도 황금 종족에 속한 사람으로 예우해야 하지 않겠나?"

"무엇보다 먼저 그렇게 해야 합니다."

469a "황금 종족에 속한 사람은 죽은 후 '이 땅의 성스럽고 선한 수호신이 되어 사람들을 지키고 해악으로부터 막아준다'[180]는 헤시오도스의 말을 믿어야겠지?"

---

178 아이아스는 그리스 신화에서 살라미스의 왕 텔라몬의 아들로 트로이아 전쟁에서 활약한 그리스군의 용장이다. 언제나 최고의 영웅 아킬레우스에 이은 2인자로 묘사된다. 아킬레우스가 힘도 세고 달리기도 빠르고 머리도 좋은 만능의 천재라면, 아이아스는 엄청난 거구 때문에 조금 둔하고 미련해 보이지만 누구보다 힘이 세고 잘 싸우는 걸출한 용사로 묘사된다. '등심'은 소의 등뼈에 있는 최상급 고기로, 연회에서 이 고기를 대접받는 것을 큰 영예로 여겼다. 호메로스, 『일리아스』 7권 321행.

179 플라톤은 앞에서 이미 호메로스의 글이 많은 점에서 해롭다는 것을 여러 차례 자세하게 설명하면서 호메로스를 부정적으로 평가한 바 있기 때문에, 여기에서도 "적어도 이 점에서는"이라고 말함으로써 그를 본받는 것이 아주 예외적임을 강조한다. 뒤의 인용문은 호메로스, 『일리아스』 8권 162행에 나온다.

180 헤시오도스, 『노동과 나날』 122-123행을 약간 변형해서 인용했다.

"믿어야지요."

"그러면 수호신이나 신적 존재라고 할 수 있는 그런 이들은 어떻게 장례 치를지 신에게 묻고, 신의 지시대로 특별한 절차에 따라 매장해야겠지?"

"마땅히 그래야 합니다."

"이후로 그들을 수호신으로 모시고 그의 무덤 앞에 엎드려 경배해야 b
하지 않겠나? 유달리 훌륭한 삶을 산 것으로 정평이 난 사람이 늙어서 죽거나 다른 이유로 죽을 때에도 똑같은 관례를 따라야 하겠지?"

그는 "그렇게 하는 것이 옳습니다"라고 말했네.

"어떤가? 우리 군인들은 적군을 어떻게 대해야 하겠나?"

"무엇을 말씀하시는 겁니까?"

"먼저 노예로 삼는 일을 말하자면, 자네는 그리스에 속한 국가들이 그리스인들을 노예로 삼는 것이 옳다고 생각하는가? 아니면 그리스 전 c
체가 이민족에게 예속되는 것을 피하기 위해서라도 그런 일을 막고, 그들을 관대하게 대우하는 관습을 정착시키는 게 옳다고 생각하는가?"

그는 "관대하게 대우하는 게 모든 점에서 낫습니다"라고 대답했네.

"그러면 우리 국가에서는 그리스인을 노예로 삼지 않을 것이고, 그리스에 속한 다른 국가들에게도 그렇게 하라고 권고할 것이네."

그는 "당연히 그래야지요. 그러면 그리스인들이 이민족들에게 눈길을 돌리고, 자기들끼리는 노예 삼는 일을 삼갈 겁니다"라고 말했네.

내가 말했네. "전투에서 이겼을 때 적군의 전사자에게서 무장 외에 다른 것까지 가져가는 것은 과연 잘하는 일인가? 그런 일로 비겁한 자 d
들이 전사자 주변을 얼쩡거리며 무언가 임무를 수행한답시고 교전이 벌어지는 곳으로 가지 않는 구실로 삼는 건 아닌가? 과거에도 군대가 그런 약탈을 일삼다가 파멸한 경우가 비일비재했다네."

"분명 그렇습니다."

"시신을 상대로 약탈하는 것은 비열하고 탐욕스러운 짓이네. 적대감은 사라지고 껍데기만 남은 시신을 여전히 적군으로 여기는 것은 부녀
e 자 같은 속 좁은 생각이 아니겠는가? 그런 짓을 하는 자는 날아오는 돌을 보고 심하게 짖으면서도 정작 돌을 던진 사람은 내버려두는 개와 다를 게 전혀 없지 않은가?"

그는 "다를 게 전혀 없습니다"라고 말했네.

"그러니 시신 약탈을 허용하거나 적군이 그들의 전사자들을 데려가는 것을 방해해서는 안 되네."

그는 "맹세하건대 그런 일을 해서는 안 됩니다"라고 말했네.

"적의 무기를 신전에 봉헌해서도 안 되네. 우리가 그리스인에게 우호
470a 적임을 감안한다면, 특히 그리스인의 것을 그렇게 해서는 안 되네. 특별한 신탁이 있지 않는 한, 동족에게서 빼앗은 무기를 봉헌하는 것이 신전을 더럽히는 짓은 아닌지 두려워해야 하네."

그는 "지극히 옳은 말씀입니다"라고 말했네.

"그리스 땅을 초토화하고 집에 불을 지르는 것은 어떻게 생각하는가? 자네 국가의 군인들이라면 적군을 어떻게 대하겠는가?"

그는 "선생님의 생각을 밝혀주시면 즐겁게 듣겠습니다"라고 말했네.

b "내 생각에 그런 짓은 하지 말고, 그해의 수확물만 가져오면 될 것 같네. 그 이유도 말해주기를 바라는가?"

"물론입니다."

"전쟁과 내란은 서로 다른 이름으로 불릴 뿐 아니라 실제로도 서로 다른 종류의 불화를 가리킨다고 보네. 내란은 친족이나 동족 간의 불화이고, 전쟁은 남남인 이민족 간의 불화일세."

그는 "아주 적절한 말씀입니다"라고 말했네.

"내가 말하려는 바는 그리스 종족끼리는 친족이자 동족이지만, 그 밖 c
의 종족은 이민족이고 남이라는 걸세."

그는 "지당한 말씀입니다"라고 말했네.

"그러므로 그리스인들과 이민족들이 싸울 때, 우리는 그들이 전쟁을 하고 있다고 말해야 하네. 본성적으로 서로가 적이며 적의를 가지고 있
으니 말이야. 하지만 그리스인들끼리 싸울 때는 내란이 일어났다고 해 d
야 하네. 이들은 본성적으로는 친구지만 그리스에 병이 들어 적의를 갖게 된 것이니 말일세"

그는 "동의합니다"라고 말했네.

내가 말했네. "이런 경우를 한번 생각해보게. 우리가 동의한 의미의 내란이 일어나 국가가 분열된 곳에서 서로가 상대방의 들판을 초토화하고 집에 불을 지른다면 가증스러운 일이고, 양쪽 모두 국가를 사랑한다고 볼 수 없네. 국가를 사랑한다면 그들의 보모와 어머니[181]를 유린하
지는 않을 테니 말일세. 반면 승리한 쪽이 패배한 쪽의 수확물을 빼앗는 e
것은 계속해서 전쟁하지 않고 언젠가 화해하려는 의도로 한 일이므로 적절하다고 보네."

---

181 제3권 414d-e: "사실 그들은 땅속에서 만들어지고 양육되었네… 그러니 그들은 이 땅을 어머니요 보모로 여기고, 누군가 공격해오면 대지에서 함께 태어난 형제인 다른 시민들과 힘을 합쳐 이 땅을 지킬 계획을 세우고 실제로 지켜내야 하네."

그는 "후자의 태도가 훨씬 유순하군요"라고 말했네.

내가 말했네. "어떤가? 자네가 세우는 국가는 그리스에 속한 국가이지 않은가?"

그는 "그야 당연합니다"라고 말했네.

"그렇다면 그 시민들은 선량하고 온순한 사람들이겠지?"

"물론입니다."

"그렇다면 그들은 그리스인들을 사랑하고, 그리스[182]를 조국으로 여기며, 다른 그리스인들과 같은 종교 축제에 참가하지 않겠나?"

"물론입니다."

471a "따라서 그들은 설령 동족인 그리스인들과 불화한다 해도, 이를 결코 전쟁이라고 부르지는 않을 것이네."

"그럴 겁니다."

"지금은 불화하고 있지만 앞으로 화해하게 될 것이라고 생각하겠지?"

"물론입니다."

"그들은 다른 그리스인들을 적으로 여기지 않을걸세. 선의를 가지고 정신 차리게 해주려는 것일 뿐 철저히 응징해 예속하거나 파멸시킬 생각은 아닐걸세."

"그럴 겁니다."

---

182 '그리스'는 원문으로는 '헬라스'(Ἑλλάς)다. '헬라스'는 원래 그리스의 건국 시조인 '헬렌'이 나중에 테살리아라고 부르는 지역에 세운 도시 이름이었지만, 나중에는 그리스 전체를 가리키는 명칭이 되었다. 그리스인들을 가리키는 '헬레네스'라는 명칭은 '헬라스에 거주하는 자들'이라는 뜻이다. 따라서 '헬라스'로 번역하는 것이 정확하지만, 이 책에서는 이해를 돕기 위해 영어식 명칭인 '그리스'로 번역했다. 각주 142도 보라.

"그리스인들끼리는 불화한다 해도 상대 국가의 땅을 초토화하거나 집을 부수지 않고, 상대국의 남자든 여자든 아이든 적으로 여기지 않으며, 다만 불화를 초래한 소수만 적으로 생각할 것이네. 상대 국가의 대 b
다수가 친구라는 사실을 알기 때문에, 그 국가에서 불화와 상관없는 이들을 압박해 불화를 초래한 자들을 응징할 때까지만 상대 국가와 불화할 것이네."

그는 "저는 우리 시민들이 적대적인 그리스 국가의 시민들에게는 그렇게 해야 하지만, 이민족에게는 오늘날 그리스인들이 서로에게 하듯이 해야 한다는 데 동의합니다"라고 말했네.

"그러면 그리스 땅을 초토화하거나 집에 불을 질러서는 안 된다는 법도 제정해 수호자들이 지키게 해야 하지 않겠는가?" c

그는 "그래야지요. 이번에 정한 법도, 앞에서 정한 법도 다 좋습니다"라고 대답했네.

글라우콘은 이어서 말했네. "하지만 소크라테스 선생님, 선생님이 이 모든 말씀을 하시느라 앞에서 미루어두었던 것을 기억하지 못하실까 봐 걱정됩니다. 우리가 세우려는 정치체제가 정말 생길 수 있는지, 생긴다면 어떤 방식이 될지 다루겠다고 하셨지요. 그런 정치체제가 생긴다면 그것을 채택한 국가의 모든 일이 훌륭하게 이루어질 것을 알기에, 선생님이 굳이 언급하지 않으신 부분도 저는 말할 수 있습니다. 즉 우리 수
호자들은 서로를 형제나 아버지, 아들로 여기고, 그런 이름으로 부르며 d
연대할 테니 적군과 잘 싸울 테지요. 여자들도 함께 출정시켜 전방이나 후방에 배치하면 적군의 사기를 꺾고 유사시에 대비할 수 있으니 모든 면에서 천하무적이 될 테지요. 그들에게 주어질 좋은 것 중에 선생님이

e 아직 말씀하지 않으신 게 무엇인지도 저는 압니다. 이 정치체제가 생기면 그들에게 모든 좋은 것이 돌아간다는 데 저는 동의합니다. 그러니 그에 관해서는 더 이상 말씀하지 않으셔도 됩니다. 그보다는 이제 그런 정치체제가 과연 가능한지, 가능하다면 어떤 방식으로 가능한지 저희를 설득시켜주세요."

472a 그래서 내가 말했네. "자네는 느닷없이 내가 하고 있는 논의를 공격하고는 머뭇거릴 틈조차 주지 않는군. 두 차례의 파도를 간신히 빠져나온 나를 자네는 지금 가장 크고 거친 세 번째 파도로 내몰고 있네.[183] 내 말을 듣고 나면 내가 그런 파격적인 주장을 제시하고 자세히 살펴보는 것을 주저하고 두려워할 만도 했다는 것을 수긍하게 될걸세."

b 그는 "그런다고 저희가 선생님을 놓아드리지는 않으니 시간 낭비하지 말고 말씀해주세요"라고 말했네.

내가 말했네. "알겠네. 먼저 정의와 불의가 무엇인지 찾다가 우리가 여기에 이르렀음을 기억하게."

그는 "알겠습니다. 그런데 그 점을 먼저 기억해야 하는 이유가 무엇입니까?"라고 물었네.

"이유는 하나일세. 정의가 무엇인지 찾아냈을 때, 정의로운 사람이
c 정의 자체와 모든 면에서 같아야 하는지, 아니면 최대한 정의에 가깝고 정의를 가장 많이 공유하는 정도에서 만족해야 하는지 알 수 있기 때문이네."

---

183 첫 번째 파도는 여자 수호자들에 관한 문제(451c-457b)였고, 두 번째 파도는 처자식의 공유에 관한 문제(457c-466d)였다.

그는 "우리는 후자로 만족할 겁니다"라고 말했네.

내가 말했네. "정의가 무엇인지, 완벽하게 정의로운 사람이 존재할 수 있는지, 그런 사람은 어떤 사람인지 탐구하고, 불의와 불의한 사람에 대해서도 같은 질문을 하며 탐구한 것은 본[184]을 찾기 위해서였네. 그렇게 해서 찾은 정의로운 자와 불의한 자가 얼마나 행복한지 혹은 불행한지
자세히 살피고 우리의 삶에 비추어 보았을 때, 우리도 그들과 비슷한 운 d
명을 갖게 된다는 데 동의할 수밖에 없도록 말일세. 완벽하게 정의롭거나 불의한 사람이 생길 수 있는지 증명하는 건 우리의 목표가 아니었네."

우리는 "그 말씀이 맞습니다"라고 말했네.

"어떤 화가가 가장 아름다운 인간의 모든 면을 충분히 표현해 본을 그렸는데, 그런 인물이 실재할 수 있음을 증명하지 못한다고 해서 그를 훌륭한 화가가 아니라고 생각할 수 있겠나?"

그는 "맹세하건대 그렇지 않습니다"라고 대답했네.

"그러면 어떤가? 우리도 논의를 통해 훌륭한 국가의 본을 만들고 있 e
다고 할 수 있지 않겠나?"

"물론입니다."

"그런데 지금까지 말한 국가를 과연 세울 수 있는지 입증하지 못한다고 해서 우리가 한 말이 훌륭하지 않다고 생각하는가?"

그는 "분명 그렇게 생각하지 않습니다"라고 대답했네.

내가 말했네. "그것이 진실이네. 하지만 국가가 어떤 방식으로 생길

---

184 '본'으로 번역한 '파라데이그마'(παράδειγμα)는 앞으로 해야 할 일이나 만들 물건을 미리 구상해놓은 것, 건축의 설계도 등을 가리킨다. 따라서 어떤 일이나 제작은 이 '본'을 따라 진행된다.

수 있는지, 어떤 조건에서 실현 가능성이 가장 높은지 증명해 보여야 한다면, 자네가 다음과 같은 것에 동의해줘야 하네."

"어떤 것들입니까?"

473a "무슨 일이든 말한 대로 실천이 되는가, 아니면 언제나 실천이 말에 미치지 못하는가? 후자에 동의하지 않는 사람도 있겠지만 자네는 어떤가? 후자에 동의하는가?"

그는 "저는 동의합니다"라고 대답했네.

"그렇다면 자네는 우리가 논의하며 자세히 설명한 일이 완벽하게 실현될 수 있음을 보여달라고 강요해서는 안 되네. 도리어 한 국가를 앞에서 설명한 것과 가장 근접한 방식으로 다스리는 조건을 발견할 수 있다
b 면 그것으로 자네의 요구가 충족되리라고 보네. 그 정도면 나는 만족하는데 자네는 어떤가?"

그는 "저도 만족할 겁니다"라고 대답했네.

"그러면 이제 우리는 오늘날 국가들이 어떤 면에서 잘못하고 있어 그런 식으로 다스려지지 못하는지, 최소한 무엇이 변화되어야 그런 정치체제로 전환할 수 있는지 탐구해야 하네. 그러한 변화가 한두 가지면 좋겠지만, 그것으로 안 된다면 최소한의 수나 규모가 좋을 것이네."

c 그는 "전적으로 동의합니다"라고 말했네.

내가 말했네. "그런데 한 가지만 변화되어도 국가는 바뀔 수 있을 것 같네. 물론 그 한 가지 일이 작지도 쉽지도 않지만 가능하기는 하네."

그는 "어떤 변화를 말씀하시는 겁니까?"라고 물었네.

내가 말했네. "이제 나는 가장 큰 파도에 비유했던 바로 그 문제에 직면해 있네. 그것이 비웃음과 조롱과 불명예의 파도가 되어 덮친다 해도

나는 말할걸세. 그러니 내 말을 잘 듣고 생각해보게."

그는 "말씀해보세요"라고 말했네.

내가 말했네. "지혜를 사랑하는 자가 국가의 왕이 되거나 지금 왕이 d
나 최고 권력자라 불리는 자가 진정으로 지혜를 사랑하는 자가 되기 전
에는, 그리하여 정치 권력과 지혜 사랑이 하나로 결합되고 오늘날 다양
한 적성을 지닌 자들이 둘 중 하나만 지향하는 것을 강제로 차단하지
않는 한, 국가들 아니 인류 가운데서 악은 종식되지 않을 것이네. 또 그 e
렇게 되기 전까지는 이제껏 우리가 논의하며 자세히 설명한 정치체제
는 세상에 나와 햇빛을 보지 못할 것이네. 사실 내가 아까부터 이런 언
급을 주저한 것은 지금 내 말이 사람들에게 얼마나 가능성이 희박한 일
로 들릴지 알기 때문이네. 이 방법 말고는 개인이나 국가가 행복해질 수
없다는 걸 사람들이 깨닫기 어려울 테니 말이네."

그러자 그는 말했네. "소크라테스 선생님, 이제는 선생님의 생각을 밝
히신 겁니다. 일단 그렇게 말씀하신 이상 만만치 않은 수많은 사람이 옷 474a
을 벗어던지고 손에 잡히는 대로 무기가 될 만한 것을 들고는 선생님께
달려들 테니 각오하셔야 합니다. 차근차근 이치를 따져서 위기를 모면
하지 못하신다면 사람들을 우롱한 벌을 제대로 받게 되실 겁니다."

그래서 나는 "내게 그런 일이 일어난다면 자네 탓이 아니겠는가?"라
고 반문했네.

그러자 그는 이렇게 말했네. "제 잘못이 아닙니다. 그렇다고 곤경에
처한 선생님을 버리겠다는 뜻은 아닙니다. 힘닿는 데까지 돕겠지만, 저
는 다만 선의로 대하고 격려하며 다른 사람보다 적절하게 대답하는 정 b
도밖에 해드릴 게 없습니다. 그래도 조력자가 되어드릴 테니 선생님의

말씀이 사실임을 보여주세요."

내가 말했네. "자네가 돕겠다는데 그렇게 해야 하지 않겠나. 자네가 말한 사람들에게 봉변당하지 않으려면 말이야. 그러자면 먼저 지혜를 사랑하는 자가 국가를 통치해야 한다고 했을 때, 과연 어떤 사람이 지혜를 사랑하는 자인지 정의를 내려야겠지. 지혜를 사랑하는 자가 누구인
c 지 분명해지면, 다음으로 어떤 사람이 본성적으로 지혜를 사랑하고 국가를 통치하는 데 적합한지, 어떤 사람이 적합하지 않아 피치자가 되어 통치자를 따라야 하는지 보여주어야 할 것 같네."

그는 "지금이 그 정의를 내릴 때인 것 같습니다"라고 말했네.

"내가 이끄는 대로 따라온다면 자네도 충분히 설명할 수 있을걸세."

그는 "이끌어주시지요"라고 말했네.

내가 말했네. "누군가가 무엇인가를 진심으로 사랑한다면, 그 일부가 아니라 전부를 사랑해야 한다는 점을 기억하는가? 아니면 내가 상기시켜야 하는가?"

그는 "무슨 말씀인지 전혀 감이 잡히지 않으니 상기시켜주셔야 할 것 같습니다"라고 대답했네.

d 내가 말했네. "여보게 글라우콘, 한창때의 소년은 누구나 소년을 사랑하는 이의 마음을 격동시켜 관심과 애정을 끌어들인다네. 다른 사람은 몰라도 자네처럼 사랑에 민감한 사람이 그런 사실을 잊다니 말이 안 되네.[185] 자네들은 미소년을 어떻게 대하는가? 납작코 소년을 보면 매력

185 여기에서 '사랑'은 나이 많은 남자가 소년을 사랑하는 동성애를 가리킨다. 동성애적 성향을 지닌 사람은 소년의 외모가 어떠하든 일부 소년이 아니라 모든 소년을 사랑한다고 말함으로써 사랑이란 일부가 아니라 전부를 사랑하는 것임을 동성애를 예로 들어 설명한다.

적이라고 칭찬하고, 매부리코 소년을 보면 왕 같다고 말하며, 그 중간쯤
되는 코를 지닌 소년을 보면 균형이 잡혔다고 말하고, 검은 피부 소년을 e
보면 남자답다고 하며, 흰 피부 소년을 보면 신의 아이라고 말하지 않는
가? 벌꿀색이라는 말도 소년을 사랑하는 사람들이 한창때 소년의 창백
한 용모를 미화해서 지어낸 말이 아니면 뭐겠는가? 꽃다운 나이의 소년
이기만 하면 온갖 구실을 갖다 붙이고 온갖 말을 동원하면서 아무도 거 475a
부하지 않네."

그는 "저를 예로 들어 그렇게 말씀하신다면 이 논의를 위해 기꺼이 동의해드리지요"라고 대답했네.

내가 말했네. "포도주를 좋아하는 사람들도 그렇다는 것을 알걸세. 그들도 포도주라면 온갖 구실을 대며 마다하지 않는다네."

"물론입니다."

"명예욕이 있는 사람은 최고 지휘관이 될 수 없으면 하급 지휘관이라
도 되려 하고, 위대하고 존귀한 사람에게 존경을 받지 못하면 미천한 사 b
람에게라도 존경을 받아야 만족한다는 것을 자네도 알걸세. 그게 다 명
예욕이 아니겠나?"

"정확히 그렇습니다."

"그러면 다음 질문에 긍정 혹은 부정으로 대답해주게. 누군가가 무엇을 욕망한다고 말한다면, 그것과 관련된 모든 것을 욕망한다는 뜻인가, 아니면 그중 일부만 욕망한다는 뜻인가?"

그는 "모든 것을 욕망한다는 뜻입니다"라고 대답했네.

"그렇다면 지혜를 사랑하는 자도 지혜를 욕망하는 사람이니 지혜 중 일부만 욕망하는 게 아니라 지혜 전체를 욕망한다고 해야겠지?"

"옳은 말씀입니다."

c "따라서 학문과 관련해 이것저것 가리는 사람의 경우, 특히 그가 젊어서 무엇이 유익하고 유익하지 않은지 아직 모를 때, 우리는 그가 학문을 좋아한다거나 지혜를 사랑한다고 말하지 않을 것이네. 이는 마치 음식을 가리는 사람을 보고 허기진 사람이라거나 식욕 있는 사람, 음식을 좋아하는 사람이라고 하지 않고 식욕이 없는 사람이라고 말하는 것과 같네."

"그렇게 말하는 것이 옳습니다."

"반면에 모든 학문을 기꺼이 접하려 하고, 배우기를 좋아해 아무리 배워도 질릴 줄 모르는 사람이 있다면, 그를 가리켜 지혜를 사랑한다고 말하는 것이 옳다네. 그렇지 않은가?"

d 그러자 글라우콘이 말했네. "그 말씀이 옳다면 많은 경우에 부적합한 사람이 지혜를 사랑하는 것이 될 겁니다. 보는 것을 좋아하는 사람도 모두 배우기를 좋아하니 지혜를 사랑하는 자일 테지요. 듣는 것을 좋아하는 사람도 토론장 같은 데는 일부러 시간을 들여 가지 않지만 도시든 시골이든 디오니소스 축제가 열리는 곳마다 찾아다니며 자기 귀를 거기에 세놓기라도 한 것처럼 온갖 합창을 듣는데, 그런 사람들까지 지혜를 사랑하는 자에 포함시키는 것은 부적절한 듯합니다. 과연 이런 사람
e 들, 그런 것과 하찮은 기술을 배우는 사람들까지 지혜를 사랑하는 자라고 할 수 있을까요?"

내가 말했네. "결코 그렇게 말할 수는 없지만, 지혜를 사랑하는 자를 닮기는 했네."

그는 "그렇다면 선생님이 보시기에 진정 지혜를 사랑하는 자는 어떤

부류입니까?"라고 물었네.

내가 말했네. "진리를 보는 것을 좋아하는 사람이네."

그는 "옳은 말씀이기는 하지만 무슨 뜻입니까?"라고 대답했네.

내가 말했네. "그것을 다른 사람에게 설명하기가 쉽지 않지만, 들어보면 자네도 동의할걸세."

"어떤 것이지요?"

"아름다움과 추함은 서로 반대되는 것이니 둘이라고 할 수 있네."

"물론이지요." 476a

"둘이기 때문에 각각은 하나가 아니겠는가?"

"그렇습니다."

"또한 정의와 불의, 좋음과 나쁨을 비롯해 모든 이데아[186]와 관련해서도 동일한 논리가 적용되네. 각각의 이데아는 하나지만 행위나 물체나 다른 이데아와 결합되는 경우에는 여럿으로 나타나 보이네."

그는 "옳은 말씀입니다"라고 말했네.

내가 말했네. "그래서 나는 보는 것을 좋아하는 사람, 이런저런 기술
을 좋아하는 사람, 그것을 실제로 하는 사람을 우리의 논의 대상인 '진리 b
를 보는 것을 좋아하는 사람'과 구별하려고 하네. 그들만이 지혜를 사랑
하는 자라고 부르는 것이 옳기 때문이네."

그는 "그게 무슨 말씀입니까?"라고 물었네.

내가 말했네. "듣는 것이나 보는 것을 좋아하는 사람은 아름다운 소

---

186 '이데아'로 번역한 '에이도스'(εἶδος)는 각각 어떤 것의 '형상' 또는 참된 실재를 가리키기 때문에 어떤 것의 '형상'은 하나다. 예컨대 정의로운 것은 많지만 정의의 '형상'은 하나인데, 이렇게 정의로운 것이 많은 것은 정의의 '형상'이 다른 것과 결합되어 있기 때문이다.

리나 색, 모양 등으로 만들어진 모든 것을 좋아할 뿐이고, 그의 사고는 아름다움 자체[187]를 볼 수도 좋아할 수도 없을 것이네."

그는 "분명 그렇습니다"라고 말했네.

"그러니 아름다움 그 자체에 다가가 볼 수 있는 사람은 드물지 않겠나?"

c "물론입니다."

"아름다운 사물의 존재는 알지만 아름다움 자체가 존재함을 모르고, 누군가가 아름다움 자체를 알게 해주려고 인도해도 따라갈 수 없는 사람이라면 그의 삶은 꿈꾸는 것인가 아니면 깨어 있는 것인가? 사람이 실제로 잠들어 있든 깨어 있든, 어떤 닮은 것을 보고 그저 닮았다고 하지 않고 닮은 대상 바로 그것이라고 여긴다면 꿈꾸는 게 아니고 뭐겠는가?"

그는 "꿈꾸고 있는 것이라는 데 동의합니다"라고 대답했네.

d "반대로 아름다움 자체의 존재를 믿고, 아름다움 자체와 그것에 관여하고 있는 대상을 구별할 줄 알며 혼동하지 않는 사람이라면, 그는 깨어 있는 것인가 아니면 꿈꾸고 있는 것인가?"

그는 "깨어 있는 것이 분명합니다"라고 대답했네.

"그렇다면 이 사람은 알고 있으니 그의 생각을 지식[188]이라 부르고,

187 여기에서 '아름다움 자체'는 바로 '아름다움'의 형상이고 실재이며 참된 것(진리)이다. 플라톤은 이제 '형상'(에이도스)에 관해 설명해간다. 이것이 그의 유명한 '이데아론'(형상론)이다.

188 '지식'으로 번역한 '그노메'(γνώμη)는 '알다, 인식하다'를 뜻하는 동사 '기그노스코'에서 온 명사로 '알게 해주는 것(인식), 알게 된 결과물(지식)'을 의미한다. '의견'으로 번역한 '독사'(δόξα)는 '생각하다'를 뜻하는 동사 '도케오'에서 온 명사로 '생각하는 것(판단), 생각한 결과물(의견)'을 의미한다. 따라서 '그노메'는 어떤 때는 '지식'을, 어떤 때는 지식을 갖게 해주는 수단인 '인식'을 가리키고, 마찬가지로 '독사'도 어떤 때는 '의견'을, 어떤 때

앞에서 말한 사람은 의견이 있는 것일 뿐이니 그의 생각을 의견이라고 부르는 것이 옳지 않겠나?"

"물론입니다."

"그런데 의견만 있고 알지는 못하는 사람이 우리에게 진실을 말하지 않는다고 심하게 항의하면 자네는 어떻게 하겠나? 그의 정신 상태가 건 e
강하지 않다는 사실은 덮어둔 채 그를 달래고 조용히 납득시킬 방법은 없겠는가?"

그는 "어쨌든 그렇게 해야겠지요"라고 대답했네.

"그에게 뭐라고 말할지 생각해보게. 이렇게 하면 어떨까? 먼저 그가 무언가를 알고 있다면, 우리는 그를 질투하지 않으며 다만 그가 무엇을 아는지 알고 싶다고 말한 후 물어보는 것이네. 자네가 그 사람을 대신해 대답해주게나."

그는 "저는 그가 무엇인가를 알고 있다고 말하겠습니다"라고 대답했네.

"그 무엇은 존재하는 것인가, 존재하지 않는 것인가?"

"존재하는 것입니다. 존재하지 않는 것을 어떻게 알 수 있겠습니까?" 477a

"여러 각도에서 살펴볼 문제이기는 하지. 하지만 진정으로 존재하는 것은 진정으로 알 수 있지만, 어떤 식으로도 존재하지 않는 것은 어떻게 해도 알 수 없다고 말하는 것만으로 충분하네."

"더할 나위 없이 충분합니다."

는 의견을 갖게 해주는 수단인 '판단'을 가리키지만, 여기에서는 대체로 '지식'과 '의견'으로 번역했다.

"하지만 어떤 것이 존재하는 동시에 존재하지 않는 상태에 있다면, 그것은 절대적으로 존재하는 것과 어떤 식으로도 존재하지 않는 것의 중간에 있지 않겠나?"

"그렇습니다."

"존재하는 것에는 지식이 대응되고, 존재하지 않는 것에는 필연적으로 무지가 대응되기 때문에 그 중간에 있는 것에 대응되는 것으로서 무
b 지와 지식의 중간에 해당하는 것을 찾아야 하지 않겠나? 그런 것이 존재한다면 말이네."

"분명 그렇습니다."

"그런데 우리는 앞에서 의견이라는 것이 존재한다고 말하지 않았는가?"

"그렇습니다."

"의견은 지식과 다른 능력인가, 아니면 같은 능력인가?"

"다른 능력입니다."

"그렇다면 의견과 지식은 각자의 능력에 따라 서로 다른 것을 대상으로 삼는다는 말이 되네."

"그렇습니다."

"지식은 본성적으로 존재하는 것을 대상으로 삼아 존재하는 그대로 아는 것이 아니겠는가? 하지만 먼저 구별해야 할 것이 있네."

"무엇을 구별합니까?"

c "우리는 능력이라는 것이 하나의 종류로서 존재한다고 말하고 있네. 여기에서 능력이란 다른 모든 것이 각각 할 수 있는 일을 하게 해주는 힘을 가리키는데, 예컨대 시각과 청각이 그런 능력에 속하네. 내가 하려

는 말이 뭔지 알겠는가?"

그는 "네, 압니다"라고 대답했네.

"능력에 대해 내가 생각하는 바를 한번 들어보게. 능력 자체는 색이 나 모양이 없고, 다른 많은 사물에 있는 그 밖의 유사한 자질도 없네. 그러니 능력은 다른 사물과 달리 그런 자질을 보고는 구별이 안 되네. 우리는 능력이 관여하는 대상과 그 대상에 일어나는 작용만 볼 뿐이고, 그 d
에 의거해 그것을 능력이라고 부르네. 동일한 대상에 동일한 작용을 하면 동일한 능력이라고 부르고, 다른 대상에 다른 작용을 하면 다른 능력이라고 부르지. 자네는 어떤가?"

그는 "저도 그렇습니다"라고 대답했네.

내가 말했네. "그러면 다시 앞으로 돌아가보세. 자네는 지식을 만들어내는 인식을 일종의 능력이라고 보는가, 아니면 다른 종류라고 보는가?"

그는 "모든 능력 중에서도 가장 강력한 능력이라고 봅니다"라고 대답했네.

"그렇다면 의견을 만들어내는 판단은 능력으로 보아야 할까, 아니면 e
다른 종류로 보아야 할까?"

그는 "판단을 다른 종류로 볼 수 없습니다. 의견을 가질 수 있게 해주는 것이 바로 판단이니까요"라고 말했네.

"하지만 조금 전 자네는 지식과 의견이 동일하지 않다는 데 동의했네."

그는 "지식은 틀릴 수 없는 반면에 의견은 틀릴 수 있는데, 지각 있는 사람이라면 어떻게 이 둘을 동일한 것으로 보겠습니까?"라고 말했네.

내가 말했네. "훌륭한 말이네. 그러면 의견과 지식은 서로 다르다는 데 우리가 동의한 것이네." 478a

"네, 둘은 서로 다릅니다."

"그러면 이 둘은 본성적으로 각각 서로 다른 대상에 서로 다른 작용을 하겠지?"

"당연합니다."

"인식은 존재하는 것을 대상으로, 있는 그대로 아는 게 아니겠는가?"

"그렇습니다."

"반면에 판단은 의견을 만들어내는 것이고?"

"네."

"인식이 관여해 지식을 만들어내는 대상과 판단이 관여해 의견을 만들어내는 대상은 동일한가, 아니면 동일할 수 없는가?"

그는 이렇게 대답했네. "앞에서 우리가 동의한 바에 따르면 두 대상은 결코 동일할 수 없습니다. 서로 다른 능력은 본성상 서로 다른 대상
b 에 관여하고, 판단과 인식은 똑같이 능력에 속하기는 하지만 우리가 말했듯이 서로 다른 능력이라면, 거기에서는 인식과 판단 대상이 동일하다는 결론은 나올 수 없기 때문입니다."

"존재하는 것이 인식의 대상이라면 존재하는 것과 다른 것은 판단의 대상이지 않겠나?"

"그렇습니다."

"그렇다면 존재하지 않는 것에 대해 의견을 가질 수 있을까? 아니면 존재하지 않는 것에 대해서는 의견을 갖는 것조차 불가능할까? 생각해 보게. 의견을 갖는다는 건 어떤 것에 자신의 판단을 적용하는 것이 아닌가? 그러니 판단의 대상 없이도 의견을 갖는 것이 가능한가 말일세."

"불가능합니다."

"그러면 의견을 갖는 사람은 적어도 어떤 하나의 것에 대해 의견을 갖는 게 아니겠는가?"

"그렇지요."

"하지만 존재하지 않은 것은 '어떤 하나'가 아니라 '아무것도 아닌 것'이라고 말하는 게 옳지 않겠는가?" c

"물론입니다."

"그러면 우리가 존재하지 않는 것에는 무지를 대응시키고, 존재하는 것에는 지식을 대응시킨 것은 필연적이지 않은가?"

그는 "옳습니다"라고 대답했네.

"그렇다면 우리가 의견을 갖게 되는 대상은 존재하는 것도 아니고 존재하지 않는 것도 아니라는 말이 되지 않는가?"

"그렇습니다."

"그러니 의견은 무지도 아니고 지식도 아니겠군?"

"그렇습니다."

"그러면 의견은 지식과 무지의 영역 바깥에 있어 명확성에서는 지식을 능가하고 모호성에서는 무지를 능가하는 것인가?"

"둘 중 어느 쪽도 아닙니다."

"그렇다면 자네 생각에 의견은 지식보다는 어둡지만 무지보다는 밝은 것인가?"

그는 "물론입니다"라고 대답했네.

"그러면 의견은 둘 사이에 있겠네?" d

"그렇습니다."

"그렇다면 의견은 지식과 무지 중간에 있다는 말이 되네."

"정확히 그렇습니다."

"그런데 앞에서 어떤 것이 존재하는 동시에 존재하지 않는 것처럼 보인다면, 그것은 절대적으로 존재하는 것과 전적으로 존재하지 않는 것 중간에 있기 때문에, 이에 관여하는 것은 지식이나 무지가 아니라 그 중간에 해당하는 것이라고 말했네. 그렇지 않은가?"

"그렇습니다."

"그런데 이제 무지와 지식 중간에 의견이 나타난 것이 아닌가?"

"그렇습니다."

e "그러면 이제 우리는 존재하는 것과 존재하지 않는 것 양쪽 모두에 관여하기 때문에 전적으로 어느 한 쪽에 속한 것으로 보기에는 옳지 않은 무언가를 찾아야 할걸세. 그리고 그런 것이 나타난다면 의견의 대상이라고 부르는 것이 옳다고 보네. 이렇게 해서 양쪽 극단에 속한 것은 양쪽 극단의 것에 대응시키고, 중간에 속한 것은 중간 것에 대응시키는 것이네. 그렇지?"

"그렇습니다."

479a "이를 전제로 나는 아름다움 자체, 즉 언제나 한결같은 아름다움 자체의 원형은 존재하지 않지만 아름다운 대상은 많다고 믿으며 보는 것을 좋아하는 어리석은 사람에게, 아름다움은 하나고 정의도 하나며 그 밖의 것도 마찬가지라는 말을 조금도 용납하지 않는 사람에게 이렇게 물어보고 싶네. '여보시오, 이 많은 아름다운 대상 중에 추한 면이 전혀 없는 게 하나라도 있을까요? 정의로운 것 중에 불의한 면이 전혀 없는 게 하나라도 있을까요? 신성한 것 중에 신성하지 않은 면이 전혀 없는 게 하나라도 있을까요?'"

그는 "그런 것은 없습니다. 한편으로는 아름답지만 다른 한편으로는 b
추해 보이기도 하지요. 선생님이 언급하신 다른 경우도 마찬가지입니다"라고 대답했네.

"그러면 두 배라고 불리는 많은 것은 어떤가? 그것은 한편으로는 두 배지만 다른 한편으로는 반으로 보이지 않겠는가?"

"그렇습니다."

"큰 것과 작은 것, 가벼운 것과 무거운 것이라고 부르는 것들이 반드시 그렇게 불려야 하고, 그 반대로 불리면 안 될 이유는 없지 않겠는가?"

그는 "그렇지요. 그것들은 양쪽 모두에 관여하니까요"라고 대답했네.

"그렇다면 사람들이 많은 것에 대해 '그것은 무엇이다'라고 말할 때, 그것은 무엇이 아니라기보다는 '무엇'이라고 하는 게 옳겠지?"

그는 이렇게 대답했네. "그것은 두 가지로 대답할 수 있는 연회장의
말장난이나 '거세된 남자가 어디에 앉아 있는 박쥐에게 무엇을 던졌을 c
까'라고 묻는 아이들의 수수께끼 같습니다.[189] 둘 중 어느 쪽이라거나 어느 쪽이 아니라거나 둘 다라거나 둘 다 아니라고 대답할 수 없으니까요."

내가 말했네. "그러면 자네는 그것들을 '무엇이다'와 '무엇이 아니다'의 중간에 두는 것이 가장 낫다고 생각하지 않는가? '무엇이 아니다'보다 더 어두운 것은 없으니 그 아래로 내려갈 수 없고, '무엇이다'보다 더
밝은 것은 없으니 그 위로 올라갈 수도 없으니 말일세." d

그는 "지극히 옳은 말씀입니다"라고 대답했네.

---

189 수수께끼는 이런 것이다. "남자가 아닌 남자가 돌이 아닌 돌을 가지가 아닌 가지에 앉아 있는 새 아닌 새에게 던졌다. 누가 어디에 앉아 있는 어떤 새에게 무엇을 던졌을까?" 정답은 "거세된 남자가 부석(浮石)을 갈대에 앉아 있는 박쥐에게 던졌다."

"우리는 아름다움이나 다른 많은 것에 대한 대중의 통상적인 생각이 '무엇이 아니다'와 '절대적으로 무엇이다'의 중간쯤에서 맴돌고 있음을 발견한 듯하네."

"그렇습니다."

"또한 우리는 어떤 것이 나타났을 때, 그것은 인식의 대상이 아니라 판단의 대상이고, 그렇게 중간에서 떠도는 것은 중간에 속한 능력으로 파악해야 한다는 점에도 이미 동의했네."

"그렇습니다."

e "그렇다면 많은 아름다운 대상을 보면서도 아름다움 자체는 보지 못하고, 아름다움 자체로 인도하려 해도 따라오지 못하는 사람, 많은 정의로운 것을 보면서도 정의 자체는 보지 못하는 사람, 모든 것에 대해 그러한 사람은 그 모든 것에 대한 의견은 갖고 있지만 지식은 갖고 있지 않은 사람이라고 말해야 하네."

그는 "물론입니다"라고 말했네.

"반면 모든 것의 그 자체, 언제나 한결같은 것을 보는 사람은 어떤가? 그런 사람은 의견이 아니라 지식을 갖고 있다고 해야겠지?"

"물론입니다."

480a "이런 사람들은 지식이 관여하는 것을 좋아하고 사랑하는 반면에, 앞에서 말한 사람들은 의견이 관여하는 것을 좋아하며 사랑한다고 말해야 하지 않겠나? 지식이 아니라 의견을 가진 사람은 아름다운 소리나 색 등을 사랑하고 기뻐하지만 아름다움 자체가 존재한다고는 생각하지 않는다고 우리가 말했던 것을 설마 잊지는 않았겠지?"

"기억하고 있습니다."

"그렇다면 그런 사람을 지혜를 사랑하는 자가 아니라 의견을 사랑하는 자라고 불러도 되지 않겠나? 우리가 그렇게 부르면 그가 화를 낼까?"

그는 "제가 설득해서 화내지 않게 하겠습니다. 진실 앞에서 화를 내는 건 옳지 않으니까요"라고 대답했네.

"각각의 실재 자체를 좋아하는 사람을 지혜를 사랑하는 자라고 불러야지 의견을 사랑하는 자라고 불러서는 안 되겠지?"

"물론입니다."

제6권

484a 내가 말했네. "글라우콘, 결코 짧지 않은 논의를 통해 어떤 사람이 지혜를 사랑하는 자이고 그렇지 않은 자인지 이제 겨우 드러났네."

그는 "짧은 논의로는 쉽지 않았겠지요"라고 말했네.

내가 말했네. "분명 쉽지 않았을 듯하네. 우리가 논의할 것이 이 문제뿐이었다면, 그래서 정의로운 삶과 불의한 삶이 어떻게 다른지 알아보기 위해 다른 문제들을 자세히 살펴봐야 할 처지만 아니었다면, 훨씬 더
b 선명하게 밝혀낼 수 있었을 것이네."

그는 "다음으로 논의할 문제는 무엇입니까?"라고 물었네

내가 말했네. "순서대로 해야 하지 않겠나? 언제나 한결같은 것을 파악할 수 있는 사람이 지혜를 사랑하는 자이고, 그것을 파악하지 못하고 온갖 잡다한 것들 속에서 헤매는 사람은 지혜를 사랑하는 자가 아니라고 한다면, 어느 쪽이 국가 통치자가 되어야 하겠나?"

그는 "저희가 과연 어떻게 말해야 적절하겠습니까?"라고 반문했네.

내가 말했네. "둘 중에 국가의 법과 관습을 지킬 수 있는 자를 수호자로 세워야 할 것이네."

그는 "옳습니다"라고 말했네.

"하지만 매사를 감시해야 할 수호자가 눈먼 사람이어야 하는지 예리 c
하게 보는 사람이어야 하는지는 분명하지 않은가?"

그는 "어찌 분명하지 않겠습니까?"라고 대답했네.

"화가가 모델을 보듯 언제나 본을 참조해 가장 진실에 부합하게 보고
정확히 관찰해 아름다운 것이나 정의로운 것, 좋은 것과 관련된 관습을 d
정해야 할 때, 실재에 대한 지식이 결여되어 있어 그 혼에 분명한 본이
없기 때문에 진실에 부합하게 규칙을 정하지 못하고 기존 규칙을 보존
하지도 못하는 자라면 눈먼 사람들과 뭐가 다르겠는가?"

그는 "맹세하건대 다른 점이 없습니다"라고 대답했네.

"그렇다면 그런 사람을 수호자로 세워야 하겠나, 아니면 실재에 대한 지식은 물론이고 경험과 다른 모든 미덕에서 뒤지지 않는 사람을 수호자로 세워야 하겠나?"

그는 이렇게 대답했네. "후자가 아닌 다른 사람을 수호자로 선택하는 게 이상한 일이지요. 그들이야말로 가장 중요한 일에서 가장 뛰어난 사람일 테니까요."

"그러면 어떻게 해야 그들이 각각의 실재에 대한 지식을 가지고 다른 485a
일에서도 뛰어날 수 있는지 논의해야겠지?"

"물론입니다."

"우리는 이 논의를 시작하면서 무엇보다 그들의 본성을 확실히 파악해야 한다고 말했네. 이에 충분히 동의한다면 그들이 앞에서 말한 두 가지 자질을 갖출 수 있다는 것에도 자네가 동의하리라고 보네. 그들 외에 다른 사람들이 통치자가 되어서는 안 된다는 것도 말이네."

"어떻게 말입니까?"

"지혜를 사랑하는 자의 본성에 대해 자네가 동의해야 할 부분이 있
b 네. 그는 생성과 소멸을 종잡을 수 없이 오가지 않고 항상 존재하는 실재를 보여주는 지식을 변함없이 사랑하는 자라는 점이네."

"동의합니다."

내가 말했네. "또한 앞에서 명예욕 있는 사람과 사랑하는 사람[190]에 대해 말한 것처럼, 지혜를 사랑하는 자는 실재 전체를 사랑하기 때문에 실재의 작은 부분이든 큰 부분이든, 귀한 부분이든 천한 부분이든 스스로 원해서 버리는 일이 없다는 점에도 동의해야 하네."

그는 "옳은 말씀입니다"라고 말했네.

c "다음으로는 우리가 말한 사람이 되려는 자가 반드시 이런 자질도 갖추어야 하는지 생각해보게."

"어떤 것입니까?"

"진실함이네. 거짓을 알지만 자원해서 받아들이지 않고, 도리어 미워하고 진리를 좋아하는 것이지."

그는 "그럴 것 같습니다"라고 말했네.

"여보게, 이건 그럴 것 같은 게 아니라 필연적이네. 무언가를 본성적으로 사랑하는 사람은 그것과 동일하거나 비슷한 모든 것을 좋아할 수밖에 없다네."

그는 "옳은 말씀입니다"라고 말했네.

"그런데 지혜와 가장 가까운 것은 진리가 아니겠는가? 달리 뭐가 있

---

190 동성애자를 가리킨다.

겠나?"

그는 "없습니다"라고 대답했네.

"지혜를 사랑하는 것과 거짓을 사랑하는 것은 동일한 본성이라고 할 수 있는가?" d

"그럴 수 없습니다."

"그러니 배우기를 좋아하는 사람은 어려서부터 모든 진리에 최대한 도달하려고 애쓰게 마련이네."

"전적으로 그렇습니다."

"하지만 사람의 욕망이 어느 하나에 쏠릴 경우 물길이 그쪽으로 트여 다른 욕망은 약해진다는 걸 알 것이네."

"물론입니다."

"그 욕망이 학문 같은 쪽으로 흐르면 혼 자체의 즐거움과 연결되기 때문에 육체의 즐거움은 시들해질 것이네. 그가 지혜를 사랑하는 것이 e
진심이라면 말이야."

"그럴 가능성이 대단히 큽니다."

"그런 사람은 절제가 있어 재물을 탐하지 않을 것이네. 낭비와 돈 욕심은 그에게 어울리지 않거든."

"그렇습니다."

"지혜를 사랑하는 것이 과연 본성인지 판단할 때 고려할 부분이 또 486a
있네."

"어떤 부분입니까?"

"자신도 모르게 쩨쩨함[191]에 빠지지 않도록 조심하는 것이네. 좀스러움은 신의 일이든 인간의 일이든 모든 것을 전체적으로 조망하려는 혼과는 정반대되기 때문이네."

그는 "지극히 옳은 말씀입니다"라고 말했네.

"고매함[192]을 지니고서 모든 시간과 실재를 관조하는 사람이 인간적인 삶[193]을 대단하게 여길 것 같은가?"

그는 "그럴 리 없습니다"라고 대답했네.

b "그런 사람이 죽음인들 두려워하겠는가?"

"전혀 그렇지 않을 겁니다."

"그러니 쩨쩨함은 진정 지혜를 사랑하는 것과는 본성상 맞지 않는 듯하네."

"제 생각에도 그렇습니다."

"절제 있고 재물을 탐하지 않고 쩨쩨하거나 허세 부리지 않으며 비겁하지 않은 사람이 거래할 때 깐깐하게 굴거나 불의하게 행하겠는가?"

"그렇지 않을 겁니다."

"또 어떤 사람의 혼이 지혜를 사랑하는지 보려면, 그가 어려서부터

---

191 '쩨쩨함'으로 번역한 '아넬레우테리아'(ἀνελευθερία)는 자유민답지(엘레우테이아) 않은 것, 즉 '후하지 않은 것'을 의미하고, '좀스러움'으로 번역한 '스미크로로기아'(σμικρολογία)는 아주 작은 것까지(스미크로) 따지는 것(로기아)을 의미한다.

192 '고매함'으로 번역한 '메갈로프레페이아'(μεγαλοπρέπεια)는 '큰 사람, 대인'(메갈로)에 '어울리는 것'(프레페이아)을 의미하기 때문에, 크고 넓고 높게 생각하고 행동하는 것을 가리킨다.

193 여기에서 '인간적인 삶'은 '신적인 삶'과 대비된다. 즉 인간의 삶은 통상적으로 인간에게 속한 삶과 신을 닮은 삶으로 이루어져 있는데, 플라톤은 지혜를 사랑하는 사람은 신을 닮은 삶을 살아가기 때문에 일반 사람들의 인간적인 삶을 대단한 것으로 여기지 않는다고 말한다. "최고인 이 본성(즉 지혜를 사랑하는 것)이 최고의 정치체제를 만난다면, 이 본성은 진정으로 신적인 것인 반면, 다른 본성과 일은 인간적이라는 것이 드러날걸세"(497b, c).

정의롭고 온순한지 아니면 어울리기 어렵고 사나운지 살펴봐야 하네."

"물론입니다."

"자네가 이것도 소홀히 하지 않으리라고 생각하네." c

"무엇을 말입니까?"

"무언가를 쉽고 빠르게 배우는지, 아니면 느리고 힘들게 배우는지 보는 것이네. 어떤 일을 고생하며 간신히 해냈는데 정작 성취한 바가 없다면 그 일에 충분히 애정을 갖겠는가?"

"그렇지 않을 겁니다."

"배워도 머릿속에 남는 게 없다면 그의 머리는 망각으로 가득하고 지식은 텅 비지 않겠는가?"

"왜 아니겠습니까?"

"아무리 애써도 소득이 없다면 결국에는 자기 자신도, 그 일도 싫어질 수밖에 없겠지?"

"왜 아니겠습니까?"

"그러니 기억력이 나쁘다면 지혜를 충분히 사랑할 수 있다고 보아서 d
는 안 되네. 기억력이 좋은 사람 중에서 지혜를 사랑하는 자를 찾아야 하네."

"물론입니다."

"게다가 사람이 본성상 교양과 우아함이 없으면 균형감각을 잃는다고 보아야 하네."

"물론입니다."

"자네는 불균형과 균형 중 어느 것이 진리와 같은 부류일 것 같나?"

"균형입니다."

"그렇다면 좋은 기억력 말고도 균형 있고 우아한 사고를 지닌 사람 중에서 지혜를 사랑하는 자를 찾아야 하네. 그런 사람은 실재의 원형으로 쉽게 이끌릴 테니 말일세."

"물론입니다."

e "어떤가? 지금까지 자세히 설명한 본성의 여러 자질을 두루 갖추면 혼이 실재를 충분히 파악할 수 있을 것 같은가? 아니면 아무 상관이 없을 것 같은가?"

487a 그는 "그런 자질들을 반드시 갖추어야 합니다"라고 대답했네.

"그런데 기억력이 좋고 쉽게 배우고 고매하고 우아하며 진리와 정의와 용기와 절제의 친구이자 동족인 사람만이 관여할 수 있는 일을 우리가 비난하거나 거기에서 흠을 찾아낼 수 있겠나?"

"모모스[194]조차 비난거리를 찾아낼 수 없을 겁니다."

내가 말했네. "그런 사람이 교육을 받고 연륜이 쌓여 원숙해졌을 때, 그에게 국가를 맡길 수 있겠지?"

b 그러자 아데이만토스가 말했네. "소크라테스 선생님, 그 점에 반론을 제기할 사람은 아무도 없을 겁니다. 하지만 선생님이 하시는 말씀을 듣다 보면, 질문하고 답하면서 논의해본 경험이 없어서 그런지 선생님의 질문에 조금씩 오도되다가 오류가 점점 쌓여, 마침내 논의가 끝날 무렵에는 처음 주장의 정반대가 옳은 것으로 귀결되는 느낌이 듭니다. 장기

194 모모스는 그리스 신화에서 터무니없는 불평과 비난을 의인화한 신이다. 밤의 여신 닉스가 혼자 낳은 자식이라고도 하고, 밤의 여신 닉스와 어둠의 신 에레보스 사이에서 태어난 자식이라고도 한다. 다른 신들을 지나치게 헐뜯고 비난하다가 제우스에 의해 올림포스 산에서 쫓겨난다.

에서 하수가 고수에게 끌려다니다가 모든 수가 막혀버리듯 선생님의 c
논의를 따라가다 보면 말문이 막히고 맙니다. 인간의 언어로 두는 장기라는 점이 다를 뿐이지요. 하지만 말문이 막혀 반박하지 못한다고 해서 선생님의 말씀이 모두 진실은 아닙니다.

저는 현재 상황을 주의 깊게 지켜보고 말씀드리는 겁니다. 사람들이 선생님의 질문에 당장은 반박할 수 없겠지요. 하지만 젊어서 철학을 시
작한 많은 사람이 중도에 그만두지 못하고 오랫동안 끌어오다가 철저 d
하게 망가져 폐인까지는 아니어도 이상해지는 것을 보았다고 말합니다. 우수하다는 평가를 받던 사람조차 선생님이 칭찬하시는 그 일 때문에 국가에 쓸모없는 사람이 되는 모습을 똑똑히 목격했다고요."

나는 그 말을 듣고 이렇게 물었네. "그들이 거짓말을 하고 있다고 생각하는가?"

그러자 그는 "모르겠습니다. 하지만 선생님의 의견을 듣고 싶습니다"라고 대답했네.

"나는 그들이 사실을 말하고 있다고 생각하네."

"그렇다면 철학자들[195]이 국가에 쓸모없다는 데 동의하는 것인데, 그 e
들이 국가를 통치하지 않는 한 국가에 나쁜 일이 종식되지 않는다는 말이 어떻게 옳을 수 있습니까?"

---

195 '지혜를 사랑하는 자'와 현실에서 철학하는 사람인 '철학자'는 모두 '필로소포스'(φιλόσοφος)로 지칭되는데, 플라톤은 진정한 의미에서 '지혜를 사랑하는 자'에 대해 지금까지 설명했다. 하지만 아데이만토스는 이 둘을 동일시해 현실에서 철학하는 사람인 '철학자'를 근거로 들어 지금까지 플라톤이 말한 것을 반박한다. 이 책에서는 되도록 이 둘을 구별해 번역했다.

내가 말했네. "그 질문에는 비유로 대답해야겠네."

그는 "선생님은 비유로 말씀하시는 데 익숙하지 않은 걸로 압니다만."

488a 내가 말했네. "됐네. 나를 증명하기 어려운 논의에 밀어넣고서는 지금 놀리는 것인가? 자, 내 비유를 한번 들어보게. 그래야 내가 비유에 얼마나 서툰지 드러나지 않겠나? 가장 훌륭한 사람들만큼 국가와 관련해 처지가 난해한 사람들도 없을 것이네. 그래서 그들의 처지를 보여주며 그들을 변호하려면 여러 가지 비유를 결합해야 하네. 화가가 염소와 사슴을 합친 듯한 존재[196]나 이런저런 동물이 뒤섞인 존재를 그리듯 말일세.

예를 들어 배에서 다음과 같은 일이 벌어진다고 생각해보게. 선주는
b 그 배에서 가장 덩치가 크고 힘도 세지만 귀가 좀 멀고 근시인 데다 항해 지식도 신통치 않네. 선원들은 서로 키를 잡겠다고 다투지만 조타 기술을 배운 자는 아무도 없네. 게다가 그들은 그런 기술은 누가 가르치거나 배울 수 있는 것이 아니라고 주장하며 혹시라도 가르치겠다는 작자가 나서면 요절을 낼 준비가 되어 있네.

c 선원들은 늘 선주 곁을 맴돌며 서로 자기를 키잡이로 삼아달라고 요구하다가, 혹시 선주가 누군가의 뜻을 따른다 싶으면 그자를 죽여 배 밖으로 던져버리네. 술에 최면제를 타서 점잖은 선주를 꼼짝 못하게 하고 배를 장악하네. 그런 사람들이 으레 그러듯 그들은 배의 물건들을 제멋대로 사용하고 술 마시고 흥청거리며 항해를 하네. 또한 선주를 회유해
d 서든 협박해서든 자기 편 사람들은 항해에 능하다느니, 키를 잘 조종한

196 그리스어로는 염소와 사슴의 복합어로 된 이 상상 속의 동물은 기원전 7-6세기 지금의 이란 지역에 있던 메디아에서 여러 색으로 염색된 실로 그림을 짜 넣은 직물에서 찾아볼 수 있다.

다느니, 배에 관한 지식이 풍부하다느니 하며 치켜세우고, 그렇지 않은 사람은 쓸모없다고 깎아내리네. 진정한 키잡이가 되려면 한 해의 주기 변화와 계절, 하늘, 별, 바람 등 관련 기술 연구가 필수적이라는 사실조차 모르네. 그러니 사람들이 원하든 원하지 않든 조타 기술을 연구해 가 e
르친다든가, 배워서 익혀야 한다는 생각을 하지 못하네.

이 지경이 된 배에 탄 선원들은 진정한 키잡이를 별이나 쳐다보는 489a
자, 쓸데없이 지껄이는 자, 아무 쓸모없는 자라고 부르지 않겠는가?"

아데이만토스는 "물론 그럴 겁니다"라고 대답했네.

내가 말했네. "자네라면 자세히 검토하지 않아도 이 비유가 국가에서 진정한 철학자들이 처한 처지가 어떠한지 말해주고 있음을 금세 알아차렸을걸세."

그는 "물론입니다"라고 말했네.

"그렇다면 사람들에게 이 비유를 들려주며 철학자들이 국가에서 존경받지 못하는 이유를 설명해주게. 그들이 존경받으면 그게 훨씬 더 이상한 일임을 납득시켜야 하네." b

그는 "그러겠습니다"라고 말했네.

"훌륭한 철학자조차 대중에게 쓸모없다는 말이 틀리지는 않았네. 하지만 그것은 철학자들을 활용하지 않는 대중의 잘못이지 철학자들의 잘못은 아니네. 키잡이가 선원들에게 자신의 지휘를 받으라고 간청한다든지, 현자가 부자의 문앞을 찾아간다든지 하는 것은 자연스러운 일이 아니니 말일세. 그러니 현자는 부자를 찾기 마련이라고 재치 있는 척 지껄이는 사람[197]은 거짓말을 하는 것이네. 부유하든 가난하든 병에 걸리면 의사를 찾아가듯, 통치받고 싶은 사람이 통치할 수 있는 사람을 찾아 c

가는 것이 맞네. 진정한 통치자가 사람들을 찾아가 자신의 통치를 받으라고 부탁할 필요가 없네. 오늘날 통치를 담당하고 있는 정치가들은 비유에 나온 선원들과 같고, 쓸데없이 별이나 쳐다본다고 조롱당하던 사람들은 진정한 키잡이라고 보면 정확하네."

그는 "지극히 옳은 말씀입니다"라고 말했네.

"실정이 그러하니 지혜를 사랑하는 것은 가장 훌륭한 일임에도 불구
d 하고 정반대를 추구하는 사람들에게 좋은 평가를 받기가 쉽지 않네. 하지만 더 큰 비방을 받는 것은 오히려 철학하는 사람들 때문이네. 그들의 대다수가 철저하게 부패했고 훌륭한 철학자라 해도 별 쓸모가 없다는 비난을 받는데, 그 말이 사실이기 때문이네. 이는 나도 동의하는 바이기도 하네. 그렇지 않은가?"

"그렇습니다."

"그러면 우리는 훌륭한 사람들이 쓸모없게 되는 이유를 자세히 설명한 셈이네."

"물론입니다."

"이제 사람들이 타락할 수밖에 없음을 논하고, 그것이 철학 탓이 아

---

197 기원후 3세기에 활동한 그리스 철학자들의 전기작가 디오게네스 라에르티오스에 의하면, 시라쿠사이의 참주 디오니시오스가 소크라테스의 제자이자 키레네학파의 창시자 아리스티푸스(기원전 435-356년경)를 놀리려고, 부자는 철학자를 찾지 않는데 철학자는 부자를 찾는 이유가 무엇이냐고 물었다. 이에 아리스티푸스는 철학자는 자신이 무엇을 원하는지 알지만 부자는 알지 못하기 때문이라고 대답했다. 아리스토텔레스의 『수사학』 2권 16장 1391a 이하에 의하면, 기원전 5세기에 시라쿠사의 참주였던 히에론의 왕비가 고대 그리스의 서정시인 시모니데스에게 부자가 되는 것과 현자가 되는 것 중에 어느 쪽이 나은지 물었다. 이에 시모니데스는 현자들이 부자들의 문 앞에서 시간을 보내는 것을 보면 부자가 되는 것이 더 낫다고 대답했다.

님을 밝힐 수 있다면, 자네는 그렇게 하겠는가?" e

그는 "물론입니다"라고 말했네.

"그러면 진정으로 훌륭한 사람의 본성적 자질에 대해 앞에서 다룬 대목을 떠올리며 논의를 시작해보세. 자네도 기억하겠지만 철학하는 사람 490a 은 모든 면에서 진리를 추구하는 자여야 하네. 그렇지 않으면 허세만 부릴 뿐 진정으로 철학하는 사람이 아니라고 했지."

"그렇게 말씀하셨습니다."

"그런데 이것은 훌륭한 사람에 대한 통상적인 생각과 너무나 다르지 않은가?"

그는 "물론입니다"라고 말했네.

"그렇다면 이렇게 해명하는 게 적절하지 않겠나? 진정 배우기를 좋아하는 사람은 본성적으로 실재에 도달하려고 애쓰기 때문에 존재하는 b 것처럼 보이는 수많은 개개의 사물에 머물지 않고, 혼의 각 부분을 사용해 사물 자체의 본성을 포착할 때까지 그 본성에 대한 사랑을 소홀히 하거나 거두지 않는다는 것이네. 개개의 사물 자체의 본성과 그 본성을 파악하기에 적합한 혼의 부분은 동일한 부류이기에 가능한 일이지. 이렇게 해서 그의 혼은 진정으로 존재하는 것에 다가가 교접하여 지성과 진리를 낳고, 지식에 도달하여 진실하게 살고 성숙해진다네. 그때 비로소 내내 계속되던 산고가 그칠 것이네."

그는 "아주 적절한 해명입니다"라고 말했네.

"그런데 이 사람은 거짓을 좋아할까, 아니면 미워할까?"

그는 "미워할 테지요"라고 대답했네. c

"진리가 앞장서는데 나쁜 무리가 그 뒤를 따르지는 않을 것이네."

"그럴 수는 없지요."

"대신 건강하고 정의로운 성품이 따를 것이고, 그 뒤로 절제가 따르겠지?"

그는 "그렇습니다"라고 말했네.

"그러니 지혜를 사랑하는 자가 지닌 일련의 자질들을 처음부터 다시
열거할 필요는 없지 않겠나? 용기, 고매함, 쉽게 배우는 능력, 좋은 기억
력 말일세. 그런데 자네는 갑자기 내 말을 끊고 이렇게 말했지. 다들 우
d 리가 하는 말에 동의하기는 해도, 우리가 언급한 그 사람들을 보면 일부
는 쓸모없는 자들이고, 다수는 철저하게 나쁜 자들이라 말한다고 말이
네. 철학하는 사람들 중 다수가 나쁜 사람이라는 문제에 부딪힌 것이지.
그래서 그들이 비난받는 이유가 무엇인지 살펴본 것이네. 진정으로 지
혜를 사랑하는 자의 본성을 다시 거론하며 명확하게 규정해야 했던 이
유도 바로 그것이네."

e 그는 "그렇습니다"라고 말했네.

내가 말했네. "그러니 이제 이 본성이 다수의 경우에는 철저하게 파
괴된 반면, 그저 쓸모없다는 말을 듣는 소수의 경우에는 그런 파괴에서
491a 어떻게 벗어났는지 살펴볼 차례네. 그런 다음 지혜를 사랑하는 자의 본
성을 흉내 내어 자기에게 어울리지 않고 분수에도 넘치는 철학을 한답
시고 온갖 잘못을 저질러 철학에 나쁜 평판을 안겨준 사람들의 혼은 어
떤 본성을 지니고 있는지 살펴보세."

그는 "선생님이 말씀하시는 파괴란 무엇입니까?"라고 말했네.

내가 말했네. "그것이 무엇인지 최선을 다해 설명해주겠네. 방금 완벽
b 한 철학자의 자질을 자세히 말했는데, 소수만이 그런 자질을 모두 갖춘

본성을 가지고 태어난다는 데 모든 사람이 동의하리라고 보네. 그렇지 않은가?"

"분명 그렇습니다."

"그런데 이 소수를 파괴하는 것이 얼마나 많고 강력한지 생각해보게."

"어떤 것들이 있습니까?"

"무엇보다도 놀라운 것은 우리가 칭찬했던 본성의 자질들이 도리어 그런 본성을 지닌 혼을 파괴하고 지혜를 사랑하지 못하게 만들 수 있다는 것이네. 용기와 절제 등 앞에서 우리가 열거했던 자질들 말일세."

그는 "이상한 말씀 같습니다"라고 말했네.

내가 말했네. "그뿐 아니라 좋은 것이라고 여겨지는 모든 요소들, 즉 c
아름다움이나 부, 체력, 세도가문 등도 그런 본성을 지닌 혼을 파괴하고 지혜를 사랑하지 못하게 만든다네. 무슨 말인지 자네도 알걸세."

그는 "알 듯도 합니다만 좀 더 자세히 설명해주세요"라고 말했네.

내가 말했네. "전체적으로 파악한다면 이상할 것도 없네. 무슨 말인지 명백할 것이네."

그는 "어떻게 그럴 수 있습니까?"라고 말했네.

"식물이든 동물이든 모든 씨나 성체는 적절한 양분과 기후와 장소가 d
필요하지. 생명력이 강한 것일수록 그런 필요는 더 절실해진다네. 좋은 것의 반대는 좋지 않은 것이 아니라 나쁜 것이기 때문이지."

"어찌 그렇지 않겠습니까?"

"따라서 좋은 본성일수록 맞지 않은 상태에서 양육될 경우 평범한 본성보다 더 나빠지는 것이 당연하네."

"그렇습니다."

e 내가 말했네. "그렇다면 아데이만토스, 훌륭한 본성을 지닌 혼도 나쁜 교육과 지도를 받는다면 특히 더 나쁘게 된다고 볼 수 있지 않겠는가? 극도로 불의하고 악한 것은 훌륭한 본성이 그릇된 양육을 받아 파괴되었을 때 생겨나는 게 아니라 열등한 본성에서 생겨난다고 생각하는가? 그것도 아니면 약한 본성이 좋은 일에서든 나쁜 일에서든 큰일을 낸다고 생각하는 건 아니겠지?"

그는 "선생님 말씀이 맞습니다"라고 대답했네.

492a "지혜를 사랑하는 자의 본성은 적절한 가르침을 받는 경우에는 성장해 온갖 미덕에 도달하겠지. 하지만 부적절한 곳에 씨가 뿌려지고 심겨져 양육되는 경우에는 어쩌다가 신의 도움을 받으면 모를까 모든 면에서 정반대 상태에 도달하게 될 것이네. 대중은 소피스트들[198]이 청년들을 타락시켰고, 사사로운 개인임에도 불구하고 그럴 힘이 있다고 믿는다네. 하지만 사실 그런 주장을 하는 대중 자신이 대단한 소피스트들이
b 어서 남녀노소를 불문하고 모든 사람을 교육하여 자신이 원하는 사람으로 완벽하게 만들 수 있다고 생각하지 않는가?"

그는 "대중이 언제 사람들을 그렇게 교육한다는 말씀입니까?"라고 반문했네.

내가 말했네. "민회나 법정, 극장, 군영, 그 밖의 대중 집회에서 떼 지

198 '소피스테스'(σοφιστής)는 일반적으로 어떤 전문 분야에 정통한 사람 또는 인생의 문제에 지혜로운 사람을 가리키고, 좀 더 구체적으로는 '소피스트들'을 가리킨다. 기원전 5-4세기에 아테네에서 민회를 중심으로 직접민주주의를 시행하면서 출세하는 데 있어 대중연설이 한층 더 중요해졌다. 이 때문에 그리스 다른 나라들의 유명한 소피스트들이 아테네에 와서 웅변술, 수사학 등으로 불리는 변론술을 가르쳤고, 실제로 인기도 높았다.

어 앉아 연단에 선 사람들의 발언과 행동을 비난하거나 찬양하면서 그렇게 한다네. 떠들썩하게 고함지르고 박수갈채를 보내면서 말이야. 비 c
난이나 찬양 소리는 암벽에 부딪혀 메아리치며 두 배로 커지네.[199] 그런 현장에 있는 청년들의 마음은 어찌되겠나? 개인적으로 받은 교육 덕분에 군중의 비난이나 찬양에 휩쓸리지 않을 수 있겠는가? 부화뇌동하여 군중이 말하고 행동하는 대로 하지 않을 수 있겠는가?"

그는 "그러지 못할 것이 분명합니다, 소크라테스 선생님"이라고 대답 d
했네.

내가 말했네. "대중의 강요는 이 정도로 끝나지 않네."

그는 "또 무엇이 있습니까?"라고 물었네.

"교육자이자 소피스트인 대중은 말로 설득할 수 없을 때는 행동에 나선다네. 시민권을 박탈하거나 벌금을 물리거나 사형에 처한다는 사실을 자네도 알지 않는가?"

그는 "대중이 그런 심한 짓을 저지르기는 하지요"라고 대답했네.

"그런 상황에서 어떤 선생이나 개인이 대중과 맞서 싸워 그들을 제압할 수 있겠는가?"

그는 "아무도 그럴 수 없을 겁니다"라고 대답했네. e

내가 말했네. "그럴 수 없는 것은 물론이고 그런 시도 자체가 어리석

199 당시 고대 그리스에서 이러한 대중 집회 장소로 디오니소스 극장과 프닉스가 있었다. 디오니소스 극장은 기원전 6세기에 아크로폴리스 남쪽 기슭에 세워진 고대 아테네의 극장으로 드라마 예술의 근원지이며, 초기에 민회가 열린 곳이기도 하다. 프닉스는 기원전 460년경에 아크로폴리스에서 서쪽으로 1킬로미터 떨어진 곳에 세워진 집회장으로 연단이 암벽을 마주보고 있었다. 민회가 주로 이곳에서 열렸다.

은 짓이네. 미덕과 관련해 대중이 시키는 것과 다른 교육을 받고 다른 인격이 되는 일은 예나 지금이나 일어나지 않고, 앞으로도 일어나지 않을 테니 말일세. 그런데 여보게, 이런 일은 평범한 사람들의 인격에 적
493a 용되니 속담이 말하듯 신이 내린 비범한 사람의 인격은 논외로 치세. 이런 정치체제에서는 오직 신의 도움으로만 한계를 벗어나 훌륭한 인격이 될 수 있다는 말이 틀리지 않으니 말일세."

그는 "제 생각도 다르지 않습니다"라고 말했네.

내가 말했네. "다음 문제에 대해서도 자네가 나와 같은 생각인지 모르겠네."

"어떤 것 말입니까?"

"보수를 받고 지식을 가르친다는 소피스트들 말이네. 대중은 그들을 교육 경쟁자로 여기는데, 그들은 대중 가운데서 대중의 신념 말고는 가르치는 것이 없네. 그들은 대중의 신념을 지혜라고 부른다지.

소피스트의 그런 행태는 한 지붕 아래에서 크고 힘센 짐승과 오랜 세월 함께 지내며 터득한 바를 지혜라고 부르며, 하나의 기술로 체계화해서 가르치는 것과 같네. 어떻게 접근하고 붙잡아야 하는지, 언제 무슨 이유로 성질을 내거나 온순해지는지, 어떤 상황에서 무슨 소리를 내는
b 지, 어떤 소리에 반응하는지 등 그 짐승의 기분과 욕구를 파악해 알게 된 것들이지.

소피스트는 그 짐승의 신념과 욕구가 진정으로 훌륭한지 수치스러
c 운지, 좋은지 나쁜지, 정의로운지 불의한지 전혀 모르면서 그저 덩치 큰 그 짐승의 기분에 따라 이름을 붙이네. 그러니 그 짐승이 기뻐하는 것은 좋은 것이라 부르고 싫어하는 것은 나쁜 것이라 부르지만, 그것이 왜 좋

은지 혹은 나쁜지는 설명하지 못하네. 그 짐승이 할 수밖에 없는 것을 정의롭고 훌륭한 것이라고 부르지만, 할 수밖에 없는 것과 좋은 것이 본성적으로 얼마나 다른지 자신도 모르니 다른 사람에게 알려줄 수도 없네. 그럼 점에서 맹세하건대 소피스트들이 이상한 교육자라는 생각이 들지 않는가?"

그는 "그런 생각이 듭니다"라고 대답했네.

"그러니 그림이나 시가, 정치 등과 관련해 대중이 무엇에 분노하는지 d
혹은 즐거워하는지 잘 아는 것이 곧 지혜라고 생각하는 사람과 소피스트가 무엇이 다르겠는가? 대중과 한통속이 되어 필요 이상으로 대중을 주인으로 모시거나 하겠지. 시를 짓거나 무언가를 만들거나 국가에 봉사하는 경우에는 디오메데스의 필연성[200]에 따라 대중이 찬양하는 것을 할 것이네. 소피스트들은 그런 것이 진정 좋고 훌륭하다는 논리를 펴지만 결국에는 터무니없는 말임이 드러나고 마네. 자네는 그들의 말을 들어본 적이 있는가?"

그는 "들은 적이 없고 앞으로도 듣지 않을 겁니다"라고 대답했네. e

"이 모든 일을 감안하고 앞에서 우리가 한 말을 떠올려보게. 대중이
과연 아름다움 자체나 그 밖에 사물 자체가 존재한다는 것을 받아들이 494a

---

200 '창을 휘두르는 모습을 한 아테나'(팔라스 아테나) 여신의 신상을 모시는 나라는 이 여신의 보호를 받는다는 말을 들은 오디세우스와 디오메데스는 트로이아 성에 들어가 이 신상을 훔친다. 하지만 오디세우스가 디오데메스를 죽이고 신상을 독차지하려다가 실패해, 디오메데스는 어쩔 수 없이(필연성) 오디세우스를 결박해 그리스군 진영으로 돌아온다. 여기에서 '디오메데스의 필연성'이라는 말이 생겨났다. 이는 '그렇게 할 수밖에 없었다'는 뜻이다. 아르고스의 왕 디오메데스는 트로이아 전쟁에서 그리스군으로 참전해 아테나 여신의 도움으로 많은 전공을 세운다.

거나 믿을 수 있다고 보는가?"

그는 "결코 그럴 수 없다고 봅니다"라고 대답했네.

내가 말했네. "그렇다면 대중이 지혜를 사랑하는 자가 되기는 불가능하네."

"그렇습니다."

"따라서 지혜를 사랑하는 자는 대중에게 비난을 받을 수밖에 없네."

"그렇습니다."

"또한 지혜를 사랑하는 자는 대중과 영합해 대중을 즐겁게 해주려는 저 개개인들에게도 비난을 받을 수밖에 없네."

"분명 그렇습니다."

"그런 상황에서 지혜를 사랑하는 자가 자기 본성을 지켜 철학을 꾸준히 추구해 목표에 도달할 수 있다고 보는가? 우리가 앞에서 말한 바에
b 비추어 생각해보게. 우리는 쉽게 배우는 능력, 좋은 기억력, 용기, 고매함이 그런 본성에 속하는 자질이라는 데 이미 동의했네."

"그렇습니다."

"그런 사람은 어릴 때부터 모든 면에서 두각을 나타내지 않겠는가? 특히 신체 조건까지 특출하다면 더욱 그러할걸세."

그는 "물론입니다"라고 말했네.

"그렇기 때문에 좀 더 나이가 들어서는 친척과 시민들이 서로 자기 일에 그를 끌어들이고 싶어 할 것이네."

"왜 아니겠습니까?"

c "장차 큰 인물이 될 것이라 예상하고는 그 앞에서 굽실대고 아첨할 것이네."

그는 "흔히 일어나는 일이지요"라고 말했네.

내가 말했네. "그런 환경에서 그가 어떻게 될 것 같은가? 더욱이 강대국의 부유하고 명망 있는 가문에서 태어난 데다가 용모가 준수하고 키까지 크다면 말일세. 그의 마음이 헛된 희망으로 가득 차서 나중에는 그리스인뿐 아니라 이민족의 일까지 자신이 다 해결할 수 있을 것처럼 굴지 않겠는가? 지성[201]이라고는 전혀 없으면서 헛바람이 들어 오만방자 d
해지지 않겠는가?"

그는 "분명히 그럴 겁니다"라고 대답했네.

"누군가가 그에게 조용히 다가가 진실을 말해준다고 한들 그가 선뜻 귀담아 듣겠는가? 그에게는 반드시 필요한 지성이 없고, 힘들게 수고하지 않으면 지성을 갖출 수 없다고 말이네."

그는 "어림없는 일이지요"라고 대답했네.

내가 말했네. "설령 그가 본성이 훌륭해 충고를 받아들이고 지혜를 e
사랑하는 쪽으로 돌아서려 한다고 치세. 하지만 그의 이용 가치를 알아보고 인맥을 맺어온 사람들이 이제 와서 그를 순순히 놓아주겠는가? 그가 설득당하지 않도록 온갖 훼방을 놓을 것이네. 그를 설득하려는 사람도 그렇게 못하게 하려고 온갖 음모를 꾸미고 소송도 제기할 것이네."

그는 "다분히 그럴 겁니다"라고 대답했네. 495a

"그런 상황에서도 그가 계속해서 지혜 사랑하기를 추구할 수 있겠나?"

"그럴 수 없을 겁니다."

---

201 '지성'(νόος, 누스)은 참된 실재인 이데아를 인식하는 수단을 사용해 지혜를 만들어내는 '능력'이다. 이 능력을 제대로 갖추고 사용하지 않으면 지혜를 얻을 수 없고, 지혜가 없으면 통치자가 될 수 없다.

"그러니 지혜를 사랑하는 본성을 지닌 자라 하더라도 나쁜 양육을 받는 경우, 그런 본성에 속한 자질이 오히려 지혜를 사랑하는 길에서 그를 벗어나게 하는 원인이 되고, 흔히 좋은 것이라고 여기는 부나 그 밖에 비슷한 조건들도 마찬가지라는 말이 틀리지 않음을 알겠는가?"

그는 "틀린 말씀이 아니라 옳은 말씀입니다"라고 대답했네.

b 내가 말했네. "여보게, 지혜를 사랑하는 가장 좋은 활동에 적합한 본성은 드물게 생기는 특별한 것이지만, 우리가 앞에서 말한 환경에서는 파괴되고 변질되고 만다네. 그러다 보면 국가와 개인에게 해악을 끼치는 사람이 생겨날 수 있네. 그런 본성을 잘 살리면 좋은 쪽으로 큰일을 하겠지만 말이야. 한편 평범한 본성을 지닌 사람은 개인에게든 국가에게든 큰 영향을 끼치지 못하네."

그는 "지극히 옳은 말씀입니다"라고 말했네.

c "그런 사람은 철학을 하는 것이 가장 어울리는데도 철학으로 소기 목표에 도달하지 못한 채 철학을 떠나 자신에게 어울리지 않고 참되지도 않은 삶을 살아가게 된다네. 반면 철학에 적합하지 않은 사람이 버림을 받고 고아가 되다시피 한 철학을 받아들여서는 철학을 욕되게 하고 온갖 비난을 듣게 만든다네. 그 때문에 철학하는 사람들 중에는 쓸모없는 자나 나쁜 짓을 하는 자가 많다는 이야기가 돌며 철학이 욕을 먹는 것이네."

그는 "실제로 사람들이 그렇게 말하지요"라고 말했네.

내가 말했네. "사실 그렇게 말하는 것도 일리는 있네. 철학이라는 영
d 역은 아름다운 이름과 장식이 가득한 곳이건만 아무도 머물려 하지 않
아 텅 비게 되었지. 그러자 별 볼 일 없는 자들이 기뻐하며 마치 탈옥해

신전으로 피신한 자들[202]처럼 각자 있던 기술 영역에서 뛰쳐나와 철학으로 뛰어들었다네. 그들이 보잘것없는 기술에서는 최고의 실력자이기는 하지만, 아무리 처지가 딱하게 되었어도 철학이 다른 기술에 비하면 여전히 위대한 자들에게 어울리는 영역이어서 그렇게 넘보는 것이네. 철학에 적합한 본성을 갖추지 못한 자들, 다시 말해 원래 종사하던 일과 기술로 인해 신체에 장애가 생기고 손으로 작업하느라 혼이 쪼그라들 e
고 망가진 자들이 이 영역을 노리는 것이지. 그렇지 않은가?"

그는 "당연합니다"라고 대답했네.

내가 말했네. "구리 세공을 하며 돈푼이나 만지게 된 키 작은 대머리 남자가 노예 신분에서 벗어난 지 얼마 되지 않아 새신랑처럼 때 빼고 광낸 후, 아버지를 여의고 혼자 남아 가난하게 된 자기 주인의 딸과 결혼하려 드는 것과 뭐가 다르겠는가?"

그는 "전혀 다르지 않습니다"라고 대답했네. 496a

내가 말했네. "그런 자들에게서 태어난 자녀는 어떨 것 같은가? 별 볼 일 없는 서자가 아니겠나?"

"당연히 그럴 테지요."

"부적합한 자들이 철학에 손을 대고 바르게 철학을 하지 못할 때 어떤 생각과 의견을 갖게 될 것 같은가? 참된 지혜라고는 찾아볼 수 없고 불법 투성이에 궤변[203]이라는 말이나 듣는 생각과 의견을 갖게 되지 않

---

202 신전은 치외법권이 적용되는 신성한 구역이어서 신전으로 피신한 죄인은 체포할 수 없었다. 플라톤은 이 비유를 통해 철학은 가장 신성한 영역임에도 불구하고, 역설적으로 그 때문에 형편없는 자들이 모여드는 소굴이 되었다고 말한다.

203 '궤변'으로 번역한 '소피스마타'(σόφισμα)는 '소피스트'와 어원이 같은 단어로 '영리하게

겠는가?"

그는 "전적으로 그렇습니다"라고 대답했네.

b 내가 말했네. "여보게 아데이만토스, 이제 철학을 제대로 하는 극소수 사람들을 얘기할 차례네. 그들은 고귀하고 훌륭한 양육을 받았지만 어쩌다 보니 그들을 타락시키는 자들의 눈에 띄지 않았거나, 위대한 혼을 지녔지만 작은 국가에서 태어난 까닭에 국가의 일을 하찮게 여겨 자기 본성에 따라 계속 철학을 하게 된 사람들일 것이네. 그들 중 소수는 훌륭한 본성을 지니고 있다 보니 다른 기술직에 종사하는 것이 시시해 철학으로 옮긴 사람들일 수도 있네. 우리 동료 테아게스[204]의 고삐 같은 것
c 에 매인 사람일 수도 있네. 테아게스는 철학에서 벗어날 조건을 모두 갖추었지만 병약하기 때문에 정계로 진출할 수 없어 계속 철학을 했던 것이니 말일세. 내 경우는 신의 계시를 받아 철학을 계속하고 있지만, 철학을 계속하는 이유로 언급할 가치는 없네. 다른 사람들도 신의 계시로 철학을 계속할 수는 있지만 이전까지 그런 사례는 전혀 없었네.

진정으로 지혜를 사랑하는 이 소수 사람들은 철학이라는 자산을 소유하고 맛보는 것이 얼마나 즐겁고 행복한지 알지만, 대중의 광기도 충
d 분히 알게 된다네. 국가와 관련된 그 어떤 건전한 일도 할 수 없고, 정의로운 일을 도우려고 나서면 지지하는 사람이 아무도 없어 목숨도 부지하기 힘들어지네. 불의한 일에 가담하지 않더라도 마치 짐승들 한가운데 떨어진 처지가 되어 사나운 이들에게 충분히 대항할 수도 없네. 그러

고안해낸 것, 교묘한 속임수' 등을 의미한다.

204 테아게스는 소크라테스를 추종하는 청년이다. '테아게스의 고삐'는 병약함을 가리킨다.

니 국가나 친구들에게 유익한 일을 하기도 전에 자기가 먼저 파멸을 당해 자신과 남들에게 쓸모없는 사람이 된다는 것을 알게 되네.

이치를 따져 이 모든 상황을 알게 된 후에는 조용히 지내며 자기 앞가림이나 할 것이네. 먼지와 비를 몰고 오는 세찬 바람을 피하기 위해 처마 밑에 피신해 있는 것과 같네. 무법천지를 바라보면서 자기만이라도 불의하고 불경한 일에서 벗어나 깨끗하게 이승을 살아가는 데 만족하다 e
가 밝은 희망을 품고 좋은 마음으로 우아하게 이 세상을 떠날 것이네."

그는 "그것도 결코 작은 일은 아니라고 봅니다"라고 말했네. 497a

내가 말했네. "하지만 그는 자신에게 맞는 정치체제를 만나지 못한 탓에 큰일을 이루지 못한 것이네. 적합한 정치체제를 만났다면 자신은 물론이고 모든 시민을 한층 더 크게 구하고 성장시켰을 테지. 이만하면 지혜를 사랑하는 것이 세간의 비난을 받게 된 이유와 그 비난이 옳지 않음을 적절히 설명한 것 같네. 자네가 달리 더 할 말이 없다면 말일세."

그는 "저는 더 할 말이 없습니다. 그런데 오늘날 어떤 정치체제가 지혜를 사랑하는 자에게 적합할까요?"라고 물었네.

내가 말했네. "그런 정치체제는 어디에도 없네. 오늘날 지혜를 사랑하 b
는 자의 본성에 맞는 정치체제가 없어 그런 본성이 왜곡되고 변질되는 것이 내 불만이라네. 낯선 땅에 뿌려진 씨가 어쩔 도리 없이 자신을 잃어버리고 그 땅에 동화되는 것처럼, 지혜를 사랑하는 자의 본성도 그 능력을 보전하지 못한 채 다른 성격으로 타락하고 만다네. 하지만 최고인 이 본성이 최고의 정치체제를 만난다면, 이 본성은 진정으로 신적인 것 c
인 반면, 다른 본성과 일은 인간적이라는 것이 드러날걸세. 자네는 분명 그런 정치체제가 어떤 것이냐고 묻고 싶을 테지?"

그는 "잘못 짚으셨습니다. 저는 우리가 국가를 세우면서 설명했던 것이 바로 그런 정치체제인지 여쭤보려고 했습니다"라고 말했네.

내가 말했네. "맞네. 바로 그런 정치체제네. 사실 그때도 말했지만 다
d 시 한번 말하자면, 자네가 입법자로서 법을 제정할 때 가졌던 것과 같은 원칙을 고수하는 그 무엇이 언제나 그 국가에 있어야 하네."

그는 "네, 그때도 말씀하셨습니다"라고 말했네.

내가 말했네. "하지만 그것을 증명하려면 시간도 많이 걸리고 어렵다고 자네들이 이의를 제기할까 봐 내가 충분히 설명하지 못했네. 지금 남아 있는 것도 설명하기가 쉽지는 않네."

"어떤 것이지요?"

"국가가 철학을 어떻게 대해야 철학이 파괴되지 않을 것인가 하는 문제네. 큰일에는 위험이 따르기 마련이지. '아름다운 것은 어렵다'는 속담도 있지 않은가?"

e 그는 "그럼에도 논증이 분명해진다면 이 문제의 논의가 끝난 것으로 하시지요"라고 말했네.

내가 말했네. "우리가 그렇게 하지 못한다면 의지가 없기 때문이 아니라 능력이 없기 때문이겠지. 이 문제에 대한 내 의욕이 얼마나 대단한지 보게 될걸세. 나는 아주 거침없이 주장할 작정이네. 지혜를 사랑하는 것에 대한 국가의 태도가 지금과는 정반대가 되어야 한다고 말일세."

"그게 무슨 말씀입니까?"

498a 내가 말했네. "오늘날 철학하는 사람들을 보면, 아동기를 막 벗어난 어린 청년들이 철학에 손대기 시작해서는 돈을 벌고 가정을 꾸리기 전까지 활동을 하는 것 같네. 그 시기에 철학 중에서도 가장 어려운 이성

적 추론 부문을 접했다가 그만둔다네. 그러고 나면 철학에 정통한 사람
으로 대접을 받는다네. 그들은 철학하는 다른 사람들의 논쟁에 초대받
아 참석하는 것을 대단하게 여기는데, 이는 철학을 취미 활동으로 여기
기 때문이네. 그러다가 노년에 이르러 철학에 대한 열정이 소수를 제외
하고는 헤라클레이토스의 태양[205]보다 더 소멸되어 다시는 타오르지 않 b
게 되네."

그는 "그러면 어떻게 철학을 해야 합니까?"라고 물었네.

"정반대로 해야 하네. 청소년들은 그들의 수준에 맞는 교육과 철학으
로 심신을 잘 보살펴 제대로 철학할 수 있는 상태를 갖추어야 하네. 그
런 후 혼이 성숙해지는 나이가 되면 본격적으로 혼을 단련해야지. 체력
이 떨어지고 정치와 군에서 물러난 후에는 취미 활동을 제외한 모든 일 c
에서 벗어나 자유롭게 철학에 전념해야 하네. 이것이 이승에서 행복하
게 살고, 죽어서 저승에 가서도 이승에서 살았던 삶에 어울리는 운명을
맞이하고자 하는 사람의 철학 방식이네."

그는 "소크라테스 선생님, 선생님은 진심을 담아 말씀하시지만, 트라
시마코스 선생을 비롯해 많은 이들은 그 말씀에 반대하며 물러서지 않
을 것 같습니다"라고 말했네.

내가 말했네. "나와 트라시마코스 선생은 전에도 적이었던 적은 없지 d

---

205 헤라클레이토스(기원전 540-480년경)는 기원전 6세기 말에 활동한 고대 그리스의 사상가로 에페소스 출신이다. 소크라테스 이전 시기의 주요한 철학자로 평가된다. 그는 만물의 근원을 불이라고 주장했고, 대립물의 충돌과 조화, 다원성과 통일성의 긴밀한 관계를 중심으로 만물을 설명했다. 그는 태양이 지는 것을 완전한 소멸로, 다시 떠오르는 것을 새로운 생성으로 보고 "태양은 날마다 새롭다"(『단편』 6)라고 말했다.

만 어쨌든 이제 막 친구가 되었는데, 둘 사이를 갈라놓지는 말게나. 우리는 그런 사람들을 계속해서 설득할 것이고, 그들이 다시 태어나 살아가면서[206] 이런 논의를 다시 접했을 때 도움이 되고자 하는 노력을 포기하지 않을 것이네."

그는 "선생님은 이런 논의를 하기에 우리 인생이 짧다고 말씀하시는 것 같습니다"라고 말했네.

내가 말했네. "영원에 비하면 우리 인생은 짧다 못해 없는 것이나 마찬가지지. 하지만 많은 사람이 쉽게 설득되지 않는 것은 전혀 이상한 일이 아니네. 그들은 오늘날 사람들의 말이 현실에서 실현된 것을 본 적
e 이 없고, 말과 현실의 자연스러운 일치보다는 인위적으로 운을 맞춘 말밖에 보지 못했기 때문이네. 말과 행동에서 인간으로서 최대한 이룰 수
499a 있는 미덕과 혼연일체가 된 사람을 본 적도 없네. 그런 사람들이 미덕을 갖춘 국가에서 권력을 쥔 것을 본 적도 없네. 그렇지 않은가?"

"전적으로 그렇습니다."

"또한 그들은 법정이나 사적 모임에서 명성을 얻고 그저 이기기 위해 교묘한 말로 벌이는, 이른바 논쟁을 위한 논쟁을 멀리하는 것을 본 적이 없네. 지식을 얻기 위해 궁리하고 온 힘을 다해 진리를 추구하는 훌륭하고 자유로운 논의를 충분히 들어본 적도 없네."

그는 "어디에서도 그런 논의를 들어보지 못했을 겁니다"라고 말했네.

b 내가 말했네. "그래서 우리는 그런 점을 미리 내다보고 두려워하면서도 진리에 강력하게 이끌려 다음과 같이 말한 것이네. 앞에서 우리는 오

206 플라톤은 윤회설을 믿었고, 윤회설은 제10권 614b 이하에서 본격적으로 다루어진다.

늘날 쓸모없는 자라고 불릴지언정 악하지 않은 소수의 철학자들이 자의에 의해서든 타의에 의해서든 피치 못하게 국가의 일을 맡게 되어 국가가 그들의 말에 복종할 수밖에 없거나, 현재의 권력자나 군주 또는 그의 자손이 신의 감화를 받아 참된 철학을 진정 사랑하는 일이 벌어지지 c
않는 한, 국가든 정치체제든 개인이든 결코 완전해질 수 없다고 말했네. 그런 일들이 실현될 가능성이 없다고 말할 근거는 전혀 없네. 불가능한 일이라면 그저 희망사항을 말하는 것이니 비웃음을 사도 마땅하지. 그렇지 않은가?"

"그렇습니다."

"따라서 철학의 최정상에 있는 사람들이 피치 못할 사정으로 국가를 담당하는 일이 먼 과거에 일어났든지, 아니면 오늘날 우리가 모르는 머나먼 이방 땅에서 일어나거나 나중에라도 일어나 무사 여신[207]이 국가 d
를 지배하게 된다면, 우리가 앞에서 말한 정치체제는 실현된 적이 있고, 지금도 실현되고 있으며, 앞으로도 실현될 것이라는 주장을 관철하기 위해 우리는 싸울 각오가 되어 있네. 우리가 불가능한 일을 말하는 게 아니니 말일세. 하지만 그런 일이 일어나기 어렵다는 데는 동의하네."

그는 "제 생각에도 그런 것 같습니다"라고 말했네.

내가 말했네. "하지만 대중은 그렇게 생각하지 않는다고 말하고 싶은 건가?"

그는 "아마도 그런 것 같습니다"라고 대답했네.

---

207 각주 138을 보라. 여기에서 '무사 여신'은 철학을 나타낸다. "철학은 가장 위대한 시가다" (플라톤, 『파이돈』 61a).

내가 말했네. "여보게, 대중을 그렇게 마구잡이로 비난해서는 안 되
e 네. 언쟁으로 이기려 하기보다는 달래고, 자네가 말하는 진정한 철학자가 어떤 사람인지 보여주어 배우기를 좋아하는 것을 더 이상 비방하지
500a 않게 해야 하네. 좀 전처럼 철학자의 본성과 활동을 분명히 제시해 실상은 그들이 생각하는 바와 다르다는 점을 알려준다면, 철학자에 대한 그들의 생각이 틀림없이 달라질 것이네. 철학자를 바라보는 대중의 눈이 달라진다면, 철학자에 대한 그들의 생각뿐 아니라 말하는 바도 분명 달라질 것이네. 점잖고 악의 없는 사람이 무례하지 않은 사람을 무례하게 대하겠는가? 또한 악의 없는 사람을 악의적으로 대하겠는가? 본성이 무례한 사람은 별로 없다네. 이건 자네가 질문할 것 같아 미리 말해두는 것이네."

그는 "제 생각도 같습니다"라고 말했네.

b "대중이 철학을 무례하게 대하게 된 이유는, 자격 없는 외부 사람이 철학의 영역에 난입해서는 연회장에서 난장판을 벌이는 술꾼처럼 논쟁을 일삼고 욕하고 싸우며 사람들을 이러쿵저러쿵 평가하는 등 철학과는 어울리지 않는 짓을 하기 때문이라는 것에도 동의하는가?"

그는 "물론입니다"라고 대답했네.

"여보게 아데이만토스, 진정으로 실재에 마음을 두고 있는 사람은 인
c 간사에 관심을 갖거나 시기와 적의를 품고 사람들과 다툴 만큼 한가하지 않다네. 그러기보다는 모든 것이 언제나 동일한 방식으로 질서정연하게 존재하면서, 서로에게 정의롭지 않은 일을 하거나 그런 일을 당함 없이, 질서 있게 이성을 따르는 실재를 관조하며 그것을 최대한 닮으려 하기 때문이네. 경이롭게 여기며 가까이 하고자 하는 게 있다면, 그것을

모방하기 마련이네."

그는 "그렇습니다"라고 대답했네.

"지혜를 사랑하는 자는 신적이고 질서 있는 것과 어울려 지내기 때문에 인간으로서 할 수 있는 데까지 질서 있고 신적인 사람이 될 것이네. d
그런데도 도처에서 비방을 많이 받는다네."

"전적으로 맞는 말씀입니다."

내가 말했네. "그러나 지혜를 사랑하는 자가 실재에서 본 것으로 자기 자신을 만들어갈 뿐 아니라, 그것을 사적이든 공적이든 인간의 성품 안에 심기 위해 노력할 수밖에 없는 상황이 된다면, 자네는 그가 절제와 정의를 비롯해 모든 시민적인 미덕을 서툴게 만들 것이라고 생각하는가?"

그는 "전혀 그렇지 않을 겁니다"라고 대답했네.

"지혜를 사랑하는 자에 관한 우리의 말이 진실임을 깨달았을 때도 대중은 과연 지혜를 사랑하는 자에게 화를 내겠는가? 그리고 신적인 본을 e
사용하는 화가라고 할 수 있는 그들이 국가의 밑그림을 그리지 않는다면 국가가 결코 행복해질 수 없다는 우리의 말을 불신하겠는가?"

그는 "진실을 깨달았다면 화내지 않을 겁니다. 그런데 밑그림이란 어 501a
떤 것을 말씀하시는 겁니까?"라고 물었네.

"지혜를 사랑하는 자들은 사람들의 성품과 국가를 화판이라 생각하고 먼저 화판을 깨끗이 할 것이네. 물론 깨끗하게 하기가 쉽지는 않네. 하지만 그들은 화판을 깨끗한 상태로 받거나 자신들이 깨끗하게 하기 전에는 개인이나 국가에 손대지 않을 것이고, 법을 만들려 하지도 않을 걸세. 이것이 다른 사람들과 비교했을 때 분명하게 드러나는 차이라네."

그는 "그렇게 하는 것이 맞습니다"라고 말했네.

"그런 다음 정치체제의 윤곽을 그리지 않겠나?"

"물론입니다."

b "다음으로 그들은 한편으로는 정의와 아름다움, 절제 등과 같은 본성적 자질을, 다른 한편으로는 사람들 안에서 만들어내려고 하는 모습을 자주 비교하면서 여러 활동을 한데 섞어 인간의 모습을 만들어낼 것이네. 이때 호메로스가 사람들 안에 존재하는 '신의 모습'이자 '신을 닮은 것'[208]이라고 불렀던 바를 본으로 삼을 것이네."

그는 "옳습니다"라고 말했네.

"그들은 그렇게 만들어낸 인간의 성품이 최대한 신들의 마음에 들 때
c 까지 지웠다가 다시 그리는 일을 반복할 것이네."

그는 "가장 훌륭한 그림이 되겠군요"라고 말했네.

내가 말했네. "그러면 우리에게 달려들 것이라던 사람들을 어느 정도 납득시킬 수 있겠는가?[209] 우리가 칭찬했던 사람이 바로 정치체제를 그리는 화가라는 것을 말이네. 그때는 우리가 그에게 국가를 넘겨준다고 화를 냈지만 이제 우리의 설명을 듣고 많이 누그러졌겠지?"

그는 "절제가 있다면 많이 누그러질 겁니다"라고 대답했네.

d "그들이 어떻게 반론을 제기할 것 같은가? 지혜를 사랑하는 자들이라고 해서 실재와 진리를 사랑하는 것은 아니라고 말하지는 않겠나?"

그는 "반론을 제기한다면 이상한 일이지요"라고 말했네.

---

208 호메로스는 그의 작품에 나오는 영웅들을 '신의 모습' 또는 '신을 닮은 것'이라고 불렀다. '신의 모습'이라는 표현은 호메로스, 『일리아스』 2권 623행, 24권 217행 등에, '신을 닮은 것'이라는 표현은 『일리아스』 1권 131행, 『오디세우스』 3권 416행 등에 나온다.

209 제5권 473c-d, 474a 참조.

"지혜를 사랑하는 자들의 본성이 가장 훌륭한 건 아니라고 말하지는 않겠나?"

"그렇게 말할 수 없을 겁니다."

"우리가 말한 본성을 지닌 사람이 적절한 활동을 한다고 해서 완벽하게 훌륭하고 지혜를 사랑하는 자가 되는 건 아니라고 말하지는 않겠나? 오히려 우리가 배제한 본성을 지닌 사람이 훌륭한 자가 될 수 있다고 주장하지는 않겠나?"

"결코 그러지 않을 겁니다." e

"지혜를 사랑하는 자가 국가를 맡지 않는 한, 국가와 시민에게 나쁜 일이 종식되지 않고, 우리가 논의해온 정치체제도 완성될 수 없다고 말한다면 대중이 여전히 화를 내겠는가?"

그는 "화를 많이 내지는 않을 겁니다"라고 대답했네.

"자네가 동의한다면, 대중이 화를 많이 내지는 않을 것이라고 하기보다 우리의 설명을 완전히 납득해 더없이 순해졌다고 말하기로 하세. 그 502a
래야 창피해서라도 우리의 설명에 동의하지 않겠는가?"

그는 "전적으로 찬성합니다"라고 대답했네.

내가 말했네. "그렇더라도 왕이나 최고 권력자의 자손이 지혜를 사랑하는 본성을 갖고 태어날 수 없다는 반론을 제기하는 사람은 없겠나?"

그는 "아무도 그런 반론을 제기하지 않을 겁니다"라고 대답했네.

"하지만 그런 자손이 태어나더라도 타락할 가능성이 농후하다고 말하는 사람이 있지는 않겠나? 그들이 타고난 본성을 보전하기 어렵다는 점은 인정하네. 하지만 타고난 본성을 보전한 자가 인류 역사를 통틀어 b
단 한 명도 없다고 주장할 사람은 없겠지?"

"어떻게 그런 주장을 하겠습니까?"

내가 말했네. "타고난 본성을 보존한 자가 한 명이라도 있어서 국가가 그를 따른다면, 그는 오늘날 불가능하다고 여겨지는 많은 일을 충분히 이룰 것이네."

그는 "그렇습니다"라고 말했네.

내가 말했네. "통치자가 앞에서 우리가 설명한 법과 관습을 정하고, 시민들이 자원해서 이를 실행하는 건 불가능한 일이 아니니 말일세."

"그렇습니다."

"우리가 그렇게 생각한다면 다른 사람들도 그렇게 생각하는 것이 이상하거나 불가능하지는 않겠지?"

c 그는 "그렇습니다"라고 대답했네.

"이제 이 일이 실현 가능하다는 점이 밝혀졌고, 최선이라는 점도 앞에서 충분히 설명했다고 보네."

"그렇습니다."

"입법과 관련해 우리가 말한 바가 실현되기만 한다면 최선이고, 실현하기 어렵기는 하지만 불가능하지 않다는 사실이 이제 밝혀졌네."

그는 "그렇습니다"라고 말했네.

"이 문제를 겨우 끝냈으니 이제 남은 문제를 다루어보세. 이렇듯 정
d 치체제를 보전하는 사람을 어떻게 길러내야 할지, 어떤 교과목과 활동
을 활용하고, 어떻게 연령대별로 적용할지 말일세."

그는 "그렇습니다"라고 말했네.

내가 말했네. "앞에서 나는 결혼과 출산이라는 껄끄러운 문제를 다루는 데 주저했지만 잔꾀를 써보아야 아무 소용없었네. 사실 통치자를 세

우는 문제를 미룬 것도 그와 관련된 진실이 사람들의 불만과 분노를 불러일으킬 것을 알았기 때문이네. 하지만 이제 그 문제를 다루지 않을 수 없네. 결혼과 출산 문제는 이미 자세히 살펴보았지만, 통치자를 세우는 문 e
제는 처음부터 다시 살펴보지 않으면 안 되네. 자네도 기억하겠지만, 우 503a
리는 통치자들이 즐거운 일과 괴로운 일을 지나며 철저하게 검증받아야 한다고 말했네. 그들은 조국을 사랑하고, 아무리 힘들고 두려워도 신념을 저버리는 자여서는 안 되기 때문이지. 그래서 불 속에서 시험을 거친 금처럼 어떤 경우에도 순수함을 잃지 않는 사람을 통치자로 세워 살아 있을 때나 죽었을 때나 영예와 상을 주어야 한다고 말이네. 앞에서 우리는 이 문제에 대해 단지 이 정도만 말하고 본격적인 논의는 덮어두었네." b

그는 "제가 기억하는 그대로 정확히 말씀하셨습니다"라고 말했네.

내가 말했네. "여보게, 내가 많이 망설이기는 했지만, 이제 가장 엄밀한 의미에서 수호자 자리에는 지혜를 사랑하는 자를 앉혀야 한다고 감히 말하겠네."

그는 "옳은 말씀입니다"라고 말했네.

"하지만 진정으로 지혜를 사랑하는 자들은 소수에 불과하네. 그에 맞는 본성적 자질을 모두 갖추고 태어나는 사람도 드물지. 대부분이 일부만 타고난다네."

그는 "그게 무슨 말씀입니까?"라고 물었네. c

"자네도 알다시피 쉽게 배우는 능력, 좋은 기억력, 재치, 영리함 등의 자질을 지닌 사람이 고매한 생각을 품고 고요하고 평화로우며 안정된 삶을 살아가기가 쉽지 않네. 영리하니 자신이 처한 상황에 다양하게 처신하고, 그러다 보면 안정된 삶과는 거리가 멀어지기 쉽기 때문이네."

그는 "옳은 말씀입니다"라고 말했네.

d "반면 안정되고 웬만해서는 변하지 않는 성품을 지닌 사람은 훨씬 믿음직하다는 이점이 있네. 전쟁의 두려움 앞에서든 배움 앞에서든 동요하지 않지. 하지만 그런 사람은 행동이 굼뜨고 배움이 더디다네. 열심히 움직이거나 배워야 할 때도 하품하고 졸기 일쑤지."

그는 "그건 그렇습니다"라고 말했네.

"엄밀한 의미에서 수호자가 될 사람은 양쪽 자질을 다 갖추고 있어야 하네. 그렇지 못한 사람은 교육이나 공직이나 통치에 관여해서는 안 된다는 것이 우리의 주장이네"

그는 "옳은 말씀입니다"라고 말했네.

"그러니 그런 사람이 드물지 않겠나?"

"물론입니다."

e "그래서 우리는 앞에서 말한 힘든 일과 두려움과 즐거움으로 그들을 검증해야 하네. 또 앞에서 그냥 지나쳤던 부분을 말하자면, 그들은 많은 교과목으로 훈련도 받아야 하네. 이는 그들이 가장 중요한 교과목도 감
504a 당할 수 있는지, 아니면 다른 데서 비겁한 자가 그러듯 그 교과목에 겁을 먹고 달아나는지 살펴보기 위해서네."

그는 "적절한 일입니다. 그런데 가장 중요한 교과목은 무엇입니까?"라고 물었네.

내가 말했네. "앞에서 우리가 혼을 세 종류로 나누고 정의와 절제, 용기, 지혜가 각각 무엇인지 살펴보았던 것을 기억하는가?"

그는 "기억하지 못한다면 나머지 말씀을 듣지 않는 것이 옳겠지요"라고 말했네.

"그 전에 말했던 것도 기억하는가?"

"어떤 것입니까?"

"그것들을 가장 잘 볼 수 있으려면 좀 더 멀리 돌아가야 하고, 그래야 정확히 볼 수 있다고 말했지. 앞에서 논의한 것에 대해서는 그것이 옳음을 보여줄 증거를 추가할 수 있다고도 말했네.[210] 하지만 자네들이 그때까지 내가 말한 것만으로 충분하다고 하는 바람에 그때의 논의에 정확성이 결여된 듯하네. 그래도 만족했는지 여부는 자네들이 판단할 일이네." b

그는 "제게는 적절해 보였고, 다른 사람들도 분명 그랬을 겁니다"라고 말했네.

내가 말했네. "하지만 척도라는 것이 조금이라도 실재에 미달하면 아무 쓸모가 없어지고 마네. 불완전한 것은 척도가 될 수 없으니 말이야. 그런데도 이미 충분하다고 여기는 사람들이 종종 있네." c

그는 "많은 사람이 대충 넘어가고 싶어서 그렇게 하지요"라고 말했네.

내가 말했네. "하지만 국가와 법을 지키는 수호자는 그렇게 해서는 절대로 안 되네."

그는 "그렇습니다"라고 말했네.

내가 말했네. "그러니 수호자는 더 먼 길을 돌아가야 하고, 신체 단련 못지않게 배우는 일에도 열심을 내야 하네. 그렇지 않으면 우리가 방금 말했듯이 가장 중요한 배움의 목표치에 절대로 도달할 수 없네." d

그는 "우리가 자세히 논의한 정의, 절제, 용기, 지혜보다 더 중요한 무언가가 있다는 말씀입니까?"라고 물었네.

---

210 제4권 435d 참조.

내가 말했네. "더 중요한 것이 있지. 그것은 지금처럼 밑그림만 그려
e 서는 안 되고 반드시 완성해야 하네. 작은 일에는 정확성을 기하려고 갖
은 애를 쓰면서 정작 가장 중요한 일은 대충 넘긴다면 얼마나 우스꽝스
러운 일인가?"

그는 "물론 그렇기는 하지만, 선생님이 말씀하시는 가장 중요한 배움은 무엇입니까? 설마 그게 무엇인지 묻지 않고 넘어갈 것이라고 생각하신 겁니까?"라고 반문했네.

내가 말했네. "전혀 그렇게 생각하지 않네. 자네도 물어보게나. 사실
자네는 이에 대해 자주 들어왔을 것이네. 아마도 지금 잠깐 생각나지 않
505a 았거나 괜스레 트집을 잡는 것이겠지. 내가 보기에는 아무래도 트집을
잡는 듯하군. 좋음의 이데아[원형][211]를 아는 것이 가장 중요한 배움이며,
이 원형 덕분에 정의를 비롯한 여러 가지가 유익하게 된다는 말을 자네
도 자주 들었을 테니 말이야. 자네는 이제 내가 이 원형에 대해 말할 것
을 짐작했을 테고, 우리가 원형에 대해 충분히 알지 못한다는 점도 알고
있네. 이 원형을 모르면 다른 것을 아무리 많이 알아도 소용없다는 점도
b 알겠지. 어떤 것을 소유하더라도 그것의 좋음[212]이 제외되어 있다면 아

211 '좋음'(ἀγαθός, 아가토스)은 사물 각각의 본성에 적합한 것을 가리킨다. 예컨대 인간 본성에 적합한 것은 인간의 좋음이고, 개의 본성에 적합한 것은 개의 좋음이다. 또한 어떤 사물의 본성에 적합한 것은 그 사물의 좋음이다. '아가토스'는 '선'(善)으로도 번역할 수 있으나 그러면 도덕적 함의가 두드러지기 때문에 좀 더 포괄적으로 표현하기 위해 '좋음'이라고 번역했다. '이데아'(ἰδέα)는 일반적으로 사용되는 '에이도스'(εἶδος)와 동일한 의미로서 많은 사물 각각의 하나뿐인 원형을 의미하며 '형상'으로도 번역된다. 따라서 "좋음의 이데아"는 모든 좋은 것의 궁극의 실재이자 참된 것을 가리킨다.

212 "그것의 좋음"은 그것의 본성에 적합한 것을 가리킨다. 따라서 "그것의 좋음이 제외되어 있다"는 것은 본성에 적합한 것이 제거되고 그것의 껍데기만 남아 있다는 뜻이다.

무 소용없는 것과 같네. 그래도 그것을 소유하는 것이 유익하다고 생각하는가? 또는 아름다움과 좋음을 이해하지 못해도 다른 모든 것을 이해한다면 그것으로 유익하다고 생각하는가?”

그는 “결코 그렇게 생각하지 않습니다”라고 대답했네.

“대중은 즐거움이 곧 좋음이라고 생각하지만, 좀 더 세련된 사람들은 지혜를 좋음으로 여기는 걸 자네는 알걸세.”

“물론입니다.”

“그런데 지혜를 좋음으로 여기면서도 정작 지혜가 뭔지 제대로 밝히지 못해 그저 ‘좋음에 대한 지혜’라는 말밖에 하지 못한다는 것도 알 것이네.”

그는 “정말 우스운 일입니다”라고 말했네.

내가 말했네. “그들이 우리더러 좋음에 대해 모른다고 꾸짖더니, 이제 c
와서는 우리를 좋음에 대해 알고 있는 사람들로 대하며 말한다면, 정말 우습지 않겠나? 그저 ‘좋음’이라고 말하기만 하면 우리가 그 의미를 이해할 것이라 여기며 지혜란 곧 ‘좋음에 대한 지혜’라고 말하니 말일세.”

그는 “지극히 옳은 말씀입니다”라고 말했네.

“즐거움을 좋음이라고 생각하는 사람들은 어떤가? 그들은 지혜를 좋음이라고 생각하는 사람들보다는 덜 헤매는 것인가? 이들도 나쁜 즐거움이 존재한다는 데 동의할 수밖에 없겠지?”

“물론입니다.”

“그렇다면 그들은 동일한 것이 좋은 것이기도 하고 나쁜 것이기도 하다는 데 동의하는 것이네.”

“물론입니다.” d

"그러면 분명 큰 논쟁이 벌어지지 않겠는가?"

"물론입니다."

"이것은 어떤가? 정의나 아름다움에 관해서는 많은 사람이 사실 여부와 상관없이 정의와 아름다움이라고 여겨지는 것을 행하고 소유하며 판단하려 하지만, 좋음과 관련해서는 그렇게 좋음이라고 여겨지는 것을 소유하는 것으로 만족하는 사람은 없고, 누구나 좋음에 대한 의견을 하찮게 여기며 진정한 좋음이어야 비로소 추구한다는 점도 분명하지 않은가?"

그는 "물론입니다"라고 대답했네.

e "모든 혼은 추구하는 무언가가 있고, 바로 그것 때문에 모든 일을 행할 뿐 아니라 그것이 존재함을 예감하면서도 무엇인지 충분히 알지 못해 혼란스러워 한다네. 또한 그렇기 때문에 그 밖의 다른 것에 대해 확신하지 못해 그로 인해 얻을 수 있는 이익조차 챙기지 못하네. 그런데도
506a 이 국가에서 가장 훌륭한 사람들, 우리가 국가의 일을 맡기려는 사람들조차 그토록 중요한 무언가를 전혀 몰라도 된다는 것인가?"

그는 "절대로 그래서는 안 됩니다"라고 대답했네.

내가 말했네. "수호자가 정의와 아름다움이 왜 좋은 것인지 모르다면, 우리는 수호자답지 못한 수호자를 둔 것이네. 예감하건대 누구든지 좋음이 무엇인지 알기 전에는 정의와 아름다움을 제대로 알 수 없기 때문이네."

그는 "그 예감이 맞는 것 같습니다"라고 말했네.

b "그런 것을 아는 수호자가 이 국가를 보살핀다면 완벽한 통치가 이루어지지 않겠는가?"

그는 "반드시 그럴 겁니다. 그런데 소크라테스 선생님, 선생님이 보시

기에 좋음은 지식입니까, 즐거움입니까? 아니면 다른 무엇입니까?"라고 물었네.

내가 말했네. "이 사람아, 이에 관한 다른 사람들의 생각에 자네가 만족하지 못하리라는 걸 나는 진즉에 알고 있었네."

그는 "소크라테스 선생님, 제가 선생님께 질문한 것은 이 문제와 오랫동안 씨름해오신 분이 다른 사람의 의견에 대해서는 말하면서도 자기 의견은 밝히지 않는 건 옳지 않다고 생각하기 때문입니다"라고 말했네. c

내가 말했네. "자기가 모르는 것을 아는 양 말하는 것이 자네는 옳다고 보는가?"

그는 "그런 것은 결코 옳지 않지만 자신이 생각하는 바를 의견으로 말하는 것은 옳습니다"라고 대답했네.

내가 말했네. "지식이 결여된 의견을 말하는 것은 수치스러운 행위임을 모르는가? 지성을 갖추지 못했으면서도 진리에 대해 의견을 가진 자[213]는 아무리 잘났다고 해도 눈먼 자와 같네. 앞을 보지 못하면서도 길을 똑바로 가고 있다고 생각하는 사람과 다를 게 없지 않은가?"

그는 "다를 게 전혀 없지요"라고 대답했네.

"그러면 자네는 다른 사람에게 명료하고 아름다운 의견을 들을 수 있는데도 수치스럽고 눈멀고 왜곡된 의견을 들으려 하는 것인가?" d

그러자 글라우콘이 말했네. "소크라테스 선생님, 맹세하건대 논의가 다 끝난 것처럼 손을 떼시면 안 됩니다. 지금까지 정의와 절제와 그 밖

---

213 '지식'은 참되고 궁극적인 실재 또는 원형을 아는 것이고, 이 지식은 훈련된 지성으로만 얻을 수 있다. 이러한 지성을 사용한 지식이 없는 생각은 '의견'에 불과하다. 그럼에도 그 의견은 우연히 표면적으로 '진리에 부합한 의견'일 수 있다.

의 것들에 대해 말씀해주신 것처럼 좋음에 대해서도 자세히 말씀해주
신다면, 저희는 만족할 겁니다."

내가 말했네. "여보게, 그렇게 할 수만 있다면 나도 대만족일걸세. 하
지만 내가 과연 할 수 있을지 모르겠네. 괜스레 망신이나 당하지 않을지
e 걱정이네. 그러니 좋음 자체에 대한 논의는 현 상태로 두기로 하세. 지
금으로서는 이 문제에 대한 내 생각을 말하는 것조차 벅찬 것 같네. 하
지만 좋음에서 파생한 어떤 비슷한 것에 대해서는 말할 수 있네. 자네들
이 원한다면 말하고, 그렇지 않다면 그만두겠네."

그는 "말씀해주세요. 그것의 아버지인 좋음에 대한 말씀은 나중에 받
을 빚으로 생각하겠습니다"라고 말했네.

507a 내가 말했네. "나도 그 빚을 다 갚게 되기를 바라네. 자네들이 지금처
럼 이자만 받지 않고 채무원금까지 다 받을 수 있게 말일세. 이자를 받
는 셈 치고 좋음 자체가 낳은 자식에 관한 이야기를 들어보게. 내가 혹
시 이자를 잘못 계산해서 본의 아니게 자네들을 속이는 일이 생기지 않
도록 정신 바짝 차리고 듣게나."

그는 "최대한 정신을 바짝 차릴 테니 어서 들려주세요"라고 말했네.

내가 말했네. "앞에서 이미 말했고 다른 데서도 여러 차례 말한 바를
자네들에게 상기시키고 동의를 구한 다음에 그렇게 하겠네."

b 그는 "어떤 것입니까?"라고 물었네.

내가 말했네. "우리는 많은 것을 '아름답다' 혹은 '좋다'고 말하는데,
그런 식으로 각각의 것들을 '어떠어떠하다'고 말함으로써 우리의 논의
에서 서로 구별하네."

"그렇습니다."

"또한 '아름다움 자체' 또는 '좋음 자체'가 있다고 말하고, 우리가 많은 것으로 상정한 모든 것과 관련해 그런 식으로 말함으로써, 각각의 많은 것에 하나의 원형이 있다고 상정하여, 그 각각의 많은 것을 마치 하나인 듯 '어떠어떠하다'라고 동일하게 부르네."

"그렇습니다."

"그 많은 것은 눈에 보이기는 해도 지성으로는 인식할 수 없는 반면, 원형은 지성으로 인식할 수는 있어도 눈에 보이지는 않는다고 말하네."

"전적으로 그렇습니다."

"그렇다면 우리는 무엇으로 보는가?" c

그는 "시각으로 봅니다"라고 대답했네.

내가 말했네. "그러니까 우리는 시각으로 보고 청각으로 듣는 것이고, 다른 감각도 마찬가지겠지?"

"물론입니다."

내가 말했네. "감각을 만든 이가 보는 능력과 보이는 능력[214]을 만들기 위해 얼마나 심혈을 기울였을지 생각해본 적이 있는가?"

그는 "전혀 생각해보지 않았습니다"라고 대답했네.

"자, 이렇게 생각해보게. 청각으로 들으려면, 즉 소리가 들리게 하려면 다른 것이 추가로 필요하겠나? 청각으로 소리를 들으려면 제3의 것 d
이 반드시 필요한지 묻는 것이네."

그는 "추가로 필요한 건 없습니다"라고 대답했네.

---

214 '보는 것'은 감각(시각)을 가리키고, '보이는 것'은 대상을 가리키는데, 여기에서는 둘 다 각각 '능력'을 갖고 있다고 말한다. 인간이 어떤 사물을 보기 위해서는 시각의 능력뿐 아니라 시각 대상이 지닌 능력도 필수적이라는 뜻이다.

내가 말했네. "제3의 것을 필요로 하는 게 전혀 없다고 할 수는 없지만 그리 많지도 않다고 생각하네. 필요로 하는 제3의 것이 무엇인지 말해주겠나?"

그는 "무엇인지 모르겠습니다"라고 대답했네.

"보는 능력과 보이는 능력은 제3의 것이 있어야 발휘된다는 점을 모른단 말인가?"

"어떻게 그렇게 되지요?"

"시각을 사용하여 어떤 대상을 보려 하고, 그 대상에도 색이 있어 보
e 이게 하려 해도, 보고 보이게 하는 데 필요한 제3의 것이 없으면 그런 일은 일어날 수 없다는 걸 모른단 말인가?"

그는 "무슨 말씀인지요?"라고 물었네.

내가 말했네. "자네가 빛이라고 부르는 것을 말하는 걸세."

그는 "옳은 말씀입니다"라고 말했네.

"따라서 보는 감각과 보이게 하는 능력은 결코 작다고 할 수 없는 것,
508a 즉 어떤 것을 서로 연결해주는 아주 귀한 멍에로 묶여 있네. 빛이 하찮은 게 아니라면 말이네."

그는 "빛이 하찮다니 말이 안 되지요"라고 말했네.

"그러면 하늘의 신들[215] 중 누가 빛의 주인인 것 같은가? 그러니까 어느 신의 빛이 우리 시각으로 최대한 잘 보게 해주고, 보이는 것으로는 최대한 잘 보이게 하는가?"

---

215 "하늘의 신들"은 천체를 가리킨다. 예컨대 헬리오스는 그리스 신화에서 태양신 또는 태양을 의인화한 신이다. 플라톤의 『티마이오스』 40a에서는 천체를 "하늘의 신들의 부류"라고 말한다.

그는 "다들 머리에 떠오른 그것이겠지요. 선생님도 태양을 염두에 두고 물으시는 게 분명하니까요"라고 말했네.

"시각은 본성적으로 태양이라는 신과 이런 관계에 있지 않겠는가?"

"어떤 관계를 말씀하시는지요?"

"태양은 시각 자체나 시각을 지닌 것, 즉 우리가 눈이라 부르는 그것 b
은 아니네."

"그렇습니다."

"하지만 눈은 감각 기관 중에서 태양을 가장 많이 닮았지."

"분명 그렇습니다."

"게다가 눈이 지닌 능력도 태양으로부터 흘러 들어온 것이 아니겠나?"

"물론입니다."

"그렇다면 태양은 시각이 아니라 시각의 원인, 즉 시각으로 하여금 볼 수 있게 하는 원인이 아니겠는가?"

그는 "그렇습니다"라고 대답했네.

내가 말했네. "나는 좋음에서 파생한 유사한 것이 무엇인지 보여주기 위해 태양의 역할을 말했네. 지성의 영역에서 지성 및 지성에 의해 인식 c
되는 것과 좋음의 관계는, 시각의 영역에서 시각 및 보이는 것과 태양의 관계와 동일하다는 말일세."

그는 "어떻게 말입니까? 좀 더 설명해주세요"라고 말했네.

내가 말했네. "밤의 어두침침한 빛이 어떤 물체에 드리워져 있을 때는 눈이 먼 것처럼 침침하게 보인다는 것을 알걸세."

그는 "물론입니다"라고 대답했네.

"반면에 태양이 비추는 동안에는 동일한 눈인데도 물체가 선명하게 d

보이지 않는가?"

"물론입니다."

"혼도 마찬가지네. 혼이 진리와 실재가 비추는 것을 주목하는 경우에는 인식을 통해 그것을 알게 되고 지성을 지닌 것으로 보이게 되네. 반면 어둠이 섞인 것, 즉 생성하고 소멸하는 것을 주목하는 경우에는 혼이 침침해져 제대로 인식을 못해 이런저런 가변적 의견만 갖게 되어 지성이 없는 것으로 보이게 된다네."

"그런 것 같습니다."

e "따라서 인식되는 대상에 진리를 부여하고, 인식하는 자에게 진리를 인식할 수 있는 능력을 부여하는 것이 좋음의 이데아[원형]라고 생각해야 하네. 이 원형은 인식과 진리의 원인이지만 인식의 대상이기도 하네. 인식과 진리는 훌륭하기는 하지만, 원형은 그와 다르고 훨씬 더 훌륭한
509a 것이라고 생각하는 게 옳네. 그러나 가시 영역에서 빛과 시각이 태양을 닮았다고 생각하는 건 옳지만 태양이라고 생각하는 건 옳지 않듯, 지성의 영역에서도 인식과 지식이 좋음을 닮았다고 생각하는 건 옳지만 둘 중 어느 것이든 좋음이라고 생각하는 건 옳지 않네. 도리어 좋음을 훨씬 더 귀하게 여겨야 하네."

그는 "원형이 인식과 진리를 부여하지만 아름다움에서는 그것을 능가하니 정말 어마어마한 아름다움이라는 말씀이시로군요. 하지만 원형을 즐거움이라고 말씀하시는 건 분명 아닐 테지요"라고 말했네.

내가 말했네. "잘 말했네. 하지만 이 비유를 좀 더 숙고해보게."

b "어떻게 말입니까?"

"자네는 아마도 태양이 시각 대상에 보이는 능력을 줄 뿐 아니라 그

자신은 생성된 것이 아니면서도 그것을 생성시키고 자라게 하며 양육한다는 데 동의할 것이네."

"물론입니다."

"따라서 좋음은 인식 대상이 인식될 수 있게 해줄 뿐 아니라 그것을 존재하게 하고 본질을 부여하기도 하네. 좋음은 하나의 실체가 아니라 지위와 능력에서 실체 너머에 있는 것이라고 보아야 하네."

그러자 글라우콘이 익살스럽게 말했네. "그것은 인간은 알 수 없는 c
신의 영역이겠지요."

"이렇게 된 것은 자네 탓이네. 이 문제에 대한 내 생각을 말하라고 자네가 강요하지 않았는가?"

그는 "아직 중단하지 마십시오. 다른 것은 몰라도 태양과 좋음의 유사성만큼은 자세히 말씀해주셔야 합니다"라고 말했네.

내가 말했네. "사실은 아직 말하지 않은 것이 많네."

그는 "그렇다면 하나도 빠뜨리지 말고 말씀해주세요"라고 말했네.

내가 말했네. "말하다 보면 빠뜨리는 것이 많을걸세. 아무튼 그런 일이 없도록 최선을 다해보겠네."

그는 "부탁드립니다"라고 말했네.

내가 말했네. "그렇다면 이렇게 생각해보게. 앞에서 말했듯이 좋음은 d
지성과 관련된 부류와 영역을 지배하고, 태양은 시각과 관련된 부류와 영역을 지배한다고 말일세. 내가 이렇게 말하는 이유가 있네. 지성과 관련된 것이 하늘에 속한다고 하면[216] 내가 명칭을 가지고 말장난을 한다

---

216 앞에서 글라우콘이 "태양과 좋음의 유사성만큼은 자세히 말씀해주셔야" 한다고 강조하자,

고 생각할 것 같기 때문이네. 어쨌든 시각과 관련된 것과 지성과 관련된 것, 이렇게 두 부류와 영역이 있다는 걸 알았겠지?"

"그렇습니다."

"이번에는 두 부분으로 나뉜 선분(線分)을 생각해보세. 한 부분은 시각과 관련되었고, 다른 한 부분은 지성과 관련되었다네. 이 각각을 다시 동일한 비율로 둘로 나누게. 그렇게 둘로 나눈 것 중에서 하나는 상대적으로 명확한 것을 나타내고, 다른 하나는 상대적으로 불명확한 것을 나
e 타내네. 시각과 관련된 부분에서 이렇게 둘로 나눈 것 중 하나는 영상을
510a 나타내네. 내가 말하는 영상이란 우선은 그림자를 말하고, 물에 비친 상(像)이나 매끄럽고 반질반질한 표면에 맺힌 상 같은 것을 말하기도 하네. 알겠는가?"

"알겠습니다."

"시각과 관련된 부분에서 나뉜 다른 한 부분은 그러한 영상의 실물들, 즉 우리 주변에 있는 모든 동물과 식물과 인공물들을 나타내네."

그는 "알겠습니다"라고 말했네.

내가 말했네. "시각과 관련된 부분을 실제로 존재하는 것과 존재하지 않는 허상을 기준으로 둘로 나누었기 때문에, 영상과 실물의 관계는 인식 대상과 의견 대상의 관계와 동일하다고 자네는 말하고 싶지 않은가?"[217]

소크라테스는 여기에서 인간의 지성은 신적이며 하늘에 속한 것이라는 점에서 '태양'과 유사하다는 의미심장한 말을 슬쩍 던진다. 즉 '하늘'을 뜻하는 '우라노스'는 '위를 본다'는 말에서 나왔고, '지성'은 '위를 보는 것'에서 생겨난다는 점에서 서로 유사하다. 소크라테스는 이것을 말장난이라고 표현하지만, 사실은 제7권에 이르면 매우 중요한 의미를 지닌다.

그는 "정말 그렇습니다"라고 대답했네. b

"이번에는 지성과 관련된 부분을 어떻게 나눌지 생각해보게."

"어떤 식으로 나눕니까?"

"지성과 관련된 부분을 둘로 나눈 것 중 하나에서 혼은 앞에서 영상의 모방 대상이었던 실물을 이번에는 영상으로 취급해야 하네. 그 영상을 소전제로 사용하여 대전제인 원리가 아니라 결론으로 나아가는 방식으로 탐구해야 하네. 반면에 둘로 나눈 것 중 다른 하나에서 혼은 앞에서 사용한 영상 없이 원형을 사용하여 절대적 원리인 대전제로 나아가는 방식으로 탐구해야 하네."

그는 "선생님 말씀을 충분히 이해하지 못했습니다"라고 말했네.

내가 말했네. "다시 말하겠네. 듣고 나면 더 쉽게 이해될걸세. 자네도 c
알겠지만, 기하학이나 산술에서는 사람들이 홀수와 짝수, 도형, 세 종류의 각 등을 이미 안다는 전제하에 사용한다네. 너무나 뻔해 더 이상의 설명이 필요 없다고 여기지. 그들은 그런 전제에서 시작하여 나머지에 d
대한 일관된 추론 과정을 거쳐 자신이 처음에 고찰하고자 했던 결론에 도달하네."

그는 "그렇다는 걸 잘 압니다"라고 말했네.

"그렇다면 이것도 알걸세. 눈에 보이는 도형을 추가로 사용하여 도형에 대해 논의하지만, 사실 염두에 두고 있는 건 그 도형이 아니라 도형으로 표현된 원래의 것임을 말이야. 그들이 정사각형이나 대각선으

---

217 "시각과 관련된 부분"은 실제로 존재하는 사물인 '실물'의 영역과 그 실물을 모방한 '영상'의 영역으로 나뉜다. 모방에 해당하는 온갖 예술도 '영상'에 속한다.

로 그린 도형이 아니라 정사각형 자체나 대각선 자체를 논하는 것이네.
e 그들이 만들거나 그리는 것 또는 그것이 그림자나 물에 비친 상도 단지
511a 모상(模相)으로 사용될 뿐이고, 그들이 실제로 보려 하는 것은 추론적 사
고를 거치지 않고서는 볼 수 없는 것들이네."

그는 "옳은 말씀입니다"라고 말했네.

"그런데 이것은 내가 지성과 관련된다고 말한 종류에 속하네. 혼이 이런 종류를 탐구할 때는 전제를 사용해야 하는데 원리로는 나아갈 수 없네. 이는 혼이 전제에서 벗어나 그 위로 날아오를 수 없기 때문이네. 이때 혼은 영상의 모방 대상인 실물, 즉 영상에 비해 한 단계 위의 것이자 더 분명한 것으로 평가되고 존중되는 모상을 사용한다네."

b 그는 "기하학이나 그 비슷한 기술에 대해 말씀하시는 것이로군요"라
고 말했네.

"또 내가 지성과 관련된 종류 중 또 다른 하나라고 말한 것은, 이성 자
체가 추론적 논증 능력에 의거해 파악하는 것이라고 이해하게나. 이때
이성은 전제를 원리로 여기는 게 아니라 문자 그대로 '밑에 놓은 것',[218]
즉 전제가 전혀 포함되지 않은 절대적인 것에 도달할 때까지 모든 것의
원리로 나아가기 위한 발판이나 출발점으로 여기네. 이성 자체는 그 원
c 리를 포착한 후에는 감각에 의거한 것은 전혀 사용하지 않고, 그 원리에
내포된 것을 고수하는 가운데 결론에 다다르네. 오직 원형 자체만 사용
하여 원형을 통해 원형 속으로 들어가 원형에서 끝을 맺는 것이네."

218 '전제'로 번역한 '휘포테시스'(ὑπόθεσις)는 '밑에 놓다'를 뜻하는 동사 '휘포티테미'(ὑποτίθημι)에서 온 것으로 '밑에 놓은 것', 즉 '발판'을 의미한다.

그는 말했네. "선생님이 지금 뭔가 큰 그림을 그리시는 듯한데 제가
다 이해하지는 못했습니다. 하지만 지성으로 알 수 있는 영역 가운데 추
론적 논증의 학문을 통해 고찰하는 부분이 기술을 통해 고찰하는 부분
보다 더 명확하다고 말씀하시는 것은 알겠습니다. 또한 기술을 통한 고
찰은 전제를 출발점으로 삼고 감각이 아니라 추론적 사고를 사용하지
만 원리로 올라가지 못하고 전제에 의거해 고찰하기 때문에, 원리와 함 d
께 고찰하는 경우에는 지성에 의거해 그 대상을 알 수 있기는 해도, 실
제로 고찰하는 데 지성이 사용되지는 않는다고 판단하시는 듯합니다.
또한 선생님은 기하학자 같은 사람들의 지적 상태를 추론적 사고라 부
를 뿐 지성이라고 부르지는 않으시는 것 같은데, 이는 선생님이 의견을
낳는 판단과 지식을 낳는 지성의 중간에 추론적 사고가 위치한다고 보
시기 때문인 것 같습니다."

내가 말했네. "자네는 내가 말하고자 하는 바를 충분히 이해했네. 이
제 네 개의 선분에 대응하는 다음 네 가지의 지적 상태가 혼에 생긴다
고 이해하게나. 첫 번째는 지성에 의한 인식, 두 번째는 추론적 사고,
세 번째는 확신, 네 번째는 추측이네. 이것은 진리에 참여하는 정도가 e
높은 순으로 배열되어 있고 명확성도 그러하네."

그는 "선생님이 왜 그렇게 배열하셨는지 알겠고, 그것에 저도 동의합니다"라고 말했네.

제7권

514a 내가 말했네. "다음으로는 우리가 교육받았을 때와 받지 않았을 때 각각
어떻게 되는지 비유해보세. 사람들이 지하 동굴 같은 거처에서 어릴 때
부터 두 다리와 목이 사슬에 묶인 채 살고 있다고 상상해보게. 불빛을
향해 길게 나 있는 입구는 동굴 전체와 맞먹는 길이이네. 그들은 한 곳
b 에 머물러 있으면서 불빛을 등진 채 오직 앞만 바라볼 수 있고 결박되
어 있어 머리를 돌릴 수조차 없지. 그들 뒤로는 멀리 위에서 불빛이 타
오르고, 이 불과 죄수들 사이에는 담이 세워진 길 하나가 가로로 나 있
다고 상상해보게. 마치 인형극을 공연하는 사람들이 관객 앞에 휘장을
치고 그 위로 인형들을 보여주는 구조라고 할 수 있네."

그는 "그런 장면을 상상하고 있습니다"라고 말했네.

c "이것도 상상해보게. 사람들이 그 담을 따라 온갖 물건들, 돌이나 나
515a 무 등의 재료로 만든 인물상과 동물상을 들고 지나간다고 상상해보게.
어떤 이들은 소리를 내며 지나가고 또 어떤 이들은 소리 없이 지나가네."

그는 "비유도 이상하고, 거기에 등장하는 죄수들도 이상합니다"라고 말했네.

내가 말했네. "그들의 처지와 우리의 처지는 다르지 않네. 그들은 동굴 벽면에 투영된 그림자만 볼 수 있을 뿐 자기 자신이나 서로를 본 적이 전혀 없네. 그렇지 않겠나?"

그는 "머리조차 움직일 수 없는 처지라면 그럴 수밖에 없을 테지요" b 라고 대답했네.

"그러면 다른 사람들이 담 위로 보이게 들고 다니는 물건들은 어떤가? 그 역시 그림자만 보였겠지?"

"물론입니다."

"그들이 대화나 토론을 한다면 자신들이 본 것, 즉 동굴 벽면에 비친 그림자를 실물이라 여기고 그렇게 부르지 않겠나?"

"당연히 그럴 겁니다."

"지나가는 사람들 중 누군가가 낸 소리가 죄수들이 바라보고 있는 벽면에 부딪혀 메아리가 울린다면 어떨까? 죄수들이 그 소리를 벽면에 비친 그림자가 아니라 다른 어떤 것이 낸다고 생각하겠는가?"

그는 "결단코 그렇게 생각하지 않을 겁니다"라고 말했네.

내가 말했네. "그러니 죄수들은 사물의 그림자를 진짜라고 여기며 다 c
른 어떤 것이 있다고 생각하지 않을 것이네."

그는 "분명히 그럴 겁니다"라고 말했네.

내가 말했네. "다음과 같은 일이 자연스럽게 벌어진다면 그들이 결박에서 풀려나 어리석음에서 벗어나는 것이 어떤 의미일지 생각해보게. 그들 중 한 사람이 결박에서 풀려난 후 벌떡 일어서서 고개를 돌리고 불빛을 쳐다보게 되었다고 치세. 그는 이런 행동을 하면서 고통을 느낄 테고 눈이 부셔서 이제껏 보아온 그림자들의 실물을 볼 수도 없을 것이네.

d 그런 상황에서 누군가가 그에게 그동안 그가 본 것은 엉터리고, 이제야 실재에 좀 더 가까이 가서 훨씬 더 올바르게 보게 되었다고 말하면서 앞에 지나가는 것 하나하나를 가리키며 무엇인지 묻고 대답을 강요한다면, 그는 뭐라고 대답할 것 같은가? 혼란스러워하면서 이전에 보았던 것들이 지금 보는 것보다 더 참되다고 믿을 것 같지 않은가?"

그는 "그럴 가능성이 훨씬 큽니다"라고 대답했네.

e "그에게 불빛 자체를 보라고 강요하면 그는 눈이 아파서 전에 편안하게 보던 것들로 도망치려 할 테고, 그것을 진정 더 분명한 것으로 여기지 않겠는가?"

그는 "그렇습니다"라고 대답했네.

"그런데 누군가 그를 데리고 험하고 가파른 오르막길을 지나 햇빛이
516a 비치는 곳으로 끌어낸다면, 그는 고통스러워하며 화를 내지 않겠는가? 또한 눈이 너무 부셔서 진짜라고 하는 것을 전혀 볼 수 없게 되지 않겠는가?"

그는 "당장은 볼 수 없을 테지요"라고 말했네.

"그가 위쪽에 있는 것을 보려면 적응할 시간이 필요할걸세. 처음에는 그림자를 가장 쉽게 볼 것이고, 다음으로는 물에 비친 사람들이나 그 밖
b 의 영상을 보다가 비로소 실물 자체를 보게 될 것이네. 낮에 해와 햇빛을 보기보다는 밤하늘의 별빛과 달빛, 하늘 자체를 좀 더 쉽게 관찰할 것이네."

"물론입니다."

"마침내 물이나 다른 곳에 비친 태양이 아니라 원래 자리에 있는 태양 자체를 보며 관찰할 수 있을 것이네."

그는 “당연합니다”라고 말했네.

“그런 후 그는 태양이야말로 시간과 한 해의 주기인 계절을 있게 하고, 시각의 영역에 속한 모든 것을 관장하며, 어떤 점에서는 그와 그의 c
동료 죄수들이 동굴에서 본 모든 것의 원인이라는 결론을 내릴걸세.”

그는 “자신이 본 모든 것에 의거해 그런 결론에 도달할 것이 분명합니다”라고 말했네.

“그렇다면 그는 자신의 처음 거처와 그곳에서 가졌던 지혜와 동료 죄수들을 떠올리며, 이렇게 변화된 자신은 다행이지만 그들은 불쌍하다는 생각을 하지 않겠나?”

“물론입니다.”

“당시 그들 중에서 동굴 벽면의 그림자들을 예리하게 관찰해 어떤 것이 앞서는지 혹은 뒤에 오는지, 동시에 지나는지 기억하고 있다가 예측까 d
지 잘하는 사람에게 존경과 칭송과 상이 주어졌다면, 지금도 그가 그런 일에 욕심을 내고 그들 가운데서 그런 식으로 존경받고 힘있는 자를 부러워하겠는가? 아니면 그런 의견을 가지고 그런 식으로 살 바에야 차라리 호메로스의 말처럼 ‘한 뼘의 땅조차 없어 남의 땅을 부쳐 먹는 농노’[219]가 되어 고통을 감내하며 살기를 바랄 것 같은가?”

그는 “후자가 되는 편을 택할 것 같습니다”라고 대답했네. e

내가 말했네. “그러면 이것도 생각해보게. 만약 그런 사람이 다시 동굴로 내려가 전에 있던 곳에 자리를 잡는다면, 햇빛이 비치는 곳에 있다가 갑자기 내려왔기 때문에 눈이 온통 침침해지겠지?”

---

219 호메로스, 『오디세이아』 489-490행. 제3권 386c에도 인용되었다.

그는 "물론입니다"라고 대답했네.

"그런데 시력이 회복되기도 전에 그가 그곳에 계속 있었던 죄수들과
그림자를 분별하는 시합을 억지로 해야 한다면 비웃음거리가 되지 않
517a 겠는가? 눈이 어둠에 익숙해지려면 상당한 시간이 필요하니 말일세. 또
그들은 그에게 위쪽으로 올라가더니 눈이 망가져 돌아왔다면서, 뭐 하
러 위에 올라갔느냐고 나무라지 않겠는가? 그들을 풀어주며 위쪽으로
데려가려는 사람이 있으면 어떻게든 잡아 죽이려고 하지 않겠는가?"

그는 "분명히 그럴 겁니다"라고 대답했네.

내가 말했네. "여보게 글라우콘, 이제 이 비유 전체를 앞에서 말한 것
b 에 적용해보세. 이 비유에서 감옥이라는 거처는 눈에 보이는 영역을 가
리키고, 감옥 안의 불빛은 태양의 능력을 가리키네. 위쪽으로 올라가 동
굴 밖에 있는 것들을 보는 것은 혼이 지성으로 알 수 있는 영역으로 올
라간 것이라고 보면 내 의견과 다르지 않을걸세. 자네는 내 의견이 진실
이라는 말을 듣고 싶겠지만, 과연 그런지는 신만이 알걸세. 어쨌든 나는
c 인식할 수 있는 영역에서 천신만고 끝에 최종적으로 보게 되는 것이 좋
음의 이데아[원형]이라고 생각하네. 일단 보고 나면 이것이 모든 올바름
과 훌륭함의 원천임을 알게 될걸세. 이 원형은 시각과 관련된 영역에서
는 빛과 빛의 주인을 낳고, 지성과 관련된 영역에서는 스스로 주인이 되
어 진리와 지성을 제공하기 때문에, 장차 사적으로든 공적으로든 지혜
롭게 행하고자 하는 사람은 반드시 이 원형을 보아야 한다고 결론을 내
릴 수밖에 없네."

그는 "이해할 수 있는 한도 내에서 저도 같은 생각입니다"라고 말했네.

내가 말했네. "그렇다면 그런 수준에 도달한 사람은 더 이상 인간사

에 관심이 없어져 그의 혼은 언제나 위쪽에서 지내기를 열망한다는 데
동의해주게. 동굴의 비유에서 보듯이 그건 당연한 일이네." d

그는 "당연히 그럴 겁니다"라고 말했네.

내가 말했네. "이건 또 어떤가? 어떤 사람이 신적인 관조의 경지에 머물다가 열악한 인간사로 들어간 경우, 주위의 어둠에 미처 적응하지 못하고 어정쩡하게 있다가 법정 같은 데서 정의의 그림자나 그 그림자를
만들어내는 실체를 놓고 정의 자체를 한 번도 본 적이 없는 사람들과 e
그것을 이해하는 방식에 대해 치열한 논쟁을 벌이게 되었을 때, 그의 꼴이 우스워지는 것이 이상한 일이라고 생각하는가?"

그는 "전혀 이상한 일이 아닙니다"라고 말했네.

내가 말했네. "하지만 분별력이 있는 사람이라면 빛에서 어둠으로 혹 518a
은 어둠에서 빛으로 이동할 때 눈이 침침해진다는 사실을 기억할 것이네. 혼에서 동일한 현상이 일어난다는 것도 말일세. 그래서 어떤 혼이 혼란을 일으켜 잘 분별하지 못한다 해도 함부로 비웃지 않고, 그 혼이 더 밝은 곳에서 살다가 와서 아직 어둠에 적응하지 못한 것인지, 아니면
더 어두운 무지 속에 있다가 밝은 곳으로 와서 눈부셔하는 것인지 살피 b
겠지. 그래서 전자라면 행복한 혼이라 여기고, 후자라면 반대로 연민을 품을 것이네. 더 어두운 무지 속에 있다가 온 혼을 비웃는 것은 그렇다 치더라도 위쪽의 빛에서 내려온 혼을 비웃는 것은 황당하다고 여길 것이네."

그는 "지극히 적절한 말씀입니다"라고 말했네.

내가 말했네. "이것이 사실이라면 교육은 사람들이 공언하는 바와 다
르다고 보아야 하네. 그들은 보지 못하는 눈에 시력을 넣어주듯 지식이 c

없는 혼에 지식을 넣어주는 것이 교육이라고 말하기 때문이네."

그는 "사람들이 그런 말을 합니다"라고 말했네.

내가 말했네. "하지만 지금까지 우리 논의에 따르면, 어둠 속에 있던 눈이 밝음으로 향하려면 몸 전체를 돌려야 하는 것처럼 사람들이 저마다 혼 안에 가지고 있는 능력과 인식 기관을 혼 전체와 함께 생성의 영역으로부터 돌려 실재를 향하게 해야 하네. 그리고 실재 중에서도 가장 밝은 것, 즉 좋음의 이데아[원형]를 관조할 수 있을 때까지 그대로 머물
d 러 있어야 하네. 그렇지 않은가?"

"그렇습니다."

내가 말했네. "그런데 가장 쉽고 효과적으로 방향 전환을 할 수 있는 기술이 있을 듯하네. 혼에 그런 능력을 넣어주는 기술이 아니라, 혼에 이미 그런 능력이 있지만 마땅히 보아야 할 곳을 보지 않을 때 방향을 전환할 수 있게 해주는 기술 말이네."

그는 "그럴 것 같습니다"라고 말했네.

"혼의 여러 다른 미덕은 습관과 훈련을 통해 후천적으로 형성된다는
e 점에서 신체의 미덕과 비슷하지. 하지만 지혜라는 미덕은 모든 미덕 중에서 가장 신적인 것 같네. 지혜는 자기 힘을 잃는 법이 없지만 어느 방
519a 향으로 발휘되느냐에 따라 유용하고 유익하기도 하고 쓸모없고 해롭기도 하네. 악하지만 머리 좋은 사람의 하찮은 혼이 무언가를 주목할 때 얼마나 예리하게 보고 통찰하는지 생각해본 적이 있는가? 그들이 악당이라는 소리를 듣는 것은 통찰력이 형편없어서가 아니라 악을 행하는 데 그 힘을 사용하기 때문이네. 통찰력이 날카로울수록 더 나쁜 짓을 저지르지."

그는 "물론입니다"라고 말했네.

내가 말했네. "하지만 본성의 그런 부분이 어릴 때부터 다듬어진 덕분에 생성하는 것에 끌리는 성향이 잘려나간다고 생각해보게. 그런 성 b
향은 식탐이나 식탐과 비슷한 쾌락과 욕구로 인해 생겨나고, 마치 어망에 달린 납덩이처럼 혼에 들러붙어서는 혼의 시선을 아래쪽으로 향하게 만드네. 그런데 그런 납덩이가 떨어져나가면서 혼이 참된 것을 향하게 되면, 본성의 그 부분이 지금 혼의 시선이 향하는 것을 날카롭게 통찰하듯이 그 참된 것도 날카롭게 통찰하게 될 것이네."

그는 "그럴 것 같습니다"라고 말했네.

내가 말했네. "어떤가? 우리의 논의에 비추어 보았을 때, 아예 교육받지 못하고 진리를 경험하지 못한 자든 평생 교육받는 데만 시간을 보낸 c
자든 국가를 제대로 통치할 수 없을 것 같지 않은가? 전자는 공과 사를 막론하고 모든 일에서 기준으로 삼을 삶의 단일한 목표가 없고, 후자는 자신들이 이미 축복받은 자들의 섬[220]에 와서 살고 있다고 생각하며 세상일에 아무런 관심이 없기 때문이네."

그는 "옳은 말씀입니다"라고 말했네.

내가 말했네. "따라서 우리가 국가를 세울 때 할 일은, 가장 훌륭한 본성을 지닌 자들이 우리가 앞에서 말한 대로 그 오르막길을 올라가 좋음을 보고 가장 중요한 것을 배우게 하는 것이네. 하지만 일단 올라가 좋 d

220 "축복받은 자들의 섬"은 엘리시온을 가리킨다. 사후 세계 엘리시온은 하데스(지하 세계)와 구분된다. 처음에는 신과 관련된 사람과 영웅들이 이곳에 들어갔지만, 나중에는 신에게 선택받은 자, 바르게 산 자, 영웅다운 행위를 한 자들로 범위가 넓어졌다. 그들은 이 세상에서 하던 일이나 직업을 계속 즐기며 행복하게 살아간다고 생각되었다.

음을 충분히 본 후에는 지금 그들이 하고 있는 것을 못하게 해야 하네."

"그것이 무엇입니까?"

내가 말했네. "그곳에 계속 머물러 있으려 하는 것 말일세. 죄수들 곁으로 다시 내려가 크고 작은 일에서 그들과 동고동락하지 않으려는 것을 허용해서는 안 되네."

그는 "그러면 더 나은 삶의 기회를 막는 것이니 그들에게 불의를 저지르는 게 아닐까요?"라고 반문했네.

e 내가 말했네. "여보게, 법은 국가의 어느 한 부류만 잘사는 게 아니라
국가 전체가 잘되게 하는 데 관심이 있다는 것을 자네는 또 잊었군. 시
민들을 설득하고 강제하여 화합하게 하며, 모두에게 유익이 되는 일을
520a 서로 나누도록 하는 것이 법이네. 또한 법은 국가 안에 그런 사람들을
기르고 각자 하고 싶은 대로 내버려두지 않고 최대한 활용하여 국가의
일치단결을 이루기 위해 존재한다네."

그는 "제가 그것을 잊고 있었습니다"라고 말했네.

내가 말했네. "글라우콘, 이 국가에서 지혜를 사랑하는 자에게 다른
사람들을 돌보고 지켜주도록 강제하는 것은 그들에게 불의한 짓이 아
니네. 오히려 정의가 무엇인지 말해주는 것임을 유념하게나. 우리는 그
b 들에게 이렇게 말할 것이네. '다른 국가에서는 지혜를 사랑하는 자가 되
더라도 그 국가의 사람들과 동고동락하지 않아도 됩니다. 그들은 정치
체제와 상관없이 자기 힘으로 지혜를 사랑하는 자가 되었고, 무엇에도
신세지지 않은 까닭에 국가를 위해 수고하지 않아도 정당하기 때문입
니다. 반면에 우리는 여러분을 여러분 자신과 다른 시민들을 위해 벌들
의 여왕이나 왕으로 낳았고, 어느 국가의 시민들보다 훌륭하고 완벽한

교육을 제공하여 지혜를 사랑하는 자의 삶과 시민의 삶 모두에 참여할 c
수 있게 해주었습니다. 따라서 여러분 각자는 다른 시민들과 함께 살아가기 위해 차례대로 그들의 거처로 내려가 어두운 곳에서 보는 데 적응해야 합니다. 일단 적응한 후에는 원래 거기에서 살아가는 사람들보다 훨씬 더 잘 보고, 각각의 영상이 무엇이며 어디에서 왔는지 식별하게 될 것입니다. 여러분은 이미 아름다움과 정의와 좋음의 참된 것을 보았으니까요. 그럴 때 우리와 여러분에게 속한 이 국가는 미몽이 아니라 깨어 있는 상태에서 통치될 것입니다. 오늘날 많은 국가는 정권이 좋은 것이라도 되는 듯이 권력을 차지하기 위해 암투를 벌이고 편을 가르는 자들
이 통치하고 있습니다. 하지만 진실은 이렇습니다. 통치하고 싶은 생각 d
이 가장 없는 사람이 통치하는 국가는 가장 잘 통치되고 단합하는 반면에, 통치하고 싶은 욕망이 가장 많은 사람이 통치하는 국가는 그 반대가 될 것입니다.'"

그는 "물론입니다"라고 말했네.

"우리가 양육한 사람들이 이 말을 듣고도 각자 차례대로 이 국가를 맡아 동고동락하기를 거절하고, 자기들끼리 대부분의 시간을 순수한 것 가운데서 살아가려 할 것이라고 자네는 생각하는가?"

그는 "그럴 수 없을 겁니다. 우리는 정의로운 사람들에게 정의로운 e
일을 요구했기 때문입니다. 그들 각자는 오늘날 각 국가를 통치하는 자들과는 반대로, 정말 어쩔 수 없기에 통치를 맡아서 하게 될 것입니다"라고 말했네.

내가 말했네. "여보게, 그렇다네. 장차 이 국가를 통치할 사람들에게 통
치하는 것보다 나은 삶을 찾아준다면, 이 국가는 잘 통치될 수 있을걸세. 521a

이 국가에서만큼은 참으로 부유한 자들이 통치하게 될 테니 말일세. 그들은 황금을 많이 가져서 부유한 게 아니라 행복한 사람이라면 누구나 풍성하게 누리는 훌륭하고 지혜로운 삶을 살고 있어 부유한 자일세. 반면 가난하고 좋은 것에 굶주린 자들이 좋은 것을 빼돌릴 생각으로 공적인 일에 참여한다면, 그 국가는 잘 통치될 수 없네. 통치권이 쟁취해야 하는 것이 될 때, 그들끼리 싸우다가 결국 그들은 말할 것 없고 다른 시민들도 망하고 말 것이네."

그는 "지극히 옳은 말씀입니다"라고 말했네.

b 내가 말했네. "국가 통치를 하찮은 일로 여기는 삶은 지혜를 사랑하는 자의 삶밖에 없네. 그런 삶이 어디에 또 있겠나?"

그는 "맹세하건대 없습니다"라고 대답했네.

"통치하는 것을 좋아하지 않는 사람들이 통치하게 해야 하네. 그렇지 않으면 통치하는 것을 좋아하는 사람들이 통치권을 차지하기 위해 서로 싸울 테니 말일세."

"물론입니다."

"국가를 가장 훌륭하게 통치하는 일에 가장 지혜로우면서도 국가 통치보다 더 나은 삶과 귀한 것을 향유하는 사람들에게 국가 수호를 강제로 맡기지 않는다면, 도대체 누구에게 그 일을 맡기겠는가?"

그는 "맡길 사람이 없습니다"라고 대답했네.

c "이제 그런 사람들이 이 국가에서 어떻게 태어날 수 있는지, 사후 지하 세계에서 신들에게로 올라갔다는 어떤 사람들처럼[221] 어떻게 해야 이

---

221 사후 지하 세계에서 신들에게로 올라간 사람으로는, 그리스 신화에 나오는 아르고스의

국가가 그들을 빛이 있는 위쪽으로 끌어올릴 수 있는지 살펴보겠는가?"

그는 "물론입니다"라고 대답했네.

"그것은 도편 놀이[222]와는 달리 밤 같은 낮에서 진정한 낮으로 향하는 혼의 방향 전환이고, 우리가 진정한 철학이라고 말하는바 실재를 향한 등정이라고 할 수 있네."

"물론입니다."

"그러면 어떤 교과목에 그런 능력이 있는지 살펴봐야겠지?" d

"물론입니다."

"글라우콘, 혼을 생성되는 것들로부터 끌어당겨 실재로 나아가게 하는[223] 교과목이란 무엇이겠는가? 이 말을 하니 생각나는 게 있는데, 우리는 국가 수호자들이 젊을 때 전사가 되어야 한다고 앞에서 말하지 않았던가?"

"네, 그렇게 말했지요."

"따라서 우리가 찾는 교과목은 전사와 관련된 측면도 있을 것이네."

"무슨 말씀인지요?"

전설적인 왕이며 제우스와 아폴론의 보호를 받는 예언자이자 치유자로 알려진 암피아라오스가 있다. 테바이 공략 7장군 중 한 명인 그는 땅속으로 삼켜졌다가 나중에 신들에게로 올라가 신이 되었다. 피타고라스학파에서는 사람이 죽으면 일단 지하 세계(하데스)로 가서 판결을 받은 후 죄가 정화된 자는 신들에게로 올라간다고 믿었다.

222 아이들이 두 편으로 나뉘어 어느 정도 간격을 두고 일렬로 늘어선 후, 도편(도자기 조각)을 던져서 나오는 결과에 따라 쫓고 쫓기는 놀이다. 도편의 한 면에는 낮을 상징하는 흰색이, 다른 한 면에는 밤을 상징하는 검은색이 칠해져 있다. 낮이 나오면 던진 편이 쫓고 반대편이 도망가며, 밤이 나오면 반대로 한다.

223 '생성되는 것들'이란 생성과 변화와 소멸을 반복하며 끊임없이 변하는 것을 말한다. 반면 '실재'는 변화하지 않고 언제나 동일하게 있는 것, 즉 '형상' 또는 '이데아'를 가리킨다.

"전사들에게 쓸모없어서는 안 된다는 말일세."

그는 "가능하면 그래야지요"라고 말했네.

"앞에서 우리는 그들에게 체육과 시가를 가르쳐야 한다고 말했네."

e 그는 "그렇습니다"라고 말했네.

"체육은 생성하고 소멸하는 것과 관련이 있네. 신체의 성장과 노쇠에 관여하기 때문이지."

"그런 것 같습니다."

"따라서 체육은 우리가 찾는 교과목이 아닌 게 분명하네."

522a "분명히 아닙니다."

"그렇다면 우리가 앞에서 자세하게 설명한 시가는 어떤가?"

그는 말했네. "선생님도 기억하시겠지만, 시가는 체육과 짝을 이루고 습관을 들이는 방식으로 수호자들을 교육하는 과목입니다. 선법을 통해서는 조화로움을, 리듬을 통해서는 단정함을, 허구나 사실에 가까운 이야기를 통해서는 그 밖의 비슷한 습관을 익히게 해주었지만 지식을 주
b 지는 않았지요. 그러니 시가는 선생님이 지금 추구하시는 것으로 이끄는 교과목은 전혀 아닙니다."

그래서 내가 말했네. "자네가 아주 정확히 상기시켜주었네. 시가에는 그런 것이 전혀 없네. 그러면 글라우콘, 도대체 무엇이 그런 교과목이겠나? 기술은 어쨌든 손으로 하는 일이니 아닐 테고."

"그렇습니다. 그러면 시가와 체육과 기술 외에 어떤 교과목이 남아 있을까요?"

내가 말했네. "이것들 외에 남은 교과목이 없다면 이 모든 것과 관련된 무언가를 찾아보세."

그는 "어떤 것입니까?"라고 물었네.

"예컨대 모든 기술과 사고와 지식에 공통적으로 사용되고, 누구나 가 c
장 먼저 배워야 하는 것 말일세."

그는 "그게 무엇입니까?"라고 물었네.

내가 말했네. "대단한 건 아니고 하나 둘 셋을 구별하는 것이네. 나는 이것을 통틀어 수와 계산이라고 말하네. 수와 계산이야말로 모든 기술과 지식에 반드시 관여하지 않는가?"

그는 "물론입니다"라고 말했네.

내가 말했네. "전술도 마찬가지겠지?"

그는 "분명 그렇습니다"라고 대답했네.

내가 말했네. "비극을 보면 팔라메데스[224]가 아가멤논을 번번이 아주 d
우스꽝스러운 지휘관으로 만들어버리네. 팔라메데스는 자신이 수를 발명해 트로이아에서 그리스군 진영을 배치하고, 선박을 비롯해 다른 모든 것의 수량을 계산해냈다고 주장하지. 마치 전에는 누구도 그렇게 수를 센 적이 없었고, 아가멤논은 숫자를 셀 줄 몰라 자기 다리가 몇 개인지도 모르는 자인 것처럼 주장하면서 말일세. 그것이 사실이라면 아가멤논은 어떤 지휘관이었을 것 같은가?"

그는 "그것이 사실이라면 지휘관 자격이 없다고 생각합니다"라고 대

---

224 팔라메데스는 그리스 신화에서 트로이아 전쟁에 참전한 그리스군 진영의 영웅이다. 오디세우스를 능가하는 지략가로 알려졌지만, 그에게 앙심을 품은 오디세우스의 부당한 모함으로 배신자로 몰려 자기 편 병사들이 던지는 돌에 맞아 죽는다. 팔라메데스는 몇 개의 알파벳 글자와 숫자, 척도, 저울, 동전, 역법 등을 발명했고, 기근이 들었을 때 병사들이 배고픔을 잊도록 장기놀이를 고안했다. 아가멤논은 아르고스 또는 미케네의 왕이며 트로이아 전쟁에서 그리스군 총사령관이다.

답했네.

e 내가 말했네. "그렇다면 계산하고 셈할 수 있게 해주는 교과목을 전
사들의 필수 과목으로 정해야 하지 않겠나?"

그는 "군대 배치와 관련된 모든 것을 알려면, 아니 무엇보다 인간이 되기 위해서는 반드시 그래야 합니다"라고 대답했네.

내가 말했네. "그러면 이 교과목에 대해 자네와 내가 주목하는 점이 같은 건가?"

"어떤 점 말입니까?"

523a "이 교과목은 우리가 찾고 있는 교과목, 즉 본성상 지성에 의한 인식
으로 이끄는 교과목 중 하나이며, 사람들을 본질로 인도하기에 매우 적
절하지만 아무도 이 교과목을 올바르게 사용하고 있지 않다는 것이네."

그는 "무슨 말씀입니까?"라고 물었네.

내가 말했네. "내 생각을 분명히 말해보도록 노력하겠네. 우리가 말하고 있는 방향으로 이끄는 것과 그렇지 않은 것을 구분해보겠다는 걸세. 자네도 나와 함께 살펴보면서 찬성 내지 반대 의사를 밝혀 내 예견이 과연 맞는지 좀 더 분명하게 확인해보게."

그는 "말씀해보시지요"라고 말했네.

내가 말했네. "그러면 해보겠네. 자네도 이미 알고 있겠지만, 감각으
b 로 지각하는 것에는 감각만으로 충분히 판단할 수 있어 지성을 불러낼
필요가 없는 것도 있지만, 감각만으로는 제대로 판단할 수 없어 지성에
의한 인식을 통해 전면적으로 살펴봐야 하는 것도 있네."

그는 "선생님은 멀리 보이는 사물이나 음영화법[225]으로 그린 그림을 말씀하시는 게 분명합니다"라고 말했네.

내가 말했네. "자네는 내가 무엇을 말하는지 전혀 맞추지 못했네."

그는 "그러면 무엇을 말씀하신 겁니까?"라고 물었네.

내가 말했네. "서로 상반된 감각이 동시에 발동되지 않는다면 지성을 불러내어 살펴보게 할 필요가 없네. 반면 가까이 있는 것이든 멀리 있는 것이든 서로 상반된 감각 중 어느 하나로는 분명히 확인할 수 없어 둘 다 발동시켜야 할 때 지성의 도움을 받아야 하네. 이렇게 설명하면 내가 무슨 말을 하는지 좀 더 이해될걸세. 여기 이 세 손가락을 새끼손가락, 약손가락, 가운뎃손가락이라고 부르네." c

그는 "그렇습니다"라고 말했네.

"나는 다만 가까이에서 보이는 손가락들의 이름을 차례로 말한 것이네. 자, 이 손가락과 관련해 생각해보게."

"어떤 것을 말입니까?"

"이것들은 모두 똑같은 손가락으로 보일 것이네. 가운데에 있느냐 끝에 있느냐, 희냐 검냐, 굵냐 가느냐 등의 차이는 있어도 모두 손가락으로 보인다는 점에서는 아무런 차이가 없네. 이 모든 것과 관련해 대중의 혼이 지성에게 손가락이 무엇인지 추가로 물을 필요는 없네. 시각은 어떤 경우에도 이것이 손가락인 동시에 손가락이 아니라고 말하지 않으니 말일세." d

그는 "그렇습니다"라고 말했네.

내가 말했네. "이런 경우에는 지성을 불러내거나 깨울 필요가 없겠지." e

225 '음영화법'은 묘사하는 대상의 색이나 윤곽선을 균일하게 표현하지 않고, 한쪽을 짙게 칠한 후 다른 쪽으로 갈수록 차츰 엷게 칠하여 입체감과 원근감을 나타내는 화법이다.

"그럴 것 같습니다."

"그러면 손가락이 크냐 작냐는 어떤가? 시각은 손가락 중 하나가 가
운데에 있든 끝에 있든 개의치 않고 그것이 크냐 작냐를 충분히 지각하
는가? 촉각 또한 다른 조건은 개의치 않고 손가락이 굵냐 가느냐, 부드
러우냐 단단하냐를 충분히 지각하는가? 그 밖의 다른 감각들도 마찬가
524a 지로 자신이 담당한 것을 충분히 지각하는가? 아니면 각각의 감각이 이
렇게 하는 건 아닌가? 예컨대 단단한 것을 지각하도록 정해져 있는 감
각이 부드러운 것도 지각하도록 정해져 있어, 동일한 것을 때로는 단단
하다고, 때로는 부드럽다고 지각하여 혼에 전달하는 것인가?"

그는 "후자의 경우입니다"라고 대답했네.

내가 말했네. "그런 경우에 감각이 동일한 사물에 대해 단단하다고 혹은 부드럽다고 신호를 보내온다면, 혼은 단단함은 무엇이고 부드러움은 무엇인지 혼란스럽지 않겠나? 또 가볍다고 한 것을 무겁다고 하고 무겁다고 한 것을 가볍다고 다시 신호를 보내온다면, 혼은 가벼움과 무거움이 무엇을 의미하는지 혼란스럽지 않겠나?"

b 그는 "감각이 그렇게 신호를 보내면 혼이 이상하게 보고 검토할 테지
요"라고 대답했네.

내가 말했네. "그런 경우 혼은 먼저 계산 능력과 지성의 도움을 받아 자신에게 전달된 것이 하나인지 둘인지 살펴보려 할걸세."

"물론입니다."

"그래서 둘로 밝혀진다면 혼에 전달된 것이 서로 별개인 것으로 드러나겠지?"

"그렇습니다."

"혼에 전달된 것이 각각 하나이고, 따라서 두 가지가 전달된 것이라
면 혼은 그 둘을 서로 구별된 것으로 이해할 것이네. 서로 구별되지 않 c
는 것이어야 둘이 아닌 하나로 이해할 테니 말일세."

"옳습니다."

"하지만 앞에서 우리는 시각이 큰 것과 작은 것을 서로 구별하지 않고 한데 섞여 있는 것으로 보았다고 말했네. 그렇지 않은가?"

"그렇습니다."

"이 점을 명확히 하려면 지성을 불러낼 수밖에 없는데, 그렇게 호출된 지성은 시각과 달리 큰 것과 작은 것이 한데 섞여 있는 게 아니라 서로 구별되는 것으로 보았네."

"옳은 말씀입니다."

"바로 이 대목에서 크다는 것은 무엇이고 작다는 것은 무엇인지 묻게 되지 않았는가?"

"바로 그렇습니다."

"이렇게 해서 우리는 하나는 지성과 관련된 것이라 부르고, 다른 하나는 시각과 관련된 것이라 불렀네."

그는 "지극히 옳은 말씀입니다"라고 말했네. d

"그래서 나는 앞에서 어떤 것은 추론적 사고를 호출하지만, 어떤 것은 그렇지 않다고 말한 다음, 서로 대립되는 것이 감각에 동시에 들어오는 것이 추론적 사고를 호출한다고 정의했고, 그렇지 않은 것은 지성의 인식을 깨우지 않는다고 정의했네."

그는 "이제 알겠습니다. 제 생각도 그렇습니다"라고 말했네.

"그렇다면 수는 어떤가? 이를테면 하나는 어느 경우에 속한다고 생

각하는가?"

그는 "모르겠습니다"라고 대답했네.

내가 말했네. "앞에서 말한 것들에서 추론해보게. 하나라는 수가 시각
e 이나 다른 감각으로 충분히 파악할 수 있는 것이라면, 그것은 본질로 이끄는 것이 아니네. 반면 하나를 볼 때 하나와 대립되는 것이 언제나 동시에 보여 하나라고 할 수 없고 하나와 대립되는 것이라고도 할 수 없다면, 하나가 무엇인지 결정해줄 무언가가 필요하네. 그런 경우에 혼란에 빠진 혼은 사고 활동을 가동시켜 탐구를 시작할 것이고, 하나가 무엇
525a 인지 묻게 될걸세. 그렇다면 하나에 대해 배우는 것은 혼이 실재를 보도록 방향을 전환해주는 것 중 하나가 되네."

그는 "하지만 시각도 하나를 볼 때 그런 작용이 적잖게 일어납니다. 우리는 동일한 것을 하나로 보는 동시에 무한한 다수로 보기도 하니까요"[226]라고 말했네.

내가 말했네. "그런데 하나가 그렇다면 모든 수가 그렇지 않겠는가?"

"물론입니다."

"그리고 산술과 수학은 모두 수와 관련이 있네."[227]

"그렇습니다."

---

226 어느 하나의 것이 실제로나 이론적으로 무수히 많은 부분으로 이루어져 있는 경우, 또는 서로 다른 무수한 특질을 갖고 있는 경우다.

227 계산하는 기술인 '산술'(λογιστικός, 로기스코스)은 말 그대로 '수'(ἀριθμός, 아리트모스)를 계산하는 기본적인 기술이고, 수를 다루는 기술인 '수학'(ἀριθμητικός, 아리트메티코스)은 좀 더 본격적으로 논리적 추론을 사용해 수의 본성을 알아가는 기술이다. 플라톤, 『필레보스』 56d에서는 '아리트메티코스'를 대중의 것인 산술과 철학자의 것인 수학으로 구분한다.

"그런데 수는 혼을 진리로 이끄는 것으로 보이네." b

"분명 그렇습니다."

"그렇다면 이것들은 우리가 찾고 있는 교과목의 하나가 되겠군. 전사는 군대를 배치하기 위해, 지혜를 사랑하는 자는 생성의 영역에서 벗어나 본질을 포착하기 위해[228] 이것들을 배워야 할 것이네. 그러지 않으면 계산도 못하고 이성적인 생각도 못할 테니 말일세."

그는 "그렇습니다"라고 말했네.

"그런데 우리의 수호자는 전사이자 지혜를 사랑하는 자여야 하네."

"물론입니다."

"그러면 글라우콘, 이 교과목을 법으로 정해 훗날 국가의 중대한 일
을 맡게 될 사람들이 산술만 개인의 취미 수준으로 배울 게 아니라 지 c
성을 통해 수의 본성을 알 때까지 수학을 익히게 하는 것이 좋겠네. 무역상이나 소매상처럼 물건을 사고팔기 위해서가 아니네. 전쟁을 위해 그리고 혼이 진리와 본질 쪽으로 방향 전환을 쉽게 할 수 있도록 수학을 배우게 해야 한다는 말일세."

그는 "지극히 훌륭한 말씀입니다"라고 말했네.

내가 말했네. "계산에 관한 교과목을 이야기하다가 지금 든 생각인데,
장사가 아니라 지적 활동을 위해 이 교과목을 배운다면 우리가 원하는 d
것을 이루는 데 다방면으로 유용할 것 같네."

그는 "어떻게 말입니까?"라고 물었네.

228 "생성의 영역"은 모든 것이 변화하는 영역, 즉 현상의 영역이다. 지혜는 현상 속에서 현상을 뛰어넘어 언제나 불변하는 '본질'을 포착하는 것이다.

"방금 말했듯이 이 교과목은 혼을 강력하게 위쪽으로 끌어올려 수 자체를 논의할 수밖에 없게 만들지만, 볼 수 있고 만질 수 있는 물체와 결합된 수를 제시하면서 논의하려고 하면 혼이 받아들이지 않는다는 점
e 에서 그렇네. 그런 것에 익숙한 사람들은 누군가가 논의를 통해 하나 자체를 나누려 하면, 이를 비웃으며 받아들이지 않는다는 건 자네도 잘 알 걸세. 그런데도 자네가 하나를 나누려 한다면, 그들은 다시 곱해서 하나가 여럿으로 보이는 것을 막을 것이네."

그는 "지극히 옳은 말씀입니다"라고 말했네.

526a "글라우콘, 누군가가 그들에게 '여보시오, 도대체 어떤 수를 말하고 있길래 당신들이 생각하는 하나가 포함된 모든 수[229]에서 하나는 모두 동일하고 조금도 다르지 않으며 전혀 구별되지 않는다는 겁니까?'라고 묻는다면, 그들이 뭐라고 대답할 것 같은가?"

"단지 사고할 수만 있고 그 외 다른 방식으로는 다룰 수 없는 수에 대해 말하고 있다고 그들이 대답하지 않을까요?"

b 내가 말했네. "그렇다면 여보게, 이 교과목은 혼이 지성의 인식 자체를 사용해 진리 자체를 추구하게 하니 우리에게 꼭 필요하다는 것을 알겠는가?"

그는 "확실히 그렇습니다"라고 대답했네.

"본성적으로 계산에 뛰어난 사람은 모든 교과목을 본성적으로 빨리 이해하지만, 이해가 느린 사람도 계산하는 교육을 받고 훈련하면, 설령

229 여기에서 "하나"는 하나의 원형을 가리키고, "하나가 포함되어 있는 모든 수"는 하나의 원형이 현실에서 나타나는 여러 현상, 예컨대 2-1, 3-2, 8-7 등 무수히 많은 수를 가리킨다.

다른 부분에서는 아무런 유익을 얻지 못한다 해도 이전보다 이해가 빨라지는 성과를 이룰 것이라고 생각해본 적이 있는가?"

그는 "그렇습니다"라고 대답했네.

"하지만 배우고 연습하는 데 이보다 더 힘든 교과목을 찾기가 쉽지 c
않을걸세."

"확실히 그렇습니다."

"이 모든 이유 때문에라도 우리는 이 교과목을 버려서는 안 되고, 훌륭한 본성을 지닌 사람들에게 반드시 가르쳐야 하네."

그는 "제 생각도 같습니다"라고 말했네.

내가 말했네. "그러면 이것을 우리가 찾는 교과목의 하나로 정하고, 다음에는 이것과 관련된 교과목이 적합한지 살펴보세."

그는 "어떤 과목입니까? 혹시 기하학을 말씀하십니까?"라고 물었네.

내가 말했네. "바로 그것이네."

그는 "기하학은 많은 부분이 전쟁과 관련되어 분명 유용할 것 같습니 d
다. 기하학을 잘 아느냐의 여부에 따라 군대를 주둔시키고, 특정 지역을 점령하며, 군대를 집결시키거나 분산시키고, 전투 대형과 행군 대형을 운용하는 데 차이가 날 테니까요"라고 말했네.

내가 말했네. "그런 목적이라면 초보적인 기하학과 산술만 사용해도 충분할 것이네. 그보다는 기하학에서 많은 부분을 차지하는 고급 과정
이 좋음의 이데아[원형]를 쉽게 보게 해주는 데 어떤 기여를 하는지 살 e
펴봐야 하네. 혼은 어떻게 해서든 반드시 실재가 자리하는 가장 복된 영역을 보아야 하는데, 혼이 방향을 바꾸어 그곳으로 향하도록 강제하는 것이면 무엇이든 그런 일에 기여한다고 말할 수 있네."

그는 "옳은 말씀입니다"라고 말했네.

"따라서 기하학이 본질을 보게 만드는 것이라면 우리에게 적합하지만, 생성의 영역을 보게 만든다면 적합하지 않네."

"그것이 바로 우리가 말하는 바입니다."

527a 내가 말했네. "그런데 기하학을 조금이라도 아는 사람이라면 이 학문의 연구자가 사용하는 용어들이 기하학의 본성과 정반대라는 우리의 주장에 이의를 제기하지 못할걸세."

그는 "그게 무슨 말씀입니까?"라고 물었네.

"그들이 사용하는 용어들을 보면 터무니없고 황당하지만, 사실 그들로서는 그럴 수밖에 없을걸세. 그들은 실제로 행하는 것처럼, 또한 실제로 이루어지는 행동을 가리키듯이 '정사각형을 만든다', '선분을 긋는

b 다', '합한다' 등의 용어를 사용하지만, 이 교과목 전체가 추구하는 것은 다름 아니라 지식이지 않은가?"[230]

그는 "전적으로 그렇습니다"라고 말했네.

"그러면 다음에 대해서도 우리가 합의해야 하지 않겠나?"

"어떤 것이지요?"

"기하학이 추구하는 지식은 생성하고 소멸하는 것에 대한 지식이 아니라 영원히 존재하는 것에 대한 지식이라는 점이네."

그는 "그런 합의는 쉽습니다. 기하학은 영원한 실재에 대한 지식이니까요"라고 말했네.

230 플라톤에 따르면, 진정한 기하학은 이성적 추론을 사용해 얻는 '지식'을 추구하지만, 실제로 사용되는 기하학 용어는 현상을 다루는 기술처럼 보인다는 뜻이다.

"그러니까 여보게, 지금은 지혜를 사랑하는 사고(思考)가 잘못되어 혼이 아래쪽을 향해 있지만, 기하학은 그 사고를 위쪽으로 향하게 해서 혼을 진리로 이끄네."

그는 "정말 그렇습니다"라고 말했네.

내가 말했네. "그러니 자네가 세운 아름다운 국가에 속한 시민들에게 c
기하학을 멀리하지 않도록 당부하게나. 기하학을 배워서 얻는 부수적인 이익도 적지 않기 때문이네."

그는 "어떤 이익입니까?"라고 물었네.

내가 말했네. "자네가 말한 것처럼 전쟁과 관련된 이익이 있네. 또한 모든 배우는 일에 있어 기하학을 아는 사람과 모르는 사람 간에 큰 차이가 난다는 것을 자네들도 알걸세."

그는 "맹세하건대 모든 면에서 차이가 납니다"라고 말했네.

"그렇다면 기하학을 청년들이 반드시 배워야 할 두 번째 교과목으로 정해야 하지 않겠는가?"

그는 "그렇습니다"라고 대답했네.

"천문학을 세 번째 교과목으로 정하는 것은 어떤가? 그렇게 생각하 d
지 않나?"

그는 "그렇게 생각합니다. 계절과 달과 한 해의 절기를 잘 아는 것은 농사와 항해에는 물론 전술에도 필요하니까요"라고 대답했네.

내가 말했네. "자네가 대중을 의식하며 혹시 쓸모없는 교과목을 정하는 건 아닌지 전전긍긍하는 걸 보니 재미있네. 혼의 어떤 기관은 진리를
보는 유일한 기관이어서 1만 개의 눈보다 더 가치 있는데, 다른 활동으 e
로 인해 변질되고 눈멀게 된 이 기관을 이러한 교과목들로 정화하고 다

시 점화시킬 수 있음을 확신하기란 쉬운 일이 아니지. 따라서 이와 같은 의견을 가진 사람들에게는 자네의 말이 아주 훌륭하게 들리겠지만, 그렇지 않은 사람들은 이러한 교과목에서 가치 있는 이익을 찾지 못하기
528a 때문에 자네가 쓸데없는 말을 한다고 생각할지도 모르네. 그러니 자네가 두 부류 중 어디에 속한 사람들과 대화하고 있는지 생각해보게. 자네는 자네의 말을 통해 사람들이 이익을 보더라도 시기하지 않겠지만, 어쨌든 어느 쪽도 아닌 주로 자네 자신을 위해 말하는 것은 아닌지도 생각해보게."

그는 "저는 주로 제 자신을 위해 말하며 묻고 대답합니다"라고 대답했네.

내가 말했네. "그러면 조금 뒤로 되돌아가세. 방금 우리는 기하학 다음으로 다룰 교과목을 잘못 선택했기 때문이네."

그는 "그게 무슨 말씀입니까?"라고 물었네.

b 내가 말했네. "평면 다음에는 입체를 다루어야 하는데, 그것을 건너뛰고 회전운동을 하는 입체를 다루려 했기 때문이네.[231] 2차원 다음에는 3차원을 다루는 것이 순서상 옳네. 3차원이란 육면체의 차원과 깊이를 가진 것들과 관련이 있네."

그는 "그렇기는 합니다. 하지만 소크라테스 선생님, 3차원을 다루는 교과목에 관한 문제들이 아직 해결되지 않은 것 같은데요"라고 말했네.

231 "회전운동을 하는 입체"를 다루는 것은 천체를 다루는 천문학을 가리키고, '평면'을 다루는 것은 평면 기하학이며, '입체'를 다루는 것은 입체기하학이다. 2차원은 평면을, 3차원은 입체, 즉 육면체의 차원과 깊이를 지닌 것을 가리킨다.

내가 말했네. "거기에는 두 가지 이유가 있네. 하나는 이 교과목을 중
요하게 생각하는 국가가 없다 보니 이 어려운 교과목에 대한 연구가 빈
약하게 이루어졌기 때문이네. 또 하나는 연구자에게는 반드시 감독자가
필요하고 감독자 없이는 교과목을 둘러싼 문제가 해결될 수 없는데, 우
선은 감독자를 구하기 힘들고 구하더라도 교과목 연구자들이 오만해서 c
그들의 말을 들으려 하지 않기 때문이네. 하지만 국가 전체가 이 교과목
을 중요하게 생각해서 감독한다면 연구자들도 말을 들을 것이고, 지속
적인 연구가 이루어진다면 이 교과목과 관련된 문제들도 해결될걸세.
오늘날 대중은 이 교과목을 무시하며 관심을 갖지 않고, 연구자들도 이
교과목이 어떤 점에서 유용한지 설명해주지 못하고 있지만, 그럼에도
불구하고 연구 자체가 매력적이어서 점점 확대되고 있으니 머지않아
이 교과목에 관련된 문제가 해결된다 해도 전혀 이상한 일이 아니네."

그는 "사실 이 교과목의 매력이 특별하기는 합니다. 하지만 방금 말 d
씀하신 것을 좀 더 자세히 설명해주시겠어요? 선생님은 기하학이 평면
을 다룬다고 보시는 것 같아서요"라고 말했네.

내가 말했네. "그러하네."

그는 "선생님은 기하학을 다루신 후, 다음으로 천문학을 언급하셨다
가 다시 뒤로 되돌아가셨습니다"라고 말했네.

내가 말했네. "내가 서두르다가 도리어 논의가 늦어지고 말았네. 기하
학 다음에는 깊이의 차원을 살펴봐야 했는데, 그에 대한 연구가 우스운
수준이어서 건너뛰고 곧장 천문학을 말한 것이네. 천문학은 깊이를 가
진 것의 운동을 연구하는 학문이네." e

그는 "옳은 말씀입니다"라고 말했네.

내가 말했네. "그러면 우리가 지금 제쳐두는 3차원과 관련된 교과목은 국가가 지원하면 그때 가서 제대로 정립될 것으로 보고 천문학을 네 번째 교과목으로 정하세."

"그래야 할 것 같습니다. 그리고 소크라테스 선생님, 제가 앞에서 천문학을 엉성하게 칭찬하여 꾸지람을 들었으니 이번에는 선생님의 방식
529a 대로 칭찬해보겠습니다. 천문학은 혼으로 하여금 위를 보게 하니 모든 사람들이 생각하기에 혼을 지상에서 천상으로 이끄는 것이 분명합니다"라고 그는 말했네.

그래서 내가 말했네. "나는 그렇게 생각하지 않으니 나를 제외한 모든 사람이겠군."

그는 "그러면 선생님은 어떻게 생각하십니까?"라고 물었네.

"오늘날 사람들을 철학으로 끌어올리는 자들[232]은 천문학을 다룰 때, 혼의 시선이 철저하게 아래를 향하게 만든다고 나는 생각하네."

그는 "그게 무슨 말씀입니까?"라고 물었네.

내가 말했네. "위쪽에 있는 것들을 배우는 것이 무엇인지에 대한 자
b 네의 생각이 너무 너그러운 것 같네. 고개를 들어 천장의 장식물을 보며 무언가를 배울 때도 자네는 눈이 아니라 지성을 사용하여 본다고 생각하는 것 같기 때문일세. 물론 자네 생각이 옳고 내 생각이 단순한 것일지도 모르지. 하지만 나는 실재나 보이지 않는 것을 다루는 교과목 말고 다른 교과목이 혼의 시선을 위로 향하게 한다는 건 생각조차 할 수 없네. 그래서 입을 벌리고 위를 올려다본다든지 혹은 입을 다물고 아래

232 고대 그리스에서는 천문학을 비롯한 자연과학의 학문들을 '철학'의 일부로 생각했다.

를 내려다본다든지 하면서 감각으로 지각할 수 있는 무언가에서 아무리 배우려 해도 배울 수 없다고 말하는 것이네. 그런 것은 지식과 아무 c
런 상관이 없기 때문이네. 이런 경우 육지에서든 바다에서든 드러누워 하늘을 쳐다보며 무언가를 배우려 해도 그의 혼은 위가 아니라 아래를 보고 있는 것이네."

그는 "저를 혼내고 계시는군요. 선생님의 꾸짖음은 옳습니다. 그런데 우리가 말하는 것에 도움이 되도록 천문학을 배우려면, 사람들이 오늘날 천문학을 배우는 방식과 반대로 배워야 한다는 말씀은 무슨 의미입니까?"라고 물었네.

내가 말했네. "이런 의미일세. 하늘에 보이는 장식물은 시각의 영역에서 다채롭게 펼쳐지기 때문에 눈에 보이는 것 중에서 가장 아름답고 정
확하지만 참된 것과는 거리가 멀다네. 즉 실재하는 빠름과 느림이 참된 d
수와 참된 형태로 상호관계를 유지하면서 스스로 움직이는 동시에 그 안에 실재하는 것도 움직이게 하는 운동에 비하면 한참이나 못 미친다네. 이런 운동은 시각으로는 파악할 수 없고 이성과 추론적 사고로 파악할 수 있지. 혹시 자네는 다르게 생각하는가?"

그는 "전혀 그렇지 않습니다"라고 대답했네.

내가 말했네. "따라서 하늘의 장식물[233]은 다이달로스[234] 같은 기술자 e
나 화가가 특별히 만들거나 그린 도식을 대하듯이 배움을 위한 본보기

---

233 "하늘에 있는 장식물들"은 천체를 의미한다.

234 다이달로스는 그리스 신화에서 대장장이 신 헤파이스토스의 직계 후손으로 미로로 이루어진 미노스 왕의 궁전 라비린토스를 설계하고 만든 전설적인 장인이다. 플라톤의 『메논』 97d에서는 그가 만든 조각상들은 살아 있어 묶어두지 않으면 달아났다고 말한다.

로만 사용해야 하네. 기존의 기하학에 익숙한 사람들은 그런 장식물을
보면서, 완성도는 뛰어나지만 그 속에서 동일 비율이나 두 배 비율이나
530a 그 밖의 비율에 관한 진리를 파악하려고 진지하게 살피는 것은 황당한
일이라고 생각할 것이네."

그는 "왜 황당하지 않겠습니까?"라고 말했네.

내가 말했네. "천문학자가 천체 운행을 볼 때도 그렇게 생각하지 않
겠는가? 그는 천체가 최대한 훌륭하게 배치되었다고 보고, 하늘의 제작
자가 하늘과 하늘에 있는 것들을 만들어 배치해놓았다고 생각할 것이
네. 하지만 누군가 밤낮의 비율과 한 달과 한 날의 비율, 한 해와 한 달
b 의 비율 등 천체들의 상호관계가 언제나 일정하게 유지되고 조금도 벗
어나지 않는다고 생각하고서 이에 관한 진실을 모든 방법을 동원해 알
아내려 한다면, 천문학자는 그것을 이상하게 여기지 않겠는가?"

그는 "선생님의 말씀을 듣고 보니 그런 것 같습니다"라고 대답했네.

내가 말했네. "따라서 우리가 천문학을 유용한 것으로 만들기 위해서
는 기하학에서 그랬던 것처럼 천문학을 연구할 때도 천체 자체에 관심
을 갖는 게 아니라, 혼에 있는 본성상 지혜로운 부분을 쓸모없는 상태에
c 서 쓸모 있는 상태로 만들려는 목적을 가지고 천문학을 활용해야 하네."

그는 "오늘날 천문학에서 다루는 것보다 몇 배나 더 어려운 일을 하라는 말씀이시로군요"라고 말했네.

내가 말했네. "우리가 입법자로서 어떻게든 도움이 되려면, 다른 교과목들에도 이런 요구를 해야 하네. 그럴 만한 다른 교과목을 생각해둔 게 있는가?"

그는 "지금은 없습니다"라고 대답했네.

내가 말했네. "내 생각에 운동에는 여러 종류가 있는 것 같네. 현자라면 그 모든 종류를 다 댈 수 있겠지만, 우리가 분명하게 알 수 있는 건 두 종류네." d

"어떤 것이지요?"

내가 말했네. "하나는 방금 말한 천문학에서 다루는 천체 운동이고, 다른 하나는 그것과 짝을 이루는 것이지."

"어떤 것입니까?"

"눈이 천문학과 관련이 있듯이 귀는 화성 운동[235]과 관련이 있고, 이 학문들은 서로 자매 관계라고 할 수 있네. 여보게 글라우콘, 피타고라스학파[236]가 그렇게 주장하고 우리도 동의하려는데, 어떤가? 동의하지 말까?"

그는 "아닙니다. 동의해야 합니다"라고 대답했네.

내가 말했네. "이것은 우리가 직접 감당하기에는 버거운 작업이니 피타고라스학파 사람들이 뭐라고 말하는지 들어보고, 거기에 덧붙일 것이 있는지 살펴보세. 그렇더라도 우리는 우리 입장을 고수할 것이네." e

"우리 입장을 고수한다는 게 무슨 뜻입니까?"

---

235 피타고라스학파에서는 행성 간의 거리는 화성학적 비례에 따라 이루어져 있어, 천체들이 회전운동을 하면서 화성학적 음성, 즉 화음을 만들어내지만, 그 화음은 우리가 태어날 때부터 존재하기 때문에 우리 귀에 들리지 않을 뿐이라는 천체화성론을 주장했다.

236 기원전 6-4세기에 피타고라스와 그의 계승자들을 통해 번성했던 고대 그리스의 철학 분파로서 만물의 근원이 '수'라고 보았다. 수의 조화가 다양한 우주 만물을 만들어내고 유지하는 법칙이고, 음악의 화음과 리듬은 피타고라스가 '코스모스'라고 명명한 우주의 조화로움을 나타내는 것으로 보았다. 1부터 10까지 각각의 숫자에 독특한 힘이 있다고 생각했고, 인간의 혼은 완전하게 정화될 때까지 일정한 수학적 주기를 가지고 다른 생물로 다시 태어난다는 윤회설을 믿었다.

"우리가 양육할 사람들이 이 교과목 중 어느 것도 불완전한 방식으로 배우게 해서는 안 된다는 뜻이네. 좀 전에 천문학에서도 말했듯이, 모든 것이 도달해야 하는 바로 그곳[237]에 결코 도달할 수 없는 방식으로 교과
531a 목을 가르치면 안 된다는 걸세. 사람들이 화성학도 천문학을 했던 방식과 비슷하게 한다는 것을 모르겠는가? 여기에서도 그들은 귀로 들은 협화음과 소리를 비교하느라 한도 끝도 없이 측정하는 쓸데없는 수고를 하고 있다네."

그는 말했네. "맹세하건대 정말 황당한 일입니다. 어떤 사람들은 조밀 음정[238]을 운운하면서 마치 이웃집 소리라도 엿듣는 것처럼 악기에 귀를 바짝 갖다 댑니다. 심지어 조밀 음정 사이의 음도 들을 수 있다면서 극조밀 음정을 주장하고, 그 음들을 측정해야 한다고 말하는 사람도 있습니다. 그런가 하면 그런 음들은 기존의 음과 동일하다며 반박하는 사
b 람도 있습니다. 아무튼 이런 식으로 양쪽 모두 지성보다 귀를 더 앞세웁니다."

내가 말했네. "줄감개로 현을 조이면서 괴롭히고 고문하는 저 잘난 사람들을 말하는 것이로군. 채로 현을 때리며 나무라거나 현이 자기 잘못을 인정하지 않고 엄살을 부린다든가 하는 비유도 들 수 있네. 하지만 나는 이들이 아니라 방금 우리가 화성에 관해 물어보려고 했던 피타고

237 "모든 것이 도달해야 하는 바로 그곳"은 현상을 뛰어넘는 실재와 원형의 영역, 즉 진리의 영역이다.

238 '음정'은 두 음이 갖는 높이의 차이를 나타내는 용어다. 동시에 울리는 두 음의 높이 차이는 화성적 음정이고, 연속해서 울리는 두 음의 높이 차이는 선율적 음정이다. '조밀 음정'은 기존 음정을 더 좁힌 음정, 두 음 간의 반음 높이 차이를 반음의 반음까지 더 좁힌 음정을 말한다.

라스학파 사람들을 두고 말하는 것이니 비유는 이 정도로만 해두겠네. 그들은 천문학자들과 같은 한계를 보이고 있네. 귀로 들을 수 있는 협화 c 음 속에서 수를 찾는 데만 열중한다네. 그 이상으로 나아가 어떤 수들이 협화음을 이루고 어떤 수들이 그렇지 않은지, 그 이유가 무엇인지는 살펴보지 않네."[239]

그는 "그것은 인간의 한계를 넘어서는 일이 아닌가요?"라고 물었네.

내가 말했네. "화성은 그런 식으로 접근해야 아름답고 훌륭한 것을 탐구하는 데 유용하지 다른 방식으로 접근한다면 쓸모없네."

그는 "그런 것 같습니다"라고 말했네.

내가 말했네. "또한 우리가 지금까지 다룬 이 모든 것을 탐구해 모든 교과목에 공통점과 유사성이 있다는 결론에 도달하고[240] 그 이유까지 d 밝혀낸다면, 그 탐구는 우리가 원하는 바에 기여하겠지만 그렇지 못할 경우 우리의 모든 수고는 쓸모없는 게 되고 말 것이네."

그는 "소크라테스 선생님, 저도 그렇게 생각하지만 그건 정말 힘든 작업입니다"라고 말했네.

내가 말했네. "서곡을 두고 하는 말인가? 아니면 무엇을 두고 그런 소리를 하는가? 이 모든 교과목이 우리가 배워야 할 본곡의 서곡임을 모르겠나? 이 교과목에 능숙한 사람들이 변증학도 능숙하게 해낼 것이라고 생각하지 않는 모양이로군."

---

239 피타고라스학파에서는 협화음을 이루는 수를 찾지만, 플라톤은 그것은 현상을 다룰 뿐이므로 더 나아가 협화음을 이루는 수의 성질과 그 수들이 협화음을 이루는 이유를 이성적 추론으로 탐구해야 실재와 원형의 영역에 들어갈 수 있다고 말한다.

240 이 모든 교과목은 실재와 원형에 도달하기 위한 것이라는 공통점과 유사성을 갖는다.

e 그는 "맹세하건대 그렇게 생각하지 않습니다. 제가 만난 극소수 사람
들을 제외하고요"라고 대답했네.

내가 말했네. "이성적인 설명을 하지 못하고 받아들이지도 못하는 사람들이, 우리가 지금까지 마땅히 알아야 한다고 말한 것 중에서 뭐 하나라도 제대로 알 수 있다고 생각하는가?"

그는 "결코 그렇지 않습니다"라고 대답했네.

532a "글라우콘, 변증학이 연주하는 본 곡이 바로 그런 것이네. 그 곡은 지
성으로 알 수 있는 것인데도 시각이 흉내를 내려고 하지. 앞에서 말했듯
이 시각이 동식물 자체와 별 자체, 심지어 태양 자체를 바라보려고 하
니 말일세. 하지만 감각을 일체 사용하지 않고 변증술을 사용하면서 오
b 직 이성을 통해 각각의 사물 자체로 나아가 마침내 지성의 인식으로 좋
음 자체를 파악하게 될 때, 그는 마침내 오직 지성으로만 알 수 있는 것
에 도달하게 되네. 동굴의 비유에 나온 한 죄수가 시각으로 지각하는 것
의 끝에 도달한 것처럼 말일세."

그는 "전적으로 그렇습니다"라고 말했네.

"어떤가? 이 여정을 변증학이라 불러도 되겠나?"

"물론입니다."

내가 말했네. "결박에서 풀려나는 것, 그림자에서 불빛 쪽으로 방향을
전환하여 실물을 보는 것, 지하 동굴에서 태양을 향해 올라가는 것, 아
c 직 동식물과 햇빛을 직접 볼 수는 없지만 동굴의 불빛이 만들어낸 인공
물의 그림자가 아니라 물에 비친 신적인 영상과 실물의 그림자를 보게
되는 것 등이 모두 앞에서 말한 교과목이 하는 일이네. 이 교과목들은
혼의 가장 좋은 부분을 결박에서 풀어주고 이끌어 실재 중에서도 가장

좋은 것을 관조할 수 있도록 해주는 능력을 지녔네. 이는 혼이 신체에서 가장 분명하게 볼 수 있는 부분을 물질과 시각의 영역에서 가장 분명한 것으로 이끌어 보게 하는 것과 같네."[241]

그는 말했네. "그 말씀에 수긍합니다. 사실 수긍하기가 쉽지 않지만 d 수긍하지 않기도 힘듭니다. 하지만 이 문제는 이번에만 듣고 말 게 아니라 앞으로도 두고두고 살펴볼 내용이니 선생님의 말씀이 맞다고 보고, 서곡을 자세히 살펴본 것처럼 이제 본곡으로 들어가 자세히 살펴보기로 하시지요. 변증학적 추론의 특성이 무엇인지, 어떤 유형으로 분류되 e 는지, 그 방식은 어떤 것인지 말씀해주세요. 그 길을 따라가면 이 여행의 종착지이자 최종 쉼터에 이를 수 있을 것 같으니까요."

그래서 내가 말했네. "여보게 글라우콘, 지금부터는 비유로 말하지 않 533a 고 내가 진리라고 생각하는 바를 그대로 말하겠네. 열심히 정성을 다해 말하겠지만 자네가 따라오지 못할 수도 있네. 지금부터 하는 말이 진리인지 아닌지 당장 단언하는 것은 적절하지 않겠지만, 어쨌든 내가 진리를 말할 것이라는 주장 정도는 강력하게 할 수 있지 않겠나?"

"물론입니다."

내가 말했네. "또한 변증학적 논증만이 앞에서 설명한 교과목을 배운 사람들에게 진리를 드러낼 뿐 다른 어떤 방법도 그럴 수 없다는 점도 자신 있게 말할 수 있지 않겠나?"

그는 "그러는 게 좋겠습니다"라고 대답했네.

---

241 "혼의 가장 좋은 부분"은 지성을, "가장 좋은 것"은 좋음의 이데아를, "신체에서 가장 분명하게 볼 수 있는 부분"은 눈을, "시각의 영역에서 가장 분명한 것"은 실물을 가리킨다.

b 내가 말했네. "각각의 사물 자체를 체계적으로 파악하려는 시도가 모든 탐구와는 다른 또 하나의 탐구라고 말한다면 이의를 제기할 사람은 아무도 없을걸세. 반면 그 밖의 모든 탐구는 사람들의 의견과 욕망, 만들어내는 것과 조립하는 것, 생산되거나 조립된 것을 관리하는 것을 지향하네. 실재를 어느 정도 파악할 수 있게 해준다는 기하학을 비롯한 몇몇 탐구조차 그 교과목이 사용하는 전제를 논리적으로 설명하지 않고
c 오직 활용만 한다면, 실재를 미몽 상태에서 볼 뿐이고 깨어 있는 상태에서는 볼 수 없다는 점도 우리는 알고 있네. 원리를 알지 못하고 결론과 중간항들[242]도 알지 못한 채 짜맞춘 논증이 어떻게 지식이 되겠는가?"

그는 "그런 것은 결코 지식이라 할 수 없지요"라고 말했네.

내가 말했네. "그러므로 오직 변증학적 탐구만이 확실한 것을 확보하
d 기 위해 전제를 지양하고 원리 자체로 나아간다네.[243] 그리고 변증학적 탐구만이 우리가 앞에서 자세히 설명한 교과목들을 협력자와 동조자로 활용하여, 낯선 곳 진창 속에 파묻혀 있는 혼의 눈[244]을 빼내어 조용히 위로 이끈다네. 우리는 관행에 따라 이 교과목을 지식이라고 부르지만,

---

242 '원리'는 대전제를, '중간항'은 소전제를 가리킨다.

243 여기에서 '전제들'은 소전제들을 가리킨다. 앞에서 말한 교과목들은 소전제에서 결론으로 나아가는 반면에, 오직 변증학만이 소전제에서 대전제인 원리로 나아간다. 510b에서는 "지성과 관련된 부분을 둘로 나눈 것 중 하나에서 혼"은 '실물들', 즉 현상을 "소전제로 사용하여 대전제인 원리가 아니라 결론으로 나아가는 방식으로 탐구"하는 반면, 둘로 나눈 것 중 다른 하나에서는 "혼은 앞에서 사용한" 실물들 없이 "원형을 사용하여 절대적 원리인 대전제로 나아가는 방식으로 탐구"한다고 말한다. 전자는 여러 교과목이 하는 일이고, 후자는 변증학적 탐구가 하는 일이다.

244 "낯선 곳"은 현상의 영역으로 신체의 눈이 지배하는 곳이며, 지성이 보아야 하는 진리를 볼 수 없게 만드는 '진창'이다. "혼의 눈"은 혼이 가장 잘 볼 수 있게 해주는 지성을 가리킨다.

사실 의견보다 더 분명하면서도 지식보다는 덜 분명한 이것을 다른 명칭으로 불러야 하네. 앞에서 나는 이것을 추론적 사고라고 불렀네. 하지만 지금 살펴봐야 할 중요한 문제가 산적했으니 명칭을 놓고 다툴 때는 e
아닌 것 같네."

그는 "옳습니다"라고 말했네.

내가 말했네. "그러니 앞에서 그랬던 것처럼 첫 번째에 속한 것은 지식, 두 번째에 속한 것은 추론적 사고, 세 번째에 속한 것은 확신, 네 번 534a
째에 속한 것은 추측이라고 부르면 될걸세. 세 번째와 네 번째에 속한 것은 의견이라 부르고, 첫 번째와 두 번째에 속한 것은 지성에 의한 지식이라고 부르면 되네. 의견은 생성에 관한 것인 반면 지성에 의한 지식은 본질에 관한 것이네. 본질과 생성의 관계는 지성에 의한 인식과 의견의 관계와 대응되고, 지성에 의한 지식과 의견의 관계는 지식과 확신의 관계 및 추론적 사고와 추측의 관계와 대응되네. 하지만 의견의 대상과 지성에 의한 지식의 대상 간의 유비 관계, 그리고 이 각각의 대상은 다시 둘로 구분된다는 점은 말하지 않기로 하세, 글라우콘. 이에 대해 논의하려면 이미 한 논의보다 몇 배나 더 길어질 텐데 차라리 건너뛰는 게 나을걸세."

그는 "선생님의 말씀대로 하겠습니다"라고 말했네. b

"그러면 각각의 본질을 설명할 수 있는 사람을 변증학에 능숙하다고 해야 하지 않겠나? 그렇지 못한 사람은 지성을 갖추지 못했다고 해야 하고?"

그는 "그렇지 못한 사람이 어떻게 지성을 갖추었다고 말할 수 있겠습니까?"라고 반문했네.

"그러면 좋음과 관련해서도 마찬가지 아니겠나? 좋음의 이데아[원형]
c 를 다른 것들과 구별하지 못하는 사람이라면, 의견이 아니라 본질에 따
른 열렬한 변증으로 어떤 반론이라도 물리치고 돌파하지 못하는 사람
이라면, 자네는 당연히 그가 좋음 자체를 안다고 말하지도 않겠지만, 그
밖의 좋은 것도 안다고 말하지 않겠지. 그런 사람이 어쩌다가 좋음의 영
상을 포착했더라도, 자네는 그가 지식이 아닌 의견으로 포착했다고 말
하고, 그가 이 세상에서 졸듯이 몽롱하게 지내다가 저승에 가서는 완전
d 히 잠들게 될 것이라고 말하지 않겠는가?"

그는 "맹세하건대 분명 그렇게 말할 겁니다"라고 대답했네.

"그러니 자네는 지금 말로만 양육하고 교육하는 아이들을 언젠가 실제로 양육할 경우, 그 아이들이 무리수의 선분[245]처럼 비이성적인 동안에는 이 국가의 통치자로서 중요한 일을 주관하게 내버려두지 않을 것이라고 나는 생각하네."

그는 "물론입니다"라고 말했네.

"그러니 자네는 무엇보다도 그 아이들이 묻고 대답하는 일에 통달할 수 있게 해주는 교육을 받도록 법을 제정하지 않겠는가?"

e 그는 "선생님과 함께 그런 법을 제정할 겁니다"라고 대답했네.

내가 말했네. "변증학은 갓돌[246]처럼 우리가 앞에서 말한 모든 교과목

---

245 '무리수'로 번역한 '아로고스'(ἄλογος)가 '비이성적인'을 뜻하기도 한다는 점을 이용한 언어유희다. 무리수는 이성적인 수인 유리수의 반대말이다. 고대 그리스인들은 기하학을 토대로 산술을 했기 때문에 가장 전형적인 무리수를 한 변의 길이가 1인 정사각형의 대각선 길이에서 찾았다. "무리수의 선분들"이란 그런 선분을 가리킨다.

246 비를 맞지 않기 위해 성벽이나 돌담 위에 지붕처럼 덮은 돌을 말한다.

위에 두어야지, 다른 교과목을 변증학 위에 두는 것은 옳지 않다고 자네는 생각하겠지? 그렇다면 교과목에 관한 논의는 이제 마무리된 것이 아 535a
니겠나?"

그는 "그렇게 생각합니다"라고 대답했네.

내가 말했네. "이제는 이 교과목을 누구에게, 어떤 방식으로 가르치느냐 하는 문제가 남았네."

그는 "분명 그렇습니다"라고 말했네.

"앞에서 우리가 어떤 사람을 통치자로 선발했는지 기억하는가?"

그는 "물론입니다"라고 대답했네.

내가 말했네. "가장 견실하고 용감한 자, 되도록 용모가 준수한 자를
선발해야겠지. 그밖에도 성품이 고귀하고 씩씩할 뿐 아니라 이 교과목 b
을 배우기에 적합한 자질을 지닌 자들을 선발해야 하네."

"어떤 자질이 적합할까요?"

내가 말했네. "그들은 명철해서 배우는 것을 힘들어하지 않아야 하네. 사람의 혼은 체육을 접할 때보다 어려운 교과목을 접할 때 훨씬 겁을 먹네. 그런 교과목은 신체와 아무 상관없고 오직 혼에 속한 것이기 때문이네."

그는 "옳은 말씀입니다"라고 말했네.

"또한 기억력이 좋고 끈기 있으며 매사에 열심인 사람을 찾아야 하 c
네. 그런 사람이 아니라면 누가 힘들게 신체 단련을 하는 동시에 오랜 세월 동안 여러 교과목을 공부하고 익히려 하겠는가?"

그는 "훌륭한 본성과 자질이 없다면 그렇게 못할 겁니다"라고 대답했네.

내가 말했네. "앞에서도 말했듯이[247] 자격 없는 사람이 철학을 해서 오늘날 철학이 잘못 행해지고 욕을 먹는 것이네. 철학은 서자가 아니라 적자가 해야 하기 때문이네."

그는 "그게 무슨 말씀인지요?"라고 물었네.

d 내가 말했네. "먼저 철학하는 사람은 부지런함에서 절름발이여서는 안 되네. 반은 부지런한데 반은 나태해서는 안 된다는 말이네. 체육과 사냥 같은 신체 활동은 좋아하면서 배움은 그렇지 않아서 듣기나 탐구 등을 싫어하는 경우가 그러하네. 그 반대의 경우도 마찬가지고."

그는 "지극히 옳은 말씀입니다"라고 말했네.

e 내가 말했네. "진리에 관해서도 마찬가지일세. 어떤 혼이 의도적인 거짓말을 미워해서 자기가 했을 때 견디기 힘들어하고 다른 사람이 했을 때 격분하지만, 진창 속에서 뒹구는 돼지처럼 무지에 빠져서 뒹굴며 무지로 인해 의도적이지 않은 거짓말을 하는 경우에는 화를 내지 않는다면, 우리는 그러한 혼을 절름발이로 보아도 되지 않겠는가?"

536a 그는 "전적으로 그렇습니다"라고 대답했네.

내가 말했네. "절제와 용기, 고매함을 비롯한 모든 미덕에서도 서자인지 적자인지 감시하는 것이 중요하네. 개인이든 국가든 이를 살피지 않을 경우, 온갖 당면한 문제에서 자기도 모르는 사이에 절름발이와 서자를 친구나 통치자로 삼게 될 테니 말일세."

그는 "당연한 일입니다"라고 말했네.

b 내가 말했네. "우리는 이 모든 것을 조심해야 하네. 몸과 정신이 건전

247 제6권 495c-496a 참조.

한 사람들을 데려와 교육하고 중요한 교과목을 가르치고 신체 단련을 시킨다면, 법과 정의에 비추어 보아 나무랄 데 없고 우리가 세운 국가와 정치체제를 지켜낼 수 있을 것이네. 그렇지 않으면 모든 것이 정반대가 되어 철학은 대중에게 더 심한 비웃음을 사게 될 테니 말일세."

그는 "정말 수치스러운 일이지요"라고 말했네.

내가 말했네. "물론이지. 그런데 나야말로 방금 비웃음 살 일을 한 것 같네."

그는 "어떤 일을 하셨는데요?"라고 물었네.

내가 말했네. "우리가 지금 놀이를 하고 있음을 잊어버리고 방금 내 c
가 너무 흥분했기 때문이네. 오늘날 철학의 처지를 생각하니 부당하게 모욕을 당하는 것 같아 분노가 치밀지 뭔가. 그래서 너무 심각하게 이야기한 것 같네."

그는 "맹세하건대 제 귀에는 전혀 그렇게 들리지 않았습니다"라고 말했네.

내가 말했네. "하지만 말하는 내 입장에서는 그런 생각이 들었네. 어쨌든 잊지 말아야 할 것은 우리가 앞에서는 나이 많은 사람들을 선발했
지만,[248] 여기에서는 그러면 안 된다는 점이네. 사람은 나이가 들면서 많 d
은 것을 배운다는 솔론[249]의 말을 믿지 말게나. 나이가 들수록 달리기만 힘든 게 아니라 배움도 힘들어지니 말일세. 크고 많은 일들은 청년이 해

---

248 제3권 412c에서 통치자는 나이 많은 사람 중에서 선발해야 한다고 말했다.

249 솔론(기원전 640-560년경)은 고대 그리스의 7현인 중 한 명이자 아테네의 정치가다. 당시 극심한 빈부차이에서 빚어진 사회 불안을 개선하기 위해 이른바 '솔론의 개혁'을 단행했다.

야 하네."

그는 "그렇습니다"라고 말했네.

"따라서 산술과 기하학 또는 변증학을 하기에 앞서 받아야 할 예비 교육 교과목을 아이들에게 가르쳐야 하네. 다만 강제로 해서는 안 되네."

"왜 그렇습니까?"

e 내가 말했네. "자유인은 어떤 교과목도 노예처럼 굴종하면서 배우면 안 되기 때문이네. 육체적인 일은 강제로 하더라도 몸이 더 상하지 않지만, 강제적으로 배운 것은 혼에 남지 않기 때문이네."

그는 "옳은 말씀입니다"라고 말했네.

내가 말했네. "그러니 여보게, 그런 교과목을 아이들에게 교육할 때는
537a 놀이처럼 배우게 해야 하네. 그렇게 하면 아이들이 저마다 어떤 적성을 타고났는지 확실히 볼 수 있을 것이네."

그는 "그 말씀이 이치에 맞습니다"라고 말했네.

내가 말했네. "앞에서 우리가 아이들을 말에 태워 전쟁터로 데려가 직접 보게 하고, 안전 대책을 마련한 상태에서 현장 가까이에 데려가 사냥개가 새끼를 가르치듯이 피를 맛보게 해야 한다고 주장했는데 기억하는가?"

그는 "기억합니다"라고 대답했네.

내가 말했네. "이 모든 신체 단련과 교과목 학습, 두려운 경험이라는 일련의 과정 속에서 언제나 탁월함을 보이는 아이들을 선발자 명단에 올려야 하네."

b 그는 "몇 살에 그래야 할까요?"라고 물었네.

내가 말했네. "필수적인 체육 교육을 이수한 후네. 이수 기간이 2년이

나 3년이 될 텐데[250] 몸이 피곤하고 잠이 쏟아지는 것은 교과목을 배우
는 것과 상극이어서 이 시기에는 다른 교육은 아무것도 할 수 없기 때
문이네. 또한 체육을 통해 각자 어떤 사람인지 드러나기 때문에 그 자체
가 교육인 동시에 시험이기도 하네."

그는 "당연히 그럴 겁니다"라고 말했네.

내가 말했네. "그 기간을 거치고 스무 살이 된 자들 중에 선발된 자는
나중에 다른 사람들보다 더 큰 영예를 누리게 될 테니, 소년 때 비체계 c
적으로 배운 교과목들을 결합해 교과목 간의 동질성과 실재의 본질을
종합적으로 볼 수 있게 해야 하네."[251]

그는 "그래야 전에 배운 것들이 단단해질 겁니다"라고 말했네.

내가 말했네. "그것은 변증학의 자질을 지녔는지 보는 매우 중요한
시험이기도 하네. 종합적으로 볼 수 있는 사람은 변증학을 할 자질이 있
는 반면, 그렇지 못한 사람은 그런 자질이 없다고 보아야 하네."

그는 "제 생각도 같습니다"라고 말했네.

내가 말했네. "따라서 자네는 그런 것을 눈여겨보고, 앞에서 선발된 d
자들이 서른 살이 지났을 때 그런 자질을 가장 많이 드러내고, 공부에서
도 탄탄한 실력을 보여주며, 전쟁과 다른 법적 의무에서도 견실한 자들
을 다시 선발해 한층 더 큰 영예를 수여해야 하네. 선발할 때는 변증학
적 논증 능력을 시험하여 눈이나 다른 감각을 사용하지 않고 실재 자체

---

250 20세가 되기 전 2-3년 간의 기간을 가리킨다. 이 시기에 체육 교육과 군사 교육이 집중적으로 이루어진 것으로 보인다.

251 20-30세는 변증학을 본격적으로 배우기에 앞서 시가, 산술, 수학, 천문학 등과 같은 예비 교과목을 배우는 시기다.

와 진리로 나아가는 사람이 있는지 살펴봐야 하네. 여보게, 이때 각별히 주의할 점이 있네."

그는 "그것이 무엇입니까?"라고 물었네.

e 내가 말했네. "오늘날 변증학적 논증과 관련된 폐해가 얼마나 심각한
지 자네는 아는가?"

그는 "어떤 폐해가 있습니까?"라고 반문했네.

내가 말했네. "불법이 가득하다네."

그는 "확실히 그렇기는 합니다"라고 말했네.

내가 말했네. "자네는 그들이 그러는 것이 이상하다고 생각하는가? 그래서 안됐다는 생각은 안 드는가?"

그는 "그들은 왜 그러는 겁니까?"라고 반문했네.

내가 말했네. "변증학적 논증과 관련한 현재 상황은, 예컨대 주워온
538a 아이가 부유하고 힘 있는 가문에서 많은 가족과 아첨꾼들 가운데서 자
랐는데, 성인이 된 후 자기를 길러준 사람들이 친부모가 아닌 사실을 알
았지만 낳아준 실제 부모를 찾을 수 없는 경우와 같네. 자신이 주워온
아이였음을 알았을 때와 몰랐을 때 자기를 길러준 사람들과 아첨꾼들
에 대한 그의 심정이 각각 어떨지 말해볼 수 있겠나? 아니면 내 생각을
듣고 싶은가?"

그는 "선생님의 생각을 듣고 싶습니다"라고 대답했네.

b "그렇다면 내 생각을 말해보겠네. 진실을 몰랐을 때 그는 부모와 친
척이라고 생각한 사람들을 아첨꾼보다 훨씬 더 존중하고, 그들이 기대
하는 바를 모르는 척하는 일도 별로 없고, 그들에게 불법적인 말과 행동
을 하지 않으며, 중요한 일에서 그들보다 아첨꾼의 말을 듣는 일도 없을

것이네."

그는 "그럴 것 같습니다"라고 말했네.

"하지만 사실을 알고 난 후에는 가족에 대한 존중과 진지한 관심은 느슨해지는 반면, 이전과 달리 아첨꾼들의 말을 더 잘 듣고 공공연히 그 c
들과 어울리며 그들의 방식을 따라 살아가게 될걸세. 천성이 반듯한 사람이 아니라면 자기를 길러준 양부모와 친척들을 등한시 하게 될 것이네."

그는 "선생님의 말씀이 모두 옳습니다. 하지만 논증하는 사람들에게 그런 비유을 어떻게 적용할 수 있을까요?"라고 물었네.

"이렇게 적용되네. 우리는 어릴 때부터 정의와 훌륭함에 관한 신념을 지니고 있어, 마치 부모 슬하에서 자라듯 그 신념 속에서 자라고 그 신념에 복종하며 그 신념을 존중해왔네."

"그렇습니다."

"물론 그 신념과 반대되면서 우리 혼에 아첨하며 자기 쪽으로 끌어당 d
기는 즐거운 생활방식도 존재하지만, 절도 있는 사람은 그러한 즐거움에 넘어가지 않고, 조상 대대로 내려오는 생활방식의 권위를 존중하고 그것에 복종하네."

그는 "그렇습니다"라고 말했네.

내가 말했네. "그렇게 살아온 사람이 어느 날 아름다움이 무엇이냐는 질문을 받았다고 해보세. 그는 입법자에게 들은 대로 대답할걸세. 그러자 변증이 그의 대답을 반박하고, 그런 반박이 여러 방식으로 수차례 행해져[252] 마침내 그가 입법자에게서 아름다움이라고 들은 것이 사실은

---

252 플라톤은 제5권 454a에서 논쟁술의 힘에 대해 언급하면서, 변증이 논쟁술로 변질되어

e 추함까지는 아니지만 아름다움도 전혀 아니라는 의견을 갖게 되었다고 하세. 정의와 좋음과 그밖에 그가 존중해온 것에 대해서도 이전과 완전히 다른 의견을 갖게 되었고 말이야. 이제 그 사람은 전에 자기가 권위를 인정하고 존중하며 복종해온 부분에 어떤 태도를 갖게 될 것 같은가?"

그는 "이전처럼 존중하거나 복종하지는 않을 게 분명합니다"라고 대답했네.

내가 말했네. "그것들을 이전처럼 존중하거나 지켜야 한다고 생각하지 않을 뿐 아니라 다른 참된 것도 찾지 못했을 때, 그는 무엇보다 자기
539a 에게 아첨하는 사람들의 삶에 끌리지 않겠는가?"

그는 "그렇습니다"라고 대답했네.

"이렇게 해서 그는 준법적인 사람이 아니라 위법적인 사람이 된 것처럼 보이게 되네."

"분명히 그렇습니다."

내가 말했네. "변증을 이런 식으로 하는 사람들의 처지가 그러하니, 앞에서 말한 것처럼 그들을 너그럽게 용서하는 것이 합당하지 않겠나?"

그는 "연민을 느낄 만합니다"라고 대답했네.

"그러니 자네가 양육하는 서른 살 된 사람들이 그런 처지가 되지 않도록 모든 면에서 신중하게 변증을 다루어야 하지 않겠나?"

그는 "물론입니다"라고 대답했네.

b "변증을 신중하게 다루는 중요한 조치 중 하나로 청년들이 너무 일찍 변증을 맛보지 못하게 할 수 있지 않겠나? 청년들이 처음에 변증을 맛

다른 사람의 말을 반박하는 것을 즐기는 것에 대해 비판했다.

보면 놀이하듯이 언제나 반박하며 논쟁하는 데 남용한다는 사실을 자네도 모르진 않겠지. 그들은 자신들을 반박한 사람을 흉내 내며 다른 사람들을 반박한다네. 옆에 있는 사람들을 변증에 끌어들여 강아지처럼 물어뜯는 것을 즐긴다네."

그는 "청년들이 그런 것을 아주 좋아하지요"라고 말했네.

"이렇게 청년들이 많은 사람을 반박하고 자신들도 많은 사람에게 반 c
박당하다 보면, 지금까지 믿어온 것들을 급속히 믿지 않게 되고, 그 결과 그들 자신은 물론이고 철학과 관련된 모든 것이 다른 사람들에게 비방을 듣게 되네."

그는 "지극히 옳은 말씀입니다"라고 말했네.

내가 말했네. "반면에 나이를 좀 더 먹은 사람은 그런 정신 나간 짓에 관여하지 않으려 하고, 놀이하듯이 반박을 즐기기보다 참된 것을 알기 위해 변증학적 논증을 하는 사람을 본받으려고 할 것이네. 그 결과 그는
더 절도 있는 사람이 되고, 철학을 더 명예로운 활동으로 만들 것이네." d

그는 "옳은 말씀입니다"라고 말했네.

내가 말했네. "앞에서 우리가 말한 것, 즉 본성적으로 절제되고 견실한 사람들이 변증하게 하고, 지금처럼 모든 면에서 자격 미달인 사람이 변증하게 해서는 안 된다고 말한 것도 변증을 신중하게 다루기 위함이 아니겠나?"

그는 "전적으로 그렇습니다"라고 대답했네.

"신체 단련 시 오직 신체 단련에만 집중했듯이, 다른 것은 아무것도 하지 않고 오직 변증학적 논증만 지속적이고 본격적으로 훈련하는 기간은 신체 단련 기간의 두 배면 충분하다고 보네. 그렇지 않은가?"

e 그는 "4년 또는 6년을 말씀하시는 겁니까?"라고 되물었네.

내가 말했네. "5년으로 정해도 상관없네. 변증학적 논증 훈련이 끝난 후에는 그들을 다시 저 동굴 속으로 내려보내야 하네. 그곳에 머물며 전쟁 관련 일을 지휘하게 하고, 청년에게 적합한 관직을 맡겨 수행하게 해야 하는데, 이는 그들이 경험에서도 다른 사람들에게 뒤지지 않게 하기
540a 위해서네. 이런 일을 통해서도 그들이 온갖 유혹에서 흔들림 없이 자기 자리에 머무르는지, 아니면 이탈하는지 지속적으로 검증해야 하네."

그는 "그 기간은 어느 정도 되어야 합니까?"라고 물었네.

내가 말했네. "15년이네. 이 모든 것을 통과해서 쉰 살이 될 때, 그들 중에 모든 일과 학문을 모든 면에서 가장 훌륭하게 해낸 자들을 이제 이 여정의 끝으로 이끌어야 하네. 그래서 지금까지 해온 것에 의지해 혼의 눈을 들어 모든 것에 빛을 공급해주는 바로 그것을 바라보게 해야 하네. 이렇게 해서 그들이 좋음 자체를 보고 난 후에는, 그것을 본으로
b 삼아 남은 생애 동안 순번을 정해 국가와 개인들과 자신을 돌보게 해야 하네. 그들은 여생의 대부분을 철학으로 보내다가 자기 차례가 되면 국가의 일을 맡아 수고하고 통치자로 일하게 될 텐데, 무슨 거창한 일이기 때문에 하는 게 아니라 어쩔 수 없이 맡은 일이기 때문에 하는 것이어야 하네. 그들은 언제나 앞에서 말한 방식을 따라 다른 사람들을 교육하여 자신들을 대신할 국가 수호자로 키운 후, 축복받은 자들의 섬[253]으로 떠나가 그곳에서 살게 될 것이네. 국가는 그들을 기리는 기념물을 세우
c 고, 그들을 위해 제사를 드리는 국가 차원의 의식을 행하며, 피티아[254]가

253 각주 220을 보라.

동의하는 경우에는 그들을 국가 수호신으로 모시고, 동의하지 않은 경우에는 축복받은 신적 인물로 추앙해야 하네."

그는 "소크라테스 선생님, 조각가처럼 대단히 훌륭한 통치자들을 완성해내셨습니다"라고 말했네.

내가 말했네. "글라우콘, 나는 여자 통치자 상도 완성한 것이네.[255] 지금까지 내가 말한 것은 남자뿐 아니라 충분한 자질을 타고났다면 여자들에게도 해당하네."

그는 "옳은 말씀입니다. 앞에서 말한 대로 여자도 남자와 동일하게 모든 일에 참여할 테니까요"라고 말했네.

내가 말했네. "어떤가? 우리가 국가와 정치체제에 관해 지금까지 말 d
한 것이 단지 희망사항이 아니라 비록 어렵기는 해도 실현 가능하며, 그
것도 우리가 지금까지 논의해온 방식으로 가능하다는 데 자네들은 동
의하는가? 말하자면 여러 명이든 한 명이든 진정으로 지혜를 사랑하는
자가 국가 통치자가 되어, 통치자에게 주어지는 명예는 자유민에게 어
울리지 않는 저속하고 무가치한 것으로 여기고 경멸하는 반면,[256] 올바
른 것과 올바른 것에서 생기는 명예를 최고로 치고, 정의로운 것을 가장 e
중요하고 필수적인 것으로 여기고 받들며 강화함으로써 국가의 모든

---

254 각주 171을 보라.

255 앞에서 글라우콘이 남자 통치자를 가리키는 단어 '아르콘'(ἄρχων)을 사용해 "통치자들"이라고 말하자, 소크라테스는 '통치하다'를 뜻하는 동사 '아르코'(ἄρχω)의 현재 여성 복수 분사형을 사용해 이 일이 여자 통치자들에게도 해당한다는 말을 덧붙인다.

256 지혜를 사랑하는 자들은 신적인 것을 추구하기 때문에 "통치자에게 주어지는 명예"를 인간적인 하찮은 일로 여긴다. "올바른 것"으로 번역한 '토 오르톤'(τὸ ὀρθὸν)은 '말이나 생각, 행동 따위가 이치나 규범에서 벗어남 없이 옳고 바른 것'을 의미한다. '정의로운 것'으로 번역한 '토 디카이온'(τὸ δίκαιον)은 '진리에 맞는 올바른 도리'를 말한다.

질서를 세울 때, 그런 국가와 정치체제가 가능하다는 데 동의하는가?"

그는 "어떻게 그런 질서를 세웁니까?"라고 물었네.

541a 내가 말했네. "열 살 이상의 사람들을 모두 시골로 보내고, 그들의 아이들을 맡아서 부모가 지닌 현재의 생활방식에서 벗어나게 한 후, 우리가 앞에서 말한 생활방식과 법으로 양육하는 것이네. 그렇게 하면 앞에서 언급한 정치체제가 가장 신속하고 쉽게 세워져 번영하게 될 것이네. 그런 체제 아래에서 살아가는 사람들이 가장 큰 혜택을 받게 되지 않겠는가?"

그는 "그럴 가능성이 아주 큽니다. 그런 국가가 어떻게 실현될 수 있
b 는지 잘 말씀해주신 것 같습니다, 소크라테스 선생님"이라고 대답했네.

내가 말했네. "그렇다면 이 국가와 이 국가를 닮은 사람에 대한 논의는 충분히 한 셈이지? 그가 어떤 사람이어야 하는지도 분명해 보이니 말일세."

그는 "네, 선생님이 제기하신 문제는 이제 답이 나온 것 같습니다"라고 말했네.

제8권

"좋네. 여보게 글라우콘, 우리는 다음 사항에 동의했네. 국가가 완벽하 543a
게 경영되려면 여자들과 아이들을 공유하고, 양육과 교육은 물론이고 전쟁을 할 때든 평화로울 때든 모든 활동을 공동으로 하되, 그들 가운데서 지혜를 사랑하는 것과 전쟁 수행에서 가장 훌륭한 자로 검증된 사람이 왕이 되어야 한다는 것이네."

그는 "네, 동의했습니다"라고 말했네.

"그리고 통치자들이 세워지면 우리가 앞에서 말했던 거처, 즉 사유 b
재산이 될 수 없고 공동으로 사용하는 거처에 군인들이 와서 살게 해야 한다는 데 동의했네. 자네도 기억하겠지만 거처 외에도 그들에게 주어지는 것들이 어떤 성격이어야 하는지도 합의했네."

그는 "물론 기억합니다. 그들 중 누구도 오늘날 다른 사람들처럼 소
유물을 가져서는 안 되고, 전사와 수호자로서 국가를 수호하고 그 보수 c
로 다른 시민들에게 한 해 동안의 생계비를 받는데, 그것마저 자신뿐 아니라 다른 시민들을 보살피는 데 사용해야 한다는 내용이었지요"라고 말했네.

내가 말했네. "옳게 말했네. 하지만 여보게, 그 문제는 이미 논의를 끝냈으니 우리가 어느 지점에서 원래 논의에서 벗어나 여기까지 왔는지 더듬어보고, 거기로 돌아가 논의를 재개해보세."

그는 말했네. "기억하기 어렵지 않습니다. 선생님은 지금처럼 국가에
대한 논의가 거의 마무리되었다고 보시며, 그때 언급하신 것 같은 국가
d 와 그런 국가를 닮은 사람이 훌륭한 국가이고 훌륭한 사람이라고 말씀
544a 하셨습니다. 물론 한층 더 훌륭한 국가와 사람에 대해 말씀하실 게 있
는 듯 보이기는 했습니다. 따라서 그런 국가가 올바르기 때문에 다른 국
가들은 잘못된 것이라고 말씀하셨지요. 선생님은 잘못된 정치체제 중에
그 결함을 살펴보며 거론할 가치가 있는 것이 네 종류이고, 그런 정치체
제를 닮은 네 종류의 사람이 있다고도 말씀하셨습니다. 우리가 이것들
을 모두 살펴보려는 것은 누가 가장 훌륭한 사람이고 가장 나쁜 사람인
지 의견 일치를 본 후, 과연 가장 훌륭한 사람이 가장 행복하고 가장 나
b 쁜 사람은 가장 불행한지 검토하기 위해서라면서요. 그래서 제가 네 가
지 정치체제가 무엇인지 여쭈었는데, 그때 폴레마르코스와 아데이만토
스가 끼어들었고, 선생님이 그들의 문제제기를 받아들여 논의가 여기에
이르렀습니다."

내가 말했네. "아주 정확하게 기억하고 있군."

"그러니 저를 레슬링 선수로 여기고 다시 한번 시합할 기회를 주십시오. 제가 똑같은 질문을 드리면 그때 말씀하려던 것을 지금 해주시면 됩니다."

내가 말했네. "내가 답할 수 있는 문제라면 당연히 그렇게 하겠네."

그는 "그렇다면 선생님이 말씀하시려 했던 네 가지 정치체제에 대해

듣고 싶습니다"라고 말했네.

내가 말했네. "어려운 일이 아니네. 내가 말하려 했던 정치체제는 이 c
미 고유한 명칭이 있다네. 그중 하나는 많은 사람에게 칭찬받고 크레타와 스파르타가 채택하고 있는 바로 그 정치체제네.[257] 두 번째 정치체제는 그다음으로 칭찬받는 과두정이라는 것으로 나쁜 점이 많은 정치체제지. 과두정과는 반대되면서 그 후로 생긴 정치체제는 민주정이네. 마지막 정치체제는 이 모든 것과 다르고 병적인 말기 증상을 보이는 저 고매한[258] 참주정이네. 이 외에 분명한 형태를 갖춘 다른 정치체제를 알고 있는가? 그리스인들과 이민족들 가운데서 찾아볼 수 있는 세습군주 d
제나 돈 많은 사람이 왕이 되는 금권정이나 그와 비슷한 정치체제는 앞에서 말한 정치체제 사이의 어느 지점에 있는 것일 테고."

그는 "사람들이 말하는 이상한 정치체제가 많습니다"라고 말했네.

내가 말했네. "정치체제의 종류만큼이나 사람들의 성향도 여러 종류라는 것을 아는가? 혹시 정치체제가 나무나 돌에서 생긴다고 생각하는 건 아니겠지? 그 국가에서 살아가는 사람들의 성향 중에서 어느 e
한 성향이 우세해져 다른 모든 것을 휩쓸면서 생기는 것이 아니고 말이네."

그는 "우세해지는 사람들의 성향 속에서 정치체제가 생겨난다고 생각합니다"라고 대답했네.

"그러니 정치체제가 다섯 가지라면 개인이 지닌 혼의 성향도 다섯 가

---

257 545b에 나오는 '명예정'을 가리킨다.

258 여기에서 '고매한'은 반어법으로 쓰였다.

지일 테지."

"물론입니다."

"집단왕도정[259]을 닮은 사람에 대해서는 이미 자세히 다루었고, 우리는 마땅히 그런 사람을 훌륭하고 정의롭다고 말했네."

545a "그렇습니다."

"다음으로는 그보다 못한 사람들, 즉 스파르타가 채택한 정치체제를 닮아 승부욕과 명예욕이 강한 사람을 다루고 이어서 과두정을 닮은 사람, 민주정을 닮은 사람, 참주정을 닮은 사람을 다루어보세. 그중에서 가장 불의한 자를 골라내어 가장 정의로운 자와 대조해본다면, 전적인 정의와 전적인 불의가 그런 정의와 불의를 갖춘 사람들의 행복이나 불행과 어떤 관계가 있는지 완벽하게 고찰할 수 있을걸세. 그러면 우리는
b 트라시마코스의 주장을 받아들여 불의를 추구하는 삶을 살아야 할지, 지금 우리가 제시하는 논증을 받아들여 정의를 추구하는 삶을 살아야 할지 결정할 수 있을 것이네."

그는 "당연히 그렇게 해야 합니다"라고 말했네.

"앞에서 우리는 어떤 성향이 개인보다 정치체제에서 한층 더 분명하게 드러난다고 생각해 개인에 앞서 국가를 살펴보았는데, 이번에도 명예욕이 지배하는 정치체제를 먼저 살펴봐야겠네. 이 정치체제를 달리 어떻게 지칭할지 모르겠으니 어쩔 수 없이 명예에 의한 지배, 명예에 의
c 한 통치라는 의미에서 명예정[260]이라고 부르겠네. 명예정과 명예정을 닮

259 소크라테스가 본문에서 지금까지 세워온 국가가 바로 '왕도정' 또는 '집단왕도정'이다. 집단왕도정은 여러 명의 가장 훌륭한 사람들, 즉 진정으로 지혜를 사랑하는 자들이 통치하는 정치체제를 말하며, 한 명이 통치할 때는 왕도정이라고 한다.

은 사람을 살펴본 후에는 과두정과 과두정을 닮은 사람으로 가보세. 다음으로 민주정과 민주정을 닮은 사람에게로 눈길을 돌리고, 마지막으로 참주가 통치하는 국가로 가서 참주정과 참주정을 닮은 혼을 살펴보세. 그래야 앞에서 제기했던 문제들을 적절히 판단할 수 있지 않겠나?"

그는 "그렇게 하는 것이 합리적입니다"라고 말했네.

내가 말했네. "그러면 명예정이 집단왕도정에서 어떤 식으로 생겨나
는지 얘기해보세. 사실 간단하네. 모든 정치체제는 정권을 쥔 자들 사이 d
에 내분이 일어났을 때 바뀌기 때문이지. 반면에 그들이 아무리 소수에 불과하더라도 한뜻으로 단합되면 정치체제가 변혁되기는 불가능하지 않겠는가?"

"그렇습니다."

내가 말했네. "그렇다면 글라우콘, 우리가 세운 국가는 어떤 식으로 변혁되며, 보조자들과 통치자들 사이에 분쟁은 어떤 식으로 일어나겠는가? 혹시 자네는 우리도 호메로스처럼 '분쟁이 처음에 어떻게 일어나는
지' 말씀해달라고 무사 여신들에게 기원하고는[261] 이 여신들을 내세워 e
마치 아이들을 놀리듯 사람들 앞에서 짐짓 비극적인 어투로 엄숙하고 진지하게 말하기를 바라는가?"

"어떻게 말입니까?"

---

260 '명예정'으로 번역한 '티모크라티아'(τιμοκρατία)는 '명예'를 뜻하는 '티모'와 '지배'를 뜻하는 '크라티아'가 결합된 단어다.

261 고대 그리스의 시인들은 대개 무사 여신들이 시적 영감을 불어넣어 주기를 기원하며 작품 서두를 시작했다. 호메로스의 『일리아스』와 『오디세이아』, 헤시오도스의 『노동과 나날』이 그러하며, 근대의 존 밀턴도 대서사시 『실낙원』을 같은 방식으로 시작한다.

546a "무사 여신들을 내세우며 이렇게 말하는 것이네. '그렇게 구성된 국가는 변혁되기 어려우니라. 허나 생성한 것은 소멸하기 마련이니 그런 국가도 영원하지 않으며 해체될 수밖에 없도다. 해체는 이렇게 이루어지리니, 땅속에 뿌리 내린 식물뿐 아니라 땅 위에서 살아가는 동물도 열매 맺는 시기와 열매 맺지 못하는 시기의 주기적 순환이 있어 각자 주기가 끝나면 반대의 시기로 넘어가는데, 수명이 짧은 것은 주기가 짧은 반면, 수명이 긴 것은 주기가 길도다. 그러니 너희가 국가 지도자로 교
b 육한 사람들이 지혜로운 자들이라 해도, 그들도 감각과 이성을 동원하여 출산해야 할 때와 출산하지 말아야 할 때를 계산하는 일에서는 여느 사람보다 나을 게 없으므로 계산이 빗나가 아이들을 낳아서는 안 될 때 낳는 일이 벌어지리라.

신에 의해 태동된 것은 완전수[262]를 포함하는 주기를 갖는도다. 반면에 인간이 낳는 것의 주기로는 먼저 가로와 세로와 깊이라는 세 개의 길이와 네 개의 꼭짓점을 갖고서 동일하게도 하고 동일하지 않게도 하며, 성장하게도 하고 쇠퇴하게도 하는 각각의 기본 인수들의 세제곱을 더한 것이 있느니라.[263] 다음으로는 모든 것을 서로에 대해 유리수 관계에
c 있게 하여 서로 동조되게 하는 것이 있느니라. 이 인수 중에서 4와 3을

262 플라톤이 말하는 '완전수'는 회전운동을 하는 모든 천체가 원래의 자리로 돌아오는 기간이다. 날수로는 12,960,000일이고, 햇수로는 36,000년이다. 또 다른 완전수는 처음 네 개의 정수인 1, 2, 3, 4를 합한 수 10이다.

263 기본 인수는 직각삼각형의 세 변을 나타내는 3과 4와 5이고, 기본 인수 각각의 세제곱을 더한 것은 $3^3+4^3+5^3=216$이다. 216이라는 수는 인간이 태어나는 데 필요한 최소한의 회임 일수를 가리킨다. 정상적인 회임 일수는 270일이다. "가로와 세로와 깊이라는 세 개의 길이와 네 개의 꼭짓점을 갖고" 있는 것은 육면체다.

곱하고 거기에 다시 5를 곱한 수($3 \times 4 \times 5 = 60$)에 다시 그 수를 세제곱한 수($60^3 = 216{,}000$)를 곱한 것(12,960,000)이 두 개의 조화를 제공하리니, 둘 중 하나는 제곱수로서 100에 36을 곱한 길이의 변(3,600)을 지닌 정사각형의 면적에 해당하고(12,960,000), 다른 하나는 변의 길이가 서로 다른 직사각형에 해당하므로 한 변이 5인 정사각형의 대각선에 해당하는 수로서 유리수($7 = \sqrt{49}$)에서는 1이 모자라지만, 무리수($\sqrt{50}$)에서는 2가 모자라는 수(48)에 100을 곱한 것(4,800)을 한 변으로 하고, 3의 세제곱(27)에 100을 곱한 것을 다른 한 변(2,700)으로 하는 직사각형의 면적에 해당하는 것(12,960,000)이니라.[264]

이 기하학 도형으로 나타낼 수 있는 수 전체가 더 좋은 출산과 더 나쁜 출산을 결정하므로 너희의 수호자들이 출산과 관련된 이런 이치를 d
알지 못한 채 적합한 출산 시기가 아닌 때에 신부와 신랑을 맺어준 경우에는 훌륭한 자질과 행운을 지닌 아이들이 태어날 수 없도다. 부모 세대들은 그렇게 태어난 아이들 중에서 가장 나은 아이들을 선발하겠지만, 그렇더라도 그 아이들은 원래부터 자격을 갖추지 못했기에 부모 세대의 권력을 계승하여 수호자가 된다 해도, 먼저는 우리 무사 여신들을 소홀히 하여 시가에 충분히 관심을 갖지 않으며, 체육에도 마찬가지여서 너희 청년들은 지금보다 훨씬 더 시가를 모르는 자들[265]이 되고 말리라. 그들 중에서 선발된 통치자들은 수호자로서 반드시 해야 할 일,

264 날수로는 12,960,000일, 햇수로는 36,000년(12,960,000÷360일)은 회전운동을 하는 모든 천체가 원래의 자리로 돌아오는 기간이다. 완전수 12,960,000와 또 다른 완전수 10의 관계는 $4{,}800 \times 2{,}700 = (480 \times 10) \times (270 \times 10) = (480 \times 270) \times 10^2$, 또는 $12{,}960{,}000 = 360^2 \times 10^2$이다.

e 즉 헤시오도스와 너희가 분류한바 황금 종족, 은 종족, 청동 종족, 철
547a 종족[266]도 제대로 구별하지 못하리라. 철, 은, 청동, 금이 한데 뒤섞여 서
로 어울리지 못하는 이질적이고 모난 사람들이 태어나리니, 그때에는
도처에서 항상 싸움과 적대심이 일어나리라. 내분은 어디에서 생겨나든
언제나 그러한 계보를 갖는도다.'"

그는 "그러고는 무사 여신들의 말이 옳다고 할 테지요"라고 말했네.

내가 말했네. "무사 여신들이 한 말이니 당연히 그러하네."

b 그는 "무사 여신들이 또 어떤 말을 할까요?"라고 물었네.

내가 말했네. "이렇게 말할 것이네. '일단 내분이 생기면 통치자는 두
편으로 나뉘어 철과 청동 성분을 지닌 두 부류는 돈벌이와 토지, 가옥,
금은 소유를 중시하는 정치체제로 이끌려 하고, 금과 은 성분을 지닌 두
부류는 타고나기를 가난하지 않은 데다가 혼이 부유해 미덕을 중시하
는 옛 정치체제로 이끌려 할 것이니라. 허나 이 통치자들은 서로 치열하
게 다투고 대결을 벌이다가 결국에는 타협점을 찾고, 토지와 가옥을 분
c 배하여 사유화하고, 전에는 자유민이자 친구로 여기며 생계를 돌보고
지켜주던 사람들을 노예로 만들어 농노로 삼고서 그들을 상대로 자신
들을 지키기 위해 전쟁을 벌이게 되리라.'"

그가 말했네. "정치체제의 변화는 거기에서부터 생겨나는 것 같습니다."

내가 말했네. "그런 식으로 바뀐 정치체제는 집단왕도정과 과두정 사

265 시가는 격정적인 부분을 다스리고 감정을 순화하기 때문에, "시가를 모르는 자들"이 된다는 것은 격정과 감정을 제대로 절제하지 못해 난폭하고 상스러운 자가 된다는 뜻이다.

266 제3권 415a-c. 헤시오도스의 『노동과 나날』 106-201행 참조.

이의 어느 지점에 있겠지?

"물론입니다."

"정치체제가 그런 식으로 바뀐 다음 국가는 어떻게 경영되겠는가? 그 정치체제는 집단왕도정과 과두정의 중간 형태이므로 어떤 점에서는 d 이전의 왕도정을 모방하고, 어떤 점에서는 과두정을 모방하며, 또 어떤 점에서는 분명 그 자체의 고유한 특징도 지니지 않겠나?"

"그렇습니다."

"그렇다면 이 정치체제는 통치자들을 존중할 뿐 아니라 국가를 수호하는 전사 집단에게는 농사나 수공업이나 그 밖에 다른 돈벌이를 못하게 하고, 공동 식사를 하게 하며, 체육과 전쟁 훈련에 전념하게 하는 등 모든 일에서 이전의 집단왕도정을 모방하지 않겠는가?"

"그렇습니다."

"반면 이 정치체제는 지혜로운 자들에게 국가의 일을 맡기기 두려워 e 할 것이네. 순수하고 강직한 지혜로운 자들은 찾아보기 어렵고, 불순함이 섞인 자들만 보일 테니 말일세. 그래서 격정적이고 좀 더 단순한 사람들에게 국가 일을 맡길 것이네. 평화로울 때보다 전쟁 때 더 어울리는 자들, 즉 전투 전략과 전술에 소질이 있어 평생 전쟁터를 누비고 살 548a 아가는 사람들 말일세. 따라서 정치체제도 그와 비슷한 특징을 띠지 않겠나?"

"그렇습니다."

내가 말했네. "그런 사람은 과두정을 닮은 사람처럼 물욕이 있어 속으로는 금은을 끔찍이 귀하게 여길걸세. 개인 소유의 금고와 창고를 두고 금은을 은밀하게 숨겨두겠지. 또 담으로 두른 자기 집을 소유할 수

b 있으니 자신만의 보금자리를 만들고, 자기 부인과 자기가 좋아하는 사람들을 위해 돈을 펑펑 쓰며 낭비를 일삼을 것이네."

그는 "지극히 옳은 말씀입니다"라고 말했네.

"또한 그들은 재물에 인색한데, 재물을 소중하게 여기면서도 공공연히 소유할 수는 없기 때문이네. 하지만 본심은 탐욕스러워 다른 사람의 재물을 사용한다네. 그들은 아버지 몰래 자기 하고 싶은 짓을 하는 아이
c 처럼 법을 피해 은밀하게 쾌락을 즐긴다네. 이성과 철학을 갖춘 무사 여신들을 소홀히 하고 시가보다는 체육을 더 숭상하는 풍토 속에서 설득이 아닌 강제를 통해 교육받았기 때문이지."

그는 "선생님은 나쁜 것과 좋은 것이 뒤섞인 정치체제를 말씀하시는 게 분명합니다"라고 말했네.

내가 말했네. "뒤섞였기는 하지만 이 정치체제는 격정적인 것이 우세하기에 한 가지 두드러지는 것이 있네. 바로 승부욕과 명예욕이네."

그는 "정말 그럴 것 같습니다"라고 말했네.

"이 정치체제가 어떤 식으로 생겨나고 어떤 모습인지는 이 정도 설명이면 드러난 것 같네. 가장 정의로운 자와 가장 불의한 자가 어떤 사람인지 밝히는 데는 밑그림만 있어도 충분한 데다가 정치체제와 인간의 성격을 남김없이 말하자면 시간이 많이 걸릴 테니 말일세. 우리의 논의
d 는 정치체제를 정확하게 그려낼 필요 없이 개요만 파악하면 되네."

그는 "옳은 말씀입니다"라고 말했네.

"그러면 누가 이 정치체제를 닮았겠나? 그런 사람은 어떻게 생겨나고 어떤 사람이겠나?"

그러자 아데이만토스가 "그런 사람은 승부욕이 강하다는 점에서 여

기 글라우콘과 비슷할 것 같습니다"라고 말했네.

그래서 내가 말했네. "그 점에서는 그럴 것 같네. 하지만 글라우콘과 e
본질적으로 다른 점이 있는 것 같네."

"어떤 점에서 다릅니까?"

내가 말했네. "그런 사람은 좀 더 완고할 테고 시가를 좋아하지만 교양은 떨어지며 이야기를 듣는 것은 좋아하지만 연설은 잘하지 못할 게
분명하네. 또 충분히 교육받은 사람은 노예를 얕잡아 볼 뿐이지만 그런 549a
사람은 거기에 더해 노예를 가혹하게 대할 것이네. 반면 자유민에게는 친절하고 통치자에게는 지극히 복종적일 테지. 또한 지배욕과 명예욕이 강하고, 연설 같은 것은 못하지만 전쟁에 능하며, 전공을 세운 데다가 체육과 사냥을 좋아하기 때문에 자신이 사람들을 통치할 자격이 있다고 생각할 것이네."

그는 "이 정치체제를 닮은 사람의 성향이 그러하군요"라고 말했네.

"그런 사람은 젊어서는 재물을 경멸할지 몰라도 나이가 들수록 좋아
하게 될 것이네. 최고 수호자가 되기에는 자질이 부족해 미덕을 순수하 b
게 지키지 못하기 때문이지."

아데이만토스가 "최고의 수호자란 어떤 사람입니까?"라고 물었네.

내가 말했네. "시가가 가미된 이성을 갖춘 사람이네. 그런 사람만이 일생 동안 미덕을 지켜나갈 수 있네."

그는 "훌륭한 말씀입니다"라고 말했네.

내가 말했네. "자, 이런 사람이 명예정에 상응하는, 그런 정치체제를 닮아 명예를 중시하는 청년일세."

"분명 그럴 겁니다." c

내가 말했네. "그런 사람은 통치가 제대로 이루어지지 않는 국가에 사는 선량한 아버지의 아들인 경우가 많네. 명예나 관직, 소송 같은 일에 개입하기를 피하고 골치 아픈 일에 휘말리지 않으려고 자기 것을 많이 포기하는 아버지를 두었지."

그는 "그런 아들이 어떻게 해서 명예정을 닮은 청년이 됩니까?"라고 물었네.

내가 말했네. "먼저는 어머니의 불평 소리를 들으면서 그렇게 되네.
d 어머니는 남편이 통치자가 아니어서 다른 여자들이 자기를 깔본다고 생각하네. 그리고 남편이 재물에 관심이 없고, 법정에서 사적으로나 공적으로 다투지도 않고, 매사에 무심하게 행하는 데다가 이기적이고, 아내인 자기를 무시하지는 않지만 존경하지도 않는다는 것을 알게 되네. 그 때문에 화가 난 어머니가 아들을 앞에 두고는 아버지가 남자답지 못
e 하다는 둥 너무 무심하다는 둥 여자들이 흔히 하는 불평을 늘어놓는 것이네."

아데이만토스는 "여자들이 그 비슷한 불평을 많이 합니다"라고 말했네.

내가 말했네. "자네도 알겠지만 그런 집에서는 가노들조차 주인을 호인으로 생각해 주인의 아들에게 같은 이야기를 은밀히 늘어놓곤 한다네. 주인이 남에게 꾸어준 돈을 받지 못하거나 어떤 불의를 당해도 상대방을 고소하지 않는 걸 보고는 주인의 아들에게 그런 얘기를 전하면서,
550a 나중에 어른이 되면 그들에게 보복하고 아버지보다 더 남자다운 남자가 되라고 조언하기도 한다네. 게다가 아들은 밖에 나가서도 그와 비슷한 일을 겪네. 이 국가에서 묵묵히 자기 할 일만 하는 사람은 어리석다

는 소리를 듣고 무시당하지만, 그렇지 않은 사람은 도리어 존경과 칭송
을 받는 모습을 듣고 보는 것이네. 아들은 한편으로는 이 모든 것을 듣
고 보고, 다른 한편으로는 아버지의 말과 생활방식을 가까이에서 지켜
보고 다른 사람들과 비교하면서 양쪽 모두에게 끌린다네. 아버지는 그 b
의 혼에서 이성적인 부분을 북돋우고, 다른 사람들은 욕구와 격정에 해
당하는 부분을 돕고 키워주지. 아들은 본성이 나쁘지는 않지만 나쁜 사
람들과 어울린 탓에 양쪽 모두에 끌리다가 중간에 자리를 잡고, 자신에
대한 주도권이 혼의 중간 부분,[267] 즉 승부욕이 강하고 격정적인 부분에
넘어가면서 자존심과 명예욕이 강한 사람이 되는 것이네."

그는 "그런 사람이 어떻게 생겨나는지 정확히 말씀해주셨습니다"라
고 말했네.

내가 말했네. "이렇게 해서 우리는 두 번째 유형의 정치체제[268]와 두 c
번째 유형의 사람을 살펴보았네."

그는 "그렇습니다"라고 말했네.

"그러면 이제 아이스킬로스가 말한 대로 '서로 다른 사람을 서로 다
른 국가에 배치'[269]하는 게 좋겠는가, 아니면 우리 계획대로 먼저 국가부
터 말하는 게 좋겠는가?"

그는 "당연히 우리 계획대로 해야지요"라고 대답했네.

---

267 혼에서 이성과 욕구가 서로 싸울 때, 격정이 이성을 보조하는 역할을 한다. 따라서 한편으로는 이성에, 다른 한편으로는 욕구에 끌릴 때, "혼의 중간 부분"인 격정이 주도권을 쥔다.

268 앞에서 소크라테스가 세운 국가의 정치체제가 왕도정 또는 집단왕도정이므로, 이것이 변질되어 생긴 명예정이 여기에서 말하는 두 번째 유형의 정치체제다.

269 아이스킬로스, 『테바이 공략 7장군』 451행 참조. 먼저 사람의 유형을 살펴보고, 그에 상응하는 국가의 정치체제를 살펴본다는 뜻이다.

"그렇다면 다음으로 살펴볼 정치체제는 과두정이네."

그는 "어떤 정치체제를 과두정이라고 말씀하시는 겁니까?"라고 물었네.

d 내가 말했네. "자산 평가가 기준이 되는 정치체제일세. 부자들이 통치하고 가난한 사람은 통치에 참여하지 못하네."[270]

그는 "알겠습니다"라고 말했네.

"그러면 먼저 어떻게 명예정에서 과두정으로 넘어가는지 말해야겠지?"

"네."

내가 말했네. "어떻게 넘어가는지는 눈먼 자도 알 정도로 분명하네."

"어떻게 말입니까?"

내가 말했네. "황금으로 가득한 개개인의 금고가 그런 정치체제를 무너뜨린다네. 사람들은 어떻게든 돈을 벌어 자기를 위해 쓰려고 법을 어기고, 그들 자신도 그들의 아내들도 법을 따르지 않네."

그는 "그럴 것 같습니다"라고 말했네.

e "다른 사람이 그렇게 하는 것을 보고 다들 경쟁적으로 따라하다 보면 그러한 무리가 점점 커진다네."

"그럴 것 같습니다."

"사람들이 돈 버는 일에 몰두하고 돈벌이를 귀하게 여길수록 미덕은 소홀히 하게 되지. 미덕과 부는 상극이어서 저울 양쪽 접시에 놓인 것처

---

270 '과두정'(ὀλιγαρχία, 올리가르키아)은 원래 소수의 가문이나 개인이 국가 통치권을 쥔 정치체제다. 여기에서 소크라테스는 재산이 기준이 되는 금권정을 과두정이라고 말한다.

럼 서로 반대 방향으로 움직이기 때문이네."

그는 "물론입니다"라고 말했네.

"국가에서 부와 부자가 대접을 받으면 미덕과 훌륭한 사람은 대접받 551a
지 못하게 마련이네."

"분명한 사실입니다."

"대접받는 일은 너나없이 열심히 하려 들지만 푸대접받는 일은 원하는 자가 아무도 없네."

"그렇습니다."

"이런 식으로 한때 승리와 명예를 사랑하던 자들이 이제는 돈벌이와 돈을 사랑하는 자가 되어 부자는 칭송하고 경의를 표하며 관직에 올리지만 가난한 자는 홀대하네."

"물론입니다."

"그들은 자산 기준을 책정하여 과두정의 근간이 되는 법을 제정한다 b
네. 그 기준이 높을수록 과두정의 색채는 강해지고 기준이 낮을수록 그 색채는 옅어지지. 자산을 평가하여 기준에 못 미치는 사람은 관직에 오르지 못하게 정한 후, 무력으로 밀어붙이거나 공포 분위기를 조성하여 그런 정치체제를 세운다네. 그렇지 않겠나?"

"그렇습니다."

"이것이 과두정이 세워지는 과정이네."

그는 "그렇군요. 그런데 이 정치체제의 특징은 무엇입니까? 또한 결 c
함은 무엇입니까?"라고 물었네.

내가 말했네. "먼저 이 정치체제가 지닌 한계는 이러하네. 배의 키잡이를 뽑을 때 재산을 기준으로 삼아 가난한 사람은 아무리 기술이 뛰어나도 키를 맡기지 않는다면 어떻게 되겠는가?"

그는 "배에 탄 사람들이 고달픈 항해를 하겠지요"라고 대답했네.

"통치나 통솔도 같은 이치가 아니겠나?"

"그렇다고 생각합니다."

내가 말했네. "국가라고 예외겠는가, 아니면 마찬가지겠는가?"

그는 "국가를 통치하는 문제가 가장 어렵고 중대하기 때문에 더욱 예외가 될 수 없다고 봅니다"라고 대답했네.

d "이것이 과두정이 갖고 있는 큰 결함 중 하나일세."

"그렇게 보입니다."

"그렇다면 어떤가? 다음은 이보다 덜한 결함이겠는가?"

"어떤 것 말입니까?"

"그런 국가는 하나의 국가가 아니라 두 개의 국가, 그러니까 가난한 자들의 국가와 부자들의 국가로 나뉠 수밖에 없네. 그래서 사람들이 동일한 곳에 거주하면서도 늘 서로 해칠 기회를 노리며 살아간다네."

그는 "맹세하건대 이 또한 큰 결함입니다"라고 말했네.

"또 하나 좋지 않은 점은, 그런 정치체제로는 적에 맞서 전쟁을 치르
e 기 어렵다는 것이네. 전쟁을 치르려면 대중을 무장시켜야 하는데 이렇게 무장한 대중은 집권층에게 적군보다 더 두려운 존재가 된다네. 그렇다고 대중을 전쟁에 동원하지 않으면 소수의 군대로 적군과 싸워야 하는데, 집권층은 돈을 사랑하는 자들이어서 돈을 들여 용병을 고용하지도 않을걸세."

"좋지 않은 일이군요."

"어떤가? 우리는 앞에서 한 사람이 여러 가지 일을 하는 것을 비판했

는데, 이 정치체제에서는 한 사람이 농사도 짓고 돈도 벌고 전쟁도 수행 552a
하네. 자네는 이것이 옳다고 생각하는가?"

"전혀 옳지 않습니다."

"모든 악 중에서도 다음과 같은 가장 큰 악이 이 정치체제에서 가능한지 가늠해보게."

"어떤 악입니까?"

"이 정치체제에서는 한 사람이 자기 소유를 다 팔 수 있고, 다른 사람은 그것을 다 사들여 가질 수 있네. 자기 소유를 다 팔아버린 사람은 그 국가에 거주할 수는 있지만, 더 이상 상인도 기술자도 기병이나 중무장 보병도 아니어서 그 국가의 구성원이라고 할 수 없네. 그저 빈민으로 불릴 뿐이네."

"그런 일이 바로 이 정치체제에서 일어나는군요." b

"어쨌든 과두정은 그런 일을 금하지 않네. 그런 일을 금한다면 어떤 사람은 지나치게 부자가 되고, 어떤 사람은 극빈자가 되는 일은 일어나지 않을 테지."

"옳은 말씀입니다."

"이것도 생각해보게. 그런 식으로 돈을 많이 벌어 소비하는 사람은 우리가 좀 전에 말한 측면에서 국가에 유익한 자겠는가? 겉모습은 통치자 중 한 명이지만 사실은 통치자도 봉사자도 아니고 그저 닥치는 대로 소유하고 낭비하는 자는 아니겠는가?"

그는 "국가에 유익한 자처럼 보여도 사실은 낭비하는 자일 뿐입니다" c
라고 대답했네.

내가 말했네. "그렇다면 벌집에 수벌[271]이 생겨 골칫거리가 되는 것처럼 그런 사람도 자기 국가에 태어나 국가에 골칫거리가 된다고 말해도 되겠나?"

그는 "물론입니다, 소크라테스 선생님"이라고 대답했네.

"그런데 아데이만토스, 신은 날아다니는 수벌에게는 모두 침을 주지 않았지만, 날지 못하는 수벌 중에서 어떤 것에는 침을 주고 어떤 것에는 주지 않았다네. 그래서 침이 없는 것들은 오랜 후에 결국 거지가 되지만
d 침이 있는 것들은 온갖 나쁜 짓을 하는 자로 불리지 않는가?"

그는 "더없이 옳은 말씀입니다"라고 대답했네.

내가 말했네. "따라서 거지가 눈에 띄는 국가라면 분명 어딘가에 도둑과 소매치기, 신전절도범 같은 범죄자들이 숨어 있다고 보아야 하네."

그는 "분명 그렇습니다"라고 말했네.

"어떤가? 과두정 국가에서 거지를 본 적이 있는가?"

그는 "통치자들을 제외하면 거의 모든 사람이 거지입니다"라고 대답했네.

e 내가 말했네. "그렇다면 그런 국가에는 침을 가진 나쁜 자들이 많이 있지만, 통치자들이 그들을 조심스럽게 힘으로 억누르고 있다고 생각해야 하지 않을까?"

그는 "그렇게 생각합니다"라고 대답했네.

"그런 사람들이 생기는 이유는 교육의 부재와 나쁜 양육과 나쁜 정치 체제 때문이겠지?"

---

271 벌집에는 한 마리의 여왕벌과 수많은 일벌, 그리고 일하지 않고 여왕벌과 교미하는 기능만 가진 소수의 수벌이 있다. 침이 없는 수벌은 늦가을 이후 일벌들에게 죽임을 당하거나 벌집 밖으로 쫓겨난다.

"네, 그렇습니다."

"과두정을 채택한 국가는 이런 모습이고, 사실 지금까지 말한 것보다 더 많은 폐단이 있다네."

그는 "그런 것 같습니다"라고 말했네.

내가 말했네. "이렇게 해서 자산 평가를 기준으로 통치자를 세우는 553a
과두정에 대해서도 다 살펴봤네. 이제 이 정치체제를 닮은 사람이 어떻게 생겨나는지, 어떤 성격인지 살펴봐야겠지?"

그는 "물론입니다"라고 말했네.

"명예정적인 사람은 무엇보다 다음 과정을 통해 과두정적인 사람으로 변하게 되네."

"어떻게 말입니까?"

"명예정적인 사람의 아들은 처음에는 아버지가 걸어간 길을 따라 살려고 애쓰네. 하지만 나중에 아버지가 국가라는 암초에 부딪혀 좌초되 b
고 재산뿐 아니라 목숨마저 잃는 것을 보면서, 한때 장군이나 고관이던 아버지가 무고를 당해 재판받고 사형당하거나 추방되거나 시민권을 박탈당하고 전 재산이 몰수되는 것을 보면서 그는 과두정적인 사람으로 변해 가네."

그는 "그럴 것 같습니다"라고 말했네.

"여보게, 이런 일을 직접 보고 겪으면서 모든 것을 잃게 된 아들은 겁
을 먹고, 명예에 대한 사랑과 격정적인 부분[272]을 자기 혼의 보좌에서 c

272 명예정을 닮은 사람은 혼을 이루는 세 부분 중 '격정적인 부분'이 우세해 명예를 사랑하고 기개가 있다. 반면 과두정을 닮은 사람은 '욕구적인 부분'이 우세해 돈을 좋아하고 탐욕스럽다.

즉시 끌어내리려 할 것이네. 가난으로 비천해진 그는 돈 버는 일에 눈을 돌리고 돈 쓰는 데는 인색하면서 악착같이 돈을 모으겠지. 그런 사람은 욕구적인 부분과 돈을 좋아하는 부분을 자기 혼의 보좌에 앉혀 황제로 삼아 티아라[273]와 목장식으로 단장하고 단검을 채워줄 것 같지 않은가?"

그는 "그럴 것 같습니다"라고 대답했네.

d "그는 이성적인 부분과 격정적인 부분을 욕구의 발아래 양쪽 바닥에 앉혀놓고 노예로 부릴걸세. 이성적인 부분에게는 오로지 어떻게 재물을 늘릴지 계산하거나 궁리하는 일만 하게 하고, 격정적인 부분에게는 오로지 부와 부자에게 감탄과 존경을 보내거나 재물을 모으는 데 도움이 되는 일 말고는 아무것에도 관심 갖지 못하게 할 것이네."

그는 "명예를 사랑하던 청년을 이보다 더 신속하고 강력하게 돈을 사랑하는 자로 바꾸는 것은 또 없을 듯합니다"라고 말했네.

e 내가 말했네. "이런 사람이 과두정적인 사람이겠지?"

"명예정에서 과두정이 생겨나듯이 명예정적인 사람이 변해 과두정적인 사람이 되는 것이로군요."

"그러면 이 사람이 정말 과두정을 닮았는지 생각해보겠네."

554a "그렇게 하시지요."

"먼저 재물에 최고 가치를 둔다는 점이 서로 닮지 않았는가?"

---

273 '티아라'는 원래 페르시아인들이 쓰던 모자지만, 여기에서는 보석이 찬란하게 박힌 페르시아 황제의 왕관을 가리킨다. '목 장식'은 목에 두르는 황금 장식을 말한다. '단검'에도 값비싼 보석이 박혀 있다. 고대 그리스인들은 동방의 왕들, 그중에서 특히 페르시아 황제를 절대 권력과 부를 지닌 자로 여겼다.

"어찌 그렇지 않겠습니까?"

"돈 쓰는 데 인색하고 일은 악착같이 한다는 점, 필수적인 욕구를 채우는 데만 돈을 쓰고 다른 욕구는 쓸데없는 것으로 치부하고 억누른다는 점도 서로 닮았네."

"물론입니다."

내가 말했네. "어딘가 치사하고 무슨 일을 하든 이윤을 남겨 쌓아두는 사람, 그러면서도 대중에게 칭송받는 사람이 과두정을 닮은 사람이 b
아니겠나?"

그는 "저도 그렇게 생각합니다. 그런 국가와 사람에게는 재물이 가장 소중할 테니까요"라고 대답했네.

내가 말했네. "그런 사람은 교육을 하찮게 여기기 때문에 그러는 것 같네."

그는 "저도 그렇게 생각합니다. 그렇지 않다면 눈먼 자를 합창가무단의 지휘자로 맨 앞에 세워 최고의 존경을 표하지는 않겠지요"[274]라고 말했네.

내가 말했네. "좋네. 이것도 생각해보게. 그런 사람은 교육을 받지 못해 수벌 같은 욕구가 생겨나는데, 그를 거지로 만들기도 하고 악당으로 만들기도 하는 그 욕구를, 통치자들이 일상에서 조심스레 무력으로 억 c

274 여기에서 '합창가무단'은 대중을, '눈먼 자'는 재물과 부의 신 플루토스를 가리킨다. 그리스 신화에서 제우스는 공평한 분의 분배를 위해 그의 눈을 멀게 했고, 그 때문에 부는 선인과 악인을 가리지 않게 되었다고 한다. 고대 그리스의 희극작가 아리스토파네스는 「플루토스」에서 정직한 사람과 부정직한 사람을 구별하기 위해 그의 시력이 회복되는 것으로 묘사한다.

누른다고 말할 수 있지 않겠나?"

그는 "물론입니다"라고 대답했네.

내가 말했네. "그렇다면 그들의 나쁜 짓을 어디에서 볼 수 있겠나?"

그는 "어디에서 볼 수 있습니까?"라고 되물었네.

"고아의 후견이나 그 비슷한 일을 맡아 자기 마음대로 불의를 저지르는 권한을 갖게 된 바로 그 지점이네."

"옳은 말씀입니다."

"그런 사람이 일상에서는 정의로운 자로 여겨지고 좋은 평판을 얻는
d 것은 내면의 나쁜 욕구를 적절히 억누르고 있기 때문이네. 나쁜 욕구를 실행에 옮기지 않는 것이 더 좋다고 확신하거나 이성적으로 설득되어 그렇게 하는 게 아니네. 자신이 가진 다른 것을 잃는 것이 두려워서 어쩔 수 없이 그러는 것이네."

그는 "물론입니다"라고 말했네.

내가 말했네. "하지만 맹세하건대 그런 사람이 다른 사람의 것을 사용할 권한을 갖게 되면, 그들 다수에게서 수벌의 욕구를 발견하게 될 것이네."

그는 "물론입니다"라고 말했네.

"그래서 보통 때는 좀 더 좋은 욕구가 나쁜 욕구를 억누르고 있지만,
e 사실 그의 내면에서는 한 사람이 아니라 두 사람이 서로 싸우고 있는 것이네."

"네, 그렇습니다."

"그런 까닭에 그는 다른 많은 사람보다 더 고상해 보일 것이네. 하지만 하나로 어우러져 조화로운 혼의 참된 미덕은 그런 사람과는 거리가

멀다네."

"저도 그렇게 생각합니다."

"또한 그런 사람은 인색해서 좋은 평판을 얻거나 명예로운 일을 하는 데는 돈을 쓰려 하지 않네. 국가에서 어떤 승리나 훌륭한 일을 통해 명 555a
예 얻는 일로 경쟁을 할 때 이기는 경우가 드물다네. 승리를 하려다가 낭비 욕구가 발동해 동맹을 끌어 모으는 데 돈을 쓰게 될까 봐 벌벌 떨기 때문이지. 그래서 과두정다운 방식으로 자기에게 있는 기존의 소수 인원만으로 경쟁하고, 대체로 패배를 감수하면서도 계속 부자로 살아가는 것을 선호하네."

그는 "그렇습니다"라고 말했네.

내가 말했네. "그런데도 인색하고 돈 버는 데만 몰두하는 사람이 과
두정 국가에 상응한다는 사실을 아직도 의심하겠나?" b

"전혀 의심하지 않습니다."

"다음으로는 민주정이 어떻게 생겨나고, 생겨난 후 어떤 특성을 지니는지 살펴봐야겠네. 그러면 민주정적인 사람이 어떤 특성을 지니는지 알게 될걸세."

그는 "지금까지 해온 방식으로 진행되겠군요"라고 말했네.

내가 말했네. "과두정에서 민주정으로 바뀌는 이유는 과두정이 좋은 것으로 내세운 점, 즉 최대한 부유해져야 한다는 끝없는 욕망 때문이 아니겠는가?"

"어떻게 말입니까?"

"과두정 국가에서는 통치자들이 많은 부를 소유한 덕분에 통치하게 c
되었으니, 무절제한 청년들이 부를 낭비하고 탕진해도 이를 법으로 막

을 생각을 하지 않는다네. 통치자들은 그런 이들의 땅과 집을 사들이고 돈을 빌려주고 이자를 받아 더 큰 부자가 되고 더 많은 존경을 받고 말 일세."

"그러고도 남을 자들입니다."

"한 국가에서 부를 중시하면서도 시민들이 충분히 절제하게 하지 못
d 하니, 둘 중 어느 한쪽에 반드시 소홀해질 수밖에 없지 않겠는가?"

그는 "분명히 그럴 겁니다"라고 대답했네.

"과두정에서는 무절제를 내버려둘 뿐 아니라 오히려 부추기기 때문에 비천하게 태어나지 않은 사람도 가난한 자로 전락하는 일이 심심찮게 일어나네."

"물론입니다."

"그런 사람들은 침으로 철저히 무장한 채 과두정 국가에서 무위도식
하는데, 어떤 사람은 시민권을 박탈당하고, 또 어떤 사람은 채무도 지고
시민권도 박탈당한 채 산다네. 그러니 자신들의 재산을 빼앗아간 자들
은 물론이고 다른 사람들까지 미워해 음모를 꾸미고 혁명을 꾀하려 하
e 지 않겠는가?"

"그렇습니다."

"그런데도 돈벌이에 정신 팔린 저 사람들은 아랑곳하지 않고, 고개를
숙이고 들어오는 나머지 시민들에게 돈을 빌려주고 원금의 수십 배나
556a 되는 이자를 뜯어내 파산시키네. 결국 과두정 국가에서는 많은 수벌과
거지가 양산된다네."

그는 "어떻게 그런 사람들이 생기지 않겠습니까?"라고 반문했네.

내가 말했네. "이런 폐단이 불타오르는데도 통치자들은 사유 재산을

마음대로 처분하지 못하게 하는 법을 제정하여 불을 끄거나 다른 법으로 이 문제를 해결할 생각도 하지 않네."

"어떤 법을 말씀하십니까?"

"앞에서 말한 것에 버금가는 법으로 시민들이 미덕에 신경 쓰도록 만드는 법일세. 자발적인 계약을 체결할 때 대체로 계약 시 발생하는 위험 b 부담을 당사자가 떠안도록 법으로 강제한다면,[275] 이 국가에서 파렴치하게 돈 버는 일이 줄어들고 우리가 방금 말한 폐단도 줄어들 것이네."

그는 "훨씬 줄어들 겁니다"라고 말했네.

내가 말했네. "하지만 현실적으로 과두정 국가에서는 앞에서 말한 그 모든 이유 때문에 통치자들이 그런 법을 제정하지 않고 우리가 말한 그대로 피치자들을 대하네. 통치자들과 그들의 자녀에 대해 말하자면, 그들은 사치와 안락함 속에서 육체 노동이든 정신 노동이든 하지 않으려 하고, 나약하고 나태해 쾌락과 고통을 이겨내지 못하네." c

"물론입니다."

"통치자는 돈 버는 일 외에는 관심이 없고, 가난한 사람들과 마찬가지로 미덕에도 신경 쓰지 않네."

"그렇습니다."

"그런 상태에서 통치자와 피치자가 함께 여행길에 오르거나 공적인 일을 하다가, 이를테면 축제 사절단으로 한 배에 타거나 전우로 전쟁에 함께 출정하여 위험한 상황에서 서로 지켜보게 되었다고 하세. 이런 경 d

275 '위험 부담을 당사자가 떠안는다'는 것은 채무자가 자발적으로 이자를 지불하지 않는 한 채권자가 이자를 받지 못한다는 뜻이다. 그럴 경우 채무자는 상속받은 기본 재산을 탕진하는 일이 줄어들 것이다. 플라톤, 『법률』 제5권 742c.

우에 가난한 자가 부자에게 멸시당하는 일은 없을 것이네. 도리어 마르고 햇볕에 그을린 가난한 자는 늘 그늘에서 지내며 뒤룩뒤룩 살찐 부자와 함께 전장에 배치되었을 때, 부자가 헐떡거리며 힘들어하는 모습을 자주 보면서 이런 자가 부자가 된 것은 가난한 자들이 잘못 처신했기 때문이라고 믿지 않겠는가? 그리고 가난한 사람들끼리 만나면 '저 자들은
e 하잘것없는 사람들이므로 우리의 밥이다'라고 말하지 않겠는가?"

그는 "분명히 그럴 겁니다"라고 대답했네.

"허약한 몸은 외부의 영향을 약간만 받아도 병에 걸리고, 때로는 외부의 영향이 전혀 없어도 자체적으로 내전이 일어나는 것처럼, 그런 상태의 국가도 사소한 일로 한쪽이 과두정 국가를 동맹 세력으로 끌어들이거나 다른 쪽이 민주정 국가를 동맹 세력으로 끌어들이면서 병들고 내전이 일어나고, 때로는 외부의 영향이 전혀 없더라도 내전이 일어나지 않겠는가?"

557a "그럴 가능성이 농후합니다."

"따라서 가난한 자들이 부자들과 내전을 벌이고 이겨서 일부는 죽이고 일부는 추방한 후, 나머지 시민들에게는 공평하게 시민권과 관직을 나누어 주며 국가 관직을 제비뽑기로 배정할 때,[276] 민주정이 생겨난다고 보네."

276 실제로 아테네의 민주정은 선출과 제비뽑기 두 가지 방식으로 관리를 임명했다. 아테네의 '평의회'는 국가를 구성하는 10개 부족(퓔레)에서 각각 50명씩 임명된 500명으로 이루어졌고, 각 부족은 돌아가면서 1년의 10분의 1 기간 동안 집행부를 담당했다. '민회'는 입법, 전쟁, 고위공직자 임명 등 국가의 중요한 일에 최종 결정권을 지닌 최고 의결기구이며, 시민권을 가진 18세 이상의 성인 남자로 구성되었다.

그는 "민주정은 가난한 자들이 무력으로 쟁취하여 생기거나, 아니면 겁 먹은 부자들이 망명하여 생기는 것이로군요"라고 말했네.

내가 말했네. "민주정 아래에서는 사람들이 어떻게 살아가겠나? 이런 b
정치체제는 어떤 모습이겠나? 그 점을 알면 민주정을 닮은 사람이 어떤 성격인지 드러날 것이네."

그는 "분명 그렇습니다"라고 말했네.

"먼저 그들은 자유로울걸세. 이 국가에는 자유와 언론의 자유[277]가 넘쳐나 누구든지 자기가 하고 싶은 대로 할 수 있는 권리가 있다네."

그는 "민주정이 그렇다고들 합니다"라고 말했네.

"하고 싶은 대로 할 수 있는 나라에서는 분명 저마다 자신이 원하는 삶을 스스로 준비할 것이네."

"그건 분명합니다."

"이런 정치체제에서는 온갖 유형의 사람들이 생겨난다네." c

"어찌 그렇지 않겠습니까?"

내가 말했네. "아마도 민주정은 가장 아름다운 정치체제일 것이네. 온갖 꽃을 수놓은 화려한 외투처럼 사람들의 온갖 다양한 성격으로 장식되어 가장 아름다워 보일 테지." 그런 후 또다시 나는 이렇게 말했네. "아이들과 여자들이 알록달록한 것을 보면서 아름답다고 여기듯이 많은 사람은 이 정치체제를 매우 아름답다고 여길 것이네."

---

277 '언론의 자유'로 번역한 '파르레시아'(παρρησία)는 '모든'을 뜻하는 '파스'(πᾶς)와 '말하는 것'을 뜻하는 '레시스'(ῥῆσις)가 결합된 단어로 '모든 말을 하는 것'이라는 의미를 지닌다. 이 단어는 고대 아테네의 민주정에서 언론의 자유가 어떤 것이었는지 상징적으로 보여준다.

그는 "물론입니다"라고 말했네.

d 내가 말했네. "여보게, 민주정에서는 온갖 정치체제를 아주 쉽게 찾아 볼 수 있다네."

"그게 무슨 말씀입니까?"

"이 정치체제에서는 누구든지 하고 싶은 대로 할 권리가 있어 온갖 정치체제가 공존하기 때문이네. 우리가 지금까지 해왔듯이 국가를 세우려는 사람은, 온갖 정치체제를 모아놓은 백화점 같은 민주정 국가로 찾아가 자기 마음에 드는 정치체제부터 택해야 할 것이네."

e 그는 "견본을 찾는 데 아무런 문제도 없을 겁니다"라고 말했네.

"민주정 국가에서는 통치할 능력이 있는 사람이라 해도 반드시 관직을 맡아 일하지 않아도 되네. 원하지 않으면 통치를 받을 필요도 없네. 다른 사람들이 나가서 전쟁을 하고 있어도 원하지 않으면 억지로 나가서 싸우지 않아도 되고, 다른 사람들이 평화롭게 지내고 있더라도 원하지 않는 사람과 억지로 평화롭게 지낼 필요가 없네. 또한 통치자나 배심원
558a 이 되는 것을 금하는 법이 있더라도 원한다면 누구나 통치자나 배심원이 될 수 있네. 이렇게 살아가는 방식이 당장은 놀랍고 즐겁지 않은가?"

그는 "그런 것 같습니다"라고 대답했네.

"어떤가? 유죄선고를 받고도 여유 부리는 사람이 있다는 것이 기이하지 않은가? 이런 정치체제에서는 사형이나 추방 선고를 받은 자들이 다시 돌아와 눌러앉아 살면서도 사람들의 시선을 전혀 의식하지 않고 살아 돌아온 영웅인 양 공공연히 돌아다니는 것을 자네는 못 보았는가?"

그는 "많이 보았습니다"라고 대답했네.

b "우리는 국가를 세우며 논의할 때, 월등한 자질을 타고나지 못한 자

라면 어릴 적부터 훌륭한 놀이를 하고 계속해서 훌륭한 일을 추구하지 않는 한 훌륭한 사람이 될 수 없다고 엄중하게 말했네. 그런데 민주정 국가는 훌륭하게 될 수 없는 사람에게 관대하네. 대중에게 평판이 좋기만 하면 어떤 일을 하다가 정치를 하려는 건지 전혀 살펴보지 않고 그 c
사람을 높이 평가한다네."

그는 "민주정에서는 그런 일이 두드러집니다"라고 말했네.

내가 말했네. "민주정은 이런 종류의 특징을 갖고 있네. 무정부 상태에서 다양한 즐거움을 추구하며 동등하건 동등하지 않건 모든 사람에게 일종의 평등을 나누어 주는 정치체제인 듯하네."

그는 "익히 알려진 일이지요"라고 말했네.

내가 말했네. "이런 정치체제를 닮은 사람이 어떤 성격일지 생각해보게. 이 정치체제가 어떻게 생겨나는지 살펴봤듯이 그런 사람이 어떻게 생겨나는지 먼저 살펴봐야 하지 않겠나?"

"네, 그렇습니다."

"그런 사람은 이렇게 생겨나지 않겠나? 저 인색하고 과두정 같은 사람에게서 태어난 아들은 그 아버지 아래서 동일한 특성을 지닌 인물로 d
자랄 것이네."

"어찌 그렇지 않겠습니까?"

"그 아들도 돈벌이에 도움이 되지 않고 돈을 쓰게 만드는, 그래서 불필요하게 여겨지는 즐거움을 강제로 억누를 것이네."

그는 "분명 그렇게 할 겁니다"라고 말했네.

내가 말했네. "그런데 우리 논의가 모호하게 흐르지 않으려면 먼저 필수적인 욕구와 불필요한 욕구가 무엇인지 정리해야겠지?"

"그렇습니다."

e "벗어날 수 없는 욕구와 충족될 때 이로운 욕구는 필수적인 욕구라고 부르는 것 옳지 않겠나? 이 두 욕구는 우리의 본성이 갈망하는 것이니 말일세. 그렇지 않은가?"

"물론입니다."

559a "그러니 필수적이라고 말하는 것이 옳네."

"옳은 말씀입니다."

"어떤가? 어릴 때부터 훈련하면 벗어날 수 있는 데다가 우리 안에서 아무런 도움이 되지 않고 해만 끼치는 모든 욕구는 불필요한 욕구라고 부르는 게 옳지 않겠나?"

"그렇습니다."

"필수적인 욕구와 불필요한 욕구가 어떤 유형인지 파악하기 위해 각각 예를 들어보세."

"그래야지요."

"건강과 좋은 상태를 유지하기 위해 필요한 만큼 빵과 음식을 먹고자
b 하는 욕구는 필수적이라고 할 수 있겠지?"

"저도 그렇게 생각합니다."

"빵에 대한 욕구는 두 가지 면에서 필수적이네. 유익하기도 하고, 충족되지 않으면 생존할 수 없기 때문이지."

"네, 그렇습니다."

"요리에 대한 욕구도 좋은 상태를 유지하는 데 유익한 경우에는 필수적이네."

"물론입니다."

"그 범위를 넘어 다른 음식이나 그 비슷한 것에 대한 욕구는 어떤가? 그런 욕구는 어릴 때부터 삼가고 교육을 받으면 대개는 벗어날 수 있다네. 게다가 몸에 해롭고 지혜나 절제 면에서 혼에도 해로우니 불필요하다고 말하는 게 옳지 않겠나?" c

"지당한 말씀입니다."

"이런 욕구들을 충족시키려면 돈을 써야 하지만, 앞에서 말한 욕구는 우리가 일하는 데 유용하니 이윤이 남는다고 해야겠지?"

"물론입니다."

"성적 욕구나 그 밖의 욕구도 마찬가지고?"

"그렇습니다."

"앞에서 우리는 자기 안에 꽉 찬 불필요한 즐거움과 욕망의 지배를 받는 사람을 수벌이라 부르고, 필수적인 욕구의 지배만 받는 사람을 인 d
색하고 과두정 같은 사람이라 부르지 않았는가?"

"그렇습니다."

내가 말했네. "그러면 이제 과두정적인 사람이 어떻게 민주정적인 사람으로 바뀌는지 말해보세. 내가 보기에는 대체로 이렇게 바뀌는 것 같네."

"어떻게 말입니까?"

"방금 말했듯이 교육받지 못하고 인색한 인물로 자란 청년이 수벌의 꿀을 맛보고는 온갖 즐거움을 다양하게 제공하는 사납고 영악한 짐승들과 어울리면, 바로 그때 그 청년의 과두정 기질이 민주정 기질로 바뀌 e
기 시작한다고 보아야 하네."

그는 "정말 그렇습니다"라고 말했네.

"과두정 아래에서 살던 가난한 자들이 자신들을 닮은 외부 동맹 세력의 지원을 받을 때 국가가 민주정으로 바뀌는 것처럼, 이 청년 내면에 있던 욕구의 한 부분이 외부의 닮은 욕구로부터 지원을 받을 때 그도 또한 바뀌지 않겠는가?"

"전적으로 그렇습니다."

"하지만 이 청년의 과두정적인 부분이 다른 동맹 세력의 지원을 다시
560a 받는 경우, 즉 아버지나 친척에게 꾸지람과 충고를 들은 경우, 이 청년 안에서 과두정적인 부분과 민주정적인 부분이 엎치락뒤치락 싸우는 내전이 일어날 것이네."

"물론입니다."

"그래서 민주정적인 부분이 과두정적인 부분에게 지면서 어떤 욕구는 소멸되고 추방될 때, 이 청년의 혼 속에 수치심이 생겨나 과두정적인 질서가 회복되는 경우도 종종 있다고 보네."

그는 "그런 경우가 종종 있지요"라고 말했네.

"하지만 그런 후에도 자녀 양육에 무지한 아버지 때문에 추방된 욕구
b 와 한 부류에 속한 다른 욕구가 생겨나 그 수가 많아지고 힘을 얻을 수 있네."

그는 "그런 일이 일어나기도 하지요"라고 말했네.

"그런 경우 청년은 욕구에 이끌려 다시 수벌이 되고, 그 욕구는 점점 많아질 수밖에 없게 되네."

"물론입니다."

"결국 그 욕구는 청년이 지닌 혼의 도성에 훌륭한 학문과 활동과 참된 말이 없음을 알아차리고는 그 도성을 점령해버릴 것이네. 신의 사랑

을 받는 사람의 생각을 지켜주는 최고의 파수꾼이자 수호자가 그 안에 없기 때문에 생기는 일이네."

그는 "충분히 그럴 수 있습니다"라고 말했네. c

"대신 허세 부리는 거짓된 말과 견해가 그 도성을 차지할 것이네."

그는 "그럴 가능성이 충분합니다"라고 말했네.

"그러면 이 청년은 로토스[278]를 먹는 사람들에게 다시 돌아가 그곳에 눌러앉아 살 것이네. 친척들이 그 혼의 절약하는 부분을 도우려고 동맹 세력을 보내면, 허세 부리는 말[논리]이 도성 문을 걸어 잠그고는 동맹 세력은 물론이고 연장자들이 개별적으로 보낸 참된 말[조언]의 사절도 d
받지 않을걸세. 허세 부리고 거짓된 말이 청년의 혼을 완전히 장악하고 싸움을 주도하는 것이네. 공경은 어리석음으로 규정하여 불명예를 뒤집어씌워 쫓아내고, 절제는 비겁함으로 규정하여 모욕을 주고는 몰아내며, 중용과 근검절약은 촌스러움과 인색함으로 규정하여 쓸데없이 무수한 욕구와 힘을 합쳐 추방할 것이네."

"그러고도 남습니다."

내가 말했네. "허세 부리고 거짓된 말은 청년의 혼을 차지하고 거창 e
한 의식을 통해 정식으로 등극하여 거기에 있던 참된 말을 비워내고 숙청할걸세. 그런 뒤, 오만과 무정부 상태와 방탕함과 뻔뻔함으로 화려하게 치장하게 하고 화관을 씌워 수많은 합창가무단에 둘러싸인 채 청년의 혼으로 들어오게 할걸세. 오만함은 교양으로, 무정부 상태는 자유로,

---

278 호메로스의 『오디세이아』 9권 91행에 언급된 '로토스' 열매는 '로토스를 먹는 사람들'이라 불리는 섬사람들의 유일한 양식이다. 이 열매를 먹으면 황홀경에 빠져 고향이나 친구를 다 잊고 그 섬에서 빈둥거리며 살아가는 것을 좋아하게 된다.

561a 방탕함은 통 큰 것으로, 뻔뻔함은 용기라고 미화하고 칭송할걸세. 필수적인 욕구 속에서만 자란 청년이 이런 식으로 해방되고 느슨해져 불필요하고 쓸데없는 즐거움을 추구하는 쪽으로 바뀌는 게 아니겠나?"

그는 "그런 식으로 바뀌는 게 분명합니다"라고 대답했네.

"그런 다음 그 사람은 필수적인 즐거움뿐 아니라 불필요한 즐거움을 누리는 데도 돈과 노력과 시간을 들이며 살아갈 것이네. 다행히 그가 불필요한 즐거움에 지나치게 탐닉하지 않는다면, 어느 정도 나이가 들어
b 서는 큰 소동도 지나가므로 추방한 것 중 일부를 다시 받아들이고 나중에 들인 것에 자신을 전부 내맡기지 않는다면, 모든 즐거움을 골고루 누리며 살아가게 될 것이네. 제비뽑기를 하듯이 어느 한 즐거움에 자신을 내맡겼다가 충족되면 다른 즐거움으로 옮겨가는 것이지. 그렇게 갖가지 즐거움을 골고루 돌아볼 것이네."

"물론입니다."

내가 말했네. "어떤 즐거움은 아름답고 좋은 욕구에 속하기 때문에 추구하고 존중해야 하지만, 어떤 즐거움은 나쁜 욕망에 속하기 때문에
c 억제하고 굴복해야 한다고 말하면, 그는 그 참된 말을 수긍하거나 도성에 들이지 않고 고개를 저으며 이렇게 말할걸세. 모든 즐거움은 동등하므로 똑같이 존중해야 한다고 말일세."

그는 "그렇게 말하고도 남을 사람입니다"라고 말했네.

내가 말했네. "그런 사람은 그때그때 끌리는 욕망을 추구하며 산다네. 흥청거리는 술판에 끌려 진탕 술에 취하기도 하고, 물만 마시며 살을 빼
d 기도 하고, 신체 단련에 힘쓰다가도 만사가 귀찮다는 듯 빈둥거리기도 하고, 철학에 몰두하기도 하네. 종종 정치에 관여해 느닷없이 생각나는

대로 말하고 행동하기도 하지. 전쟁에 능한 군인이 부러울 때면 그쪽을 기웃거리다가 돈 버는 사업가가 부러우면 또 이쪽을 기웃거리네. 그의 삶에는 질서도 당위성도 없지만 자기 자신은 즐겁고 자유로우며 축복받은 인생이라고 생각하면서 일생을 살아갈 것이네."

그는 "평등을 추구하는 자의 삶을 정확히 설명하셨습니다"라고 말 e
했네.

내가 말했네. "그런 사람은 민주정 국가처럼 아름답고 다채롭게 살기 때문에 수많은 정치체제와 생활방식의 표본을 지닌 그의 삶을 남녀 할 것 없이 부러워할걸세."

그는 "그렇습니다"라고 말했네.

"어떤가? 그런 사람은 민주정적인 사람이라고 부르는 것이 옳으니 562a
민주정과 한데 묶어야 하지 않겠나?"

그는 "그래야지요"라고 대답했네.

내가 말했네. "이제 가장 훌륭한 정치체제라는 참주정과 가장 훌륭하다는 참주를 설명하는 일만 남았네."[279]

그는 "맞습니다"라고 말했네.

"여보게, 참주정은 어떤 방식으로 생겨나겠나? 민주정이 참주정으로 변질되는 것은 거의 분명하네."

"그렇습니다."

"과두정이 민주정으로 바뀌는 것처럼 민주정이 참주정으로 바뀌는 b

---

279 여기에서 두 번 반복 사용된 "가장 훌륭한"이라는 수식어는 반어법으로 쓰였다. '참주'(τύραννος, 튀란노스)는 법 위에 군림하는 절대 권력자 또는 독재자를 말한다. '참주정'(τυραννίς, 튀란니스)은 참주가 통치하는 정치체제다.

게 아니겠나?"

"어떻게 말입니까?"

내가 말했네. "과두정이 세워진 것은 사람들이 큰 부를 좋은 것으로 내세웠기 때문이네. 그렇지 않은가?"

"네, 그렇습니다."

"부에 대한 만족할 줄 모르는 욕망으로 재물 축적에 혈안이 되어 다른 일은 도외시한 것이 과두정의 몰락을 가져왔네."

그는 "옳은 말씀입니다"라고 말했네.

"그러면 민주정도 좋은 것으로 규정한 것에 대한 만족할 줄 모르는 욕망이 민주정을 무너뜨리지 않겠나?"

"민주정은 무엇을 좋은 것으로 규정할까요?"

내가 말했네. "자유라네. 민주정 국가에서 가장 훌륭한 것은 자유고,
c 그래서 자유를 추구하는 성향을 가진 사람이 살 만한 국가는 오직 민주정이라는 말을 자네도 들었을걸세."

그는 "네, 그런 말을 많이 들었습니다"라고 말했네.

내가 말했네. "따라서 방금 말한 것처럼 자유에 대한 만족할 줄 모르는 욕망과 그 밖에 다른 것에 대한 무관심이 민주정을 몰락시키고 참주정이 필요한 상황을 만들어가지 않겠나?"

그는 "어떻게 말입니까?"라고 되물었네.

"자유를 갈망하는 민주정 국가에 나쁜 통치자들이 세워져 시민들이
d 원하는 대로 희석하지 않은 자유의 포도주를 적정 수준 이상으로 마시고 취하게 내버려두었다가, 언제부턴가 시민들에게 고분고분 많은 자유를 허용하지 않을 경우, 시민들은 그런 통치자들을 추악한 과두정적인

인간이라고 비난하며 처벌하려 들 것이네."

그는 "실제로 그런 일이 일어나고 있습니다"라고 말했네.

내가 말했네. "그런 통치자들에게 복종하는 사람들은 자발적 노예로 규정되어 인간도 아니라고 욕먹고 비난을 받지만, 피치자처럼 행동하는 통치자들과 통치자처럼 행동하는 피치자들은 사적으로든 공적으로든 칭찬과 존경을 받는다네. 그런 국가에서는 자유를 향한 갈망이 모든 영역으로 확대되지 않겠나?" e

"왜 안 그러겠습니까?"

내가 말했네. "여보게, 그렇게 자유는 각 개인의 가정까지 침투하고, 결국에는 가축들에게도 무정부 상태가 고착될 것이네."

그는 "그게 무슨 말씀입니까?"라고 물었네.

내가 말했네. "예컨대 아버지와 자녀들이 대등해져 아버지가 자녀들을 두려워하고, 아들은 부모 앞에서 부끄러워하거나 두려워하지 않는 일이 일상이 될 것이네. 자유라는 미명 아래 말일세. 또 거류민은 시민
과 대등해지고, 시민은 거류민과 대등해지며, 외국인도 시민과 대등해 563a
질 것이네."

그는 "실제로 그렇게 되고 있습니다"라고 말했네.

내가 말했네. "그런 일에 비하면 다음과 같은 일은 사소하다고 할 수 있네. 그런 분위기에서 선생은 학생이 무서워서 잘 보이려 하고, 학생은 선생과 자기를 교육하는 사람들을 무시할 것이네. 전반적으로 말과 행동에서 연장자와 맞먹으려 하고, 연장자는 온갖 기지와 재롱을 부리며
청년들에게 잘 보이려 한다네. 괜히 그들의 비위를 거슬렀다가 권위적 b
이라는 말을 듣지 않으려 하는 것이네."

"분명 그렇습니다."

내가 말했네. "이런 국가에서 대중의 자유는 팔려온 남녀 노예들이 주인 못지않은 자유를 누리는 데서 정점을 이루네. 남자에 대해 여자가, 여자에 대해 남자가 누리는 평등과 자유가 어느 정도인지 말하는 걸 잊을 뻔했군."

c 그는 "그러면 '입에 이미 담고 있는 건 말해야 한다'[280]는 아이스킬로스의 말처럼, 앞에서 하시던 말씀을 계속 이어가야 하지 않을까요?"라고 말했네.

내가 말했네. "물론이지. 그러려고 하네. 민주정에서는 가축조차 다른 정치체제에서 키우는 가축보다 훨씬 더 큰 자유를 누린다는 건 직접 경험해보지 않은 사람은 못 믿을 것이네. 속담처럼 개는 자기 안주인을 빼닮았고,[281] 말과 당나귀도 자유롭고 당당하게 길을 가도록 길들여져 길을 비켜주지 않는 사람이 있으면 언제나 들이받곤 하지. 민주정
d 은 모든 면에서 자유가 차고 넘친다네."

그는 "제 경험을 들여다본 것처럼 말씀하시네요. 사실 저는 시골에 갈 때 그런 일을 자주 겪습니다"라고 말했네.

내가 말했네. "요컨대 이런 일은 시민들의 혼을 예민하게 만들어 누가 조금이라도 예속하려 들면 분노하고 참지 못하는 것이 문제임을 감지했는가? 결국 시민들은 누구든 어떤 식으로든 자기 주인이 되지 못하게 하기 위해 성문법과 불문법을 가리지 않고 모든 법률을 무시한다는

---

280 아이스킬로스, 『단편』 351(Nauck).
281 "그 안주인에 그 하녀"라는 속담에서 나온 표현이다. 여기에서는 '하녀' 대신 '개'를 썼다.

사실을 자네도 알 것이네." e

그는 "아주 잘 알고 있습니다"라고 말했네.

내가 말했네. "여보게, 내 생각에는 바로 이것이 참주정이 돋아나는 그 훌륭하고 파릇파릇한 발단으로 보이네."

그는 "파릇파릇한 발단은 이후에 어떻게 됩니까?"라고 물었네.

내가 말했네. "과두정에서 생겨났지만 지나쳐서 과두정을 몰락시킨 질병이 있듯이, 민주정에서는 자기 마음대로 할 수 있는 권리에서 광범위하고 강력하게 생겨난 자유가 민주정을 노예 상태로 전락시켜버리네. 무엇이든 지나치면 반대급부로 변화가 생기는 법이지. 계절이나 식물이나 신체도 마찬가지지만 정치체제도 상당히 그러하네." 564a

그는 "그런 것 같습니다"라고 말했네.

"지나친 자유는 개인에게든 국가에든 지나친 예속으로 바뀌는 듯하네."

"그런 것 같습니다."

내가 말했네. "그러니 참주정은 다름 아닌 민주정에서 생긴다고 보네. 극단적인 자유에서 거대하고 야만적인 예속이 생겨나는 것일세."

그는 "일리 있습니다"라고 말했네.

"하지만 자네는 그것을 질문한 게 아니라, 과두정에서 어떤 질병이 생겨나 그 체제를 무너뜨리는 것처럼, 민주정에서 생겨나 민주정을 노 b
예 상태로 전락시키는 질병이 무엇인지 물었다고 나는 생각하네."

그는 "맞습니다"라고 말했네.

내가 말했네. "앞에서 언급했던 나태하고 사치스러운 부류의 사람들이 그런 질병이라고 생각하네. 그들 중에서 앞장서는 가장 용감한 자들은 침이 있는 수벌에, 뒤따르는 비겁한 자들은 침이 없는 수벌에 비유했지."

그는 "옳은 말씀입니다"라고 말했네.

내가 말했네. "침이 있건 없건 이 부류에 속한 자들은 몸속의 가래와
c 쓸개즙[282]처럼 모든 정치체제에서 문제를 일으키네. 지혜로운 양봉업자가 수벌을 사전에 차단하는 것처럼 국가에서 훌륭한 의사와 입법자는 철저하게 대비해 그런 부류가 생기지 않게 해야 하네. 일단 생겼다면 그런 자들을 벌집과 함께 신속하게 도려내야 하네."

그는 "반드시 그래야 합니다"라고 말했네.

내가 말했네. "그러면 우리가 원하는 바를 더 뚜렷이 볼 수 있도록 이렇게 해보세."

"어떻게 말입니까?"

d "민주정 국가의 사람들을 세 부류로 나누어 살펴보는 걸세. 실제로도 세 부류의 시민이 있다네. 먼저 민주정에서는 모두가 자기 하고 싶은 대로 할 수 있는 권리를 갖기 때문에 과두정 국가에서 말했던 부류가 자라나네."

"그렇습니다."

"그런데 이 부류의 사람들은 과두정보다 민주정 국가에서 훨씬 더 사납다네."

"어째서 그렇습니까?"

282 고대 그리스의 의술에서는 가래와 쓸개즙을 각각 열기와 냉기를 담당하며 신체의 건강을 좌우하는 두 가지 중요한 체액으로 보았다.

"과두정에서 이 부류는 존중받지 못하는 데다가 관직에서도 배제되기 때문에 힘을 키우지 못한다네. 반면 민주정에서는 소수를 제외하고는 앞장서서 국가를 이끌어가지. 그중에서도 가장 사나운 사람들이 말하고 행동하며 나머지는 연단 주위에 자리 잡고 앉아 호응하는데, 자신들과 다른 견해를 말하는 사람은 가만두지 않는다네. 민주정에서는 이 e
부류가 거의 모든 것을 장악하고 지배하네."

그는 "물론입니다"라고 말했네.

"이들 말고도 대중과 언제나 구별되는 또 다른 부류가 있네."

"어떤 부류를 말씀하십니까?"

"큰 부자들 말이네. 누구나 돈을 벌려고 하지만 가장 근면성실한 자들이 가장 큰 부자가 되지."

"그럴 것 같습니다."

"수벌들은 이들에게서 가장 많은 꿀을 가장 손쉽게 얻을 수 있다고 생각한다네."

그는 "옳습니다. 적게 가진 사람들에게서 어떻게 꿀을 얻겠습니까?"라고 말했네.

"그런 부자들이 수벌의 먹잇감이네."

그는 "그럴 것 같습니다"라고 말했네.

"세 번째 부류는 민중이네. 그들은 자기 손으로 일하고 정치에 관여 565a
하지 않으며 재산은 별로 없네. 그래도 가장 큰 집단이어서 결집할 때 민주정에서 가장 큰 힘을 갖는다네."

그는 "그렇기는 해도 자기 몫의 꿀을 챙길 수 없다면 결집하려 들지 않을 겁니다"라고 말했다.

내가 말했네. "그래서 민주정을 이끌어가는 사람들은 가진 자들의 재산을 빼앗아 대부분은 자신들이 가지고 민중에게도 일부를 나누어 준다네."

b 그는 "민중은 그런 식으로 자기 몫을 챙기지요"라고 말했네.

"한편 재산을 빼앗긴 사람들은 민중에게 호소하면서 최선을 다해 자신을 지키려 한다네."

"어찌 그렇지 않겠습니까?"

"그러다가 그들은 혁명을 꾀하지도 않았는데 민중을 선동해 과두정으로 돌아가려고 음모를 꾸민 자로 규정되고 누명을 쓰게 되네."

"그렇습니다."

"하지만 그들도 민중이 스스로 원해서가 아니라 비방자들[283]에게 속
c 아서 아무것도 모른 채 그들을 해치려 한 것임을 알면, 자의든 타의든 정말로 과두정을 옹호하는 자들이 될 것이네. 그들도 자발적인 의지로 그렇게 된 게 아니라 저 수벌의 침에 쏘여서 그런 불행을 당하는 것이네."

"정확히 그렇습니다."

"이렇게 해서 서로 간에 탄핵과 재판과 소송이 이어지게 되네."

"당연한 일입니다."

"그런데 민중은 언제나 특별히 한 사람을 앞장세우고 키우며 힘을 실어주는 습성이 있지 않은가?"

"그것이 민중의 습성이지요."

d 내가 말했네. "따라서 참주는 민중이 어느 특정인을 앞장세운 자리에

283 대중 선동가들을 가리킨다.

그 뿌리를 내리고 있음이 분명하네. 다른 데서 싹이 자라는 경우는 없다네."

"분명 그러합니다."

"그러면 민중의 지도자가 참주로 바뀌는 신호탄은 무엇이겠나? 이 지도자가 아르카디아 지방의 제우스 리카이오스 신전 이야기에 나오는 인물[284]이 한 것과 똑같은 짓을 하기 시작할 때가 아니겠나?"

그는 "어떤 짓을 말씀하십니까?"라고 물었네.

"신에게 바치는 짐승의 내장에 섞여 있는 인간의 내장을 맛본 자는 반드시 늑대가 된다는 이야기네. 자네는 그런 이야기를 들어본 적이 없 e
는가?"

"들은 적이 있습니다."

"민중의 지도자에게도 그런 일이 벌어진다네. 그는 자기를 맹목적으로 추종하는 무리를 거느리며 동족이 피 흘리는 것을 주저하기는커녕 늘 그러하듯이 사람들을 부당하게 고발하고는 법정으로 끌고 가서 죽인다네. 그는 이런 식으로 사람들의 목숨을 빼앗아 불경한 혀와 입으로 동
족의 피를 맛보고, 사람들을 추방하고 살해하는 한편, 민중의 채무를 없 566a
던 일로 하고 토지를 재분배하겠다는 뜻을 은근히 내비치기도 하네. 그러니 이후로 정적에게 살해되거나 참주가 되어 인간이기를 포기하고

284 리카이온은 그리스 신화에서 아르카디아의 왕이며 리카이오스산에 제우스 신전을 지었다. 그는 어느 날 제우스가 진짜 신인지 알아보기 위해 자기 아들을 죽여 그 인육을 제물로 바쳤다. 이에 화가 난 제우스는 번갯불로 그의 자식들을 태워 죽이고, 리카이온을 늑대로 만들었다. 실제로 리카이오스산의 제우스 신전에는 인신 제사 관습이 있었고, 그 인육을 먹는 사람은 9년 동안 늑대가 되고, 이후로 인육을 먹지 않으면 다시 사람으로 돌아온다는 전설이 전해진다.

늑대가 될 수밖에 없지 않겠나?"

그는 "그럴 수밖에 없을 겁니다"라고 말했네.

내가 말했네. "그는 자산가들과 충돌하며 갈등을 일으킨다네."

"그렇습니다."

"설령 정적들에 의해 추방되더라도 다시 돌아와 마침내 참주가 될 것이네."

"분명히 그럴 겁니다."

b "그러면 정적들은 그를 중상모략하며 다시 추방하거나 죽여야 한다고 시민들을 부추기지만, 여의치 않으면 무력으로 암살할 음모를 꾸밀 것이네."

그는 "일은 그런 식으로 흘러가지요"라고 말했네.

"그런 상황에서 그는 지금까지 모든 참주가 요구해온 사항을 요청할 걸세. 민중을 도우려는 자신이 안전하게 활동할 수 있도록 신변을 지켜 줄 호위대를 요구하는 것이네."[285]

그는 "당연히 그럴 테지요"라고 말했네.

"그러면 민중은 나중에 자신들이 어떻게 될지는 염려하지 않고, 오로지 그의 신변을 걱정하며 호위대를 내줄 것이네."

c "물론입니다."

---

285 아테네의 참주 페이시스트라토스(기원전 600년경-527년)를 염두에 둔 묘사로 보인다. 그는 아테네 귀족 출신으로 메가라 전투(기원전 565년)에서 명성을 얻었다. 기원전 561년 반대파에게 공격받은 것처럼 꾸며 곤봉으로 무장한 호위대를 두었고, 그 호위대를 동원해 아크로폴리스를 포위하고 참주가 되었다. 그는 반대파에게 두 번이나 추방되지만, 10년 가까이 망명생활을 하며 금은광 채굴로 부를 축적한 후, 기원전 546년에 용병을 이끌고 귀국해 다시 정권을 잡고 죽을 때까지 아테네의 참주로 군림했다.

"그런데 재산이 많아 민중의 적이라고 고발당하던 사람은 이런 일이 일어나는 것을 보면, 크로이소스가 받은 신탁대로 '자갈이 많은 헤르모스 강변을 따라서 체면 따위는 생각하지 않은 채 지체 없이 도망갈 것이네.'"[286]

그는 "또다시 수치를 당하고 싶지 않기 때문일 겁니다"라고 말했네.

내가 말했네. "그러다가 붙잡히면 죽음을 면치 못할 것이네."

"그럴 수밖에 없겠지요."

"반면 그 민중 지도자는 '드넓은 곳에 널브러져'[287] 있기는커녕 많은 d
사람을 때려눕힌 뒤 국가라는 전차에 우뚝 섬으로써 마침내 지도자에서 참주로 완벽하게 변신할 것이네."

그는 "왜 아니겠습니까?"라고 반문했네.

내가 말했네. "그러면 그런 사람과 그를 배출한 국가가 과연 행복한지 살펴봐야 하지 않겠나?"

그는 "반드시 살펴봐야지요"라고 대답했네.

내가 말했네. "초기에 그는 만나는 사람 누구에게나 미소를 짓고 반

---

286 크로이소스(기원전 595-547년경)는 리디아의 왕이며 막대한 부를 가진 인물로 유명하다. 그는 키루스 2세가 이끄는 페르시아 제국이 메디아 왕국을 합병하자 매부 메디아 국왕의 복수를 하는 동시에 페르시아를 멸망시키기 위해 스파르타와 동맹을 맺고 전쟁을 준비한다. 이때 두 가지 신탁을 받는데, 하나는 페르시아 제국의 멸망이고, 다른 하나는 여기에 인용된 헤로도토스의 『역사』 1권 55행의 내용이다. 이 구절 앞에는 "리디아인이여, 노새가 메대인의 왕이 되면, 너는…"이라는 문구가 나온다. 키루스 2세는 페르시아인과 메대인의 혼혈이므로 신탁에 언급된 노새는 키루스 2세를 가리키지만, 크로이소스는 노새가 어떻게 왕이 될 수 있느냐며 신탁을 무시한 채 페르시아를 공격했다가 결국 도망자 신세가 된다. '헤르모스강'은 리디아에 있는 큰 강이다.

287 호메로스, 『일리아스』 16권 776행. 민중 지도자가 자신을 따르던 많은 전사들과 함께 죽어 드넓은 전쟁터에 널브러져 있는 모습을 묘사한다.

e 갑게 인사하면서 자기는 참주가 아니라고 하며, 사적으로나 공적으로 많은 것을 약속하고 빚을 탕감해주고 민중과 자기 측근에게 땅을 나누어 주는 등 모든 사람을 인자하고 온화하게 대하겠지?"

그는 "반드시 그럴 겁니다"라고 대답했네.

"하지만 그는 외국으로 망명한 정적 중 일부와는 적대관계를 청산하는 반면 또 다른 일부는 철저히 박멸하여 정권을 안정시키고 나면 언제나 먼저 전쟁을 일으킬 것이네. 그래야 민중이 계속해서 지도자가 있어 주기를 바랄 테니 말일세."

"그럴 것 같습니다."

567a "그가 전쟁을 일으키는 또 다른 이유는, 민중이 전쟁 비용으로 쓰일 세금을 내느라 궁핍해져 날마다 생계를 걱정하느라 그를 타도할 음모를 꾸밀 여유가 없게 하기 위함이 아니겠나?"

"분명 그렇습니다."

"또한 자유주의 사상을 지닌 자들이 그에게 계속해서 통치를 맡길 것 같지 않으니, 전쟁을 구실 삼아 그들을 적에게 넘겨 제거하려는 것으로 보이네. 이 모든 목적을 이루기 위해 참주는 언제나 전쟁을 부추길 수밖에 없지 않겠는가?"

"그렇습니다."

"이런 짓을 하니 당연히 시민들에게 더욱 미움을 받겠지?"

b "어찌 그렇지 않겠습니까?"

"그러면 그를 도와서 이 정권을 세우고 여전히 거기 몸담고 있는 사람들 중에서 용감한 자들이 그동안의 일들을 비난하면서 그에게 그리고 자기들끼리 이런저런 말을 솔직하게 하지 않겠는가?"

"그럴 것 같습니다."

"그러면 참주는 통치를 계속 이어가기 위해 친구든 적이든 그런 자들을 모두 제거하려 들 것이고, 결국 쓸모 있는 사람은 아무도 남지 않게 될 것이네."

"분명히 그럴 겁니다."

"그래서 누가 용감한지, 누가 고귀한지, 누가 현명한지, 누가 부자인 c
지 날카롭게 지켜보다가 원하든 원하지 않든 그들을 모두 적으로 규정하고 음모를 꾸며 죽이는 수밖에 없네. 그런 사람들을 다 숙청[288]한 뒤에야 그는 비로소 행복해질 것이네."

그는 "정말 훌륭한 숙청이로군요"라고 말했네.

내가 말했네. "그 숙청은 의사가 사람의 몸에 하는 일과 정반대되네. 의사는 가장 나쁜 것을 제거하고 가장 좋은 것을 남겨두지만 참주는 정반대로 하기 때문이지."

그는 "참주가 계속 통치하려면 그럴 수밖에 없겠지요"라고 말했네.

내가 말했네. "따라서 그는 보잘것없는 대중과 더불어 미움을 받으며 d
살아가든지, 아니면 죽든지 둘 중 하나를 선택할 수밖에 없는 축복받은[289] 처지에 갇힌 것이네."

"그렇습니다."

"그런 짓을 해서 시민들에게 미움을 받을수록 그에게는 믿을 만한 호

---

288 '숙청'으로 번역한 '카타르모스'(καθαρμός)는 원래 밀교에서 입교 의식을 통해 사람들의 죄를 정화하는 것을 가리킨다. 의술에서는 몸에 문제를 일으킨 원인을 설사를 통해 몸 밖으로 내보내는 치료법을 말한다.

289 여기에서 '축복받은'은 반어법으로 쓰였다.

위대가 더 많이 필요하지 않겠는가?"

"왜 안 그러겠습니까?"

"그러면 믿을 만한 자들은 누구이고, 어디에서 불러올 수 있겠나?

그는 "보수만 준다면 자진해서 날아올 사람들이 많을 겁니다"라고 대답했네.

내가 말했네. "개를 걸고 맹세하건대[290] 자네는 지금 외국에서 날아올
e 수벌들, 즉 온갖 부류의 용병을 말하는 것이로군."

그는 "선생님의 생각이 맞습니다"라고 대답했네.

"그러면 그는 자신이 통치하는 국가 안에서도 그렇게 하려고 하지 않겠나?"

"어떻게 말입니까?"

"시민들이 소유한 노예들을 빼앗아 자유민으로 만든 후, 그를 지키는 호위대로 편입할 것이라는 말이네."

그는 "그럴 가능성이 농후합니다. 그렇게 한다면 그에게 가장 믿을 만한 자들이 될 테니까요"라고 말했네.

내가 말했네. "이전에 그를 사랑하고 믿고 따르던 친구들을 죄다 죽
568a 이고, 이제는 자네가 말한 이런 자들을 친구이자 믿을 만한 자로 삼는 참주라는 작자는 정말 축복받은 인간[291]이 아니겠는가?"

그는 "어쨌든 그런 자들은 쓸모 있지 않을까요?"라고 반문했네.

내가 말했네. "이 동지들이 새로운 시민이 되어 그를 떠받들며 지내

---

290 고대 그리스인들은 일반적으로는 '제우스를 두고 맹세한다'는 표현을 많이 사용했지만, 제우스 대신에 개나 다른 것을 걸기도 했다.

291 이 역시 반어법으로 쓰였다.

겠지만, 가장 훌륭한 시민들은 그를 미워하고 피하지 않겠는가?"

"왜 아니겠습니까?"

내가 말했네. "비극에는 대체로 지혜가 담겨 있는데, 그중에서 에우리피데스[292]의 비극이 뛰어나다는 말은 일리 있네."

"그게 무슨 말씀입니까?"

"에우리피데스가 '참주들은 현명하기에 현자들과 어울린다'[293]는 통 b
찰력 있는 말을 했기 때문이네. 참주가 어울리고자 하는 현자들이 우리가 말한 그런 부류임을 분명하게 보여주는 말이지."

그는 "에우리피데스 같은 시인들은 참주정을 신성하니 뭐니 하면서 여러모로 찬양하고 있습니다"라고 말했네.

내가 말했네. "비극시인들은 현명한 사람들이므로 우리나 우리가 세운 국가와 비슷한 정치체제를 가진 사람들이 그들을 참주정을 찬양하는 자로 규정하고, 그런 이유로 그들을 받아들이지 않는다 해도 수긍할 것이네."

그는 "그들 중에서 영리한 자들은 수긍할 테지요"라고 말했네.

"비극시인들은 다른 국가를 순회하면서 군중을 모으고, 아름답고 우 c
렁차며 호소력 있는 목소리를 지닌 자들을 고용해[294] 그 국가의 정치체

292 에우리피데스(기원전 485-406년경)는 고대 그리스 3대 비극시인 중 한 명이다. 살라미스섬의 자기 소유지 동굴에서 평생 지내면서 바다를 바라보며 독서와 집필에 전념했다. 합리적, 자유주의적, 인도주의적인 사상을 내포한 그의 저작은 유럽 근세의 비극에 큰 영향을 미쳤다.

293 이 인용문이 에우리피데스의 글임은 확인되지 않지만 소포클레스의 『단편』 13(Nauck)에 나온다. 당시 참주들이 자신의 국가를 문화 중심지로 만들기 위해 현자들을 자주 초빙한 데서 이런 말이 나온 것으로 보인다. 여기에서 플라톤은 참주 곁으로 모여드는 현자들은 진정한 현자가 아니라 그가 여기에서 언급한 부류라는 의미로 이 구절을 해석한다.

제를 참주정이나 민주정으로 만들려고 할 것이네."

"분명히 그럴 겁니다."

"그 대가로 보수를 받고 존경을 받을 테고 말이야. 그들이 참주에게 최고의 대우를 받고, 민주정에서도 그럴 것이라는 짐작은 충분히 할 수
d 있지. 하지만 그 정치체제의 가파른 경사를 따라 높이 올라갈수록 숨이 차서 더 이상 갈 수 없는 것처럼 그들의 영예도 점점 떠나갈 것이네."

"물론입니다."

내가 말했네. "하지만 이 얘기는 우리의 주제를 벗어난 것이니 참주가 보유한 저 훌륭하고 많고 다채롭고 변화무쌍한 군대 이야기로 다시 돌아가 그 군대가 어떻게 유지되는지 논의해보세."

그는 "참주는 숙청해서 죽이거나 추방한 자들의 재산을 신전[295]에 바치고는 그 재산을 가장 먼저 가져다 쓸 겁니다. 재산이 넉넉한 동안에는 민중이 낼 세금을 좀 덜어줄 게 분명합니다"라고 말했네.

e "그러다가 재산이 바닥나면 어떻게 되겠는가?"

그는 "그 자신도, 그의 술친구들도, 그의 남녀 패거리도 분명 그의 아버지가 가진 재산으로 먹고살겠지요"라고 말했네.

내가 말했네. "알겠네. 참주를 탄생시킨 민중이 그와 그의 패거리를 먹여 살릴 것이라는 말이로군."

그는 "그럴 수밖에 없을 겁니다"라고 말했네.

---

294 비극시인들이 배우들을 고용해 자신의 작품을 공연함으로써 사람들에게 영향을 미치는 것을 말한다. 여기에서 플라톤은 비극시인들을 대중 선동가로 묘사하는데, 이는 그들에 대한 플라톤의 부정적인 시각을 보여준다.

295 '신전'은 국고 역할도 했다. 따라서 신전 절도죄를 다른 절도죄보다 더 엄하게 처벌했다.

내가 말했네. "하지만 민중이 화를 내며 이렇게 말한다면 어떻게 되겠나? 즉 '다 큰 아들을 아버지가 먹여 살리는 것은 옳지 않고, 반대로 아들이 아버지를 먹여 살리는 게 옳다. 우리가 당신을 낳아 그 자리에 569a
올린 것은 당신이 크게 되었을 때, 우리가 당신의 노예가 되어 당신과 당신의 노예 및 당신을 따르는 잡다한 무리를 먹여 살리기 위해서가 아니다. 당신을 앞세워 이 국가의 부자들과 훌륭하고 고귀하다는 자들로부터 자유로워지기 위해서였다.' 그런 후 아들을 그의 골치 아픈 술친구들과 함께 내쫓는 아버지처럼 그와 그의 패거리에게 이 국가를 떠나달라고 요구한다면 말일세."

그는 "맹세하건대 민중은 자신들이 어떤 작자를 낳아 애지중지 키웠는지, 그들이 쫓아내려는 자가 그들보다 힘이 더 세서 자신들에게는 그 b
자를 쫓아낼 힘이 없다는 사실을 비로소 알게 되겠지요"라고 대답했네.

내가 말했네. "무슨 의미로 그렇게 말하는 건가? 아버지가 순순히 말을 듣지 않으면 참주가 아버지를 폭행이라도 한다는 말인가?"

그는 "네, 아버지의 무기를 빼앗은 다음 그렇게 할 겁니다"라고 대답했네.

내가 말했네. "자네는 지금 참주가 친부를 살해하거나 늙은 아버지를 학대하는 패륜아라고 말하는 것이네. 사실 이것이 참주정의 본모습이라고 다들 이야기하지. 속담에서 말하듯이 연기를 피하려다 불속에 뛰어든 셈이네. 민중이 자유민에게 예속되기 싫어서 노예를 주인으로 모시 c
고 살게 되었지 뭔가. 때 이른 자유를 내던지고 노예들에게 예속되어 살아가는 혹독한 삶으로 갈아탄 셈이네."

그는 "그렇게 될 게 분명합니다"라고 말했네.

내가 말했네. "그러면 어떤가? 민주정이 어떻게 참주정이 되는지, 그렇게 태어난 참주정이 어떤 모습인지 이 정도면 충분히 설명되지 않았는가?"

그는 "아주 충분합니다"라고 대답했네.

제9권

내가 말했네. "이제는 민주정적인 사람이 어떻게 참주정적인 사람으로 571a
바뀌고, 그렇게 생겨난 참주정적인 사람은 어떤 성격이며, 그가 어떻게 살아가기에 불행한지 아니면 복된지 살펴보는 일이 남았네."

그는 "네, 그 일이 남았습니다"라고 말했네.

내가 말했네. "하지만 우리가 다루지 않아서 여전히 아쉬운 게 있다는 걸 아는가?"

"어떤 것이지요?"

"욕구에 관한 논의네. 어떤 욕구가 얼마나 많은지 충분히 구분하지
못했던 것 같네. 이 문제를 제대로 다루지 않으면 그동안의 탐구도 명료 b
하지 않을 것이네."

그는 "지금이라도 다루는 게 좋지 않을까요?"라고 말했네.

"물론이네. 그러면 욕구와 관련해 내가 무엇을 살펴보려는지 생각해 보게. 나는 불필요한 즐거움과 욕구 중에 불법적인 것이 있다고 보네. 그런 욕구는 누구에게나 생기는데, 법률과 이성을 따른 더 나은 욕구로 억제되기 때문에 완전히 소멸하거나 줄어들고 약해지지만, 어떤 사람에

c 게는 오히려 더 많고 왕성한 상태로 남아 있게 되네."
그는 "어떤 욕구를 말씀하십니까?"라고 물었네.
내가 말했네. "사람이 자신의 잠 속에서 깨어나는 욕구라네. 혼의 다
른 부분, 즉 혼을 지배하는 이성적이고 온순한 부분이 잠들어 있을 때,
야수처럼 사나운 부분이 잔뜩 먹고 마시고 나서는 벌떡 일어나 잠을 밀
치고 나가 자기가 하고 싶은 것을 마음껏 하려는 욕구네. 자네도 알다
시피 그 야수 같고 사나운 부분은 수치심과 분별력이란 걸 아예 모르기
d 때문에 이때 무슨 짓이든 대담하게 한다네. 그래서 상상하는 바대로 자
기 어머니나 아무 사람, 혹은 신이나 짐승과도 교접하고, 닥치는 대로
살인을 저지르며, 아무 음식이나 거리낌 없이 먹는다네. 한마디로 온갖
어리석고 철면피 같은 짓을 다 저지르네."
그는 "지극히 옳은 말씀입니다"라고 말했네.
내가 말했네. "하지만 자기 수양이 잘 되어 건강하고 절제 있는 사람
은 잠들 때, 이미 훌륭한 말과 생각의 진수성찬으로 대접받은 이성 부분
e 은 깨어나 저절로 명상으로 들어가는 반면, 욕구 부분은 부족하지도 지
나치지도 않은 상태에서 잠들어 기쁨이나 고통 때문에 혼의 가장 좋은
572a 부분에 소란이 일어나는 일이 없다네. 덕분에 혼의 가장 좋은 부분이 아
무런 방해 없이 오롯이 상념에 들어가고, 과거에든 현재에든 미래에든
자신이 알지 못한 부분에 생각이 미쳐 깨달음을 얻게 되네. 마찬가지로
그는 분노하거나 격앙된 상태로 잠들지 않기 때문에 격정 부분이 평온
함을 유지한다네. 이렇게 혼의 두 부분, 즉 욕구 부분과 격정 부분이 안
정된 상태를 유지하고 세 번째 부분이자 지혜를 생기게 하는 이성 부분
이 평정을 유지하면, 자네도 알다시피 그런 상태에서 참됨을 가장 잘 파

악할 수 있고, 꿈속에 나타나는 환영도 불법적인 것과 거리가 멀어지게 b
될걸세."

그는 "제 생각에도 그럴 것 같습니다"라고 말했네.

"이런 욕구에 대해 장황하게 말하기는 했지만 이것만은 확실히 해두고 싶네. 무섭고 사나우며 무법한 부류의 욕구는 누구에게나 있다는 것이네. 우리 중에서 아주 절제 있다고 여겨지는 소수 사람들도 예외는 아니네. 이런 사실은 꿈을 통해 분명하게 드러나지. 내 말이 일리 있다는 데 동의하는가?"

"물론 동의합니다."

"그러면 앞에서 민주정적인 사람을 어떤 사람이라고 했는지 떠올려
보게. 그 사람의 아버지는 십중팔구 그를 양육하면서 돈 버는 욕구만 c
존중하고, 유치한 욕구나 과시를 위한 욕구는 무시했을걸세. 그렇지 않은가?"

"네, 그렇습니다."

"그는 앞에서 설명한 욕구들로 가득한 좀 더 세련된 자들[296]과 어울리면서 그런 자들의 온갖 오만방자한 행태를 배워 함께 치달을걸세. 아버지가 엄하게 키운 데 대한 반감으로 말이네. 그래도 그를 타락시키는 자
들보다는 나은 성품을 갖고 있기에 양쪽을 오가다가 그 중간에 정착해 d
자기 생각에 적절한 정도로 양쪽 모두를 즐기며 부자유하지도 불법적이지도 않은 삶을 살 것이네. 그렇게 과두정적인 사람이 민주정적인 사람으로 바뀌는 것이네."

---

296 앞에서 '수벌들'이라고 이름 붙인 사람들을 말한다.

그는 "앞에서도 우리가 그렇게 말했는데 지금도 변함 없군요"라고 말했네.

내가 말했네. "이번에는 민주정적인 사람이 나이가 들어 아버지가 되었을 때, 그런 성품을 지닌 아버지 아래서 양육된 젊은 아들을 생각해보게."

"네."

"아버지에게 일어났던 것과 똑같은 일이 이 아들에게도 일어난다고
e 생각해보게. 아들과 어울리는 자들은 그들이 완전한 자유라고 부르는 온갖 불법으로 아들을 이끌 것이네. 아버지와 친척들은 욕구를 적절하게 즐기는 것을 지지하는 반면, 아들과 어울리는 자들은 욕구를 마음껏 즐기는 것을 지지하네. 그런데 영리한 마법사이자 참주를 만들어내는 그들이 다른 식으로는 이 청년을 장악할 수 없게 되면, 날개 달린 큰 수벌인 욕정[297]을 청년에게 심어주려고 할 것이네. 욕정은 빈둥거리며 온
573a 갖 욕구를 닥치는 대로 채우려 하는 욕구의 선봉장일세. 자네는 이런 자들의 욕정이 수벌과 다르다고 생각하는가?"

그는 "수벌과 같다고 생각합니다"라고 대답했네.

"이렇게 해서 다른 욕구가 수벌 주위를 맴돌면서 향연과 향유와 화관과 포도주가 있는 사교 모임의 질펀한 즐거움에 충만한 채 수벌을 한껏 키우고 길러내면 수벌 속에는 열망의 침이 생기고, 이 혼의 선봉장이 광
b 기의 경호 아래 광분하고 말 것이네. 그러면 그 사람 안에 아직 남아 있

297 여기에서 '욕정'을 '수벌'에 비유한 것은, 수벌은 일벌과 달리 여왕벌과 교미하는 역할만 할 뿐 다른 일은 하지 않기 때문이다.

던 유익하거나 수치를 느끼는 생각과 욕구를 죄다 죽이거나 내쫓을 테지. 결국 그 사람의 혼은 절제를 완전히 잃고 밖에서 들어온 광기로 가득하게 되네.”

그는 “참주정을 닮은 사람이 어떻게 생기는지 완벽하게 말씀하셨습니다”라고 말했네.

내가 말했네. “에로스 여신이 참주라는 옛말도 이 때문에 생긴 게 아니겠는가?”

그는 “그런 것 같습니다”라고 대답했네.

내가 말했네. “여보게, 술 취한 사람도 참주정적인 사고를 한다고 봐 c
야 하지 않겠는가?”

“그렇습니다.”

“또한 제정신이 아니거나 미친 사람들은 인간뿐 아니라 신들까지 지배하려고 들 것이고, 그럴 수 있다고 생각할 것이네.”

그는 “당연히 그럴 겁니다”라고 말했네.

내가 말했네. “그러니 여보게, 엄밀히 말해 참주정적인 사람은 본성 때문이든 습관 때문이든, 아니면 두 가지가 다 원인이든 술과 욕정과 광기에 사로잡힐 때 생긴다고 나는 생각하네.”

“전적으로 그렇습니다.”

“참주정적인 사람이 어떻게 생겨나는지는 이제 알겠고, 그렇다면 그는 어떻게 살아가겠는가?”

그는 “수수께끼 놀이를 하듯이 이번에도 선생님이 제게 답을 말씀해 d
주시게 될 겁니다”라고 말했네.

내가 말했네. “그럼 내가 말해보겠네. 에로스 여신이 참주로서 어떤 사람 안에 거주하며 그의 혼 전체를 조종하면, 그는 온갖 축제와 잔치를 다니면서 술에 취한 채 떠들고 기녀들을 찾는 일을 일삼으며 살게 될 것이네."

그는 "그럴 수밖에 없겠지요"라고 말했네.

"그러면 에로스 여신 옆에서 끔찍한 욕구들이 밤낮으로 수없이 자라나 많은 것을 요구하지 않겠는가?"

"그럴 테지요."

"그러니 수입이 어느 정도 있다 해도 금방 바닥나고 말 것이네."

"어찌 안 그러겠습니까?"

e "그런 후에는 돈을 빌리러 다니고 재산을 날리는 일이 벌어지네."

"물론입니다."

"그러다가 전 재산을 탕진하고 나면 그 사람 안에 둥지를 튼 수많은 욕구들이 아우성을 치지 않겠는가? 다른 모든 욕구가 침을 쏘듯이 그를 몰아붙이겠지. 그중에서도 특히 모든 욕구를 경호원으로 거느리고 대장 노릇을 하던 에로스 여신이 몰아붙이면, 그 사람은 광분한 나머지 사기를 치거나 폭력을 사용해 누구한테서 재물을 빼앗을지 살피게
574a 되지 않겠나?"

그는 "다분히 그럴 테지요"라고 대답했네.

"그는 가능한 한 모든 곳에서 닥치는 대로 빼앗으려 들 것이네. 안 그러면 극심한 고통과 압박을 견뎌야 하니 말일세."

"그럴 수밖에 없을 겁니다."

"그런데 그에게 나중에 들어온 즐거움이 전에 있던 즐거움을 압도해 그것이 갖고 있던 것을 빼앗았듯이, 그는 나이가 더 어리면서도 부모를

압도해 부모의 것을 빼앗아 쓸 자격이 자기에게 있다고 생각하지 않겠나? 그래서 자기 몫을 탕진한 후에는 아버지 것도 자기 몫으로 돌리려 하지 않겠나?"

그는 "당연히 그러지 않을까요?"라고 말했네.

"하지만 부모가 재산을 넘겨주지 않으면 처음에는 훔치거나 몰래 빼돌리겠지?" b

"분명히 그럴 겁니다."

"그마저도 뜻대로 되지 않으면 폭력을 써서 부모의 재산을 빼앗으려 하지 않겠는가?"

그는 "아마도 그럴 겁니다"라고 대답했네.

"그런데 여보게, 늙은 부모가 저항한다면 어떻게 되겠나? 그러면 정신을 차리고 참주들이나 하는 짓을 삼가게 되겠나?"

그는 "그런 사람이 과연 부모를 그렇게 대할지 믿음이 별로 안 갑니다"라고 대답했네.

"하지만 아데이만토스, 아무리 그래도 그가 최근에 사귄 여자 친구이면서 반드시 필요하지도 않은 애인을 위해 오랫동안 사랑해왔고 반드시 계셔야 하는 어머니를 때리겠는가? 또 최근에 사귀기는 했지만 반드 c
시 필요하지도 않은 꽃다운 젊은이를 친구로 두려고 한창때는 지났지만 반드시 계셔야 하고 가장 오랜 친구인 늙은 아버지를 폭행하겠는가? 그런 짓까지 해서 부모의 재산을 빼앗으려 하겠는가? 그가 친구들을 데려와 부모와 한 집에서 살게 할 경우, 부모가 그들의 노예 노릇을 해야 하는데 설마 그렇게 하겠는가?"

그는 "맹세하건대 그 자는 그렇게 할 겁니다"라고 대답했네.

내가 말했네. "참주정적인 아들을 낳는 건 다분히 축복받은[298] 일인 것만 같네."

그는 "물론입니다"라고 말했네.

d "그러면 부모 재산까지 탕진했는데도 그 사람 안에 이미 수많은 쾌락이 벌 떼처럼 모여 있다면 어떻게 하겠는가? 처음에는 남의 집 담장을 넘거나 밤늦게 행인의 외투를 빼앗다가 나중에는 신전을 털지 않겠는가? 그가 이 모든 짓을 할 수 있는 건, 얼마 전부터 노예살이에서 풀려나 에로스를 경호하게 된 신념이 에로스와 힘을 합쳐, 그가 어릴 때부터 지녀왔고 올바르다고 여겼던 아름다움과 추함에 관한 신념을 압도했기
e 때문이네. 에로스의 경호원이 된 이 신념은 이 사람이 법률과 아버지 때문에 아직 민주정적인 성향을 지니고 있었을 때는 그가 잠잘 때 꿈에서만 풀려났네. 하지만 에로스에 힘입어 참주정적인 성향으로 바뀌고 나서는 깨어 있는 동안에도 그런 사람이 되어 무시무시한 살인도 서슴지 않고 뭐든지 먹어치우며 어떤 짓도 마다하지 않는다네. 에로스만이 이
575a 자를 다스리는 유일한 지배자라네. 완전히 무정부 무법 상태인 이 자 안에서 참주 노릇을 하는 것이네. 한 국가를 이끄는 참주처럼 그를 끌고 다니며 온갖 참담한 짓을 벌이는데, 그래야만 에로스 자신과 에로스를 옹위하여 소란을 일으키는 무리를 유지할 수 있기 때문이네. 무리 중 일부는 나쁜 자들과 어울리면서 밖에서 들어왔고, 일부는 이 자 안에서 생겨났으며, 또 다른 일부는 이 자의 나쁜 습관으로 풀려나 그 안에서 해방된 것이네. 이런 것이 바로 이 자의 삶이 아니겠나?"

---

298 여기에서도 반어법이 쓰였다.

그는 "그렇습니다"라고 대답했네.

내가 말했네. "그런 사람들이 한 국가에서 소수이고 나머지 대다수는
절제 있게 산다면, 그런 사람들은 국외로 가서 다른 참주를 경호하거나 b
전쟁이 났을 때 용병이 될 것이네. 그러나 태평성대에 태어났다면 국내
에 머물며 사소한 나쁜 짓을 수없이 저지르며 살아갈 테지."

"어떤 나쁜 짓 말입니까?"

"예컨대 도둑질이나 가택 침입, 소매치기, 남의 옷 강탈, 신전 절도, 인신매매 같은 것이네. 언변이 좋은 경우에는 죄 없는 사람을 무고하고, 뇌물을 받고 거짓 증언을 하기도 하네."

그는 "그런 사람들이 소수라면 사소한 나쁜 짓이라고 할 수 있겠네 c
요"라고 말했네.

내가 말했네. "내가 사소하다고 한 것은 중대한 것에 비해 사소하다
는 뜻이네. 국가를 파탄나게 하고 도탄에 빠뜨린다는 차원에서 보면, 그
런 나쁜 짓은 모두 합쳐도 참주가 하는 짓에 비하면 그 근처에도 못 미
칠 테니 말일세. 하지만 한 국가에 그런 사람들과 추종자들이 많아져 자
신들이 다수임을 자각했을 때, 그들은 민중의 어리석음을 등에 업고 참
주를 탄생시킬 것이네. 그들 중에서 가장 크고 강력한 참주를 자기 혼
안에 지닌 자 말일세." d

"그가 가장 참주정적인 사람일 테니 당연히 그럴 겁니다"라고 그는 말했네.

"민중이 자발적으로 복종한다면 그렇게 될걸세. 그렇지 않은 경우 참주와 그의 추종자들은, 앞에서 참주정적인 사람이 자기 부모를 응징했듯이 조국을 응징할 것이네. 크레타인들의 말마따나 '오랫동안 사랑해

온 모국'[299]을 그들은 발밑에 두고 노예로 만들어 끌고 가겠지. 이것이 그들이 지닌 욕망의 종착지일세."

e 그는 "전적으로 그럴 겁니다"라고 말했네.

내가 말했네. "그러면 이런 참주는 정권을 잡기 전에는 개인적으로 어떤 사람이었을 것 같은가? 먼저 그가 어떤 부류와 사귀었는지 생각해 보세. 그는 자신에게 아부하며 물심양면으로 기꺼이 그를 섬기고자 하
576a 는 사람들과 사귀었을 것이네. 얻어갈 것이 있을 때는 그의 앞에 납작 엎드려 한 가족인 양 온갖 일을 다 하지만, 필요한 것을 얻고 난 후에는 남남처럼 대하는 사람들 말일세."

"다분히 그럴 것 같습니다."

"이렇게 참주정적인 성향을 지닌 사람은 누구와도 친구가 되지 못하고, 항상 다른 이의 주인 아니면 노예로 살기 때문에 진정한 자유와 우정을 영원토록 맛보지 못한다네."

"당연한 일입니다."

"그러니 그런 사람을 믿지 못하는 것은 당연하지 않겠는가?"

"물론입니다."

b "앞에서 우리가 정의에 대해 합의한 것이 옳다면[300] 그런 사람이야말로 가장 불의한 자일세."

---

299 참주와 그의 추종자들이 국가에 하는 일들이 패륜적임을 강조하기 위해 '조국'(아버지 나라)과 '모국'(어머니 나라)이라는 표현을 쓰고 있다.

300 441d-444e에서 플라톤은 혼의 이성적인 부분이 혼을 지배하고, 욕구적인 부분은 그에 복종하며, 격정적인 부분은 그 통치를 보조할 때 정의롭다고 말했다. 그러므로 욕구 중에서도 가장 지독한 '욕정'이 우두머리가 되어 온갖 욕구를 지배하는 참주정적인 사람은 가장 불의한 자가 된다.

그는 “우리가 합의한 것이 옳습니다”라고 말했네.

내가 말했네. “누가 가장 나쁜 사람인지 한마디로 말하자면, 꿈속에서나 일어날 만한 일이라고 설명한 짓을 깨어 있을 때 하는 사람이네.”

“물론입니다.”

“가장 참주정적인 성향을 지닌 유일한 지배자가 그런 사람일 테고, 참주로 통치하는 기간이 길수록 그는 점점 더 그런 사람이 될 것이네.”

이번에는 글라우콘이 논의를 이어받아 말했네. “그럴 수밖에 없을 겁니다.”

내가 말했네. “그렇다면 가장 악한 자가 가장 비참하고 불행한 자라
고 할 수 있겠지? 사람마다 생각이 다르기는 하지만, 가장 오랫동안 최 c
악의 참주로 살아온 자가 가장 오랫동안 최악으로 비참하고 불행한 자
라는 게 맞지 않겠나?”

그는 “당연합니다”라고 대답했네.

내가 말했네. “그런데 참주정적인 사람은 참주정 국가와 유사하고, 민주정적인 사람은 민주정 국가와 유사하며, 그 밖의 사람도 어떤 정치체제를 지닌 국가와 유사하지 않겠는가?”

“물론입니다.”

“따라서 미덕이나 행복과 관련해서도 각 정치체제의 국가에 해당하는 것이 그런 정치체제를 닮은 사람에게도 그대로 적용되겠지?”

“어찌 그렇지 않겠습니까?” d

“그러면 참주정 국가와 우리가 처음에 설명했던 왕도정 국가는 미덕과 관련해 어떤가?”

그는 “하나는 최선이고 다른 하나는 최악입니다. 모든 것이 정반대지요.”

라고 말했네.

내가 말했네. "자네가 어느 쪽을 최선이라 하고 어느 쪽을 최악이라 하는지는 묻지 않겠네. 너무나 분명하기 때문이지. 그렇다면 행복이나 불행에 대해서도 자네의 판단은 동일한가 아니면 다른가? 한 국가의 행
e 복과 불행을 판단할 때, 참주 한 사람이나 주변의 소수 사람들만 보고 판단이 흐려져서는 안 되네. 국가 전체를 보고 판단해야 하므로 국가의 면면을 낱낱이 살핀 후 견해를 밝히는 것이 옳네."

그는 "선생님의 요구가 옳습니다. 참주정 국가보다 더 불행한 국가는 없고, 왕도정 국가보다 더 행복한 국가가 없다는 건 모든 이들에게 분명합니다"라고 말했네.

"그렇다면 사람을 판단하는 일에서도 내가 그런 요구를 하는 것이
577a 옳겠지? 참주정적인 사람의 위풍당당한 겉모습에 어린아이처럼 넋이 나가지 않고, 사고를 통해 사람의 성품을 꿰뚫어보고 충분히 통찰할 수 있는 자만이 평가 자격이 있다고 생각하네. 또 참주와 함께 살면서 그가 자기 집에서 어떻게 행동하고 집안사람들을 어떻게 대하는지 직
b 접 지켜보고, 비극배우 같은 분장을 벗어버린 그의 적나라한 모습을 알며, 국가의 위기 앞에서 어떻게 처신하는지 직접 본 사람의 평가를 들어보아야 하네. 따라서 이 모든 것을 직접 본 사람에게 참주가 다른 사람들에 비해 얼마나 행복한지 혹은 불행한지 말해달라고 요구해야 하지 않겠나?"

그는 "그렇게 요구하는 것이 옳습니다"라고 대답했네.

내가 말했네. "그렇다면 여러 정치체제를 닮은 사람을 이미 만나본 자라면 그런 평가를 내릴 자격이 있고, 우리의 물음에 대답해줄 수 있다

고 생각하는가?"

그는 "물론입니다"라고 대답했네.

내가 말했네. "그러면 국가와 사람이 닮았다는 사실을 상기하며 각각 c
의 국가와 사람의 상태를 말해보게."

그는 "어떤 상태 말입니까?"라고 물었네.

내가 말했네. "먼저 국가와 관련해 참주정 국가는 자유로운 상태인가, 아니면 노예 상태인가?"

그는 "노예 상태가 가장 심한 국가라고 봅니다"라고 대답했네.

"하지만 그 국가에는 주인도 있고 자유민도 있지 않은가?"

그는 "물론 있지만 소수에 불과합니다. 그 국가에서는 전체적으로 가장 선량한 사람들이 노예 신세가 되어 치욕스럽고 불행하게 살아갑니다"라고 대답했네.

내가 말했네. "국가와 사람이 서로 닮았다고 했으니 참주정적인 사람 d
안에도 참주정 국가에 있는 것과 같은 질서가 필연적으로 있을 것이네. 그러니 그의 혼은 전체적으로 자유가 없는 노예 상태일 텐데, 가장 선량한 부분은 노예 신세인 반면 가장 사악하고 광적이며 작은 부분이 주인으로 군림하겠지?"

그는 "반드시 그럴 겁니다"라고 대답했네.

"어떤가? 그런 혼은 노예 상태에 있는 건가, 아니면 자유로운 상태인가?"

"노예 상태에 있다고 봅니다."

"참주정 국가가 노예 상태라면 하고 싶은 일을 할 수 있는 가능성이 가장 적겠지?"

"아주 적겠지요."

e "그렇다면 참주정적인 혼도 전체적으로 하고 싶은 일을 할 수 있는 가능성이 가장 적을걸세. 그런 혼은 광기에 끌려다닐 수밖에 없어 늘 혼란과 회한이 가득할 테니 말이네."

"어찌 그렇지 않겠습니까?"

"그런데 참주정 국가는 부유하겠는가, 아니면 빈곤하겠는가?"

"빈곤할 수밖에 없습니다."

578a "그러니 참주정적인 혼도 언제나 궁핍하고 불만스러운 상태에 있을 수밖에 없네."

그는 "그렇습니다"라고 말했네.

"어떤가? 이런 국가와 이런 사람은 항상 두려움이 가득하지 않겠나?"

"다분히 그럴 겁니다."

"참주정 국가에서 겪는 것보다 더 심한 비탄과 신음, 통곡과 고통을 다른 정치체제의 국가에서 발견할 수 있겠나?"

"결코 그럴 수 없을 겁니다."

"사람의 경우에도 욕구와 욕정에 휩싸여 제정신이 아닌 참주정적인 사람보다 더 심한 비탄과 신음, 통곡과 고통을 겪는 사람이 또 있겠는가?"

그는 "어떻게 있겠습니까?"라고 반문했네.

b "자네가 참주정 국가가 가장 비참하고 불행하다고 판단한 것은 이 모든 점과 다른 비슷한 점들에 주목했기 때문이라고 생각하네."

그는 "옳지 않습니까?"라고 반문했네.

내가 말했네. "당연히 옳네. 그런데 이런 점들에 주목했을 때 참주정적인 사람을 어떤 자라고 말할 수 있겠는가?"

그는 "누구보다 비참하고 불행한 사람이지요"라고 대답했네.

내가 말했네. "이번에는 자네 말이 전혀 옳지 않네."

그는 "어째서 그렇습니까?"라고 물었네.

내가 말했네. "나는 참주정적인 사람이 가장 비참하고 불행하다고 생각하지 않네."

"그러면 누가 가장 비참하고 불행합니까?"

"아마 자네도 지금 내가 말하는 사람이 그보다 더 비참하고 불행하다고 생각할걸세."

"누가 그런 사람입니까?"

내가 말했네. "참주정적인 사람이 한 개인으로 살지 못하고 운명의 c
장난으로 불행하게도 참주가 된 경우가 그러하네."

그는 "앞에서 논의한 바에 비추어 보면 그 말씀이 옳은 듯합니다"라고 말했네.

내가 말했네. "하지만 이런 문제는 생각으로 그쳐서는 안 되네. 이것은 훌륭한 삶과 나쁜 삶을 가르는 아주 중요한 문제이므로 논의를 통해 충분히 고찰해봐야 하네."

그는 "지극히 옳은 말씀입니다"라고 말했네.

"그러면 내 말이 일리 있는지 생각해보게. 내가 보기에 이 문제는 다
음과 같이 고찰해야 할 것 같기 때문이네." d

"어떻게 말입니까?"

"참주정 국가에서 노예를 많이 소유한 부자들 개개인을 살펴보는 것이네. 이들은 많은 사람을 거느리고 있다는 점에서 참주와 비슷하네. 참주가 가장 많은 사람을 거느리기는 하지만 말일세."

"그렇습니다."

"이 부자들은 불안해하는 것이 없고 가노들을 두려워하지 않는다는 점을 아는가?"

"그들이 무엇을 두려워하겠습니까?"

내가 말했네. "그들은 두려울 것이 없네. 그런데 그 이유를 아는가?"

"네. 국가 전체가 그들 개개인을 돕고 지원하기 때문입니다."

e 내가 말했네. "훌륭한 대답이네. 어떤가? 어떤 신이 50명 이상의 노예를 소유한 누군가를 그의 처자식과 재산 및 가노들과 함께 그 국가에서 들어내어 그를 도와줄 자유민이 한 명도 없는 외딴 곳에 둔다고 생각해 보게. 그는 자신과 처자식이 가노들에게 살해될까 봐 얼마나 큰 두려움에 사로잡히겠는가?"

그는 "그 두려움은 말할 수 없이 크겠지요"라고 대답했네.

579a "그래서 몇몇 노예들에게 잘 보이려고 그럴 필요가 없는데도 이것저것 많은 것을 약속하고 그들을 자유민으로 풀어주다가 어느새 그들의 하인 노릇을 하게 되지 않겠나?"

그는 "그럴 수밖에 없을 겁니다. 안 그러면 목숨이 위태로울 테니까요"라고 대답했네.

내가 말했네. "그런 후 신이 다른 많은 이웃을 그 사람 주변에 이주시켰는데, 그들인즉슨 누군가가 주인 행세를 하면 그 꼴을 보지 못하고 극단적으로 응징하는 사람들이라면 무슨 일이 벌어지겠는가?"

b 그는 "사방을 에워싸고 감시하는 적들 때문에 그의 처지가 훨씬 더 나빠지겠지요"라고 대답했네.

"우리가 앞에서 말했던 성향으로 온갖 두려움과 욕정으로 가득한 참주가 바로 그런 감옥에 갇혀 있는 게 아니겠는가? 다른 자유민처럼 자유롭게 외국 여행도 하고 많은 것을 구경하고 싶은 마음이 간절해도, 이 국가에서 오직 그만이 아무 데도 갈 수 없고 아무것도 구경할 수 없다네. 마치 여인네처럼 집에 틀어박혀 대부분의 시간을 보내면서 다른 시민들이 외국에 나가 좋은 구경을 하는 걸 부러워할 뿐이네." c

그는 "전적으로 그렇습니다"라고 말했네.

"자기 자신을 잘 다스리지 못한다는 이유로 자네가 앞에서 가장 비참하고 불행한 자라고 판단했던 참주정적인 사람이 운명의 장난에 휩쓸려 한 개인으로 살지 못하고 어쩔 수 없이 참주가 되어 다른 사람들을 다스려야 하는 경우, 그는 좀 전에 말한 나쁜 상황으로 훨씬 더 비참하고 불행하게 살게 될 것이네. 이는 병 들어 자기 한 몸 돌보기도 힘든 처지에서 다른 사람들과 경쟁하고 싸우며 일생을 보내는 것과 같네." d

그는 "소크라테스 선생님, 기막힌 비유이고 참된 말씀입니다"라고 말했네.

내가 말했네. "여보게 글라우콘, 그러니 참주의 처지는 참으로 비참하고 불행하다네. 자네가 가장 힘들고 괴롭게 살아간다고 판단한 사람보다 그 처지가 더 못하지 않은가?"

그는 "정말 그렇습니다"라고 대답했네.

"그러니 참주의 삶은 혼 전체를 놓고 보면 사람들의 생각과 다르네. 사실은 최악의 아부와 굴종으로 가장 못된 자들의 비위나 맞추며 사는 e
노예 같은 삶이 아닌가? 자신의 욕구를 어떤 식으로든 충족하지 못하니 뭐 하나 갖추지 못하고 죄다 부족한 것들밖에 없네. 참주와 그가 통치하는 국가의 처지가 닮아 있다면, 그는 일생 동안 두려움과 공포와 고통으로 가득한 삶을 살 것이네. 실제로 참주와 그가 통치하는 국가가 닮지 않았는가?"

그는 "너무나 닮았습니다"라고 대답했네.

580a "이 외에도 그는 우리가 앞에서 말한 형편에도 처해 있네. 남을 시기하고 믿지 못하기에 친구가 없고, 불경스러우며 온갖 악을 받아들여 키우는 자일세. 참주가 되어 권력을 쥐면 더욱 그런 사람이 된다네. 이 모든 이유로 그는 세상에서 가장 불행해지고, 그것도 모자라 주변 사람들까지 불행하게 만드네."

그는 "지각 있는 사람이라면 선생님 말씀에 이의를 제기하지 못할 겁니다"라고 말했네.

b 내가 말했네. "그러면 이제 최종 심판관이 되어 종합적으로 고려하고 판단해보게. 다섯 가지 부류의 인간, 즉 왕도정적 인간, 명예정적 인간, 과두정적 인간, 민주정적 인간, 참주정적 인간 중 누가 가장 행복하겠나? 다음은 누구이고 세 번째, 네 번째, 다섯 번째는 누구인가?"

그는 "판정하기 쉽습니다. 미덕과 악덕, 행복과 불행을 기준으로 판단했을 때, 합창가무단의 순위를 매기듯이 그들의 순위는 그들이 등장한 순서와 일치합니다"라고 말했네.

내가 말했네. "자, 그러면 자신을 왕도로 다스리는 왕도정적인 인간이
c 가장 훌륭하고 정의로우므로 가장 행복하고, 자신과 국가를 가장 독재적으로 다스리는 참주정적인 인간이 가장 나쁘고 불의하므로 가장 불행하다고 아리스톤[301]의 아들이 판정했음을 어떻게 공표하겠나? 다른

---

301 아리스톤은 글라우콘의 아버지이자 플라톤의 아버지다. 그 이름은 '가장 훌륭한 자'라는

사람을 시켜서 하겠나, 아니면 내가 하는 게 좋겠나?"

그는 "선생님이 공표하시지요"라고 대답했네.

내가 말했네. "그렇다면 모든 인간과 신들이 알든 모르든 그것이 사실임을 아울러 공표해도 되겠는가?"

그는 "그렇게 하십시오"라고 대답했네.

내가 말했네. "좋네. 이것으로 한 가지는 증명되었네. 하지만 두 번째로 증명된 것도 있는데, 자네는 어떻게 생각하는가?" d

"무슨 말씀입니까?"

내가 말했네. "국가를 세 부류로 나눈 것처럼 각 사람의 혼도 세 부분으로 나누었으니, 또 한 가지가 증명되었다고 보는 게 합당하다고 생각하네."

"어떤 것이지요?"

"이것이네. 내 생각에 혼에는 세 부분이 있고, 각 부분에 고유한 즐거움이 있기 때문에 즐거움도 세 종류이고 욕구와 다스림도 각각 세 종류일 것 같네."

그는 "어떻게 말입니까?"라고 물었네.

"혼의 첫 번째 부분은 배움을 담당하고, 두 번째 부분은 격정을 담당하지. 그런데 세 번째 부분은 그 외 다양한 것을 담당하므로 어느 한 가 e
지 이름으로 부를 수는 없지만, 그중 가장 크고 강력한 것, 즉 먹고 마시는 것과 성적인 것과 그에 수반되는 모든 것에 대한 강렬한 욕구를 관

뜻이므로 플라톤은 여기에서 '가장 훌륭하고 정의로운 자'가 누구인지 '가장 훌륭한 자'의 아들이 판정한 것이라고 말하며 언어유희를 하고 있다.

장한다고 해서 그 이름을 가져와 욕구적인 부분이라 부르게 되었네. 그런 욕구는 무엇보다 돈으로 충족되니 이 세 번째 부분을 돈을 좋아하는
581a 부분이라고 부르기도 하네."

그는 "옳은 말씀입니다"라고 말했네.

"따라서 세 번째 부분이 이익을 즐거워하고 좋아한다고 말할 수 있으니, 논의하면서 혼의 이 부분을 지칭할 때 무엇을 의미하는지 확연히 알 수 있도록 돈을 좋아하는 부분 또는 이익을 탐하는 부분이라 불러도 옳겠지?"

그는 "그렇게 생각합니다"라고 대답했네.

"어떤가? 혼의 격정적인 부분은 언제나 전적으로 지배와 승리와 명성을 지향한다고 말해야 하지 않겠나?"

b "물론입니다."

"그러니 이기기를 좋아하고 명예를 추구하는 부분이라고 말해도 적절하겠지?"

"네, 아주 적절합니다."

"반면에 혼에서 배움을 담당하는 부분은 언제나 진리를 추구하므로 혼의 세 부분 중에서 돈과 명예에 가장 관심이 없는 게 분명하네."

"그렇습니다."

"그러니 이 부분을 배움을 좋아하는 부분 또는 지혜를 사랑하는 부분이라 부르는 게 적절하지 않겠나?"

"어찌 그렇지 않겠습니까?"

c 내가 말했네. "그런데 이 부분이 혼을 지배하는 사람도 있지만, 다른 부분이 혼을 지배하는 사람도 있지 않겠는가?"

그는 "그렇습니다"라고 대답했네.

"그런 이유로 우리는 인간을 일차적으로 세 부류, 즉 지혜를 사랑하는 부류, 이기기를 좋아하는 부류, 이익을 탐하는 부류로 분류하려고 하네."

"정확한 분류입니다."

"또한 각 부류의 사람들이 즐거워하는 것도 각각 다르니 즐거움에도 세 종류가 있겠지?"

"물론입니다."

내가 말했네. "이 세 부류의 사람들에게 어떤 삶이 가장 즐거운지 차례대로 묻는다면 각자 자신의 삶이 최고라고 찬양하지 않겠는가? 돈을 d
버는 데서 즐거움을 찾는 사람은 명예나 지식에서 어떤 이익도 얻지 못한다면, 그것들이 주는 즐거움은 아무런 가치가 없다고 말할걸세."

그는 "옳은 말씀입니다"라고 말했네.

내가 말했네. "명예를 추구하는 사람은 어떤가? 그런 사람은 재물이 주는 즐거움을 천박하게 여기고, 배움에서 명예를 얻지 못한다면 배움의 즐거움이 연기처럼 헛되고 어리석을 뿐이라고 생각하지 않겠는가?"

그는 "그렇습니다"라고 대답했네.

내가 말했네. "지혜를 사랑하는 사람은 어떤가? 진리를 추구하고 배 e
우면서 즐거움을 누리는 것과 비교해 다른 즐거움을 어떻게 생각할 것 같은가? 죄다 형편없게 여기지 않겠는가? 불가피한 경우가 아니라면 다른 즐거움은 없어도 된다는 점에서 이것을 불가피한 즐거움이라고 부르지 않겠는가?"

그는 "사람들이 그런 점을 제대로 알아야 합니다"라고 말했네.

내가 말했네. "그런데 우리는 각 종류의 즐거움과 삶 자체가 더 훌륭한지 수치스러운지, 또는 더 못한지 나은지가 아니라 더 즐거운지 고통
582a 스러운지를 따지는 것이니, 각 부류의 사람들 중에서 누가 진실하게 말하는지 어떻게 알 수 있겠는가?"

그는 "저로서는 할 말이 없습니다"라고 대답했네.

"이런 식으로 생각해보게. 훌륭한 판단을 하려면 무엇을 기준으로 삼아야 하겠나? 경험이나 지혜나 이성적 추론을 기준으로 삼아야 하지 않겠나? 이보다 나은 판단 기준이 또 있겠는가?"

그는 "더 나은 판단 기준이 어디 있을까요?"라고 반문했네.

"그러면 생각해보게. 세 사람 중에서 우리가 말한 모든 즐거움을 가장 많이 경험했을 만한 사람은 누구인가? 이익을 탐하는 자가 진리를
b 깨달아 얻는 즐거움이 지혜를 사랑하는 자가 이익을 챙겨 얻는 즐거움보다 더 큰가?"

그는 말했네. "둘 사이에는 큰 차이가 있습니다. 지혜를 사랑하는 자는 어릴 때부터 불가피하게 다른 즐거움도 맛보았겠지만, 이익을 탐하는 자는 사물의 본질에 대해 배울 때 그 즐거움이 얼마나 달콤한지 반드시 맛보거나 경험할 필요는 없었을 테니까요. 설령 원한다 해도 그런 경험을 하기가 쉽지 않기 때문입니다."

그래서 내가 말했네. "그러니 지혜를 사랑하는 자는 두 가지 즐거움을 모두 경험했다는 점에서 이익을 탐하는 자와 큰 차이가 나네."

c "아주 큰 차이지요."

"명예를 좋아하는 자와 비교해보면 어떤가? 지혜를 사랑하는 자가 명예를 누려서 얻는 즐거움이 명예를 좋아하는 자가 경험한 지혜의 즐

거움보다 더 작은가?"

그는 말했네. "명예는 각자 추구한 바를 이루었을 때 주어집니다. 그래서 부자든 용감한 사람이든 지혜로운 사람이든 대중에게 존경을 받지요. 그러므로 명예를 누려서 얻는 즐거움이 어떤 경험인지 모든 사람이 압니다. 반면에 실재를 관조함으로써 얻는 즐거움은 지혜를 사랑하는 자 말고는 아무도 맛볼 수 없습니다."

그래서 내가 말했네. "경험을 기준으로 한다면 그들 중에서 지혜를 d
사랑하는 자가 가장 훌륭한 판단을 할 수 있다고 보아야겠군."

"그렇습니다."

"경험뿐 아니라 지혜도 갖춘 사람은 지혜를 사랑하는 자밖에 없을 것이네."

"물론입니다."

"또한 판단할 때 사용하는 도구도 이익을 탐하는 자나 명예를 좋아하는 자의 것이 아니라 지혜를 사랑하는 자가 가진 수단이라네."

"그 도구라는 게 무엇입니까?"

"앞에서 우리는 이성적 추론을 사용하여 판단해야 한다고 말한 것 같은데 그렇지 않은가?"

"그렇게 말씀하셨지요."

"그런데 이성적 추론은 지혜를 사랑하는 자가 주로 사용하는 수단이네."

"어찌 그렇지 않겠습니까?"

"부와 이익이 판단 기준이 된다면 이익을 탐하는 자가 칭찬하거나 비 e
난하는 것이 진실에 가장 부합할 수밖에 없겠지?"

"다분히 그렇겠지요."

"그러나 명예와 승리와 용기가 판단 기준이 된다면, 명예를 사랑하고 이기기 좋아하는 자가 칭찬하거나 비난하는 것이 당연히 진실에 가장 부합하지 않겠는가?"

"그렇습니다."

"하지만 경험과 지혜와 이성적 추론이 판단 기준이 된다면 어떻겠는가?"

그는 "지혜를 사랑하는 자와 이성적 추론을 좋아하는 자가 칭찬하는 것이 당연히 진실에 가장 부합하겠지요"라고 대답했네.

583a "그렇다면 세 가지 즐거움 가운데 혼에서 배움을 담당하는 부분이 주는 즐거움이 가장 크고, 이 부분의 지배를 받는 사람이 가장 즐겁게 산다고 할 수 있지 않겠나?"

그는 "어찌 그렇지 않겠습니까? 지혜로운 자가 자기 삶을 찬양할 때 그럴 자격이 충분합니다"라고 대답했네.

내가 말했네. "그러면 심판관인 자네는 어떤 삶과 즐거움이 두 번째라고 말하겠는가?"

"전사이자 명예를 좋아하는 자가 누리는 즐거움이 분명 두 번째일 겁니다. 그 사람의 즐거움은 돈벌이를 추구하는 자보다는 지혜로운 자가 누리는 즐거움에 더 가까우니까요."

"그렇다면 이익을 탐하는 자가 누리는 즐거움이 꼴찌가 분명하겠군."

"물론입니다."

b "이렇게 해서 정의로운 자가 정의롭지 못한 자를 두 판 연속으로 이겼네. 이제 올림피아 경기 규칙에 따라 구원자 제우스와 올림포스의 제

우스를 위한 세 번째 승부만 남았네.[302] 한번 생각해보게. 지혜로운 자의 즐거움 외에 다른 사람이 누리는 즐거움은 온전히 참되지도 순수하지도 않고 헛것에 지나지 않는다는 말을 현자들 중 누군가에게 들은 기억이 있네.[303] 이번 승부야말로 가장 중요하고 결정적인 한 판이 될 것이네."

"분명 그럴 것 같기는 하지만 무슨 의미로 그렇게 말씀하시는지요?"

내가 말했네. "이번에도 나는 질문하고 자네는 답하며 그 의미를 찾 c
게 될걸세."

그는 "질문하시지요"라고 말했네.

내가 말했네. "그러면 말해주게. 우리는 괴로움과 즐거움이 서로 반대된다고 말했지?"

"물론입니다."

"그렇다면 즐겁지도 괴롭지도 않은 상태도 존재하지 않겠는가?"

"물론입니다."

"그것은 양쪽의 중간에 있는 일종의 평정 상태가 아니겠나? 자네는 그렇게 말하지 않는가?"

그는 "그렇게 말합니다"라고 대답했네.

내가 말했네. "자네는 사람들이 병 들었을 때 뭐라고 말하는지 아는가?"

---

302 세 번째 판은 승부를 확정짓는 마지막 경기를 가리킨다. 올림피아 경기에서 가장 영예로운 레슬링 시합은 상대방을 세 번 쓰러뜨려 승리를 확정짓는 삼판 승부제를 채택했다. 한편 연회에서는 신들에게 세 번의 술을 바쳤으며, 마지막 술은 "구원자 제우스"에게 돌아갔다. "올림포스의 제우스"는 올림피아 경기와 연회 규칙을 연결하기 위해 언급한 것으로 보인다.

303 이 말을 한 현자가 누구인지는 알려지지 않았지만, 플라톤의 『필레보스』 25에 이런 말이 나오는 것으로 보아 여기에서 현자는 플라톤 자신을 가리키는 것일 수 있다.

"무슨 말을 합니까?"

d "건강함보다 더 즐거운 것이 없는데 병 들기 전에는 그런 사실을 몰랐다고 말하네."

그는 "네, 기억납니다"라고 말했네.

"그러면 극심한 고통을 겪는 사람이 그 고통이 끝나면 그보다 더 즐거운 일은 없을 것이라고 말하는 건 들어보았는가?"

"들어보았습니다."

"사람들이 괴로울 때는 진정한 즐거움보다는 괴로움에서 벗어나 평정 상태가 되는 것을 가장 즐거운 것으로 여기며 찬양한다는 걸 자네도 알 것이네."

그는 "그런 경우에는 괴로움에서 벗어나 평정 상태가 되는 것이 즐거운 일이고 바라는 일일 테니까요"라고 말했네.

e 내가 말했네. "하지만 기쁨이 끝나고 즐거움에서 벗어나 평정 상태가 된다면 괴로움을 느낄 것이네."

그는 "그렇겠지요"라고 말했네.

"그러면 좀 전에 괴로움과 즐거움 사이에 존재한다고 말했던 평정 상태는 언젠가는 괴로움이나 즐거움이 될 수도 있다는 뜻이 되네."

"그럴 것 같습니다."

"그런데 어느 쪽도 아닌 것이 양쪽의 것이 될 수 있는가?"

"가능하지 않을 것 같습니다."

"혼이 즐거워하거나 괴로워하는 것은 둘 다 일종의 운동이 아닌가?"

"네, 그렇습니다."

584a "하지만 괴롭지도 즐겁지도 않은 평정 상태는 괴로움과 즐거움의 중

간에 있는 것이라고 방금 말하지 않았는가?"

"그렇습니다."

"그렇다면 고통을 느끼지 않는 것을 즐거움이라고 하거나 기뻐하지 않는 것을 괴로움이라고 하는 것이 어찌 옳겠는가?"

"결코 옳지 않습니다."

"그러니 그것은 사실이 아니네. 단지 평정 상태는 고통을 느끼는 것보다는 즐거운 것이고, 즐거워하는 것보다는 괴로운 것으로 보일 뿐이네. 진정한 즐거움이라는 측면에서 보았을 때, 이러한 현상은 모두 일종의 속임수라고 할 수 있네."

그는 "우리의 논의대로라면 그렇지요"라고 말했네.

내가 말했네. "그렇다면 고통에서 생겨나지 않은 즐거움을 보게나. 이 b
렇게 하는 이유는 즐거움의 본질은 괴로움의 멈춤이고, 괴로움의 본질은 즐거움의 멈춤이라고 생각하지 않기 위함이네."

그는 "괴로움이 아닌 것에서 어떻게 즐거움이 생기고, 무엇이 그런 즐거움이라는 말씀입니까?"라고 물었네.

내가 말했네. "그런 것이 많이 있기는 하지만, 무엇보다도 냄새로 인한 즐거움을 생각해보게. 이런 즐거움은 괴로운 상태가 아닌 사람에게 갑자기 찾아와 큰 즐거움을 주고, 즐거움이 끝난 후에도 괴로움을 전혀 남기지 않네."

그는 "지극히 옳은 말씀입니다"라고 말했네.

"그러니 괴로움에서 벗어나는 것을 진정한 즐거움이라고 믿거나 즐 c
거움에서 벗어나는 것을 진정한 괴로움이라고 믿어서는 안 되네."

"물론입니다."

내가 말했네. "사실 신체를 거쳐 혼에 도달하는 즐거움 중 대부분을 차지하며 강력한 것은 괴로움에서 벗어나면서 생기는 즐거움이기는 하네."

"그렇습니다."

"그러니 앞으로 있을 즐거움과 괴로움을 예상하면서 미리 느끼는 즐거움과 괴로움도 마찬가지가 아니겠는가?"

"그렇습니다."

d 내가 말했네. "그런 즐거움과 괴로움이 어떤 것이고, 무엇을 가장 닮았는지 아는가?"

그는 "무엇을 가장 닮았습니까?"라고 되물었네.

"자연에는 위와 아래와 중간이 있다는 것을 믿는가?"

"믿습니다."

"아래에서 중간으로 올라온 사람은 자기가 위로 옮겨졌다고 생각할 수밖에 없지 않겠나? 중간에 있게 된 그는 자신이 어디에서 옮겨졌는지만 보고는 자기가 위에 있다고 믿을 것이네. 그는 진정한 위를 보지 못했으니 말일세."

그는 "맹세하건대 그렇게 생각할 수밖에 없지요"라고 말했네.

e 내가 말했네. "이번에는 그 사람이 원래 자리로 복귀한다면 자기가 아래로 내려왔다고 생각할 테고, 그것을 사실로 여길 것이네."

"어찌 그렇지 않겠습니까?"

"이 모든 일이 벌어지는 이유는 그가 진정으로 위에 있는 것과 중간에 있는 것과 아래에 있는 것을 경험하지 못했기 때문이 아니겠는가?"

"분명 그렇습니다."

"사람들이 많은 부분에서 진실을 경험하지 못했기에 제대로 된 견해를 갖지 못하는 것처럼, 즐거움과 괴로움과 그 중간 상태에 관한 진실을 경험하지 못한 탓에 제대로 된 견해를 갖지 못한 사람도 괴로움으로 옮겨졌을 때 그것을 진정한 괴로움이라 여기며 괴로워하지만, 거기에서 585a
중간 상태로 옮겨졌을 때는 충분한 즐거움에 도달했다고 생각하게 되네. 흰색을 경험해보지 못한 사람이 회색을 검은색과 대비해 흰색이라고 여기는 것과 같다네. 진정한 즐거움을 경험하지 못한 사람은 괴롭지 않은 것을 괴로움에 대비하고는 즐거움이라고 착각하기 때문이네. 자네는 이것이 이상하다고 생각하는가?"

그는 "이상하지 않습니다. 오히려 그렇게 생각하지 않는 게 이상한 일이지요"라고 대답했네.

내가 말했네. "이런 식으로 한번 생각해보게. 배고픔이나 목마름 같은 것은 신체가 비워진 상태겠지?" b

"물론입니다."

"무지와 어리석음(지혜 없음)은 혼이 비워진 상태고?"

"물론입니다."

"그렇다면 음식물을 섭취하거나 지성을 사용하면 둘 다 채워지지 않겠는가?"

"물론입니다."

"그러면 진정으로 채우는 것은 실재와 더 먼 것으로 채우는 것인가, 아니면 더 가까운 것으로 채우는 것인가?"

"실재와 더 가까운 것으로 채우는 겁니다."

"자네는 어느 부류가 진정한 실재에 관여한다고 믿는가? 예컨대 빵과 음료, 요리 등의 온갖 음식물인가, 아니면 참된 견해와 지식, 지성 등

c 의 온갖 미덕인가? 이런 식으로 판단해보게나. 자네는 어느 것이 실재와 더 가깝다고 생각하는가? 항상 동일하고 불멸하며 참됨과 그와 같은 데서 생겨나는 부류인가, 아니면 항상 변하고 사멸하는 것과 그와 같은 데서 생겨나는 부류인가?"

그는 "항상 동일한 것이 실재에 훨씬 더 가깝습니다"라고 대답했네.

"항상 동일한 것의 실재는 지식의 실재보다 실재에 더 관여하는가?"

"전혀 그렇지 않습니다."

"그러면 어떤가? 진리에는 더 관여하는가?"

"진리에도 더 관여하지 않습니다."

"진리에 덜 관여한다면 실재에도 덜 관여하는 게 아니겠는가?"

"그럴 수밖에 없습니다."

d "그렇다면 전체적으로 볼 때, 신체를 보살피는 것과 관련된 부류는 혼을 보살피는 것과 관련된 부류보다 진리와 실재에 덜 관여하는 것이겠지?"

"훨씬 덜 관여합니다."

"그러면 신체 자체도 혼에 비해 진리와 실재에 덜 관여한다고 생각하는가?"

"그렇게 생각합니다."

"그러면 실재와 더 가까운 것들로 채워지고 그 자체가 실재와 더 가까운 것은, 실재와 더 먼 것들로 채워지고 그 자체가 실재와 더 먼 것보다 진정으로 더 채워지겠지?"

"물론입니다."

"본성에 적합한 것으로 채우는 것이 즐거움이라면, 실재와 더 가까

운 것으로 채워져 진정으로 채워진 것은 진정한 즐거움을 만들어낼 것 e
이네. 반면 실재와 더 먼 것으로 채워진 것은 진정성이 떨어지고 부실한
것들로 채워져 믿음이 별로 안 가고 진정성도 떨어지는 즐거움을 만들
어낼 것이네."

그는 "지극히 필연적인 일입니다"라고 말했네.

"그래서 지혜와 미덕을 경험한 적 없고 늘 연회 같은 것에 빠져서 지 586a
내는 자들은 일생 동안 아래로 옮겨졌다가 다시 중간으로 옮겨지기를
반복하며 살아가네. 하지만 그런 식의 삶을 뛰어넘어본 적이 없기 때문
에 진정한 위를 보거나 거기로 옮겨진 적이 전혀 없고, 진정한 실재로
채워진 적도 없으며, 확실하고 진정한 즐거움을 맛본 적도 없네. 오히려
그들은 풀을 뜯어먹는 가축이 그러하듯 항상 눈길을 아래로 향한 채 풀
을 뜯거나 교미를 한다네. 먹을 것과 교미에 대한 탐욕, 만족할 줄 모르 b
는 욕구 때문에 쇠뿔과 굽으로 서로 들이받고 죽인다네. 이는 그들이 실
재하지 않고 채워질 수도 없는 것을 실재하지도 않는 것들로 채우려 하
기 때문이네."

글라우콘은 "소크라테스 선생님, 신탁을 받아 말씀하시는 것처럼 대부분 사람의 삶을 정확하게 짚어내셨습니다"라고 말했네.

"그래서 그들은 괴로움과 뒤섞인 즐거움, 즉 진정한 즐거움의 영상
가운데서 살아갈 수밖에 없지 않겠나? 그러한 영상은 즐거움과 고통이
나란히 대비되면서 각각 강렬한 색조를 드러낸다네. 그리하여 어리석은 c
자 안에 즐거움에 대한 광적인 욕구를 낳고, 마치 스테시코로스 이야기
에서 트로이아인들이 무지한 탓에 헬레네의 환영을 두고 다투었던 것
처럼[304] 그들은 그 즐거움을 차지하기 위해 서로 싸우게 된다네."

그는 "그것은 필연적인 일입니다"라고 말했네.

"어떤가? 격정적인 부분에도 필연적으로 그와 비슷한 일이 벌어지겠지? 논리적 추론과 지성이 결여된 어떤 사람이 명예욕으로 인한 시기와
d 경쟁심으로 인한 폭력, 불만으로 인한 분노에 이끌린 나머지 명예욕과 승부욕과 분노를 충족시켜 격정적인 부분이 지향하는 목표를 이루려고 할 때, 그와 비슷한 일이 벌어지지 않겠는가?"

그는 "격정적인 부분에서도 그런 일이 벌어질 수밖에 없겠지요"라고 대답했네.

내가 말했네. "그렇다면 우리는 확신을 갖고 이렇게 말해야 하지 않겠나? 이익을 탐하는 부분이나 이기기 좋아하는 부분에는 많은 욕구가 있는데, 이 부분이 지식과 논리적 추론과 협력하여 즐거움을 추구하며 지혜가 지시하는 즐거움만 추구한다면, 진리를 따르고 있으니 가능한
e 범위 내에서 가장 진정한 즐거움을 얻을 것이라고 말일세. 그리고 각 부분에 가장 훌륭한 것이 각 부분에 가장 고유한 것이라면, 그 또한 고유한 즐거움을 얻을 것이라고 말일세."

그는 "그런 즐거움이 각 부분의 가장 고유한 즐거움입니다"라고 말했네.

"그러니 혼 전체가 지혜를 사랑하는 부분을 따르고 다투지 않는다면,

---

304 스테시코로스(기원전 632년경-556년)는 시칠리아섬에서 활동한 서정시인이다. 헬레네는 그리스 신화에 등장하는 절세의 미녀로 스파르타 왕 메넬라오스의 아내였지만, 트로이아 왕자 파리스의 유혹에 넘어가 함께 트로이로 도망가는 바람에 그리스와 트로이아 사이에 전쟁이 벌어졌다. 스테시코로스는 그런 이유를 들어 헬레네를 비난하는 시를 지었다가 눈이 멀자 그 시를 취소하고, 대신 파리스가 데려간 것은 '헬레네의 환영'이었다는 내용의 시를 지었다고 한다.

혼의 각 부분이 자기 몫을 다할 수 있고 정의로울 수 있으며, 특히 각각의 고유한 즐거움, 가능한 범위 내에서 진정한 즐거움을 최대한 누릴 수 있을 것이네." 587a

"정확히 그렇습니다."

"반면 지혜를 사랑하는 부분이 아닌 다른 부분이 혼 전체를 지배하면, 그 부분은 자기 고유의 즐거움을 발견할 수 없을 뿐 아니라 다른 부분도 각자 이질적이고 진실하지 않은 즐거움을 추구하게 될 것이네."

그는 "그렇습니다"라고 말했네.

"지혜를 사랑함과 이성에서 가장 멀리 떨어져 있는 부분이 그런 결과를 극명하게 만들어내지 않겠는가?"

"분명 그럴 겁니다."

"이성에서 가장 멀리 떨어져 있는 것은 법과 질서에서도 가장 멀리 떨어져 있지 않겠는가?"

"분명 그렇습니다."

"정욕적이고 참주정적인 욕구가 법과 질서에서 가장 멀리 있음이 드 b
러나지 않았는가?"

"그렇습니다."

"반면에 왕도정적이고 질서정연한 욕구는 법과 질서에서 가장 가까이 있겠지?"

"그렇습니다."

"그렇다면 진정하고 고유한 즐거움에서 가장 멀리 떨어진 사람은 참주이고, 가장 가까운 사람은 왕도정의 왕일 것이네."

"그럴 수밖에 없습니다."

내가 말했네. "그러니 참주는 가장 즐겁지 않게 살고, 왕도정적인 왕은 가장 즐겁게 살 것이네."

"필연적인 일입니다."

내가 말했네. "참주가 왕도정의 왕보다 얼마나 더 즐겁게 살지 못하는지 자네는 아는가?"

그는 "선생님이 말씀해주십시오"라고 대답했네.

"즐거움에는 세 가지가 있는데, 하나는 진짜 즐거움이고 다른 두 가
c 지는 가짜라네. 그런데 참주는 가짜 즐거움 쪽에 가 있네. 그는 법과 이성으로부터 도망쳐 노예 신분으로 즐거움을 누리는 호위대와 함께 살아가네. 참주가 누리는 즐거움이 왕도정의 왕이 누리는 즐거움에 비해 얼마나 열악한지는 이런 방식이 아니면 말할 길이 없네. 다른 식으로 말하기가 결코 쉽지 않네."

그는 "어떤 방식입니까?"라고 물었네.

"참주는 과두정적인 사람에게서 세 번째 자리에 떨어져 있네.[305] 두 사람 사이에 민주정적인 사람이 있기 때문이지."

"그렇군요."

"지금까지 우리가 한 말이 참이라면, 참주는 진실성으로 볼 때 과두정적인 사람이 누리는 즐거움에서 세 번째 떨어져 있는 즐거움의 영상 속에서 살아가는 게 아니겠나?"

"그렇습니다."

---

305 과두정적인 사람을 첫 번째로 보면, 민주정적인 사람은 두 번째, 참주는 세 번째 자리에 있다.

"한편 집단왕도정적인 사람과 왕도정적인 사람을 동일하게 본다면, 과두정적인 사람은 왕도정적인 사람에게서 세 번째 자리에 떨어져 있네."[306] d

"그렇습니다."

내가 말했네. "그러니 참주는 진정한 즐거움에서 세 배의 세 배만큼 떨어져 있는 것이네."

"그런 것 같습니다."

내가 말했네. "따라서 참주는 진정한 즐거움의 영상을 즐기는데, 그 영상은 진정한 즐거움에서 세 배 거리에 있는 게 아니라 그 거리의 제곱수에 있는 것으로 보이네."[307]

"정확히 그렇습니다."

"어떤 거리를 제곱하거나 세제곱한다면 얼마나 먼 거리일지는 명백하네."

"계산을 잘하는 사람에게는 명백하겠지요."

"그러니 반대로 진정한 즐거움이라는 측면에서 왕도정의 왕이 참주로부터 얼마나 멀리 떨어져 있는지 밝히려는 사람은, 그 곱셈을 끝내고 e
나서 왕도정의 왕이 참주보다 729배 더 즐겁게 사는 반면, 참주는 왕도정의 왕보다 729배 더 괴롭게 산다는 사실을 발견할 것이네."[308]

306 왕도정적인 사람을 첫 번째로 보면, 명예적인 사람이 두 번째, 과두정적인 사람은 세 번째 자리에 있다.

307 참주가 누리는 "진정한 즐거움의 영상", 즉 가짜 즐거움은 참된 즐거움으로부터 아홉 배(3×3=9)나 멀리 떨어져 있다는 뜻이다.

308 729는 앞에서 얻은 3×3=9를 세제곱한 수다. 729는 1년의 주야를 합한 수이고(364+1/2일=729), 729달은 대략 60년으로 동양에서 말하는 '환갑'의 해, 즉 한 사람이 태어난 간지의 해가 다시 돌아온 해를 가리키기도 한다.

588a 그는 "선생님은 정의로운 자와 불의한 자가 즐거움을 누리거나 괴로움을 겪는 것과 관련해 이 엄청난 계산을 막힘없이 해내셨습니다"라고 말했네.

내가 말했네. "이 수는 낮과 밤과 달과 해와 연관되어 있어 인간의 삶에 참되고 적절하다네."

"그렇습니다."

"훌륭하고 정의로운 자가 누리는 즐거움이 못되고 불의한 자가 누리는 즐거움보다 이 정도로 우월하다면, 삶의 고귀함과 아름다움과 미덕에서도 압도적으로 우월하지 않겠나?"

그는 "맹세하건대 압도적으로 우월할 겁니다"라고 대답했네.

b 내가 말했네. "논의가 이 지점까지 왔으니 이제는 처음에 언급한 문제, 우리의 논의를 여기까지 이끌어온 바로 그 발언으로 돌아가보세. 철저한 불의를 정의로 여기는 자에게는 불의를 행하는 것이 이익이라는 발언이었네. 누군가가 그렇게 말하지 않았나?"

"그렇게 말했습니다."

"불의를 행하는 것과 정의를 행하는 것이 각각 힘을 갖고 있다는 데는 이미 합의했으니, 이제 그렇게 말한 사람과 얘기를 나누어보세."

그는 "어떻게 말입니까?"라고 물었네.

"그렇게 말한 사람이 자기가 무슨 말을 한 건지 알 수 있도록 혼을 말로 형상화해보는 것이네."

c 그는 "어떻게 형상화한다는 말씀인가요?"라고 물었네.

내가 말했네. "신화나 전설 속에서 옛날에 존재했다는 키마이라, 스킬라, 케르베로스[309] 등과 같이 여러 짐승의 형상이 하나로 합쳐진 생물로 형상화해보는 것이네."

그는 "그런 생물이 존재했다고 사람들이 말하지요"라고 말했네.

"여러 개의 다양한 머리, 즉 유순한 짐승들의 머리와 사나운 짐승들의 머리를 함께 갖고 있으면서 그 머리를 교체하거나 새롭게 할 수 있는 짐승으로 형상화해보세."

그는 "그런 건 솜씨 좋은 조각가나 할 수 있는 일입니다. 밀랍 같은
것보다는 말로 형상화하는 게 더 쉽기는 하겠지만요. 자, 형상화했습니 d
다"라고 말했네.

"또한 하나는 사자의 모습으로, 다른 하나는 인간의 모습으로 형상화해주게. 세 가지 형상 중에서 첫 번째 형상을 가장 크게 하고, 두 번째 형상은 그다음으로 크게 하게나."

그는 "쉬운 일입니다. 자, 형상화했습니다"라고 말했네.

"이제 셋을 하나로 합치게."

"합쳤습니다."

"셋을 합쳐서 하나가 된 것의 바깥 전체를 인간 모습으로 둘러싸게
나. 그래서 표면적으로는 이것이 하나의 동물, 즉 인간으로 보이도록 해 e
주게."[310]

---

309 '키마이라'는 사자와 용과 암염소가 합쳐진 괴수이고, '스킬라'는 상체는 처녀지만 하체는 여섯 마리의 사나운 개가 삼중의 이빨을 드러내고 짖어대는 모습을 한 바다 괴물이다. '케르베로스'는 저승 입구를 지키는 개로 머리가 세 개이고, 뱀의 꼬리를 가졌으며, 턱 주위에도 무수한 뱀 머리가 나 있고, 검고 날카로운 이빨을 가진 모습으로 묘사된다.

310 여러 개의 머리를 지닌 '짐승'은 혼의 욕구 부분을, '사자'는 격정 부분을, '인간'은 이성 부분을 가리킨다. 이 셋은 혼을 나타내고, 셋을 둘러싼 표면의 전체 모습이 인간인 것은 이것이 인간을 형상화했음을 보여준다.

그는 "그렇게 했습니다"라고 말했네.

"이제 불의를 행하는 것은 이로운 반면 정의를 행하는 것은 이롭지 않다고 주장하는 자에게 이렇게 말해주세. 이 사람이 불의를 행하는 것은 그 안에 있는 여러 모습의 짐승과 사자, 사자와 관련된 것을 배불리
589a 먹여 강하게 만들지만, 자기 자신은 굶주리고 쇠약해진 나머지 짐승이나 사자가 이끄는 대로 끌려 다니게 되고, 결국 여러 모습의 짐승과 사자와 친해져 잘 지내는 것이 아니라 서로 물어뜯고 싸우고 잡아먹게 된다는 것을 말일세."

그는 "불의를 찬양하는 자가 바로 그런 주장을 하지요"라고 말했네.

b "반면 정의를 행하는 것이 이롭다고 말하는 자는 자기 내부에 있는 인간이 그 사람을 최대한 장악한 가운데, 한편으로는 마치 농부처럼 유순한 머리들은 잘 키우고 사나운 머리들은 자라지 못하게 하며, 다른 한편으로는 사자의 본성을 협력자로 만들어 모두가 공동으로 서로 돌보고 화목하고 자기 자신과도 화목하는 방향으로 말하고 행해야 한다고 주장하는 게 아니겠는가?"

"정의를 찬양하는 자가 바로 그런 주장을 하지요."

"그러니 모든 측면에서 정의를 찬양하는 자는 진실을 말하는 것이지
c 만 불의를 찬양하는 자는 거짓말을 하는 것이네. 즐거움 측면에서 고찰해봐도, 명성과 유익함 측면에서 고찰해봐도 정의를 찬양하는 자는 진실을 말하는 반면, 정의를 비난하는 자는 건전한 것을 전혀 말하지 않고 자기가 무엇을 비난하는지도 모른 채 비난하기 때문이네."

그는 "제 생각에도 그는 자기가 무엇을 비난하는지 전혀 모르는 것 같습니다"라고 말했네.

"그가 의도적으로 그런 잘못을 저지르는 건 아니니 이렇게 반문하여
점잖게 그를 설득해보세. '여보시오. 훌륭함과 수치스러움은 다음 기준
에 따라 정해진다고 하지 않습니까? 즉 훌륭함은 우리의 본성에서 야수 d
적인 것이 인간적인 것, 아니 신적인 것에 종속되게 만들지만, 수치스러
움은 온순한 것을 사나운 것에 예속시켜 복종하게 만든답니다.' 이렇게
말하면 그가 동의하겠나, 아니면 다른 반응을 보이겠나?"

그는 "어쨌든 그렇게 설득해보겠습니다"라고 대답했네.

내가 말했네. "이 기준에 따르면 누군가가 불의하게 황금을 얻는 것
이 과연 이로운 일이겠는가? 황금을 얻는 동시에 자신의 가장 훌륭한
부분이 가장 사악한 부분의 노예가 되어야 한다면 말일세. 황금을 받는 e
대가로 자기 아들이나 딸을 사납고 나쁜 자에게 노예로 넘겨주어야 한
다면, 아무리 황금을 많이 얻는다 해도 이롭지 않을 것이네. 마찬가지로
그가 자신의 가장 신적인 부분을 신적인 것과 가장 거리가 멀고 더러운
부분의 노예가 되게 하고도 이를 전혀 불쌍히 여기지 않는다면, 비참하
고 불행한 일이 아니겠는가? 또한 남편의 목숨을 넘겨준 대가로 목걸이
를 받은 에리필레[311]보다 훨씬 무시무시한 대가를 치르고 황금을 뇌물 590a
로 받은 게 아니겠는가?"

글라우콘은 "제가 대신 대답하자면, 그는 훨씬 무시무시한 대가를 치

311 에리필레는 그리스 신화에 나오는 아르고스의 통치자이자 예언자 암피아라오스의 아내다. 오이디푸스의 아들인 폴리네이케스가 테바이에서 가져온 귀중한 하르모니아의 목걸이에 매수되어 남편에게 참전을 종용해 결국 죽게 만든다. 암피아라오스는 전쟁의 패배와 자신의 죽음을 내다보고 7장군의 테바이 원정에 참여하지 않으려 했지만, 아내의 요구를 거절할 수 없어 원정길에 나서며 두 아들에게 복수를 당부했고, 결국 에리필레는 아들 알크마이온의 손에 목숨을 잃는다.

른 겁니다"라고 대답했네.

"무절제가 오래전부터 비난받아온 이유가 여러 형상으로 된 저 거대하고 무시무시한 짐승[312]을 적정선 이상으로 풀어놓았기 때문이라고 생각하지 않는가?"

그는 "분명 그렇습니다"라고 대답했네.

"반면에 완고함과 괴팍함이 비난받는 이유는, 이것들이 우리 안에 있
b 는 사자나 뱀 같은 부분[313]을 기형적으로 키우고 강화하기 때문이 아니겠는가?"

"전적으로 그렇습니다."

"사치와 나약함이 비난받는 이유는 사자나 뱀 같은 부분을 느슨하게 만들어 비겁함이 생기게 하기 때문이겠지?"

"물론입니다."

"아부와 비굴함이 비난받는 이유는 젊을 때부터 재물과 재물에 대한 만족할 줄 모르는 욕구로 바로 이 부분, 즉 격정적인 부분을 제멋대로 날뛰는 짐승에게 짓밟히고 모욕당하게 했기 때문이 아니겠는가? 그리하여 사자가 아니라 원숭이처럼 행동하도록 길들였기 때문이 아니겠는가?"

c 그는 "분명 그렇습니다"라고 대답했네.

"단순한 육체노동이 멸시당하는 이유가 무엇이겠나? 그런 일을 하면

312 이 짐승은 여러 가지 모습을 하고 있는 욕구적인 부분을 가리킨다.

313 '사자'는 격정적인 부분을 가리키고, '뱀'은 격정적인 부분 중에서도 비열하고 못된 것, 즉 여기에 언급된 '완고함과 괴팍함' 등을 가리킨다. 588e에서는 "여러 모습의 짐승과 사자, 사자와 관련된 것"이라고 말했는데, 뱀은 '사자와 관련된 것'에 해당한다.

그 사람의 가장 훌륭한 부분이 쇠약해져 내면의 짐승들을 다스릴 수 없게 되고, 오직 그 짐승들을 떠받들고 아부하는 것만 배우게 되기 때문이라는 것 말고 다른 이유가 있겠는가?"

그는 "바로 그 때문인 것 같습니다"라고 대답했네.

"그렇다면 그런 사람이 훌륭한 사람이 받는 것과 비슷한 지배를 받으려면, 자기 안에 신적 통치자[314]를 지닌 저 가장 훌륭한 사람의 노예가 되게 해야 하지 않겠는가? 트라시마코스가 피치자들에 대해 생각한 것 d
처럼 가장 훌륭한 사람의 노예가 된 자에게 해악과 손해를 끼치고자 함이 아니네. 신적이고 지혜로운 것에 지배를 받는 것이 모두에게 더 낫기 때문이네. 자기 안에서 그런 지배가 이루어지면 더할 나위 없이 좋겠지만, 그렇지 않다면 외부에서라도 그런 일이 이루어져 가능한 한 모든 사람이 동일한 것의 다스림을 받아 서로 닮고 친구가 되는 편이 낫네."

그는 "옳은 말씀입니다"라고 말했네.

내가 말했네. "국가를 구성하는 모든 사람의 협력자인 법도 그것을 e
바라는 게 분명하네. 그래서 아이들을 다스릴 때 처음에는 자유를 허용하지 않고, 우리에게 있는 가장 훌륭한 부분으로 그들의 내부에 있는 가장 훌륭한 부분을 보살피지 않는가? 우리 안에 있는 수호자와 통치자가
우리를 대신해 아이들의 내부에도 있게 하는 것이네. 국가와 마찬가지 591a
로 아이들의 내부에도 바른 정치체제가 세워져야 그들이 자유로울 수 있다네."[315]

---

314 "신적 통치자"는 이성적인 부분을 가리킨다. 가장 훌륭한 사람의 혼은 이성적인 부분 중에서도 신을 닮은 부분의 지배를 받는다.

315 여기에서 플라톤은 자녀 교육과 양육의 본질을 분명히 밝힌다. 그것은 국가에서 그랬듯

그는 "분명 그렇습니다"라고 말했네.

"그러니 글라우콘, 누군가가 불의하게 또는 무절제하게 행하거나 수치스러운 일을 해서 재물이나 다른 어떤 힘을 얻는다 해도 그로 인해 그는 더 사악해질 것이네. 그러니 그렇게 행하는 것이 어떻게, 무슨 근거로 이익이 된다고 말할 수 있겠나?"

그는 "결코 그렇게 말할 수 없습니다"라고 대답했네.

"불의를 행하고도 들키지 않고 처벌받지 않는다고 해서 그것이 어떻
b 게 이익이 되겠는가? 게다가 들키지 않은 자는 한층 더 사악해질 게 아니겠나? 하지만 불의를 행하다가 들켜서 처벌을 받으면 그의 야수 같은 부분이 수그러들고 유순한 부분은 자유롭게 되어 신체보다 귀중한 혼 전체가 훌륭한 본성의 지배를 받게 될 것이네. 그리하여 지혜와 더불어 절제와 정의를 갖추어 건강과 힘과 아름다움을 갖춘 신체보다 더 가치 있는 상태가 되지 않겠나?"

그는 "물론입니다"라고 대답했네.

c "그러니 지각 있는 사람이라면 전력을 다해 그런 상태를 추구하며 살아가지 않겠나? 먼저는 자기 혼을 그렇게 만들어줄 학문을 소중히 여기고 다른 것은 중요하게 여기지 않을 것이네."

그는 "그럴 것이 분명합니다"라고 말했네.

내가 말했네. "또한 그는 자신을 야수적이고 비이성적인 즐거움에 내맡기거나 그런 방향으로 육신을 돌보며 살지 않을걸세. 오히려 절제에

이 가장 훌륭한 수호자와 통치자를 자녀의 혼에 세우는 것이다. 그럴 때 비로소 교육과 양육이 끝나고 자녀들은 진정한 자유를 누릴 수 있게 된다.

도움이 되지 않는다면 육신의 건강에 관심을 두지 않고 우선시하지도 않 d
을 것이네. 언제나 혼의 화합[316]을 위해 육신의 조화를 도모할 것이네."

그는 "지각 있는 사람이라면 진정으로 교양 있는 사람이 되고자 할 테니 당연히 그렇게 할 겁니다"라고 말했네.

내가 말했네. "그러니 그는 재물을 소유할 때도 질서와 화합[317]을 추구할 것이네. 그런 그가 재물은 많을수록 축복이라고 대다수 사람들이 말한다고 해서 재물을 무한대로 늘려 자신에게 나쁜 일을 끝없이 자초하겠는가?"

그는 "그러지 않을 겁니다"라고 대답했네.

내가 말했네. "오히려 그는 자기 안에 있는 정치체제를 주시하면서 e
재산의 많고 적음에 따라 그것이 흐트러지지 않도록 지키지 않겠는가? 재산을 늘리거나 쓰는 일은 되도록 그런 식으로 조절할 것이네."

그는 "물론입니다"라고 말했네.

"또한 명예도 자기 내부의 정치체제를 주시하면서 그것을 앞으로 나 592a
아지게 하는 것이라면 자발적으로 참여하겠지만, 기존의 질서를 흐트러

316 '화합'으로 번역한 '쉼포니아'(συμφωνία)는 여러 가지가 어우러져 한 목소리를 내는 것을 뜻한다. 그러므로 "혼의 화합"은 혼의 세 부분인 이성적인 부분, 격정적인 부분, 욕구적인 부분이 각자 자리에서 자기 고유의 역할을 질서 있게 수행하는 것을 말한다. "육신의 조화"(ἁρμονία, 하르모니아)는 육신이 본성적으로 좋은 상태에 있음을 가리킨다. 이는 철저하게 혼의 화합을 위하고, 체육 교육이 신체가 아니라 혼을 교육하는 것이라는 앞의 언급과 일맥상통한다.

317 '질서'로 번역한 '쉰탁시스'(σύνταξις)는 질서정연하게 배치하는 것을 뜻하고, '화합'으로 번역한 단어는 앞에서 언급된 '쉼포니아'다. 플라톤은 모든 것에는 본성에 따른 고유의 자리가 있음을 역설하고, 모든 것이 제자리에 있는 것이 조화(하르모니아)임을 강조한다. 『국가』에서 '수'를 강조하는 것도 같은 맥락이다.

트리는 것이라면 사적으로든 공적으로든 피할 것이네."

그는 "그의 관심이 그러하다면 정치를 하려 하지 않을 겁니다"라고 말했네.

내가 말했네. "개를 걸고 맹세하건대 그는 정말로 자신이 속한 국가에서는 정치를 하고 싶어 할걸세. 하지만 현실에서는 조국에 신의 행운이 임하지 않는 한 정치를 하려고 하지 않을 것이네."

그는 "알겠습니다. 지금까지 우리가 세워온 국가, 이론에나 나올 법한 국가에서 정치를 할 것이라는 말씀이로군요. 그런 국가는 이 땅 어디에도 존재하지 않는다고 생각되니 말입니다"라고 말했네.

b 내가 말했네. "그 국가는 그런 국가를 보고 싶어 하는 사람과 그런 국가에 살고 싶어 하는 사람을 위해 하늘에 그 본이 세워져 있네. 그 국가가 어디에 있든 장차 어디에 있게 되든 아무 상관없네. 그는 다른 국가의 정치를 하는 게 아니라 바로 그 국가의 정치만 할 테니 말일세."[318]

그는 "그럴 것 같습니다"라고 말했네.

---

318 플라톤은 지금까지 『국가』에서 세워온 국가가 다름 아닌 국가의 '이데아'임을 말하고, 지혜를 사랑하는 자는 어디에서든 그 국가의 시민으로서 국가를 위해 살아갈 것이라고 말한다. 그러므로 그런 국가가 이 땅에 실재하느냐는 그에게 그리 중요한 문제가 아니다. 여기에서 플라톤은 자신의 삶이 지향하는 바를 분명히 밝히고 있다.

제10권

내가 말했네. "우리가 많은 부분에서 국가를 바르게 세워왔지만, 특히 시와 관련해 그렇다고 생각하네." 595a

그는 "어떤 점에서 말입니까?"라고 물었네.

"이 국가에서는 시 중에서 모방적인 시는 전혀 받아들이지 않았는데, 이제 혼의 여러 부분을 각각 구분하고 나니 모방적인 시를 받아들이면 안 된다는 것이 한층 더 분명해진 듯하네."

"무슨 말씀입니까?" b

"자네들이 비극시인 같은 모방자들에게 고자질하지 않을 테니 하는 얘기네만, 모방적인 시나 그와 같은 부류는 그것이 무엇인지 몰라 스스로 해독할 수 없는 사람이 들으면, 그들의 지성을 왜곡시키는 것 같기 때문이네."

"어떤 의미로 그렇게 말씀하시는 겁니까?"라고 그는 물었네.

내가 말했네. "대답하지. 호메로스는 훌륭한 비극시인들 모두에게 최초의 스승이자 지도자이고, 나도 어릴 때부터 그에게 일종의 사랑과 공 c
경을 품고 있어 이런 말을 하기 껄끄럽지만, 진리보다 사람을 더 존중해서는 안 되니 할 말은 해야겠네."

그는 "물론입니다"라고 말했네.

"그러면 들어보게. 아니, 대답해보게."

"질문하십시오."

"일반적으로 모방이 뭔지 말해줄 수 있겠나? 실은 나도 잘 몰라서 묻는 걸세."

그는 "그러니까 선생님은 제가 잘 알 것이라고 생각하시는군요"라고 말했네.

내가 말했네. "눈 나쁜 사람이 눈 좋은 사람보다 먼저 보는 경우도 많
596a 으니 전혀 이상한 일은 아니네."

그는 "그렇기는 하지만 제가 뭘 안다 해도 선생님 앞에 나서서 말할 입장은 아니니 선생님이 직접 말씀해주세요"라고 말했네.

"그러면 자네는 우리가 익숙한 방식을 따라 이 문제를 고찰하기를 바라는가? 동일한 이름으로 불리는 많은 것에는 하나의 원형이 존재한다고 우리는 전제하곤 했지. 그 사실을 모르지는 않았겠지?"

"알고 있었습니다."

b "이번에도 자네가 원하는 대로 많은 것을 전제해보게. 원한다면 많은 침상과 많은 식탁을 전제해도 좋네."

"좋습니다."

"이 가구들에는 두 개의 원형이 존재하네. 침상의 원형과 식탁의 원형이네."

"네, 그렇습니다."

"침상이나 식탁 같은 가구를 만드는 기술자는 바로 그 원형을 보면서

우리가 사용하는 침상이나 식탁을 만들고, 다른 것들도 마찬가지라고 우리가 입버릇처럼 말하지 않았는가? 원형 자체를 만들어낼 수 있는 기술자는 아무도 없네. 원형 자체는 만들어내는 게 불가능하지."

"절대 불가능하지요."

"자네는 이런 기술자를 무엇이라고 부르는가?"

"어떤 기술자 말입니까?" c

"각각의 기술자가 만드는 것을 모두 만들어내는 기술자 말이네."

"놀라운 솜씨를 지닌 사람을 말씀하시는 것이로군요."

"곧 알게 될 테니 지금은 속단하지 말게. 이 기술자는 온갖 종류의 가구를 만들 수 있을 뿐 아니라 흙에서 나는 모든 것을 만들고, 다른 모든 동물과 자기 자신도 만들어내네. 그 밖에도 땅과 하늘, 신들, 하늘에 있는 모든 것과 땅 아래 저승에 있는 모든 것도 만들어내네."

그는 "정말 놀라운 현자를 말씀하시는 것이로군요"라고 말했네. d

내가 말했네. "믿기지 않는가? 어떻게 생각하는지 말해주게. 그런 기술자는 절대로 존재할 수 없는가? 아니면 이 모든 것을 만들어내는 자[319]가 있을 수도 없을 수도 있는 건가? 자네도 이 모든 것을 만들어낼 수 있다는 걸 모르는가?"

그는 "어떻게 말입니까?"라고 되물었네.

내가 말했네. "어렵지 않네. 여러 가지 손쉬운 방법이 있네. 거울을 들 e
고 곳곳을 돌아다녀보게나. 그러면 해와 하늘에 있는 것과 땅과 자네 자

---

319 '만들어내는 자'로 번역한 '포이에테스'(ποιητής)는 가장 넓은 의미로 사용된 경우다. 좀 더 좁게는 '작가', 가장 좁게는 '시인'이라는 의미로 사용된다.

신은 물론 다른 동물과 도구와 식물, 앞에서 말한 모든 것을 만들어낼 수 있을 것이네."

그는 "그렇군요. 하지만 보이는 모습들[320]만 만들 뿐 진짜 실물은 만들어낼 수 없습니다"라고 말했네.

내가 말했네. "잘 말해주었네. 자네가 이 논의의 정곡을 찔렀네. 내 생각에는 화가도 그런 기술자에 포함되기 때문이네. 그렇지 않은가?"

"어찌 그렇지 않겠습니까?"

"하지만 자네는 화가가 어떤 의미에서 침상을 만들기는 하지만 그 실물을 만들어내는 건 아니라고 말하겠지. 그렇지 않은가?"

그는 "네. 화가도 침상의 모습을 만들어내기는 합니다"라고 대답했네.

597a "침상을 만드는 기술자는 어떤가? 그는 침상 자체라고 부르는 침상의 원형을 만드는 게 아니라 하나의 침상을 만들 뿐이라고 자네가 말하지 않았는가?"

"그렇게 말했지요."

"그가 어떤 것 자체를 만드는 게 아니라면 실재와 닮았지만 실재는 아닌 것을 만드는 셈이네. 침상 만드는 기술자나 다른 기술자가 만든 것을 완벽한 실재라고 말하는 사람이 있다면, 그는 진실을 말하는 것이 아닐 가능성이 대단히 높지 않겠는가?"

그는 "이런 논의로 시간을 보내는 사람이라면 그 말을 진실로 생각하

---

320 "보이는 모습들"로 번역한 '파이노메나'(φαινόμενα)는 '보이다'를 뜻하는 동사 '파이노'(φαίνω)의 현재분사 중성 복수형으로, '실물'과 반대되는 영상이나 그림자나 그림같이 '눈에 보이는 모습', 즉 모상(模相)을 가리킨다. 반면에 실물을 만들어내는 자는 '기술자'(δημιουργός, 데미우르고스)다.

지 않을 겁니다"라고 대답했네.

"그렇다면 기술자들이 만들어내는 것조차 참된 실재에 비해 불분명하다는 건 전혀 이상한 일이 아니네."

"그렇습니다." b

내가 말했네. "그러면 이를 근거로 이 모방자가 어떤 사람인지 탐구하고 싶지 않은가?"

그는 "선생님이 원하신다면 그렇게 하시지요"라고 대답했네.

"이렇게 해서 침상에는 세 종류가 있네. 그중 하나는 침상 자체로서 신이 만들었다고 할 수 있지. 신이 아니면 누가 만들겠는가?"

"저 역시 신이 아니고는 만들 자가 없다고 생각합니다."

"다른 하나는 목수가 만든 것이네."

"네."

"나머지 하나는 화가가 만드는 것이네. 그렇지 않은가?"

"그럴 겁니다."

"화가, 침상 만드는 기술자, 신, 이들이 세 종류의 침상을 주관하는 자들이네."

"그렇습니다."

"그런데 신은 자신이 원했는지 아니면 본질 자체인 침상을 하나 이상 c
만들 수 없는 어떤 필연성 때문인지는 몰라도 침상 자체를 단 하나만 만들었네. 신은 침상 자체를 둘이나 그 이상으로 만들지 않았고 앞으로도 그럴걸세."

그는 "어째서 그렇습니까?"라고 물었네.

내가 말했네. "설령 신이 두 개를 만들었더라도 다시 하나의 원형이

드러나 두 침상이 그 원형을 지니면서 침상 자체는 하나가 될 것이기 때문이네."

그는 "옳은 말씀입니다"라고 말했네.

d "신은 그런 사실을 알기 때문에 침상 만드는 기술자가 아니라 침상 자체를 만드는 자가 되기를 바랐고, 그래서 오직 하나뿐인 본질 자체의 침상을 만들었다고 보네."

"그런 것 같습니다."

"그렇다면 자네는 신을 침상의 본질을 만든 자 또는 그 비슷한 명칭으로 부르기를 바라는가?"

그는 "신은 침상뿐 아니라 다른 모든 것의 본질 자체를 만들기 때문에 그렇게 부르는 것이 옳습니다"라고 말했네.

"목수는 어떤가? 그를 침상 만드는 기술자라고 불러야 하지 않겠나?"

"그렇게 불러야 합니다."

"화가도 침상 만드는 기술자라고 불러야 하겠나?"

"아니요."

"그러면 침상과 관련해 화가를 무엇이라고 부르겠는가?"

e 그는 "화가는 기술자가 만들어낸 것의 모방자라고 부르는 것이 가장 적절할 듯합니다"라고 대답했네.

내가 말했네. "좋네. 본질에서 세 번째 떨어져 있는 것을 만들어내는 자를 모방자라고 부르겠다는 말이지?"

그는 "물론입니다"라고 대답했네.

"그렇다면 비극시인도 모방자네. 그는 다른 모방자들과 마찬가지로 본성상 왕과 참된 것[321]에서 세 번째 떨어져 있는 것을 만들어내기 때문이네."

"그런 것 같습니다."

"모방자에 대해서는 우리가 합의했네. 이제 화가와 관련해 대답해주 598a
게. 자네가 생각하기에 화가는 자기가 그리려는 것의 본질 자체를 모방하려는 것인가, 아니면 기술자가 만들어낸 것을 모방하려는 것인가?"

그는 "기술자가 만든 것을 모방하려고 합니다"라고 대답했네.

"기술자가 만든 것은 있는 그대로의 실재인가, 아니면 눈에 보이는 것인가? 이것도 구분해주게나."

그는 "그게 무슨 말씀인지요?"라고 물었네.

"이런 말이네. 자네가 어떤 침상을 옆에서 보거나 정면에서 보거나 그 밖의 방향에서 볼 때 눈에 들어오는 침상 자체는 다른 것인가, 아니면 같은 침상인데 단지 다르게 보이는 것인가? 다른 것들도 이런 점에서 마찬가지인가?"

"전혀 다른 것이 아니고 단지 다르게 보일 뿐입니다."

"이것도 생각해보게. 개개의 사물을 그린 그림은 다음 둘 중 어디에 b
해당하는가? 실재를 그대로 모방한 것인가, 아니면 눈에 들어온 것을 보이는 그대로 모방한 것인가? 그림은 보이는 것의 모방인가, 아니면 참된 것의 모방인가?"

그는 "보이는 것의 모방입니다"라고 대답했네.

"그러니 모방은 참된 것에서 멀리 떨어져 각 대상의 작은 부분을 다룰 뿐이고, 게다가 영상만 제공하기 때문에 모든 것을 만들어낼 수 있는

---

321 "왕"은 모든 각 사물의 본질을 만들어내는 신을 가리키고, "참된 것"은 본질 그 자체, 즉 각각의 이데아를 가리킨다.

것으로 보이네. 예컨대 화가는 제화공이나 목수를 비롯해 다른 기술자
c 를 그려서 보여주지만, 그들 가운데 누구도 제대로 알지 못한다고 우리
는 말하네. 그런데도 훌륭한 화가는 목수를 그린 후 멀리서 사람들에게
보여주고는 진짜 목수인 양 아이들과 어리석은 사람들을 속일 수 있을
것이네."

"물론입니다."

"그러니 여보게, 이 모든 일과 관련해 유념할 게 있네. 어떤 사람이,
자기가 모든 기술을 알고 있을 뿐만 아니라 기술자 개개인이 알고 있는
d 것까지 누구보다 정확히 아는 사람을 만났다고 주장한다면, 우리는 그
사람이 순진하고 어리석어 지식과 무지와 모방을 구별하지 못하고 어
떤 마법사나 모방자에게 속아서 스스로 모르는 게 없는 지혜로운 자로
여기게 되었다고 생각해야 한다는 것이네."

그는 "지극히 옳은 말씀입니다"라고 말했네.

내가 말했네. "그래서 비극시인들과 그들의 선구자인 호메로스를 살
e 펴봐야 하네. 시인은 모든 기술은 물론 미덕이나 악덕과 관련된 모든 인
간사와 신들의 일까지 다 알고 있다고 사람들이 말하기 때문이네. 훌륭
한 시인이 훌륭한 시를 쓰려면 대상에 대해 잘 알아야 하고, 그렇지 않
으면 시를 쓰지 못할 것이라고들 하지 않는가? 그러니 사람들이 이런
말을 하는 이유가, 시인의 작품이 실재로부터 세 번째에 해당하며 그저
599a 보이는 것을 다루었기에 참된 것을 몰라도 쉽게 쓸 수 있다는 걸 모르
고 모방자에게 속아서인지, 아니면 많은 사람이 듣기에 훌륭하게 말했
다고 여겨지는 일을 그 훌륭한 시인이 실제로 알고 있어서인지 살펴봐
야 하네."

그는 "당연히 살펴봐야 합니다"라고 말했네.

"누군가가 모방의 대상인 실물과 영상을 둘 다 만들 수 있다면, 그가
자신을 다 바치고 심혈을 기울여 그 영상을 만들고는 인생 최대의 업적
으로 내놓을 것 같은가?" b

"그럴 것 같지 않습니다."

"그 사람이 모방의 대상에 대해 진정으로 안다면, 그것을 모방하기보다는 직접 만드는 데 훨씬 더 노력을 기울이지 않겠는가? 그래서 많은 훌륭한 업적을 남기고, 다른 이를 찬양하는 사람이 되기보다는 찬양받는 사람이 되려고 할 것이네."[322]

그는 "저도 그렇게 생각합니다. 전자와 후자가 각각 얻는 명예와 이익은 같지 않으니까요"라고 말했네.

"호메로스나 다른 시인에게 이런 대답을 요구하지는 않기로 하세. 그 c
들 중에 누가 의술을 단순히 모방한 게 아니라 실제로 의술에 정통했는
지, 고금의 시인들 가운데 아스클레피오스[323]처럼 병자를 치료한 사람이
과연 있는지, 아스클레피오스가 후계자들을 남겼듯이 시인들 가운데 제
자들에게 의술을 전수한 일이 있는지 묻지 않기로 하세. 다른 기술에 대
해서도 묻지 말고 그냥 두기로 하세.

하지만 호메로스가 다룬 가장 중요하고 훌륭한 일, 즉 전쟁과 전략,
국가 경영, 인간 교육에 대해서는 이런 질문을 해서 대답을 듣는 것이 d
옳겠네. '친애하는 호메로스 선생님, 선생님이 미덕과 관련해 참된 것으

322 "찬양받는 사람"은 시인의 모방 대상인 실물, 즉 비극의 주인공을 가리키고, "찬양하는 사람"은 그 비극을 쓴 시인을 가리킨다.

323 아스클레피오스는 각주 127을 보라.

로부터 세 번째에 계신 분, 즉 우리가 모방자라고 정의한 영상 만드는 자가 아니라 참된 것으로부터 두 번째에 계신 분으로서 어떤 일이 사적으로나 공적으로 사람을 낫게 하거나 못하게 하는지 아셨는지요. 그렇다면 리쿠르고스[324]가 스파르타를 경영했고, 다른 많은 사람이 크고 작은 국가를 잘 경영했듯이 선생님으로 인해 어느 국가가 잘 경영되었는지
e 말씀해주십시오. 선생님이 훌륭한 입법자가 되었기에 자신들이 이롭게 되었다고 말하는 국가가 있습니까? 이탈리아와 시칠리아는 카론다스[325]를, 우리는 솔론을 그런 사람이라고 말하는데, 어느 국가가 선생님을 그런 사람이라고 말하는지요?' 이렇게 물었을 때 과연 호메로스는 자기가 어느 국가를 잘 경영했다거나 이롭게 했다고 말할 수 있겠는가?"

글라우콘은 "그럴 수 없을 겁니다. 호메로스의 추종자들조차 그런 말은 하지 않습니다"라고 대답했네.

600a "그러면 호메로스가 활동하던 시대에 그가 지휘하거나 조언해서 승리를 거둔 전쟁이 있는가?"

"전혀 없습니다."

"그러면 밀레토스의 탈레스나 스키타이의 아나카르시스[326]처럼 호메

---

324 리쿠르고스는 고대 그리스 스파르타의 전설적인 입법자다. 델포이 신탁을 받았고 민회, 장로회, 호민관 등을 설치했으며 공동 식사, 금은화 사용 금지, 소년 교육, 가족 제도 등을 법률로 정했다고 전해진다.

325 카론다스는 시칠리아에 있는 카타나의 입법자다. 솔론은 각주 249를 보라.

326 탈레스(기원전 624-545년)는 고대 그리스의 식민지인 소아시아의 이오니아 지방 도시 밀레토스 출신으로, 기하학과 천문학에 정통하여 일식을 예언했고, 기하학을 응용해 이집트에 쿠푸 왕의 대피라미드의 높이를 측정했으며, 기하학의 다섯 가지 정리도 발견했다. 아나카르시스는 스키타이인으로 기원전 6세기 초에 아테네로 와서 아테네의 개혁가 솔론의 친구가 되었으며, 닻과 녹로를 발명했다고 전해진다.

로스도 기술이나 다른 실무에서 어떤 독창적인 생각이나 발명을 했다고 전해지는 바가 있는가?"

"전혀 없습니다."

"호메로스가 공적으로 한 일이 없다면, 살아 있는 동안 혹시 개인적으로라도 교육 지도자가 되어 그를 스승으로 모시고 배운 제자들이 후 b
대에 호메로스다운 삶의 길을 전수했다는 이야기는 있는가? 실제로 피타고라스는 교육 지도자로서 특별한 사랑을 받은 것은 물론이고, 그의 제자들이 지금도 여전히 그의 생활방식[327]대로 살고 있어 세간에서 특별하게 여겨지고 있다네."

그는 "그런 이야기는 들은 적이 없습니다. 소크라테스 선생님, 호메로스에 관해 전해오는 이야기가 사실이라면 그의 제자였던 크레오필로스[328]는 그 이름도 우스꽝스럽지만, 호메로스 생전에 스승인 그를 많이 무시했다고 하니 교육과 관련해서는 더욱 가관입니다"라고 대답했네. c

내가 말했네. "나도 그런 이야기를 들었네. 여보게 글라우콘, 호메로스의 글이 단순히 모방한 것이 아니라 그가 정말로 알고 쓴 내용이어서

---

327 피타고라스학파는 기원전 6-4세기에 피타고라스와 그의 계승자들을 통해 번성했던 고대 그리스 철학 분파이자 종교 분파다. 수 이론을 만물의 근원이자 철학의 핵심 요소로 삼았다. 또한 복종과 서약, 스승의 권위를 중시한 철학 공동체이자 폐쇄적이고 신비주의적 경향이 짙은 종교 집단이기도 했다. 철학, 수학, 음악, 체육, 의술, 문학을 비롯한 다양한 학문을 배웠고, 전생과 윤회를 믿었다. 또한 콩 먹지 않기, 떨어뜨린 물건 줍지 않기, 동물 희생제사 및 육식 금지, 불빛 옆에서 거울 보지 않기 등 독특한 규율을 준수했다. 여기에는 철학 사상뿐 아니라 원시적 금기, 종교적 의미도 포함되어 있었다.

328 '크레오필로스'는 '고기의 친척'이라는 뜻으로 교양 있는 지성인보다 거친 운동선수에게 더 어울리는 이름이다. 여기에서 글라우콘은 그런 사람을 제자로 둔 것이 호메로스의 교육 수준을 보여준다는 점을 강조한다.

실제로 사람들을 교육하고 더 훌륭하게 만들었더라면, 많은 제자가 그
를 따랐을 것이고 그에게 존경과 사랑을 보냈을 것 같지 않은가?
반면 압데라의 프로타고라스와 케오스의 프로디코스[329]를 비롯해 아
주 많은 사람은 당시 개인적으로 만난 이들이 그들에게 교육받지 않았
d 더라면 가정이나 국가를 경영하지 못했을지 모른다고 생각하게 만들었
다네. 사람들이 그들을 업고 다니지만 않았을 뿐 그들의 지혜 덕분에 큰
사랑을 받았다네.

그러니 호메로스나 헤시오도스가 미덕과 관련해 사람들을 이롭게 했
더라면, 그들이 시를 음송하며 떠돌아다니도록 사람들이 내버려두었겠
는가? 황금이라도 본 듯이 어떻게 해서든 그들을 붙잡아 자기들의 집에
e 머물게 하거나, 그럴 수 없다면 충분히 교육을 받을 때까지 어디든 그들
을 따라다니지 않았겠는가?"

그는 "소크라테스 선생님, 그 말씀이 전적으로 옳습니다"라고 대답
했네.

"그러므로 호메로스를 비롯한 모든 시인은 미덕이나 다른 것들의 영
상을 글로 모방하는 자일 뿐 진리를 파악해 아는 자들은 아니라고 보아
야 하지 않겠나? 앞에서 말했듯이 화가는 구두 만드는 방법은 몰라도
601a 자신과 마찬가지로 색깔과 형태로만 사물을 관찰하는 사람들에게 제화

---

329 프로타고라스(기원전 485-414년경)는 고대 그리스에서 최초의 소피스트라고 불리는 철학자다. "인간은 만물의 척도다"라는 말로 진리의 주관성과 상대성을 주장했다. 프로디코스(기원전 465-395년경)는 1세대 소피스트이며 플라톤의 대화편에서 소크라테스의 친구로 등장한다. 아테네에 사절로 왔다가 명성을 얻어 소피스트로 활동하면서 주로 철학과 정치학을 가르쳤다. 플라톤은 그의 가르침이 윤리적이었다고 평가한다.

공처럼 보이는 자를 그려서 만들어낸다네."

"물론입니다."

"그렇다면 시인도 단어와 구절을 사용해 각각의 기술에 채색을 한다고 보아야 하네. 각각의 기술에 대해 잘 알지 못하고 모방만 할 뿐이지만, 시인과 마찬가지로 기술에 대해 알지 못한 채 시인이 쓴 글만 놓고 판단하는 사람들은 시인이 운율과 리듬과 선법에 맞추어 구두 만드는 방법에 대해 쓰기만 하면 아주 잘 쓴 글이라고 생각한다네. 전략이나 다
른 것에 대한 글도 마찬가지네. 시인의 글은 본래 대단한 매력이 있으니 b
말일세. 시인의 글에서 음악적 색채를 걷어내고 내용만 남겨놓으면, 그 글이 어떨지는 자네가 이미 눈여겨봐서 알걸세."

"그렇습니다."

내가 말했네. "그 글은 꽃다운 청춘이 사라진 후 한물간 청년의 얼굴 같지 않겠나?"

그는 "왜 아니겠습니까?"고 대답했네.

"자, 한번 생각해보게. 영상을 만들어내는 모방자는 실재를 전혀 알지 못하고 오직 보이는 것만 안다고 보아야 하네. 그렇지 않은가?"

"네, 그렇습니다." c

"그렇다면 이 문제를 어중간하게 끝내지 말고 충분히 살펴보세."

그는 "말씀하시지요"라고 말했네.

"우리는 화가가 고삐와 재갈을 그린다고 말하네."

"네."

"무두장이나 대장장이는 고삐와 재갈을 만든다고 말하지."

"물론입니다."

"그런데 고삐와 재갈이 어떤 것이어야 하는지 화가가 알까? 그것을 만드는 대장장이나 무두장이는 알까? 그것을 어떻게 사용하는지는 말을 타는 사람만 알지 않겠나?"

"지극히 옳은 말씀입니다."

"다른 모든 것도 이와 같다고 할 수 있지 않겠나?"

"어떻게 말입니까?"

d "모든 것에는 세 가지 기술, 즉 사용하는 기술과 만드는 기술과 모방하는 기술이 있다고 말이지."

"그렇습니다."

"그러므로 도구든 생물이든 행위든 각각의 훌륭함과 아름다움과 올바름은 그것이 만들어졌거나 생기게 된 용도와 관련이 있지 않겠는가?"[330]

"그렇습니다."

"그러면 그것을 사용하는 사람이 가장 많이 경험했을 것이네. 그 때문에 용도에 맞게 잘 만들어졌는지 그렇지 않은지 그것을 만든 사람에
e 게 알려줄 수 있네. 예컨대 아울로스[331] 연주자는 어떤 아울로스가 연주가 잘 되는지 제작자[332]에게 알려주며 만드는 법을 지시할 것이고, 제작자는 그 지시를 분명 따를 것이네."

"어찌 그렇지 않겠습니까?"

---

330 모든 것은 원래 용도에 적합한 상태에 있을 때 가장 훌륭하고('미덕'을 뜻하는 '아레테'가 도덕적 의미 이외의 다른 의미로 사용되는 경우에는 '탁월함, 훌륭함'이라는 뜻이 된다), 가장 아름다우며, 가장 올바른 것이 된다는 뜻이다. 반면 원래 용도에 적합하지 않은 만큼 그 훌륭함과 아름다움과 올바름이 감소된다.

331 '아울로스'는 각주 107을 보라.

332 '제작자'는 앞에서 '만들어내는 자'로 번역한 '포이에테스'다. 각주 319를 보라.

"이렇게 아는 쪽이 좋은 아울로스와 나쁜 아울로스에 대해 알려주고, 다른 쪽은 그 말을 믿고 그대로 아울로스를 만들겠지?"

"그렇습니다."

"그러니 어떤 도구 제작자든 그 도구를 아는 사람과 함께하면서 그의 말을 들어야 도구의 좋은 점과 나쁜 점에 대해 올바른 믿음을 가질 수 있지만, 그 도구를 사용하는 사람은 원래부터 도구에 대한 지식을 갖고 602a
있다네."

"물론입니다."

"그러면 모방자는 자신이 그리는 대상이 훌륭하고 옳은지 그렇지 않은지 직접 사용해보고 나서 지식을 얻는가? 아니면 그것에 대해 아는 사람과 함께 있으면서 어떻게 그려야 하는지 지시를 받아서 올바른 견해를 얻는가?"

"둘 다 아닙니다."

"그렇다면 모방자는 자신이 모방하는 대상의 좋은 점과 나쁜 점에 대해 알 수 없고 올바르게 판단하지도 못할 것이네."

"그럴 겁니다."

"그러면 시를 써서 모방하는 사람은 자신이 쓰는 것에 대해 굉장한 지혜를 지닌 사람이겠나?"

"전혀 그렇지 않습니다."

"그렇다면 시인은 각각의 대상이 나쁜지 좋은지에 대해 알지 못한 채 b
모방하는 것이네. 그러면서도 아무것도 모르는 대다수 사람에게 훌륭하게 보이는 것을 모방할 테지."

"물론입니다."

"그러니 모방자가 자신이 모방하는 것에 대해 언급할 가치가 있음을 전혀 알지 못한 채 모방한다는 데 우리는 합의한 셈이네. 그러한 모방은 진지한 것이 아니라 일종의 놀이이며, 이암보스 운율[333]로 쓴 것이든 서사시 운율로 쓴 것이든 비극시를 쓰는 사람은 모두 최고의 모방자인 셈이네."

"물론입니다."

c 내가 말했네. "맹세하건대 이러한 모방은 참된 것으로부터 세 번째에 있는 것과 관련된 것이 아니겠는가?"

"네, 그렇습니다."

"모방이 지닌 힘은 인간의 어떤 부분에 영향을 미치는가?"

"어떤 부분이란 무엇을 말씀하시는 건지요?"

"이런 것이네. 동일한 물건이라 해도 가까이에서 볼 때와 멀리에서 볼 때 동일하게 보이지 않네."

"그렇습니다."

"또한 어떤 것이 물 밖에서는 곧게 보이지만 물속에서는 구부러져 보이고, 색깔과 관련된 착시 현상 때문에 오목하거나 볼록하게 보이네. 이
d 런 혼란은 모두 우리 혼 안에 있는 것이 분명하네. 음영화법이나 마술이나 그와 비슷한 많은 속임수는 우리의 본성이 지닌 그러한 측면을 이용한 것이지."

"옳은 말씀입니다."

---

333 '이암보스 운율'은 단장격 운율이다. 서사시에서 사용된 '영웅시 운율'은 장단단격 운율이며, 이때 장음 하나의 길이와 두 개의 단음을 합한 길이는 동일하다.

"그런 상황에서 측정과 계산, 계량이 더없이 반가운 원군으로 등장해 원래보다 더 크거나 작게 보이는 것, 더 많거나 무겁게 보이는 것이 우리의 세계를 지배하지 못하게 하고, 계산된 것과 측정된 것과 계량된 것이 지배하게 하는 게 아니겠나?"

"어찌 그렇지 않겠습니까?"

"이런 것은 우리 혼에서 이성적인 부분이 하는 일이네." e

"그렇습니다."

"그런데 이성적인 부분이 측정하여 어떤 것이 다른 것보다 더 크거나 작거나 동일하다고 알려주어도 우리 눈에는 그와 반대로 보이는 경우가 자주 있네."

"네, 그렇습니다."

"앞에서 우리는 동일한 부분이 동일한 것에 대해 상반되게 판단하기란 불가능하다고 말하지 않았는가?"

"그랬지요. 우리가 옳게 말했습니다."

"그러니 우리 혼에서 측정된 것과 일치하지 않게 판단하는 부분은, 603a
측정된 것과 일치하게 판단하는 부분과 동일한 것이 아니겠군."

"그렇습니다."

"하지만 측정과 계산을 믿는 부분이 우리 혼에서 가장 훌륭한 부분일 것이네."

"어찌 그렇지 않겠습니까?"

"따라서 이 부분에 반대되는 부분은 형편없는 부분 중 하나일 테고."

"당연합니다."

"내가 이 말을 한 것은 그림을 비롯한 온갖 모방이 참된 것으로부터

멀리 떨어져 있는 것을 만들어내고, 우리 혼 안에서 지혜와는 멀리 떨어
진 부분과 어울려 건전하지 않고 진실하지도 않은 것과 동료이자 친구
b 가 된다는 것에 우리가 동의하기를 바라기 때문이네."

그는 "물론입니다"라고 말했네.

"그러니 모방은 형편없는 것들과 짝을 지어 형편없는 것을 낳는 형편없는 것이라고 할 수 있네."

"그런 것 같습니다."

"시각을 사용한 모방만 그러한가? 아니면 청각을 사용한 모방, 우리가 시라고 이름 붙인 것도 그러한가?"

그는 "후자도 마찬가지일 듯합니다"라고 대답했네.

내가 말했네. "그러면 이제 그림이 그런 것이니 시를 사용한 모방도
그럴 것이라고 넘겨짚을 게 아니라, 우리의 사고 중에서 시를 사용한 모
c 방에 관여하는 부분으로 가서 과연 그 모방이 형편없는지 아니면 중요
한지 알아보세."

"당연히 그래야 합니다."

"시를 사용한 모방은 이런 것이라고 하세. 그러니까 시는 강요받거나 자발적 행위를 하는 사람들을 모방하는 것이네. 사람들이 어떤 행위에 대해 자신이 잘했다거나 잘못했다고 생각하며, 그 모든 일에 괴로워하거나 기뻐하는 모습을 모방하는 것이네. 그것 말고 시가 모방하는 다른 것이 있는가?"

"없습니다."

d "그런데 이 모든 것 속에서 인간은 조화로운 상태에 있는가? 아니면
시각의 경우 동일한 사물에 대해 자기 안에서 반대되는 판단을 동시에

하며 분쟁하는 것처럼 행위의 경우에서도 서로 분쟁하며 싸우게 되는가? 하지만 지금 이에 대해 합의할 필요는 전혀 없네. 앞선 논의에서 우리는 혼에 서로 상반되는 수많은 것이 동시에 존재한다는 사실을 확인하고 충분히 합의했으니 말일세."

그는 "옳은 말씀입니다"라고 말했네.

내가 말했네. "그 합의는 옳네. 하지만 그때 남겨둔 것을 지금 다루어
야 한다고 생각하네." e

그는 "어떤 것입니까?"라고 물었네.

내가 말했네. "훌륭한 사람은 아들이나 그 밖에 아주 소중한 것을 잃는 불행을 겪더라도 다른 사람들보다 훨씬 쉽게 견뎌낼 것이라는 말을 우리가 그때에도 했을 것이네."

"그렇습니다."

"이제는 그런 경우에 훌륭한 사람은 과연 전혀 괴로워하지 않는지, 아니면 괴로워하되 절제하는 것인지 살펴보세."

그는 "후자가 진실일 겁니다"라고 말했네.

"그 사람에 대해 내게 말해주게. 자네 생각에는 그가 언제 괴로움에 604a
맞서 더 잘 싸울 것 같은가? 동료들이 지켜보고 있을 때인가, 아니면 혼
자 고독하게 있을 때인가?"

그는 "동료들이 지켜보고 있을 때 훨씬 더 잘 싸울 테지요"라고 대답했네.

"그런데 혼자 있을 때는 누가 들을까 봐 못했던 말도 할 테고, 누가 볼까 봐 못했던 행동도 많이 할 것이네."

그는 "그렇습니다"라고 말했네.

"그러면 이성과 법은 그에게 괴로움에 맞서라고 지시하겠지만, 감정
b 은 괴로움에 굴복하는 쪽으로 그를 끌어당길 것이네."

"옳은 말씀입니다."

"동일한 상황에서 한 사람이 반대되는 양쪽 방향으로 이끌리는 일이 일어날 때, 우리는 그 사람 안에 두 힘이 작용한다고 말하네."

"그렇습니다."

"두 힘 중 하나는 기꺼이 법을 믿고 법이 이끄는 대로 따르지 않겠는가?"

"어떻게 말입니까?"

"법은 이렇게 말할걸세. '불운을 만날 때는 화내지 말고 침착하게 대
응하는 게 최선이다. 그것이 좋은 일인지 나쁜 일인지 분명하지 않은 데
다가 그런 불운을 힘겨워한다고 해서 나아질 게 전혀 없기 때문이다. 인
c 간사에서 크게 고심할 만한 일은 없으며, 괴로워해봤자 불운 속에서 최
대한 신속하게 해야 할 일만 방해받을 뿐이다.'"

그는 "최대한 신속하게 해야 할 일이란 무엇입니까?"라고 물었네.

내가 말했네. "이미 일어난 일을 숙고하고, 마치 주사위를 던져서 나
온 결과를 대하듯 이성이 최선이라고 판단한 방법에 따라 그 일을 처리
하는 것이네. 넘어져서 다쳤을 때 아이처럼 아프다며 우는 데 시간을 허
d 비하지 않고 얼른 치료하여 아픔을 없애는 것처럼, 우리 혼도 이미 일어
난 일에 신속하게 대처하여 상처와 아픈 곳을 치료하고 회복하는 습관
을 들이는 것이네."

그는 "누구든 자신에게 닥친 불운에 그렇게 대처하는 것이 가장 올바르지요"라고 말했네.

"그래서 우리는 혼의 가장 훌륭한 부분은 이러한 이성의 지시를 따른다고 말하네."

"분명 그렇습니다."

"반면 자신이 겪은 일을 두고두고 곱씹으며 비통해하는 쪽으로 지칠 줄 모르고 이끄는 부분은 비이성적이고 나태하며 비겁하다고 말하겠지?"

"그렇습니다."

"그래서 화를 잘 내는 성향은 여러 방식으로 다채롭게 모방할 수 있 e
는 반면, 지혜롭고 침착한 성향은 항상 본연의 모습을 유지하기 때문에 모방하기가 쉽지 않고 모방한다 해도 이해하기가 쉽지 않다네. 특히 축제 집회 때 극장에 모인 온갖 부류의 사람들에게 이해시키기 쉽지 않을 걸세. 지혜롭고 침착한 성향을 모방한 작품은 그들에게 낯설고 생소하기 때문이네."

"전적으로 그렇습니다." 605a

"대중에게 명성을 얻으려 하는 모방적 시인의 혼은 본성적으로 지혜롭고 침착한 성향을 지향하지 않고, 그의 지혜도 그런 성향과 맞지 않네. 오히려 그는 모방하기 쉽다는 이유로 화를 잘 내는 다채로운 성향을 지향하는 게 분명하네."

"분명 그렇습니다."

"그러니 시인을 붙잡아 화가와 한 묶음으로 엮어 그 옆에 앉히는 것은 옳네. 시인은 참된 것에 비추어볼 때 열등한 것을 만들어낸다는 점에서, 그리고 혼의 가장 훌륭한 부분이 아니라 열등한 부분과 어울린다 b
는 점에서 화가와 비슷하니 말일세. 이렇게 해서 훌륭하게 통치되는 국가에서 시인을 받아들이지 않는 처사가 정당하다는 게 밝혀졌네. 시인은 혼의 열등한 부분을 일깨우고 기르고 강화시켜 이성적인 부분을 파괴하는데, 국가에서 누군가가 사악한 자들의 힘을 키워 그들에게 국가를 넘겨준다면 이는 고상한 사람들을 파멸로 모는 것과 같기 때문이네.
c 모방적인 시인은 더 큰 것과 더 작은 것을 구분하지 못하고, 동일한 것을 어떤 때는 크다 하고 어떤 때는 작다고 여기는 혼의 분별력 없는 부분에 동조하고, 참된 것에서 멀리 떨어져 있는 영상을 만들어 개개인의 혼 안에 나쁜 정치체제를 생성한다고 말할 수 있네."

"물론입니다."

"하지만 우리가 시를 비난하는 가장 중요한 이유는 아직 말하지 않았네. 시가 극소수를 제외하고는 선량한 사람들조차 타락시킬 수 있다는 것이 그 이유네. 정말 끔찍한 일이지."

"그런 일이 벌어진다면 정말 끔찍할 것 같습니다."

d "내 말을 듣고 생각해보게. 호메로스나 다른 비극시인이 슬픔에 잠겨 탄식하고 신세 한탄을 길게 늘어놓거나 자기 처지를 노래로 읊으며 가슴을 치는 영웅의 모습을 모방했는데, 우리 가운데 가장 훌륭하다는 사람들조차 그 글을 읽으며 즐거워하고 자기 일인 양 진심으로 동정하고 자기를 최대한 그런 상태에 머물게 해주는 시인을 칭송한다는 사실을 자네도 알걸세."

"알고 있습니다. 어떻게 모를 수 있겠습니까?"

"하지만 정작 자신에게 슬픈 일이 생기면 침착하게 견뎌내야 남자답다고 여기며 이를 자랑스러워하는 반면, 방금 우리가 칭찬한 반응은 여
e 성적이라고 여기며 자랑스러워하지 않는다는 것을 자네는 알걸세."

그는 "알고 있습니다"라고 말했네.

내가 말했네. "그런데 자신이라면 수치스러워 했을 행동을 다른 사람이 했을 때, 이를 혐오하기는커녕 즐거워하고 칭찬한다면 잘한 일이겠는가?"

그는 "맹세하건대 잘한 일이 아니고 이치에도 맞지 않습니다"라고 대답했네.

내가 말했네. "그렇네. 자네가 이런 식으로 생각해본다면 문제는 더욱 606a
분명해질걸세."

"어떤 식으로 말입니까?"

"이렇게 생각해보게. 개인적으로 불운을 겪을 때 우리 혼에는 본성적으로 마음껏 울고 비통해하는 부분이 있더라도 당시에는 억눌러야 하는데, 시인들이 이 부분을 충족시켜주니 우리가 즐거워하는 게 아니겠는가? 그런 경우 우리 혼에서 가장 훌륭한 부분이 이성과 습관을 통해 충분히 훈련되어 있지 않으면 비통해하는 부분에 대한 감시를 풀어버리게 되네. 우리가 보고 있는 건 다른 사람이 겪는 일이고, 훌륭하다는 b
인정을 받는 그 사람이 어울리지 않게 슬피 우는 모습을 보고 그를 칭송하고 동정하는 건 우리 자신에게 전혀 수치스러운 일이 아니며, 오히려 즐거운 일이라고 생각하기 때문이네. 그래서 우리는 시 전체를 멸시하다가 그런 즐거움마저 박탈당하기를 원하지 않네. 게다가 다른 사람의 불운을 즐기는 대가가 자신에게 되돌아온다는 걸 아는 사람은 소수에 불과하네. 동정하는 부분이 다른 사람의 불운을 통해 자라나고 강화되면, 우리 자신이 불운을 겪게 될 경우 그 부분을 억제하기가 쉽지 않기 때문이네."

c 그는 "지극히 옳은 말씀입니다"라고 말했네.

"이런 이치는 우리 혼 안의 웃기고 싶어 하는 부분에도 적용되지 않겠나? 자네가 직접 익살을 부려서 사람들을 웃기는 건 수치스러운 일이지만, 희극적 모방이나 다른 사람을 통해 그런 익살을 듣는 건 나쁘게 여기거나 싫어하지 않고 오히려 즐거워한다면 말일세. 다른 사람의 불쌍한 모습을 보면서 자네가 보인 행동과 똑같다고 할 수 있네. 자네는 사람들을 웃기고 싶어도 저속하다는 평판을 들을까 봐 그 부분을 이성으로 억누르다가, 희극적 모방을 보거나 다른 사람의 익살을 들을 때 감시를 풀고 자신도 모르게 그 부분에 활기를 불어넣고, 일상에서 종종 직접 해보면서 점점 희극시인이 되어갈 테니 말일세."

그는 "그렇게 될 것이 분명합니다"라고 말했네.

d "욕정, 격정, 모든 욕구, 모든 행위에 수반된다는 혼의 괴로움이나 즐거움과 관련해서도 시를 통한 모방은 동일한 작용을 하네. 우리가 더 나빠지고 불행해지는 게 아니라 더 나아지고 행복해지기 위해서는 이런 것을 지배할 수 있어야 하는데, 시를 통한 모방은 이런 것에 물을 주고 자라게 해서 오히려 지배자로 자리 잡게 하기 때문이네."

그는 "저도 동감입니다"라고 말했네.

e 내가 말했네. "그러니 글라우콘, 호메로스를 찬양하는 사람들이 주장
하길 인간사의 경영과 교육, 인생 설계와 살아가는 법을 배우려면 호메
로스를 그리스의 스승으로 모셔야 한다고 할 때, 자네는 그들이 가장 나
607a 은 사람이 되기 위해 최선을 다하고 있다는 점을 높이 사야 하네. 그들
에게 호의와 친절을 베풀어야 하는 것은 물론이고, 호메로스가 가장 시
인다운 시인이며 최고의 비극시인임을 인정해야 하네. 하지만 시 중에

서도 신과 훌륭한 사람을 찬양하는 시만 국가가 받아들여야 한다는 점
을 명심하게. 서정시든 서사시든 즐거움을 추구하는 시까지 받아들이
면, 자네가 세운 국가에서는 모든 사람이 항상 최고의 것으로 여기는 이
성과 법이 아닌 즐거움과 괴로움이 왕이 되어 다스리게 될 것이네."

그는 "지극히 옳은 말씀입니다"라고 말했네.

내가 말했네. "우리가 다시 한번 논의하면서 시가 그런 것임을 확인 b
했으니 처음에 이 국가에서 시를 추방한 일이 적절했음이 해명되었다
고 보네. 다만 우리가 경직되고 촌스럽다는 소리를 시에게 듣지 않기 위
해, 철학과 시는 오래전부터 사이가 좋지 않았다는 말을 해두세. '주인
에게 짖는 개', '생각 없는 자들의 공허한 이야기라는 점에서 대단한 것', c
'모르는 것 없이 지나치게 똑똑한 자들의 무리', '사소한 것에 신경 쓰는
궁상맞은 자들'[334] 같은 수많은 험담이 둘 사이의 해묵은 대립을 보여
주는 증거라고 말하세. 그런데도 즐거움을 추구하는 시와 모방도 잘 통
치되고 있는 국가에 존재해야 한다고 말할 어떤 근거가 있다면, 우리는
기쁜 마음으로 그 말을 받아들일 것이네. 그런 시는 우리에게도 매력적
임을 알기 때문이네. 하지만 참된 것이라고 여겨지는 것을 배신하는 것
은 불경한 일이네. 여보게, 자네도 그런 시가 매력적으로 느껴지지 않는
가? 호메로스를 통해 시를 보면 특히 더 그렇게 느낄걸세." d

"그렇습니다."

"그러니 서정시든 다른 운율로 된 시든 즐거움을 추구하는 시가 국가

---

334 여기에 언급된 말은 모두 시의 입장에서 철학을 비난하고 공격하는 말로 보인다. 플라톤의 『법률』 967c에서는 시인들이 철학을 '쓸데없이 짖는 암캐'라고 말했음을 시사한다. 철학자들의 가난은 전통적인 주제였다.

에 필요하다는 근거를 제대로 들 수만 있다면, 시를 다시 받아들이는 것이 옳지 않겠는가?"

"물론입니다."

"그리고 시를 쓰지는 않지만 시를 옹호하고 사랑하는 사람들이 운율 없는 산문으로 시를 변호할 기회를 주세. 시가 즐거움을 줄 뿐 아니라 국가 체제와 인간 삶에 유익하다는 걸 증명하게 하고, 그 말을 호의적으로
e 로 들어보세. 시가 즐거움을 줄 뿐만 아니라 유익하기도 하다는 사실이 드러나면 우리에게도 이익이 되기 때문이네."

그는 "왜 이익이 되지 않겠습니까?"라고 반문했네.

"하지만 여보게, 그들이 시의 유익함을 증명하지 못한다면, 한때 사랑에 빠졌던 사람이 그 사랑이 유익하지 않음을 깨달았을 때 억지로라도 상대를 멀리하듯이 우리도 시를 멀리해야 할 것이네. 우리는 훌륭한 정
608a 치체제에서 양육을 받아 시를 사랑하는 마음을 가지고 있기 때문에 시가 가장 훌륭하고 참된 것으로 드러나기를 호의적으로 기대하네. 하지만 결국 그 유익함이 증명되지 못하면, 시를 들을 때마다 우리는 앞에서 내린 결론을 주문처럼 되뇌면서 대다수가 빠지는 유치한 사랑에 다시는 빠지지 않도록 조심할 것이네. 진리가 담겨 있는 양 그런 시들을 진지하게 대해서는 안 되네. 오히려 시를 듣는 사람은 시가 자기 안에 있
b 는 훌륭한 정치체제를 파괴하지 않도록 조심하며, 시와 관련해 우리가 앞에서 말한 바를 믿어야 한다고 스스로 노래하듯 되뇌어야 하네."

그는 "전적으로 동의합니다"라고 말했네.

내가 말했네. "여보게 글라우콘, 이 싸움은 중요하네. 사람이 선량해지느냐 불량해지느냐 하는 매우 중요한 문제니 말일세. 명예나 재물,

출세, 그리고 시에 사로잡혀 정의나 그 밖의 다른 미덕에 무관심해져서는 안 되네."

그는 "지금까지 논의한 바에 비추어 선생님의 말씀에 동의합니다. 다른 사람들도 그럴 겁니다"라고 말했네.

"그런데 우리는 미덕의 가장 큰 대가, 즉 미덕이 주는 상은 자세히 설 c
명하지 않았네."

그는 "이미 말씀하신 것보다 더 큰 상이 있다면 엄청나게 큰 상이겠군요"라고 말했네.

내가 말했네. "소년기부터 노년에 이르기까지 시간 전체를 더해도 영원에 비하면 짧은데, 그 짧은 시간에 어떻게 큰 상을 얻을 수 있겠는가?"

그는 "그렇기는 합니다"라고 말했네.

"어떤가? 불멸의 존재가 그런 짧은 시간에는 진지하더라도 영원에는
진지하지 않아도 된다고 생각하는가?" d

그는 "그렇게 생각하지 않습니다. 왜 그런 말씀을 하십니까?"라고 물었네.

내가 말했네. "우리 혼은 죽지도 소멸되지도 않는다는 걸 자네는 모르는가?"

그는 놀라서 나를 응시하며 되물었네. "맹세하건대 몰랐습니다. 그것이 사실입니까?"

내가 말했네. "그렇지 않다고 말하면 올바른 대답이 아닐걸세. 자네도 그것을 사실이라고 말할 수 있어야 하네. 어려운 일은 아니네."

그는 "제게는 어려운 일이지만 그 어렵지 않다는 일을 즐거운 마음으로 선생님께 듣겠습니다"라고 말했네.

내가 말했네. "여보게."

그는 "말씀하십시오"라고 대답했네.

내가 말했네. "자네는 어떤 것은 좋다 하고, 어떤 것은 나쁘다고 하겠지?"

"네, 그렇습니다"

e "그렇다면 좋은 것과 나쁜 것에 대한 자네 생각과 내 생각은 동일할까?"

"선생님의 생각은 무엇입니까?"

"나는 파괴하고 변질시키는 것은 모두 나쁜 것이고, 보전하고 유익한 것은 좋은 것이라고 생각하네."

그는 "저도 그렇게 생각합니다"라고 말했네.

"어떤가? 자네는 각각의 사물에 좋은 것과 나쁜 것이 있다고 말하겠
609a 지? 예컨대 눈에는 안질이, 신체에는 질병이, 곡식에는 엽삽병[335]이, 목재에는 부패가, 청동이나 철에는 부식이 있듯이 거의 모든 사물에는 타고난 악과 병이 있다고 말일세."

그는 "네, 그렇습니다"라고 대답했네.

"그중 어느 하나가 어떤 사물에 들러붙으면 그 자체를 나쁘게 만들고 결국에는 해체하고 파괴하겠지?"

"어찌 그렇지 않겠습니까?"

"그러니 개개의 사물을 파괴하는 것은 그 사물이 원래부터 가지고 있던 악과 약점이네. 그것이 자체를 파괴하지 않는다면 다른 무엇도 파괴

---

335 식물의 잎이나 줄기에 녹균이 기생해 생기는 병으로, 녹슨 것처럼 귤빛 또는 갈색을 띤 가루 덩어리가 생긴다.

하지 않을 것이네. 선은 당연히 아무것도 파괴하지 않고, 선도 아니고 b
악도 아닌 것 역시 그 점에서는 마찬가지네."

그는 "물론입니다"라고 말했네.

"그러니 어떤 존재에게 악이 있더라도 그로 인해 그 존재가 나빠지기는 해도 파괴되거나 해체되지 않는다면, 그 존재는 본성적으로 파괴될 수 없음을 당장 알 수 있지 않겠나?"

그는 "그런 것 같습니다"라고 대답했네.

내가 말했네. "어떤가? 혼에는 혼을 악화시키는 것이 있지 않겠나?"

그는 "물론입니다. 앞에서 우리가 언급한 불의, 무절제, 비겁함, 무지함이 그런 것들입니다"라고 대답했네.

"그중에서 무엇이 혼을 해체하고 파괴하겠는가? 여기에서 유의할 점 c
은 불의하고 어리석은 사람이 불의에 사로잡힐 때, 혼에 나쁜 불의에 의해 그 혼이 파괴된다고 오해해서는 안 된다는 것이네. 파괴한다는 건 신체에 생긴 나쁜 병이 신체를 쇠약하게 하여 신체가 아닌 상태로 이끌어
간다는 뜻인데, 앞에서 우리가 말한 모든 경우에도 각 사물의 고유한 악 d
이 그 사물에 들러붙어 그것을 그 사물이 아닌 상태에 이르게 한다고 생각해야 하네. 그렇지 않은가?"

"네, 그렇습니다."

"혼에 대해서도 동일한 방식으로 생각해보게. 혼에 고유한 불의와 그 밖의 다른 악이 들러붙어 혼을 타락시키고 쇠약하게 하여 결국 죽음으로 이끌고 가서 신체로부터 혼을 분리시키는 것인가?"

그는 "결코 그렇지 않습니다"라고 말했네.

내가 말했네. "어떤 것이 자신의 고유한 악에 의해서가 아니라 다른

것의 고유한 악에 의해 파괴된다는 건 불합리하네."

"그렇습니다."

e 내가 말했네. "글라우콘, 음식이 오래되었든 부패했든지 간에 음식에
있는 고유한 악이 우리의 몸을 파괴한다고 생각해서는 안 되네. 그보다
는 음식에 있는 고유한 악이 우리 몸속에 고유한 악을 생겨나게 할 경
우, 몸이 음식 때문에 생겨난 몸의 고유한 악인 병에 걸려 파괴되었다
610a 고 말해야 하네. 음식과 몸은 서로 다른 것이므로 음식이라는 다른 것의
고유한 악이 몸에 악을 생겨나게 하지 않은 경우에는 음식의 악 때문에
몸이 파괴된다고 생각하면 결코 안 되네."

그는 "지극히 옳은 말씀입니다"라고 말했네.

내가 말했네. "마찬가지로 몸의 악이 혼에 악을 유발하지 않는 한, 혼에 고유한 악이 없는데도 몸의 고유한 악, 즉 다른 어떤 것의 악에 의해 파괴된다고 생각해서는 안 되네."

그는 "그것이 이치에 맞습니다"라고 말했네.

b "그렇다면 우리 주장이 잘못되었다고 스스로 반박하든지, 아니면 몸
이 열병이나 다른 병에 걸리거나 도륙당하거나 갈기갈기 찢기게 되더
라도, 그런 일 때문에 혼이 더 불의하게 되고 더 불경해진다고 누군가
증명하여 우리 주장을 반박하기 전까지는 신체의 고통 때문에 혼도 파
괴되었다는 주장은 하지 말기로 하세. 따라서 다른 것에 속하는 악이 자
기 안에 생겨나더라도 그 때문에 자기 안에 고유한 악이 생겨나지 않는
c 다면, 혼이든 다른 무엇이든 그것 때문에 파괴된다고 말하는 것을 용납
해서는 안 되네."

그는 "죽어가고 있는 자의 혼이 그 죽음 때문에 더 불의해진다는 것

을 입증할 사람은 아무도 없을 겁니다"라고 말했네.

내가 말했네. "그런데도 혼이 불멸한다는 것에 어쩔 수 없이 동의하고 싶지 않아 '죽어가는 자는 더 사악해지고 더 불의해진다'고 말하는 사람이 있다면, 우리는 이렇게 반박할 것이네. 그의 주장이 맞다면 불의는 그것을 지닌 자에게 질병처럼 치명적이며, 본성적으로 그 사람을 죽게 만들므로 이 병에 걸린 자들은 바로 그 불의 때문에 죽어가는 것이 d
고, 많이 불의한 자일수록 더 빨리 죽고 적게 불의한 자는 더 천천히 죽겠지만, 이것은 불의한 자가 다른 사람에게 처벌을 받아 죽는 것과는 다르다고 말일세."

그는 이렇게 말했네. "맹세하건대 불의가 불의한 자에게 치명적이라면 고통에서 벗어나게 해준다는 점에서 그리 끔찍해 보이지는 않겠지요. 하지만 불의는 그와 정반대인 듯합니다. 불의는 불의한 자신이 아닌 e
다른 사람을 죽이는 반면, 불의를 지닌 자는 불의로 인해 더욱 생기가 돌 뿐 아니라 잠까지 없어질 정도로 활기차게 되니 말입니다. 그만큼 불의는 치명적인 것과 거리가 멀어 보입니다."

그래서 내가 말했네. "잘 말했네. 혼에 고유한 악과 약점이 혼을 죽이거나 파괴할 힘을 갖고 있지 않은 상황에서, 다른 것을 파괴하게 되어 있는 악이 자기가 맡은 것 외에 혼이나 다른 어떤 것을 파괴한다는 건 불가능하기 때문이네."

그는 "네, 불가능할 것 같습니다"라고 말했네.

"이렇게 혼이 자신에게 고유한 악에 의해서든 다른 것에 고유한 악에 의해서든, 그 어떤 악에 의해서도 파괴되지 않는다면, 분명 혼은 항상 611a
존재하는 것일 수밖에 없네. 항상 존재한다면 불멸이라고 할 수 있지."

그는 "그렇습니다"라고 말했네.

내가 말했네. "따라서 혼은 불멸인 것이 맞네. 그렇다면 존재하는 혼들이 항상 동일한 혼들이라는 점을 자네도 알걸세. 어떤 혼도 파괴되지 않는다면 혼의 수는 줄어들지도 늘어나지도 않을 테지. 불멸하는 것의 수가 늘어난다면 그것은 사멸하는 것에서 충당되어야 하는데, 그렇다면 결국 모든 것이 불멸하는 것이 되고 말 테니 말일세."

"옳은 말씀입니다."

b 내가 말했네. "그렇다면 혼의 가장 참된 본성 속에 많은 다양성과 이질성과 불화가 존재한다고 생각해서는 안 되네. 그런 생각은 이치에 맞지 않네."

그는 "그게 무슨 말씀입니까?"라고 물었네.

내가 말했네. "많은 부분으로 이루어진 것은 더없이 훌륭하게 합성되지 않았다면 영원히 존재하기가 쉽지 않은데, 지금 우리에게 혼이 그렇게 합성된 존재로 보이네."

"그럴 것 같습니다."

"우리의 논증이나 다른 논증들[336]을 보면 혼이 불멸함을 믿지 않을 수

c 없네. 그런데 지금 우리가 보고 있는 혼은 신체와의 결합이나 그 밖에 다른 악으로 훼손된 것이므로, 혼이 순수한 모습으로 존재할 때는 진정으로 어떨지 이성적 추론을 통해 충분히 살펴봐야 하네. 그러면 혼이 훨씬 더 훌륭한 존재임을 발견하게 되고, 정의와 불의를 비롯해 앞에서 언

---

336 혼이 불멸이라는 논증은 플라톤의 『파이돈』 78b-81a에도 나오고, 『메논』에서는 네 가지 논거를 든다.

급한 다른 모든 것도 훨씬 더 선명하게 꿰뚫어보게 될걸세.

하지만 앞에서 혼에 대해 말한 것은 혼이 지닌 현재 모습을 사실 그대로 말한 것이네. 우리는 바다의 신 글라우코스[337]가 처한 것과 비슷한 상태에 있는 혼을 본 것이네. 사람들은 바다의 신이 원래 지녔던 모습을 d
잘 알아보지 못하네. 그 신이 예전에 지녔던 몸의 일부분이 풍랑 때문에 부러지거나 완전히 닳고 훼손된 데다가 조개류와 해초와 돌이 엉겨 붙은 채 함께 자라서 원래 자기 모습이 아니라 온갖 짐승 같은 모습을 하고 있기 때문이네. 우리가 보고 있는 혼도 무수히 많은 악 때문에 그런 모습을 하고 있다네. 하지만 글라우콘, 이제 우리는 눈길을 다른 곳으로 돌려야 하네."

그는 "어디로 돌려야 합니까?"라고 물었네.

"혼의 지혜에 대한 사랑으로 눈길을 돌려야 하네. 신적이고 불멸하며 e
영원한 것과 동일한 종류인 혼이 무엇을 다루고 어떤 것과 어울리기 원하는지 알아야 하네. 혼 전체가 그런 것을 추구하고 애쓰다가 결국 지금 몸담고 있는 바다로부터 나와 자신에게 들러붙어 있는 돌과 조개류를 다 털어냈을 때 어떤 모습일지 알아야 하네. 혼이 이 땅의 삶을 누리는
동안 사람들이 행복하다고 하는 저 잔치들 때문에 들러붙은 조잡한 흙 612a
과 돌들 말일세. 그렇게 했을 때 혼의 진정한 모습을 보고 여러 가지 모습을 하고 있는지, 아니면 한 가지 모습을 하고 있는지, 어떤 식으로 지내고 어떤 상태에 있는지 알게 될 것이네. 인간의 삶 속에서 혼이 어떤

---

337 글라우코스는 그리스 신화에 나오는 바다의 신이다. 원래 그리스의 중부 지방, 즉 아티카 북쪽에 있는 보이오티아의 어부였으나, 외딴 섬에서 자라는 신비한 풀을 뜯어 먹고 물고기 하체를 지닌 불사의 몸으로 변했다고 한다.

처지에 있고 어떤 모습을 하고 있는지는 이미 적절하게 설명했다고 생각하네."

그는 "물론입니다"라고 말했네.

b 내가 말했네. "우리는 이 논의에서 다른 문제들은 해결했네. 자네들은 정의를 행하면 상이나 좋은 평판을 얻기 때문에 정의가 좋은 것이라고 헤시오도스와 호메로스가 말했다고 주장했지만, 우리는 정의가 그 자체로 혼을 위해 가장 좋은 것임을 알게 되었네. 혼이 기게스의 반지를 가졌든 가지지 않았든, 그 반지와 더불어 하데스의 모자[338]를 가졌든 가지지 않았든 정의를 행해야 한다는 사실을 알게 되었지."

그는 "지극히 옳은 말씀입니다"라고 말했네.

내가 말했네. "그렇다면 글라우콘, 정의와 다른 미덕을 행한 사람이
c 살아서도 죽어서도 사람들과 신들에게 많은 보상을 받는다고 해서 이제 비난할 일은 아니겠지?"

그는 "물론입니다"라고 대답했네.

"그러니 이 논의에서 자네들이 빌려간 것을 이제는 돌려주어야 하지 않겠나?"

"무슨 말씀입니까?"

"자네들이 정의로운 사람은 불의해 보이고 불의한 사람은 정의로워

---

338 "기게스의 반지"는 소아시아 중서부의 리디아 왕 기게스가 얻었다고 하는 신비한 반지다. 이 반지를 낀 사람은 다른 사람의 눈에 보이지 않게 된다. 제2권 359d-360b 참조. "하데스의 모자"도 착용 시 다른 사람의 시야에서 사라지게 해준다. '하데스'는 죽은 자들이 가는 저승의 명칭이자 저승 지배자의 이름이지만, 원래는 '보이지 않는 자'라는 뜻이다. 그리스 신화의 영웅 페르세우스는 메두사를 죽이는 데 스쿠티스 강의 요정들이 준 하데스의 검은 모자를 사용한다.

보인다고 주장하면서 내게 그것을 인정하라고 요구했기 때문에 나는 일단 양보했네. 그렇지 않다는 건 신들이든 사람들이든 다 아는 사실이지만, 정의와 불의를 그 자체로 비교 판단하는 논의를 진행하기 위해 양보한 것이네. 기억이 안 나는가?" d

그는 "기억나지 않는다면 제 잘못입니다"라고 대답했네.

내가 말했네. "이제 판단이 내려졌으니 나는 정의가 신들과 사람들에게 좋은 평판을 받는 것처럼 우리도 정의가 그러한 평판을 받는 데 동의할 것을 요구하는 바네. 이는 정의가 우승자의 상을 받게 하기 위함이네. 이제 정의는 그것을 지닌 자들을 속이지 않는다는 사실이 밝혀졌기 때문이네. 정의로워 보이는 자가 받는 상은 정의에게 돌아가야 하고, 진정 정의로운 자는 정의로운 것에서 생겨나는 좋은 것을 정의로 말미암아 상으로 받아야 하네."

그는 "선생님의 요구는 정당합니다"라고 말했네. e

내가 말했네. "그렇다면 자네들은 먼저 정의로운 자와 불의한 자가 어떤 사람인지 적어도 신들은 모르지 않는다는 걸 다시 시인하겠는가?"

그는 "시인합니다"라고 대답했네.

"신들이 모르지 않는다면 처음에 우리가 동의했듯이, 정의로운 자는 신들의 사랑을 받는 반면 불의한 자는 미움을 받을걸세."

"그렇습니다."

"그런데 신들의 사랑을 받는 사람이 이전에 행한 잘못[339] 때문에 이미 613a

---

339 플라톤을 비롯해 고대 그리스인들은 인간이 이승과 저승을 교대로 오가며 살아간다는 윤회설을 믿었다. 여기에서 "이전에 행한 잘못"은 전생에서 저지른 잘못을 가리킨다.

그에게 악이 생긴 상태가 아니라면, 그에게 주어지는 것은 신들이 주는 것일 테니 가장 좋은 것이라는 데 동의하겠는가?"

"물론입니다."

"따라서 정의로운 자는 가난이나 질병이나 그 밖의 악한 일을 겪는다 해도, 살아서든 죽어서든 결국 좋은 일로 끝맺게 된다고 보아야 하네. 정의롭기 위해 애쓰고 미덕을 행하여 인간으로서 가능한 한 신을 닮으
b 려는 사람을 신들이 홀대하지는 않을 테니 말이야."

그는 "신이 자신을 닮으려 하는 사람을 홀대할 것 같지는 않습니다"라고 말했네.

"그렇다면 불의한 자의 경우는 정반대로 생각해야겠지?"

"다분히 그렇습니다."

"이것이 정의로운 자가 신들에게 받는 상이네."

그는 "제가 생각하기에도 그렇습니다"라고 말했네.

내가 말했네. "그러면 정의로운 자가 사람들에게 받는 상은 무엇이겠는가? 있는 그대로 말하자면, 영악하고 불의한 자는 출발선에서는 잘 달리지만 반환점부터는 뒤처지는 달리기 선수처럼 되지 않겠는가?
c 처음에는 재빠르게 출발하지만 결국에는 웃음거리가 되어 화관을 쓰지 못한 채 귀가 어깨에 닿도록 처진 짐승[340]처럼 경기장을 빠져나갈 것이네. 반면 달리기를 정말 잘하는 사람은 끝까지 달려서 상도 받고 화관도 쓸 것이네. 정의로운 자도 대체로 그렇지 않겠는가? 각각의 행위와 교제와 인생의 마지막에 이르렀을 때 사람들에게 명성을 상으로 받지

340 기진맥진하거나 의기소침한 당나귀를 묘사한다.

않겠는가?"

"물론입니다."

"그러니 자네가 불의한 자에 대해 했던 말을 내가 정의로운 자에게로 d
돌리는 것을 이제는 용납하겠는가? 정의로운 자는 어느 정도 나이가 든 후에는 관직을 원할 경우 그의 조국에서 통치를 할 수 있고, 그가 원하는 가문과 혼인도 할 수 있으며, 자녀들을 마음에 드는 사람과 혼인시킬 수 있을 것이라는 말이네. 그 밖에도 자네가 불의한 자에 대해 말한 모든 것을 이제 정의로운 자에게 돌릴 것이네. 불의한 자들 대다수가 젊었을 때는 잘못이 발각되지 않았다 해도 경주의 종착점에 가서는 붙잡혀 웃음거리가 되고, 나이가 들어서는 비참해지며, 내국인이든 외국인이든
모든 이들에게 모욕당하고 짓밟힐 것이네. 사실대로 말하자면, 곤장을 e
맞고 사지가 뒤틀리며 인두로 지지는 고문을 비롯해 자네가 야만적이라고 말한 모든 일을 겪게 될 것이네.[341] 그래도 자네는 내 말을 용납하겠는가?"

그는 "물론입니다. 선생님의 말씀이 옳으니까요"라고 대답했네.

내가 말했네. "정의 자체가 정의로운 자에게 주는 좋은 것들 말고도
바로 이것이 정의로운 자가 생전에 신들과 사람들에게 받는 상과 대가 614a
와 선물이라네."

그는 "너무나 훌륭하고 확실한 상입니다"라고 말했네.

내가 말했네. "하지만 그건 정의로운 자가 사후에 받을 상에 비하면 양이나 크기 면에서 아무것도 아니네. 정의로운 자가 마땅히 받게 될

341 제2권 361e-362c.

것을 이 논의를 통해 빠짐없이 들으려면 다음 이야기도 반드시 들어야 하네."

b 그는 "아주 즐거운 이야기일 것 같습니다. 말씀해주세요"라고 말했네.

내가 말했네. "내가 말하려는 건 알키노스가 들은 이야기[342]가 아니라 팜필리아 부족에 속한 아르메니오스의 아들 에르라는 용감한 남자에 관한 이야기네. 그는 전에 한 전투에서 죽었는데, 열흘이 지나 시신을 수습할 때 다른 시신들은 다 썩어 있었지만 그의 시신만은 전혀 썩지 않아 그대로 거두어 집으로 보냈다네. 죽은 지 열이틀 되는 날에 장례를 치르기 위해 그의 시신을 화장용 장작더미 위에 두었는데, 거기에서 그가 다시 살아났지 뭔가. 살아난 그는 자기가 그동안 저승에서 본 것을 이야기해주었네.

c 그는 혼이 육신을 벗어난 뒤 다른 많은 혼과 함께 걸어 어느 신성한 장소에 도착했다고 하네. 땅에는 큰 구멍 두 개가 나란히 나 있었고, 반대편 하늘 위쪽에도 다른 큰 구멍 두 개가 나 있었다고 하네. 양쪽 구멍들 사이에는 심판관들[343]이 앉아 심판을 한 후, 정의로운 자들에게는 판

---

342 알키노스는 오디세우스가 귀향길에 표류하다가 도착한 스케리아섬의 왕이다. 오디세우스는 그에게 자신이 겪은 일을 들려주는데, 그 이야기가 『오디세이아』 제9권부터 제12권까지 이어진다. 그래서 "알키노스가 들은 이야기"는 '길고 지루한 이야기'를 뜻하는 속담이 되었다. 플라톤은 에르를 '용감한'(알키모스) 남자라고 소개하며 언어유희를 한다. 팜필리아는 고대 소아시아 남부에서 리키아와 킬리키아 사이에 있는 지방이다.

343 고대 그리스인들은 인간이 죽으면 심판을 받고, 천상 세계로 갈지 지하 세계(하데스)로 갈지 결정된다고 믿었다. 그 갈림길에서 심판을 담당하는 '심판관들'로는 미노스와 그의 형제 라디만티스, 이복형제 아이아코스 등이 거론된다. 미노스는 그를 이데산으로 불러 통치술을 가르쳐준 아버지 제우스 덕분에 누구보다 지혜로운 군주이자 입법자로 이름을 떨쳤고, 죽은 후 하데스에 가서도 죽은 자들의 심판관이 되었다.

결받은 내용을 기록한 표지판을 앞에 두르고 하늘에 나 있는 오른쪽 구
멍을 통해 위로 가도록 지시하고, 불의한 자들에게는 그들이 행한 모든
일을 기록한 표지판을 등에 달게 하고서 땅에 나 있는 왼쪽 구멍을 통
해 아래로 내려가도록 지시했다지. 그가 심판관들 앞에 서자 그들은 그 d
에게 그곳에서 일어나는 모든 일을 보고 들으라고 지시했다네.

그는 혼들이 심판받은 후 하늘에 나 있는 구멍 하나와 땅에 나 있는
구멍 하나를 통해 떠나는 것을 보았네. 땅에 나 있는 또 하나의 구멍에
서는 오물과 먼지를 뒤집어쓴 혼들이 올라왔고, 하늘에 나 있는 또 하
나의 구멍에서는 정결한 혼들이 내려왔다고 하네. 혼들은 오랜 여정을 e
마치고 당도한 듯 보였고, 마치 축제에 참가하는 것처럼 기쁜 마음으로
초원으로 가서 야영을 했다고 하네. 서로 아는 혼들은 반갑게 인사를 나
누었고, 땅속에서 올라온 혼들은 하늘에서 내려온 혼들에게 그곳에서
겪은 일을 묻고, 하늘에서 내려온 혼들은 땅속에서 올라온 혼들에게 그
곳에서 겪은 일을 물었다고 하네. 혼들은 자기가 겪은 일을 서로에게 이
야기해주었는데, 땅속에서 올라온 혼들은 천 년이 걸린 땅속 여행[344]에 615a
서 자신들이 얼마나 많은 일을 겪었는지 회상하면서 비통한 심정으로
이야기를 들려주었고, 하늘에서 내려온 혼들은 자신들이 편안히 잘 지
냈고 믿기 어려울 정도로 아름다운 광경을 보았다는 이야기를 했다고
하네.

글라우콘, 그가 보고 들은 많은 것을 전하려면 시간이 오래 걸리기

344 저승에 관한 플라톤의 이야기는 그의 저작 『고르기아스』와 『파이돈』의 끝부분에도 나온다. 혼은 지하 세계(하데스)에 머무는 동안 그곳의 여러 지역을 다니면서 자신이 지은 각각의 죄에 대한 벌을 받기 때문에 여기에서는 "땅속 여행"이라는 표현이 사용되고 있다.

때문에 요지만 이야기하자면 이러하네. 사람들은 언제 누구에게 불의한 짓을 저지른 만큼, 자신이 해를 입힌 사람들의 수만큼 그 대가로 벌을
b 받게 된다는 것이네. 각 잘못에 대해 열 배로 벌을 받는데, 이 벌은 인간의 수명인 백 년이 단위라는군.[345] 예컨대 국가나 군대를 배신하거나 다른 악행에 가담해 많은 사람을 죽게 하거나 노예로 전락하게 만들었다면 그 모든 잘못에 대해 열 배의 고통을 벌로 받는 것이네. 정의롭고 경건한 자가 되어 선행을 한 경우에는 마찬가지로 그만큼의 보상을 받게 된다네.

c 그는 태어난 지 얼마 안 되어 죽은 영아에 대해서도 말해주었지만 그런 이야기는 기억해둘 가치가 없네. 또 그는 신들과 부모에 대한 불경이나 경건, 자기 손으로 행한 살인은 한층 더 많은 대가를 치르거나 상을 받는다는 이야기도 해주었네. 예컨대 어떤 사람이 대참주 아르디아이오스[346]가 죽어서 지금 어디에 있는지 물었을 때, 그곳에 자기도 있었다고 말했네. 그의 말에 의하면 아르디아이오스는 팜필리아의 참주인
d 데, 천 년 전에 나이 많은 아버지와 형을 죽이고 그 자리에 올랐고 다른 불경한 짓도 많이 저질렀다는군. 그런데 이 질문을 받은 사람은 이렇게 대답했다고 하네.

'그는 아직 여기 오지 않았지만 앞으로도 오지 않을 겁니다. 사실 이것도 우리가 본 정말 끔찍한 광경 중 하나였지요. 우리가 주어진 고통을 다 겪고 땅 위로 올라가기 위해 입구 근처에 대기하고 있을 때, 그를

345 플라톤은 여기에서 피타고라스학파가 완전수이자 신성한 수로 여겼던 숫자 10을 받아들인다.

346 아르디아이오스에 대해서는 이외에 알려진 바가 없다.

포함한 한 무리를 보았지요. 대부분이 참주였지만 큰 잘못을 저지른 몇 몇 일반인들도 있었습니다. 그들은 이제 땅 위로 올라갈 때가 되었다고 e
생각했지만, 사악함이 구제 불능 상태이거나 충분히 벌을 받지 않은 자들이 땅 위로 올라가려 할 경우 입구가 삐걱거리며 크고 기분 나쁜 소리를 낸답니다. 입구를 지키던 사납고 불 같은 자들이 그 소리를 듣고는 무리 중에서 일부는 붙잡아 데려가고, 아르디아이오스와 몇몇은 팔다리
와 머리를 한데 묶어 바닥에 내동댕이치더니 살가죽이 벗겨질 정도로 616a
두들겨 패더이다. 그러고는 길옆으로 끌고 가서 가시덤불처럼 생긴 고문 기구 위에 던져 살이 찢어져나가게 하고는 지나가는 자들에게 그 이유를 알려주며 그들이 타르타로스[347]에 떨어질 것이라고 알려주었지요.'

에르의 말에 의하면, 그들은 많은 것이 두려웠지만 무엇보다 땅 위로 올라가는 입구 앞에 섰을 때 거기에서 소리가 나는 것이 가장 두려웠다고 하네. 자기 차례에 그 소리가 나지 않아 땅 위로 올라올 수 있었던 것이 가장 기뻤다고 하더군. 불의한 자들이 받는 벌과 응보는 이런 것이었
으며, 정의로운 자들이 받는 상은 그들과 정반대의 것이었다고 하네. b

사람들은 초원에서 이레를 지낸 후 여드렛날에 그곳을 떠나야 했는데, 길을 떠난 지 나흘째가 되면 우주[348] 전체와 지구를 직선으로 관통하는 빛의 기둥을 위에서 내려다볼 수 있는 곳에 도착했다고 하네. 그

347 '타르타로스'는 그리스 신화의 지하 세계(하데스)에서 가장 깊은 곳에 있는 무시무시한 형벌의 공간, 즉 지옥이다. 한번 갇히면 절대 빠져 나올 수 없다고 한다. 우주를 계란 모양이라고 했을 때 '타르타로스의 구덩이'는 '천상의 돔' 반대편 끝에 있는 심연으로, 평평한 대지를 기준으로 그 둘은 각각 아래와 위로 동일한 거리에 떨어져 세상의 경계를 이룬다고 생각했다. 천상에서 청동 모루를 떨어뜨리면 9일 낮밤을 떨어지다 열흘째 되는 날 대지에 닿고, 다시 9일 낮밤을 떨어져 열흘째 되는 날 타르타로스에 닿았다고 한다.

빛의 기둥은 무지개를 많이 닮았지만 무지개보다 더 밝고 정결했다지.
그들은 하룻길을 더 가서 그 빛이 있는 곳에 도달하여 빛 한가운데에
c 서서 우주를 묶고 있는 띠의 끝이 하늘로부터 뻗어 있는 것을 보았네.
그 빛이 마치 삼단노선의 아래쪽을 두르고 있는 밧줄처럼 우주 전체를
함께 묶고 있었다고 하더군. 띠들의 끝에서는 아낭케 여신의 방추[349]가
뻗어 나오고, 이 방추로 말미암아 모든 회전운동이 이루어진다고 했네.
이 방추의 축과 고리는 금강석으로 되어 있지만 회전추는 금강석에 다
른 종류의 것이 섞여 있었다고 하네.

d 그 회전추의 모양은 이 세상에 있는 것과 비슷한데, 그가 말한 것에
비추어볼 때 이렇게 생각하면 될 것 같네. 즉 완전히 움푹하게 파인 하
나의 큰 회전추 안에 그보다 작은 또 하나의 회전추가 끼워져 있고, 세
번째 것과 네 번째 것, 나머지 네 개도 그런 식으로 끼워져 있어 마치 큰
그릇에서 작은 그릇 순으로 맞춘 듯한 모양이네. 모두 여덟 개의 회전추
e 가 끼워져 있어 이것을 위에서 내려다보면 여덟 개의 둥근 테두리처럼
보이고, 뒤에서 보면 축을 둘러싸고 있는 하나의 회전추처럼 보일 것이
네. 이 방추의 축은 바깥에서 여덟 번째 회전추의 정중앙을 관통하고 있
다고 하네.

가장 바깥쪽에 있는 첫 번째 회전추의 테두리 간격이 가장 넓고, 여섯 번째 테두리 간격이 그다음으로 넓으며, 네 번째 테두리 간격은 세

348 원문에는 '우라노스'(οὐρανός, '하늘')로 되어 있지만 '하늘 전체'는 우주를 가리키므로 '우주'로 번역하되 전체라는 의미를 강조하기 위해 '전체'라는 단어를 덧붙였다.

349 아낭케 여신은 '필연'을 의인화한 여신이다. '방추'는 실을 감는 데 필요한 작은 추 모양의 기구다. 추가 회전하면서 실이 감긴다. 방추 끝에는 회전추가 달려 있다.

번째, 여덟 번째 테두리 간격은 네 번째, 일곱 번째 테두리 간격은 다섯 번째, 다섯 번째 테두리 간격은 여섯 번째, 세 번째 테두리 간격은 일곱 번째, 두 번째 테두리 간격은 여덟 번째로 넓은 원 모양을 하고 있다고 하네.

테두리 간격이 가장 큰 첫 번째 회전추는 여러 빛깔을 띠고, 일곱 번째 회전추는 가장 밝으며, 여덟 번째 회전추는 일곱 번째 회전추의 빛을 617a
반사하고 있으며, 두 번째와 다섯 번째 회전추는 서로 비슷한데 다른 것보다 더 노란빛을 띠며, 세 번째 회전추는 가장 흰빛을 띠고, 네 번째 회전추는 불그스름하며, 여섯 번째 회전추는 두 번째로 희다고 하네.

또한 방추 전체는 동일하게 회전운동을 하지만, 그중에서도 일곱 개의 안쪽 원들은 방추 전체와는 반대 방향으로 회전하는데,[350] 여덟 번째 원이 가장 빠르게 운행하고, 일곱 번째와 여섯 번째와 다섯 번째 원은 b
서로 동일하게 두 번째 빠른 속도로 운행한다는군. 그들이 보기에 네 번째 원은 세 번째로 빠른 속도로 방추 전체와 반대 방향으로 운행하고, 세 번째 원이 네 번째로 빠른 속도로, 두 번째 원이 다섯 번째로 빠른 속도로 운행한다고 하네.[351]

그런데 이 방추는 아낭케의 무릎에서 돌고 있었다고 하네. 각각의 원 위에는 세이렌[352]이 올라서서 함께 회전하며 한 음조의 한 가지 소리를 내지만 여덟 명의 세이렌이 내는 소리가 합쳐져 하나의 화음으로 울려 퍼진다고 하네. 또한 다른 세 여신이 서로 일정한 간격을 두고 빙 둘러 c

350 지구 중심의 관점에서 보면, 하루 동안 우주 전체는 동쪽에서 서쪽으로 움직이는 반면, 행성들은 서쪽에서 동쪽으로 움직이는 것처럼 보인다.

서 각자의 옥좌에 앉아 있었다고 하네. 이들은 아낭케의 딸들인 운명의 여신들로서 흰 옷을 입고 머리에 화관을 쓴 그들의 이름은 각각 라케시스, 클로토, 아트로포스라네.[353] 이 여신들은 세이렌들의 화음에 맞춰 노래를 부르는데 라케시스는 과거의 일을, 클로토는 현재의 일을, 아트로포스는 미래의 일을 노래한다네. 클로토는 오른손으로 방추의 바깥쪽 둘레를 만지면서 돌리다가 잠시 멈추기도 하고, 아트로포스는 왼손으로 방추의 안쪽 둘레를 만지면서 돌리다가 잠시 멈추기도 하며, 라케시
d 스는 오른손으로는 방추의 바깥쪽을, 왼손으로는 안쪽 둘레를 돌리기도 한다네.

그곳에 도착한 혼들은 곧바로 라케시스 앞으로 가야 했다고 하네. 그러면 한 대변자가 먼저 그들을 가지런히 줄 세우고 나서 라케시스의 무릎에서 삶의 표본과 제비뽑기를 위한 제비를 집어든 뒤 높은 단 위에

---

351 여기에 나오는 여덟 개의 회전추에 대한 설명을 정리, 요약하면 다음과 같다.

회전추	테두리 간격 순위	빛깔	회전 속도	해당 천체
첫 번째	1	다채롭다		항성들
두 번째	8	노랗다	5	토성
세 번째	7	가장 희다	4	목성
네 번째	3	불그스름하다	3	화성
다섯 번째	6	노랗다	2	수성
여섯 번째	2	두 번째로 희다	2	금성
일곱 번째	5	가장 밝다	2	태양
여덟 번째	4	태양의 빛을 받는다	1	달

352 세이렌은 그리스 신화에 나오는 반은 여자이고 반은 새인 바다 요정으로, 아름다운 여인과 청아한 소리로 노래 부르는 새가 결합된 모습을 하고 있다. 여러 명의 세이렌이 존재하며, 바닷가 외딴 섬에 살면서 매혹적인 노래를 불러 근처를 지나는 배들을 좌초시킨다.

353 라케시스는 '배분하는 여자', 클로토는 '실 잣는 여자', 아트로포스는 '되돌릴 수 없게 하는 여자'라는 뜻이다.

올라서서 이렇게 말했다고 하네. '아낭케의 따님이자 처녀이신 라케시스 님의 말씀이다. 하루살이 혼들이여, 이것은 죽을 수밖에 없는 운명을 지닌 종족이 죽음을 향해 나아가는 또 다른 주기의 시작이다.[354] 이제 수 e
호신[355]이 제비뽑기를 통해 너희를 선택하는 게 아니라 너희가 제비뽑기를 통해 수호신을 선택하게 된다. 첫 번째 제비를 뽑은 자가 가장 먼저 삶을 선택하면 반드시 그 삶을 살게 될 것이다. 미덕은 정해진 주인이 없으므로 미덕을 소중히 여기는 자는 더 갖게 되는 반면, 하찮게 여기는 자는 덜 갖게 될 것이다. 따라서 그 책임은 신에게 있지 않고 선택한 자에게 있다.'

대변자는 말을 마친 후 모두를 향해 제비들을 던졌네. 에르를 제외한 모든 혼이 각자 자기 옆에 떨어진 제비를 집어 들었지. 에르는 제비를 집어 드는 것이 허락되지 않았다는군. 제비를 집어든 자는 자기가 몇
번째 제비를 뽑았는지 분명히 알았다고 하네. 그런 다음에는 삶의 표본 618a
들이 그들 앞 땅바닥에 놓였는데, 거기에 모인 혼들보다 훨씬 많은 수의 표본들이 있었다고 하네. 모든 인간의 삶에 더해 모든 동물의 삶까지 있었기 때문이지. 표본들에는 참주의 삶도 있는데, 일생 동안 참주로 살아가는 것도 있고, 중간에 몰락하여 빈곤과 도망과 구걸로 끝나는 삶도 있었다고 하네. 또한 유명인사의 삶도 있어 준수한 용모를 지닌 자나 힘이

---

354 혼들에 대해 "하루살이", "죽을 수밖에 없는 운명을 지닌 종족"이라고 말한 것은 혼 자체는 불멸이지만, 윤회를 통해 혼이 살아가는 각각의 생은 유한하고, 영원에 비하면 하루에 불과할 정도로 짧기 때문이다.

355 고대 그리스인들은 각 혼의 수호신이 각자에게 정해진 삶을 무의식 가운데서 이끌어간다고 믿었다(620d-e). 이러한 사상은 피타고라스학파에서 기원했으며, 플라톤과 크세노폰의 저작에서 소크라테스도 자기 수호신의 음성을 들었다고 말한다.

b 세서 운동경기로 유명해진 자의 삶도 있고, 가문과 조상의 미덕으로 유명해진 자의 삶도 있는가 하면 보잘것없는 자의 삶도 있고, 여자의 삶도 마찬가지로 다양했다고 하네. 거기에 혼의 상태는 포함되어 있지 않았는데, 그것은 혼이 어떻게 살아가느냐에 따라 혼의 상태가 달라지기 때문이라고 했네.[356] 그밖에 부유한 삶과 가난한 삶, 질병에 시달리는 삶과 건강한 삶, 이런 것들이 뒤섞인 삶도 있었다고 하네.

여보게 글라우콘, 인간이 어떻게 되느냐 하는 것은 이 모든 것에 달
c 려 있는 것 같네. 그러니 우리 각자는 다른 학문을 배우는 데는 소홀하더라도, 누구든지 스스로 유익한 삶과 나쁜 삶을 구별하고 언제 어디에서나 가능한 대안 중에서 최선을 선택하고 알아보고 찾게 해주는 학문이 있다면 최대한 열심히 배우고 탐구해야 하네.

방금 앞에서 말한 모든 것이 한데 합쳐져, 또한 그 모든 것이 개별적으로 삶의 미덕과 어떤 관계에 있는지 고찰하는 것이 바로 그런 학문이
d 라네. 예컨대 아름다움이 가난이나 부와 결합되고 혼의 어떤 상태를 수반했을 때, 그 결과가 좋은 것이든 나쁜 것이든 알 수 있게 해주는 학문이지. 좋은 가문이나 나쁜 가문에서 태어나는 것, 일반 시민으로 살아가는 것과 관리로 살아가는 것, 체력이 강한 것과 약한 것, 배우기 쉬운 것과 어려운 것 등 혼과 관련해 선천적이거나 후천적인 조건이 서로 결합될 때 어떤 결과를 초래하는지 알게 해주어, 이 모든 것을 통해 무엇
e 이 더 열등한 삶이고 더 우월한 삶인지 알아 혼의 본성에 따라 삶을 선

356 혼이 특정한 삶의 표본을 선택하여 삶의 형태가 정해진다고 해도, 그 안에서 어떻게 사느냐에 따라 혼의 상태가 결정되고, 이것이 혼의 운명을 최종적으로 결정한다는 뜻이다.

택할 수 있게 하는 학문이라네. 여기에서 더 열등한 삶이란 혼을 더 불의한 쪽으로 이끄는 삶이고, 더 우월한 삶이란 혼을 더 정의로운 쪽으로 이끄는 삶이겠지. 그 밖에 다른 것은 상관할 필요가 없네. 살아서든 죽어서든 방금 말한 것이 가장 중요한 선택임을 우리가 보지 않았는가?

이러한 신념을 금강석처럼 견고하게 지니고 저승으로 가야 하네. 그 619a
래야만 저승에서 부를 비롯해 이런저런 나쁜 것에 기세가 꺾이는 일도 없을 테고, 참주 같은 행동이나 그와 비슷한 행동에 휘말려 만회할 수 없는 나쁜 짓을 저지르다가 훨씬 더 나쁜 일을 겪게 되는 일도 없을 것이네. 또한 언제나 중용의 삶을 선택하여 이승에서든 저승에서든 양극단으로 치닫지 않을 수 있을 것이네. 그렇게 살아갈 때 비로소 인간은
가장 행복해질 수 있다네. b

저승에서 온 사자 에르는 또 라케시스 님의 대변자가 이렇게 말했다고 했네. '마지막 순번의 제비를 뽑은 자도 숙고하여 삶을 선택한 후 진지하게 산다면, 결코 나쁘지 않은 만족할 만한 삶을 살게 될 것이다. 그러니 가장 먼저 선택하는 자라고 해서 방심해서는 안 되고, 마지막에 선택하는 자라고 해서 낙담할 필요도 없다.'

계속된 에르의 말에 의하면, 대변자가 말을 마치자 첫 번째로 제비를 뽑은 자가 즉시 앞으로 나오더니 참주의 삶을 선택했다고 하네. 탐욕에 이끌려 모든 것을 충분히 살펴보지 않고 아무 생각 없이 선택을 한 것
이네. 그 때문에 자신이 선택한 삶 속에 자기 자식을 잡아먹게 될 일을 c
비롯해 여러 나쁜 일을 겪게 될 운명이 포함되어 있음을 알아차리지 못했다고 하네. 나중에 시간의 여유를 가지고 자기가 선택한 삶을 살펴보고는 가슴을 치며 억울해했다는군. 나쁜 운명을 맞이하게 된 책임이 대

변자의 경고를 마음에 두지 않은 자신에게 있음에도 불구하고 운과 수호신 등 남 탓을 하면서 말이네. 그런데 그는 하늘에서 온 자들 가운데
d 한 명으로, 전생에 질서가 잘 잡힌 정치체제에서 살면서 지혜에 대한 사랑 없이 습관적으로 미덕을 행하던 자였다고 하네. 그와 같이 곤혹스러운 상황에 내몰린 자들 중에는 하늘에서 온 자들이 적지 않았는데, 그들이 힘든 일을 통해 단련되지 않았기 때문이라고 하네. 반면 땅속에서 온 자들 중 다수는 직접 힘든 일을 겪고, 다른 사람들이 힘든 일을 겪는 것도 지켜보았기 때문에 성급한 선택을 하지 않았다고 하네. 이런 이유와 제비뽑기 운으로 다수의 혼들에게 나쁜 운명과 좋은 운명이 뒤바뀌는 일이 일어난다고 하네.

e 하지만 이승에서 살 때 언제나 지혜를 사랑하며 살고 마지막 순번의 제비만 뽑지 않는다면, 이승에서 행복하게 살 수 있을 뿐만 아니라 저승으로 갈 때와 저승에서 다시 돌아올 때에도 땅속의 험한 길이 아니라 하늘의 평탄한 길을 지날 가능성이 크다고 저승에서 온 자가 알려주었네.

620a 에르는 각각의 혼이 자신의 삶을 선택하는 광경은 지켜볼 만했다고 말했네. 측은하기도 하고 우습기도 하고 감탄이 절로 나오기도 했다는군. 대다수는 전생에 친숙했던 삶을 따라 선택을 한다고 하네. 예컨대 전생에 오르페우스[357]였던 혼이 백조의 삶을 선택하는 것을 보았는데, 이는 그가 전생에 여자들에게 죽임을 당했기 때문에 여자의 몸에 잉

357 그리스 신화에 나오는 음유시인으로 리라의 명연주자다. 그의 노래와 리라 연주에 초목과 짐승까지 감동했다고 한다. 그는 자신들을 무시한다고 생각해 분노한 트라키아 여인들에게 갈가리 찢겨 죽었다.

태되기 싫어서였다지. 또한 전생에 타미라스[358]였던 혼이 나이팅게일
의 삶을 선택하는 것도 보았고, 백조와 그 밖에 노래하는 동물이 인간
의 삶을 선택하는 것도 보았다고 하네. 스무 번째 제비를 뽑은 혼은 사 b
자의 삶을 선택했다지. 그 혼은 텔라몬의 아들 아이아스[359]의 혼이었는
데, 아킬레우스의 무구에 대한 판결이 떠올라 인간이 되기를 거부한 것
이라고 하네. 그다음 차례였던 아가멤논[360]의 혼은 생전에 당한 일로 생
긴 인간 종족에 대한 증오심 때문에 독수리의 삶을 선택했다고 하네. 아
탈란타[361]의 혼은 중간 순번의 제비를 뽑았는데, 운동선수로 큰 명예를
얻는 삶을 그냥 지나치지 못해 그 삶을 선택했다고 하네. 다음으로는 파 c
노페우스의 아들 에페이오스[362]의 혼이 여자 기술자의 삶으로 가는 것
을 보았고, 거의 마지막 순번에 있던 광대 테르시테스[363]의 혼이 원숭이
로 바뀌는 것도 보았다고 하네. 어쩌다 보니 가장 마지막으로 제비를 뽑
게 된 오디세우스[364]의 혼은 삶을 선택하러 나갔는데, 전생에 고생했던

---

358 트라케 출신으로 음악적 재능이 뛰어났던 음유시인이다. 자신의 재능을 믿고 무사 여신들에게 도전했다가 눈이 멀고 재능을 빼앗겼다.

359 살라미스의 왕 텔라몬의 아들로 트로이아 전쟁 시 그리스군 진영에서 아킬레우스에 버금가는 용장이었다. 아킬레우스가 죽은 후 그의 무구를 두고 벌어진 오디세우스와의 재판에서 그리스군 장군들이 오디세우스를 지지하자 그에 대한 충격과 분노로 자살한다.

360 각주 65를 보라.

361 그리스 신화에 나오는 처녀 사냥꾼이며, 남자를 능가하는 힘과 용맹으로 여러 유명한 사건에서 이름을 떨쳤다.

362 그리스 신화에 나오는 뛰어난 목수다. 트로이아 전쟁이 10년째로 접어들었을 때, 그리스군은 오디세우스의 제안으로 거대한 목마를 만들어 남겨두고 철수하는 위장 전술을 펴기로 했는데, 에페이오스는 꿈에 아테나 여신의 계시를 받고 목마 만드는 일을 맡는다.

363 트로이아 전쟁에서 추악한 외모에 입이 험하고 호전적인 성격으로 유명한 그리스군 병사다. 호메로스에 의하면, 그는 음란하기 짝이 없는 사람으로 다리는 짧고 휘었고, 어깨는 굽었으며, 머리는 원뿔 모양이었다.

기억 때문에 명예욕도 내려놓은 그는 평범한 개인으로 마음 편히 사는 삶을 한참이나 찾다가 마침내 아무도 찾지 않아 한쪽에 놓여 있던 그런
d 삶을 겨우 찾아냈다고 하네. 그는 몹시 기뻐하며 자기가 첫 번째로 제비를 뽑았다 해도 같은 선택을 했을 것이라며 그 삶을 선택했다지. 전생에 짐승이었던 혼들도 이런 식으로 여러 부류의 사람이나 다른 짐승이 되었는데, 불의한 것은 사나운 것으로 정의로운 것은 유순한 것으로 바뀌면서 온갖 뒤섞임이 일어났다고 하네.

이렇게 해서 모든 혼이 제 삶을 선택한 후에는 제비뽑기를 통해 정해진 순서를 따라 차례로 라케시스 앞으로 나아갔고, 라케시스는 각자가 선택한 수호신을 그들에게 붙여주어 함께 보냈다네. 이 수호신들은 각
e 자가 선택한 삶을 지켜주고 그 삶을 끝까지 충실하게 살아가도록 돕는 신이라고 하더군. 수호신은 먼저 혼을 클로토에게 인도한 다음 방추를 돌리고 있는 여신의 손 아래쪽으로 데려가 그가 선택한 운명을 확인받게 했다고 하네. 그러고 나서 수호신은 운명의 실을 잣고 있는 아스트로포스 여신에게 혼을 데려가 주어진 운명을 되돌릴 수 없게 만들었다고
621a 하네. 그다음에는 곧장 아낭케의 옥좌 아래로 갔다고 하네. 모든 혼들이 거기를 통과한 후 숨이 턱턱 막히는 무시무시한 열기 속에서 망각의 평원[365] 으로 나아갔다네.

---

364 오디세우스는 그리스 신화에 나오는 영웅이자 이타케의 왕이다. 트로이아 전쟁에서 그리스군 최고의 지략가인 그는 전쟁을 끝내고 귀향하는 길에 여러 바다를 떠돌며 갖은 기이한 일을 겪은 것으로 유명하다. 호메로스의 『오디세이아』는 그의 모험담을 그린다.

365 "망각의 평원"은 "무념의 강"(621a) 또는 "망각의 강"(621c)으로 가려면 반드시 지나야 하는 평원이다. 이곳이 열기로 가득했다는 것은 누구도 망각의 강물을 마시지 않을 수 없음을 보여준다. 망각의 강은 그리스 신화에서 저승길 묘사에 반드시 등장하며, 이 강물을

그곳은 나무는커녕 땅에서 자라는 것이 아무것도 없어 그렇게 덥다고 하더군. 이미 저녁이 되어 그들은 무념의 강 옆에서 야영을 했는데, 이 강물은 어떤 그릇으로도 담을 수 없다고 하네. 모두가 이 강물을 반드시 어느 정도 마셔야 하는데, 지혜의 도움을 받지 못한 자들은 더 많이 마시게 된다네. 일단 마시면 모든 것을 망각하게 된다는 이 강물을 b
마시고 혼들은 잠이 들었네. 그러다 한밤중에 천둥이 치고 땅이 흔들렸고 그들이 갑자기 들리더니 각자 선택한 삶으로 태어나기 위해 유성처럼 빠르게 이동했다더군. 에르는 무념의 강물을 마시는 것이 허락되지 않았지만, 자신이 어떻게 해서 자기 몸으로 다시 돌아왔는지 모르겠다고 하네. 다만 갑자기 눈을 떠보니 이른 새벽이었고, 자신이 화장용 장작더미 위에 누워 있었다지.

글라우콘, 이 이야기가 사라지지 않고 보전된 덕분에 우리가 이 이야 c
기를 믿는다면, 이 이야기도 우리를 보전해줄 것이네. 그리하여 우리의 혼을 더럽히지 않고도 망각의 강을 무사히 건널 수 있게 될 것이네.[366] 혼은 온갖 나쁜 것과 좋은 것을 견뎌낼 수 있는 불멸의 것이라는 내 말을 믿는다면, 우리는 언제나 위로 향한 길을 걷고 모든 일에서 지혜를 따라 정의를 행할 것이네. 그렇게 해야만 이승에 머물러 있을 때나, 경 d
기 우승자들이 상을 받듯이 나중에 정의가 주는 상을 받을 때나, 우리

마시면 이승의 일을 모두 잊는다. 여기에서 플라톤은 혼들이 저승에서 이승으로 올 때 이 강물을 마시는 것을 이데아론에 연결시킨다. 인간은 이데아가 있는 저승의 삶을 경험한 후 이승에 태어나기 때문에 이미 이데아의 진리를 알고 있지만 다만 잊고 있다는 것이다.

366 '우리의 혼을 더럽히지 않는다'는 것은 앞에서 말한 '지혜의 도움을 받지 못한 자들은 더 많이 마시게 된다'는 것과 반대되는 개념으로, 이미 지혜로 단련된 자는 망각의 강물을 마시지 않거나 조금만 마셔서 진리 또는 참된 것을 그대로 보전한다는 뜻이다.

자신과 신들의 친구가 되어 이승에서든 우리 앞에 놓인 천 년의 여정에서든 잘 지내게 될 것이네."

해제

박문재

오늘날은 상대적 가치관의 시대, 불확실성의 시대라고 말한다. 절대적 진리는 없고 모든 것이 상대적이며, 고대 그리스에서 활동한 소피스트 프로타고라스의 말처럼 "인간이 만물의 척도"인 시대, 즉 각자의 생각이 진리인 시대다. 이런 상대주의적 논리로 '수사학'이라는 변증술을 가르치고 대중을 선동해 자기 이익을 추구한 사람들이 바로 고대 그리스의 소피스트였다. 그리고 그들에 맞서서 변함없는 진리를 외친 사람들이 소크라테스와 플라톤과 아리스토텔레스였다.

당시에도 이익과 즐거움을 따라 원하든 원하지 않든 상대주의적인 사고를 지니고 살아가는 것이 대중이었다. 대중은 정의를 따라 살기란 쉽지 않고 그러다가 현실에서 불이익을 당한다고 생각했고, 플라톤은 그런 현실에 동의하지만 그럼에도 정의로운 삶, 진리를 따라 살아가는 것이 진정으로 유익한 삶이라는 철학을 모든 저작에서 역설했다. 그는 인간이 지닌 보편 이성을 따라 철저한 논변을 통해 이것이 참임을 설득했다. 진리를 지향하면서 그 수단으로 이성적 논증을 사용한 것이다.

인간이라면 누구나 지닌 이성과 욕구의 갈등 속에서 어느 쪽을 따라 살아가는 것이 정의롭고 행복한 삶인가? 그런 삶을 살아야 하는 이유는 무엇인가? 그런 삶을 살기 위해서는 어떻게 해야 하는가? 이것은 시대를 막론하고 모든 인간이 직면한 문제다. 따라서 이러한 문제를 다루고 있는 『국가』는 영원한 고전일 수밖에 없다. 플라톤은 『국가』를 통해 근본적으로 "인간은 어떻게 살아야 하는가"라는 화두를 던지고, 관련된 모든 측면에서 이치를 따져 고찰하는 방식으로 문제에 답한다.

플라톤은 이 문제를 풀기 위해 '국가'라는 큰 그림을 사용해 개인의 혼을 진단하고 해부한다. 다른 한편으로는 실제로 가장 좋은 국가인 왕도정(王道政)이 어떻게 명예정, 과두정, 민주정, 참주정으로 변해가는지 설명한다. 민주정이 최악의 국가 참주정(독재국가)으로 변해가는 과정을 묘사한 대목은 아이러니면서 압권이고, 오늘날 전 세계의 상황을 잘 보여준다.

1. 플라톤과 소크라테스

(1) 플라톤은 누구인가

『국가』의 화자는 소크라테스이지만 저자는 플라톤이다. 플라톤은 기원전 423년경에 고대 그리스 아테네의 부유하고 영향력 있는 가문에서 태어났다. 그의 아버지 아리스톤은 아테네의 전설적인 왕 코드로스의 후손이고, 어머니 페리크티오네는 고대 그리스 7현인 중 한 명인 솔론의 후손으로 전해진다. 형제들로는 아데이만토스와 글라우콘이 있다.

플라톤은 20세쯤 소크라테스의 문하로 들어갔다. 어린 시절에는 유명한 문인들에게서 주로 문학을 사사했지만 이때부터는 철학에 매진했다. 그러다가 기원전 399년 소크라테스가 사형을 당한 후 크게 실망한 나머지 다른 제자들처럼 아테네를 떠나 메가라, 이탈리아, 시칠리아, 키레네 등지를 여행하며 다양한 종파와 사상을 접했다. 이때의 경험은 그의 사상과 저작에 밑거름이 되었다.

40세가 되어 아테네로 돌아온 플라톤은 서양문명에서 가장 오래된 학문 연구기관 중 하나인 아카데미아를 창설했다. 이 학교는 아테네에서 1킬로미터 정도 떨어진 아카데무스의 숲에 세워졌고, 기원전 84년 술라 장군이 파괴할 때까지 운영되었다. 이곳에서 플라톤과 더불어 그리스 최고의 사상가로 꼽히는 철학자 아리스토텔레스가 배출되었다.

플라톤은 기원전 366년과 361년 두 번에 걸쳐 이탈리아 시칠리아섬의 도시국가 시라쿠사로 건너가 자신의 정치철학을 현실에서 실천하려고 했으나 결국 실패했다. 죽음의 고비를 넘기고 나서 다시 아테네로 돌아온 후, 그는 기원전 348년에 죽을 때까지 자신이 세운 아카데미아에서 제자들을 가르치고 학문을 연구하는 일에 매진했다.

(2) 소크라테스는 누구인가

서양철학의 창시자 중 한 명이자 최초의 윤리 철학자로 평가받는 소크라테스는 기원전 469년경 아테네에서 조각가이자 석공인 아버지 소프로니코스와 산파인 어머니 파이나레테 사이에서 태어났다. 그는 알로페케에서 태어났고, 아테네의 열 개 부족 가운데 안티오키스 부족에 속했다. 유년 시절과 청년 시절에 대해서는 알려진 바가 거의 없지만, 젊어서는 자연철학에 관심을 가졌고 아낙사고라스의 책도 읽었으며 펠로폰네소스 전쟁에 여러 차례 참전하기도 했다. 관직에 나가지는 않았지만 아테네의 민주정에서는 열 개 부족의 자유민들이 차례대로 돌아가면서 평의회 의원직을 맡았기 때문에 그도 평의회 의원과 집행위원이 되었다. 그가 참전했을 때와 평의회 의원이었을 때의 경험이 이 책에 수록된 네 편의 글에 반영되어 있다.

소크라테스는 말년에 정치 문제에 휘말려 결국 불경죄와 청년들에게 궤변을 가르쳤다는 죄목으로 사형을 당한다. 당시 아테네에는 기존의 민주정 세력과 스파르타 법을 새롭게 차용하려는 귀족적 과두정 세력 간의 갈등이 지속되고 있었다. 그 와중에 민주정 세력은 과두정 세력에게 경고하는 의미로 소크라테스를 처형했다. 그는 비록 현실 정치에 참여하지 않았지만 그의 가르침이 민주정을 비난하고 과두정을 옹호하는 것처럼 보였고, 그의 제자들과 친구들 상당수가 과두정 세력에 서 있었기 때문이다.

소크라테스의 생애와 사상을 전하는 문헌은 주로 제자 플라톤과 크세노폰이 작성했다. 그 글들에 의하면 소크라테스의 두드러진 특징 중 하나는 못생겼다는 것이고, 다른 하나는 탁월한 지성을 지녔다는 것이다.

2. 그들의 시대와 아테네

소크라테스와 플라톤이 살았던 아테네는 고대 그리스의 아티카 지방에 자리한 유명한 도시국가였다. 솔론의 개혁 후 페이시스트라토스(기원전 600-527년경)가 참주(비합법적으로 정권을 장악해 통치자가 된 독재자, 그리스어로는 '티란노스')가 되고 나서 그의 아들 힙피아스(기원전 527-510년)를 끝으로 참주정은 막을 내렸다. 클레이스테네스(기원전 570-508년경)는 참주 힙피아스를 몰아내고, 기원전 508년에 기존의 전통 부족 체제를 없앤 후 아테네를 10부족 174구역 체제로 바꾸고 도편추방제를 도입하여 민주정의 토대를 닦았다. 얼마 후 페리클레스(기원전 495-429년경)가 등장하며 아테네의 민주정은 전성기를 맞이하고 확고해졌다.

아테네는 기원전 492-479년까지 지속된 페르시아 제국의 침략을 격퇴한 후, 그리스 도시국가들을 규합하여 델로스 동맹을 맺고 맹주가 되어 패권을 행사했다. 기원전 431-404년에는 아테네와 스파르타가 각각 동맹군을 거느리고 패권 전쟁을 벌였다. 이 펠로폰네소스 전쟁은 스파르타의 승리로 끝났지만, 이를 계기로 고대 그리스는 쇠망의 길을 걷는다. 이후 아테네는 기원전 338년에 마케도니아 왕국의 필리포스 2세에게 정복당할 때까지, 잠시 동안의 30인 참주정을 제외하면 170여 년간 매우 안정적인 민주정 체제를 유지했다.

이 시기에 아테네에는 유명한 철학자와 소피스트들이 모여들었다. 자연철학자 아낙사고라스(기원전 500-428년경)는 페리클레스의 초청으로 아테네에 와서 30여 년간 머물면서 합리적인 자연철학을 전파했고, 소크라테스도 젊은 시절에 그의 책들을 읽었다. 가장 유명한 소피스트 프로타고라스(기원전 485-414년경)도 여러 차례 아테네를 방문하여 소피스트 특유의 인간 중심의 상대주의적 지식론을 가르쳤다. 또 한 명의 유명한 소피스트 고르기아스(기원전 483-376년경)도 기원전 427년에 아테네로 와서 현란한 수사학으로 사람들을 매료시켰다. 하지만 아테네는 종교적으로는 대단히 보수적이었고 여기에 정치적 의도까지 더해져 아낙사고라스와 프로타고라스는 불경죄로 추방되었고, 소크라테스도 신의 존재를 믿지 않는 소피스트로 몰려 역시 불경죄로 처형되었다.

3. 플라톤의 저작들과 철학 사상

(1) 플라톤의 저작들

그의 저작으로는 대부분 대화 형식으로 이루어진 25편의 대화편이 전해진다. 대화편은 저작 연대와 사상의 경향에 따라 세 가지 범주로 구분할 수 있다.

첫 번째는 『소크라테스의 변론』, 『크리톤』, 『프로타고라스』, 『고르기아스』 등과 같은 초기 저작들로서 윤리를 중심으로 소크라테스의 사상을 정립하여 제시한다. 『소크라테스의 변론』은 소크라테스가 불경죄 및 청년들을 궤변으로 선동했다는 자신의 죄목에 대해 재판정에서 직접 변론하는 내용이다. 『크리톤』에서는 탈옥을 권유하는 친구 크리톤에게 탈옥이 불가한 이유를 제시한다. 『프로타고라스』와 『고르기아스』에서는 당시 가장 유명한 두 소피스트와 논쟁하는 가운데 미덕이 무엇인지 밝힌다.

두 번째는 『메논』, 『파이돈』, 『파이드로스』, 『국가』 등과 같이 플라톤이 여러 지역을 여행한 후 독자적인 사상을 완성해간 중기 시절의 저작들이다. 『메논』에서는 미덕과 지식의 관계 및 전생을, 『파이돈』에서는 혼의 불멸과 이데아를, 『파이드로스』에서는 혼과 몸의 이데아와의 관련성을, 『국가』에서는 이데아를 기반으로 한 정의론을 다룬다.

세 번째는 『티마이오스』, 『정치가』, 『법률』 등과 같은 노년기의 저작들이다. 『티마이오스』에서는 우주와 대지의 생명을 이데아 관점에서 바라본 자연철학적 논의를, 『정치가』와 『법률』에서는 플라톤 자신의 구체적인 정치철학을 제시한다.

(2) 플라톤의 철학 사상

앞에서 보았듯이 플라톤의 철학은 '이데아론'이라고 부르는 사상을 중심으로 전개된다. 이 해제의 목적은 플라톤의 철학 사상을 자세히 들여다보는 것이 아니라 『국가』를 읽고 이해하기 위한 정지 작업에 있으므로 여기에서는 그의 이데아론을 중심으로 살펴보겠다. 이데아는 플라톤의 모든 저작들, 특히 『국가』의 핵심 단어이자 개념이다.

플라톤이 이데아론을 주창한 데는 당시 유행한 소피스트들의 사상이 큰 역할을 했다. 자연철학에 집중했던 이전의 철학자들은 절대 진리와 우주의 궁극적 원리가 존재한다고 믿는 절대주의적 세계관을 가지고 있었다. 반면에 당시 현자라고 불렸던 소피스트들은 상대주의적 세계관과 가치관을 기반으로 현실 세계와 그 법칙을 탐구했고, 천문과 지리 등 전문적이고 실용적인 지식을 추구했다. 특히 수사학과 논쟁술을 강조했고 여러 곳을 순회하며 이를 가르쳤다. 최초의 소피스트로 잘 알려진 프로타고라스는 "인간은 만물의 척도"라고 말하며 상대주의를 설파했고, 고르기아스는 논증의 의미에서 '로고스', 즉 언어의 힘을 강조했다. 수사학으로 유명했던 트라시마코스(기원전 459-400년경)는 "정의는 강자의 이익을 위한 것"이라고 주장했다.

소피스트들의 등장은 시대의 요구를 반영한 것이었다. 그리스는 페르시아와의 전쟁에서 승리한 이후로 번영을 구가했으며, 특히 아테네는 번영의 중심지로서 물질문명과 정신문명 모두에서 풍요를 누렸다. 그러다 보니 정치와 법률은 물론이고 각종 전문 분야의 실용 지식이 절실해지고, 각계각층의 의식과 교양 수준이 높아지면서 사람들을 설득하는 논쟁술과 수사학이 큰 인기를 끌었다.

상대주의적이고 실용적인 지식을 탐구하고 그런 지식을 '지혜'라고 부르는 풍조에 맞서 전혀 다른 패러다임을 제시한 인물이 바로 소크라테스다. 그리고 그의 사상을 정립하고 발전시켜 표현해낸 인물이 플라톤이다. 두 사람이 절대적 세계관과 가치관을 정립하기 위해 내세운 개념이 바로 '이데아'다. 이데아는 경험할 수 있는 현실 세계에 맞닿아 있고, 이 세계를 지배하면서도 경험을 초월해 원초적으로 존재하는 궁극의 실재이기 때문이다. 이들은 경험 세계에 존재하는 모든 것은 이데아의 파편들로 불완전할 수밖에 없고, 절대적으로 완전한 것은 이데아뿐이라고 보았다.

(3) 플라톤의 이데아론

플라톤의 저작에서 '이데아'는 주로 그리스어 '이데아' 또는 '에이도스'로 표현된다. 두 단어는 모두 '보다'를 뜻하는 단어에서 파생한 명사로서 '보이는 것', 즉 '형상, 형태'를 의미한다. 실제로 『국가』에서 이 단어들은 그러한 일반적 의미로 사용된다. 이를테면 아름다움의 이데아란 아름다움의 형상, 즉 아름다움 자체를 의미한다. 이러저러한 아름다운 것이 존재하는 것과는 별개로 그 모든 것의 원형인 '아름다움'이라는 참되고 궁극적인 실재가 존재한다는 것이다. 여기에서 '아름다운 것들'과

'아름다움'은 별개로 존재하는 실체들이다. 『파르메니데스』에서는 이데아를 "사물의 본성에 존재하는 고유한 원형"이라고 정의한다.

플라톤은 지성을 통해서만 이데아를 인식할 수 있다고 보며, 혼이 이데아를 발견하는 세 가지 방식을 제시한다.

첫 번째는 '상기'(그리스어로 '아남네시스')다. 인간의 혼은 몸 속에 들어오기 전에 이미 저승에서 존재했고 그곳에서 이데아들을 알고 있었다. 이데아에 대한 지식을 선험적으로 갖고 있는 것이다. 다만 태어나면서 망각의 과정을 거치는 까닭에 인간은 사물과 감각적으로 접촉하며 배우는 과정을 통해 잊어버린 이데아에 대한 지식을 다시금 상기한다.

두 번째는 '변증', 즉 논리적 추론이다. 인간은 현실 세계를 관찰하는 방식으로는 불완전한 지식밖에 얻을 수 없고, 오직 이성을 사용한 논리적 추론으로만 참되고 온전한 지식, 즉 이데아에 대한 지식을 얻을 수 있다. 신체의 감각들은 혼이 변증을 통해 참된 지혜에 이르는 길에서 방해가 될 뿐이다.

세 번째는 '에로스'다. 모든 인간에게는 에로스를 추구하는 본성이 내재되어 있고, 이 본성이야말로 참된 지혜, 즉 이데아 세계에 도달하려는 욕구다. 아름다움을 추구하고 아름다움에서 즐거움을 누리려는 욕구이기도 하다. 처음에는 아름다운 육체에서 시작하여 아름다운 미덕과 아름다운 일로 나아가고, 마침내 아름다움이라는 이데아로 나아간다.

혼이 이데아를 발견하는 세 가지 방식 중에서 첫 번째는 주로 『파이돈』에서 다루고, 세 번째는 『향연』에서 다루며, 두 번째는 『국가』에서 집중적으로 다룬다.

4. 『국가』에 대하여

(1) 제목과 형식

『국가』의 원제는 『폴리테이아』(πολιτεία)다. 고대 그리스에서 '국가'는 도시국가를 뜻하는 폴리스(πόλις)였다. 당시 폴리스는 그리스인들의 정치, 경제, 사회의 기본 요소이고 배타적인 단위였다. 폴리스 한복판의 언덕 위에는 아크로폴리스라는 성채가 있었고, 그 아래에는 시민들이 집회 장소와 시장으로 이용하는 아고라 광장이 있었으며, 성 안에는 시민들이 거주했다. 외국인들은 성 밖에서 거주가 허용되었다. 폴리스는 그리스 본토에만 100여 개가 있었고, 식민지까지 합하면 1,000여 개가 넘었다. 그 규모도 다양해 인구가 수천에서 20-30만 명까지 되었고, 평균은 5,000명 정도였다. 『국가』에서도 "그리스에 속한 국가들"이라는 표현이 나오는데 이는 폴리스를 가리키는 데 사용된다. 자유민으로서 폴리스의 시민권을 가진 시민은 폴리테스(πολίτης)라고 불렀다. 그렇다면 폴리테이아는 무엇을 의미하는가? 폴리스가 일반적 의미의 국가를 가리킨다면, 폴리테이아는 시민들의 다양한 정치, 경제, 사회 활동이 하나로 결합되어 조직된 구체적인 형태의 국가를 가리킨다. 사전에서 찾아볼 수 있는 폴리테이아의 가장 기본적인 의미는 "시민들의 상태와 권리"이고, 방금 말한 의미의 국가를 가리키는 데도 사용된다.

후세 사람들은 『국가』에 '정의론'이라는 부제를 붙였다. 사실 『국가』에서 소크라테스는 개개인의 정의를 좀 더 수월하게 살펴보기 위해 국가를 살펴보겠다고 말한다. 그는 먼저 가장 이상적인 국가를 세운 후, 네 가지 불의한 정치체제를 가진 국가들을 차례대로 고찰한다. 플라톤이 이 책에서 다루고자 한 주제는 개인의 정의든 국가의 정의든 '정의'가 분명하다. '정의'의 사전적 정의는 "진리에 맞는 올바른 길"이고, 플라톤에게 '진리'는 하늘에 있는 본(本)인 '이데아의 세계'이므로 개인이든 국가든 이 이데아의 세계를 본받아 걸어가는 것이 정의다. 실제로 플라톤은 그런 정의로운 국가가 현실에서 존재하든 존재하지 않든 "지혜를 사랑하는 자"는 하늘에 있는 이데아의 세계에서 살아갈 뿐이며, 정의로운 국가라 할지라도 그 국가의 통치자로 일하는 것은 그에게 부차적인 일이라고 말한다.

플라톤은 거의 모든 저작에 소크라테스를 화자로 등장시켜 문답법으로 그의 사상을 전개해간다. 『국가』도 소크라테스가 부호 케팔로스의 집에서 여러 사람과 대화한 내용을 말해주는 형식으로 되어 있다. 첫 대화 상대로 은퇴한 부호 케팔로스가 등장하고, 다음으로 그의 아들 폴레마르코스가, 그다음으로는 소피스트 트라시마코스가 등장한다. 이어서 이 책의 대부분에 해당하는 분량에서는 플라톤의 형제 글라우콘과 아데이만토스가 등장한다.

문답법의 핵심은 상대를 차근차근 '설득해가는' 과정에 있다. 플라톤은 소크라테스의 첫 대화 상대인 케팔로스와의 대화를 통해 인생의 행복을 결정하는 것은 돈이 아니라 정의로운 삶이라고 운을 뗀다. 다음으로 폴레마르코스와의 대화에서는 그가 제시한 통속적인 정의의 개념을 반박한다. 이에 분노하며 개입한 트라시마코스와의 대화에서는 불의를 행하는 것이 행복이라는 그의 주장이 모순되었음을 문답을 통해 그가 인정하지 않을 수 없게 만든다. 여기까지가 『국가』의 서론 또는 서곡에 해당하고, 소크라테스는 이제 논의가 끝났다고 생각한다. 하지만 갑자기 글라우콘이 끼어들어 정의와 불의에 대한 대중의 생각을 대변한 후, 이제 정의로운 자와 불의한 자 중 누가 더 행복한지 따져보자고 제안하며 본격적인 토론이 시작된다.

(2) 전체 개요

소크라테스는 아테네의 외항인 페이라이에우스에서 축제 구경을 마치고 돌아가는 길에 그곳에 사는 폴레마르코스를 만난다. 초대를 받은 소크라테스는 그의 집으로 가서 그의 아버지 케팔로스를 만난다. 소크라테스가 노년의 삶에 대해 묻자 케팔로스는 인생에서 중요한 것은 돈이 아니라 정의롭게 사는 것이라고 대답한 후 일이 있다며 나간다(327a-331d).

그런 다음 폴레마르코스가 대화를 이어받아 정의는 "각자에게 갚을 것을 갚고 각자의 몫을 주는 것"이라고 주장하고, 소크라테스는 대화를 통해 그 주장을 다각도로 검토한다(331d-336a). 이 대화를 듣고 있던 소피스트 트라시마코스가 "정의는 강자의 이익을 위한 것"이라고 반박하면서 들키지만 않는다면 불의하게 사는 것이 더 좋고 행복한 삶이라고 주장한다(336b-339b). 소크라테스는 여러 가지 근거를 들어 트라시마코스의 주장이 모순임을 밝히고 그의 승복을 받아낸다. 하지만 소크라테스는 정의가 무엇인지 알지 못한 채 더 이상의 논의는 불가능하다며 자리를 정리하려 한다(339b-354c).

그러자 글라우콘이 나서서 자신이 불의를 옹호하는 입장이 되어 말해보겠다고 한 뒤, 현실에서는 실제로 불의를 행하는 자가 더 잘되고 행복하다고 주장한다. 그리고 정의를 행하여 얻는 보상 때문이 아니라 정의를 행하는 것 자체가 왜 더 좋고 행복한 것인지 말해달라고 요청한다. 소크라테스는 개인이 아니라 국가 차원에서 정의를 찾아보는 편이 더 쉬울 것이라며 논의하는 가운데 그런 국가를 세워보자고 제안한다(357a-369b).

소크라테스는 국가의 기원과 구성원에 대해 말하면서 국가에는 다양한 직업인과 국가를 지키는 '수호자'가 필요하다는 것을 보여준다(369b-376b). 다음으로 수호자의 교육 문제로 넘어가 시가 교육과 체육 교육의 필요성과 교육 방법을 자세히 설명한다(376c-412b). 수호자들 중에서 통치자를 선발하는 방법과 수호자의 사유재산 금지, 처자식 공유 등 수호자들의 삶에 대해서도 설명한다. 아데이만토스가 그렇게 살면 수호자들이 과연 행복하겠느냐고 반문하자, 소크라테스는 국가는 어느 한 집단이 아니라 전체가 행복해야 한다고 반박하면서 논의상의 국가 수립을 마무리한다. 그런 다음 주제는 자연스럽게 국가 차원의 정의 문제로 옮겨간다(412b-427c).

소크라테스는 국가에서 지혜와 용기, 절제, 정의가 어디에 위치하는지 찾아보고(427d-434c), 그렇게 찾아낸 것이 한 개인에게도 있는지 확인하기 위해 혼을 이성과 격정과 욕망 세 부분으로 구분하여 개인에게 정의가 무엇인지 찾아낸다(434d-445b).

이제 소크라테스는 정의로운 자와 불의한 자 중에서 누가 더 행복하고 즐겁게 사는지 검증하기 위해 여러 유형의 불의한 국가들을 살펴보려 하지만, 아데이만토스의 요청으로 수호자들의 처자식 공유라는 껄끄러운 문제를 어쩔 수 없이 먼저 자세하게 설명한다(445b-473b).

그런 다음 소크라테스는 지혜를 사랑하는 자(철학자)가 국가의 통치자가 되는 것이 바람직하다고 말하며 지혜를 사랑하는 자가 어떤 사람인지 설명한다. 그러자 아데이만토스가 현실에서 철학자들은 해롭거나 쓸모없는 자들이라고 말하며 이의를 제기한다. 이에 소크라테스는 철학자들이 왜 그렇게 되었는지 해명하고, 지혜를 사랑하는 자는 참된 실재인 이데아를 아는 자라는 것을 동굴의 비유를 들어 설명한다(473c-521b).

소크라테스는 이데아를 알기 위해 예비 과정으로 배워야 할 수학과 기하학, 천문학을 기존의 방식과 달리 어느 시기에 어떻게 공부해야 하는지도 말한다(521c-541b).

이제 소크라테스는 앞에서 말하려다가 중단한 네 가지 유형의 불의한 정치체제를 설명한다. 왕도정이 변질된 명예정에서 시작하여 과두정, 민주정, 참주정이 어떻게 차례대로 발생하는지 설명하고, 거기에 상응하는 사람들의 유형도 아울러 언급한다(543c-576b).

이제 소크라테스는 정치체제에 대한 분석을 근거로 어떤 사람이 가장 행복하고 가장 불행한지 순위를 매겨서 평가한 뒤, 왕도정에 가까운 사람이 가장 행복하고 참주정에 가까운 사람이 가장 불행하다는 것을 증명한다. 그리고 불의하게 살아야 더 유익하다고 주장한다면 인간이 끔찍한 괴물이 될 수 있음을 보여준다(576b-592b).

소크라테스는 시(詩)에 대한 논의를 다시 꺼내어 모방적인 시가 끼치는 폐해를 자세히 설명하며, 비극시인을 자신이 세운 국가에서 배제하기를 아주 잘했다고 자찬한다(595a-608b). 그리고 혼은 불멸한다는 것과 정의롭게 사는 자가 이승에서 받게 될 상에 대해 언급한 후, 마지막으로 저승에서는 어떤 상을 받게 되는지 '에르의 저승 체험담'을 들어 보여준다(608c-621d).

(3) 플라톤은 『국가』를 통해 무슨 말을 하는가

플라톤의 대표작으로 『국가』와 『티마이오스』를 꼽을 수 있다. 『티마이오스』에서 우주는 이성을 지닌 신이 만든 이성적 실재로서 언제나 가장 훌륭하게 경영되고 있고, 우리 인간은 그 실재를 이해하고 거기에 맞추어 살아가야 하는 선택에 직면해 있다. 마찬가지로 『국가』에서도 '하늘에 있는 본'인 참된 실재, 즉 이데아의 세계에 부합하는 삶이야말로 가장 올바른 삶, 다시 말해 '정의로운 삶'이라고 말한다. 어떻게 정의로운 삶을 살 수 있는가? 이것이 바로 플라톤이 『국가』를 통해 말하고자 하는 바다.

『국가』에서 정의로운 삶에 관한 논의의 중심에는 이데아의 세계가 있다. 인간은 이 땅에서 눈에 보이는 온갖 사물에 둘러싸여 인간 사회, 즉 국가를 이루고 살아간다. 그런데 그 사물들은 참된 것이 아니라 그것의 영상 또는 그림자일 뿐이다. 오직 사물들 각각의 이데아만이 참된 것이고 실재다. 이 이데아들은 하늘에 있다. 플라톤의 이데아 사상의 이면에는 이승과 저승의 세계가 서로 연결되어 있다는 윤회설이 전제된다. 인간은 이승에서든 저승에서든 좋은 삶을 살 수도 있고 나쁜 삶을 살 수도 있는데, 이 모든 삶에서 행복해질 수 있는 유일한 길은 이데아의 세계를 알고 자신의 성품을 그것에 맞추어 살아가는 것이다. 그렇게 살아가는 자를 '지혜를 사랑하는 자'라고 부른다. 지혜를 사랑하는 자가 되기 위해서는 먼저 좋은 성품을 타고나야 하고, 자라면서 기본적으로 시가 교육과 체육 교육을 받아야 하며, 다음으로는 수학, 기하학, 천문학을 통해 변증적 추론의 기본 소양을 기른 후, 변증학을 통해 지성으로 이데아를 보고 참된 실재의 세계로 나아가야 한다.

왜 그런 훈련 과정이 필요한가? 그것은 혼의 상태가 인간의 운명을 좌우하기 때문이다. 혼은 이성과 격정과 욕망 세 부분으로 구분되는데, 혼에서 이성이 통치권을 쥐고 격정을 협력자로 삼아 욕구를 지배할 때, 비로소 '지혜를 사랑하는 자'가 될 수 있다.

플라톤은 혼의 좋은 상태, 즉 정의로운 상태를 '국가'라는 거대한 비유를 들어 보여준다. 개인의 혼과 마찬가지로 국가 차원에서도 '지혜를 사랑하는 자'가 통치자가 되고, 훈련받은 '수호자들'이 보조자가 되며, 시민들이 각자의 적성에 따라 한 가지 생업에 종사할 때, 그 국가는 정의로운 국가가 된다는 것이다. 그런 후 플라톤은 정의로운 국가에서 어떤 식으로 다른 불의한 국가들이 파생할 수 있는지 보여준다. 격정적인 부류가 통치자가 되었을 때는 명예정이 되고, 욕구적인 부류가 통치자가 되었을 때는 과두정과 민주정과 참주정이 탄생함을 논증한다. 이러한 정치체제들은 각각 같은 부류의 사람들에 상응한다. 아울러 플라톤은 '지혜를 사랑하는 자'를 배출하는 데 국가가 중요한 역할을 한다는 점도 보여준다.

(4) 플라톤과 피타고라스의 관계

플라톤의 이러한 정의론에는 앞에서 말했듯이 "우주는 이성을 지닌 신이 만든 이성적 실재로 언제나 가장 훌륭하게 경영되고 있다"라는 생각이 전제된다. 우주는 '코스모스', 즉 모든 것이 제자리에서 질서 있게 운행된다는 생각이 바탕에 깔려 있다. 우주가 정연한 질서 세계라면, 그 질서는 '정의'일 수밖에 없다. 플라톤보다 대략 150년 전에 활동한 피타고라스(기원전 580-500년)의 세계상이 그러한 '코스모스' 우주였다. 수의 원리를 사물의 본질로 본 그는 가장 완전한 입체도형이 구(球)라는 이유로 세계와 지구가 구형으로 생겼다고 주장했다. 또한 항성들과 일곱 개의 행성들이 각각 고유한 회전운동을 통해 지구 주위를 돌면서 그 속도에 대응하는 음을 내고, 이 음들이 화음을 이룬다고 보았다. 이것은 플라톤이 『국가』의 마지막 부분에서 묘사한 저승의 모습과 일치한다. 실제로 『국가』에서는 피타고라스가 심심찮게 언급되고 있다.

피타고라스에 의하면 혼은 원래 신처럼 불멸의 존재였지만 무지로 인해 더럽혀졌다. 이승에서 살아가는 인간의 삶은 사실 혼의 무덤이고 죽음이며, 그 죽음에서 부활하여 신적 본성을 회복하는 것이 인생의 목적이다. 그러나 그것에 실패해 무지한 인생을 계속 살아가는 경우에는 윤회에서 영원히 벗어날 수 없다. 이 고통에서 해방되기 위해 혼은 '소피아', 즉 지혜를 얻어 원래의 순수한 존재로 돌아가야 한다. 지혜를 사랑하는 것이 윤회에서 벗어나는 가장 좋은 길이다. 지혜에 이르기 위한 준비 과정으로 이수해야 하는 네 가지 교과목은 '수의 학', '형의 학', '별의 학', '조화의 학'이다. 이것은 곧 수학, 기하학, 천문학, 화성학을 의미하지만, 탐구 방식이 기존 방식과 다르게 일종의 명상 체계로 이루어진다.

피타고라스의 이러한 사상은 『국가』에 나오는 플라톤의 사상과 매우 비슷하다. 하지만 플라톤은 『국가』에서 피타고라스도 이데아의 세계로 나아가지 못하고 눈에 보이는 현상 세계에 매몰되어 그 교과목들을 잘못된 방식으로 탐구했다고 비판한다. 그럼에도 불구하고 플라톤은 우주가 이성적 실재라는 데 동의한다. 따라서 우주는 철저한 수학적 질서 가운데 있고, 이 질서가 눈에 보이지 않는 이데아의 세계, 참된 것들로 이루어진 실재 세계를 보여준다고 믿었다.

5. 텍스트

본서의 그리스어 원전 번역 대본으로는 Oxford Classical Texts로 나온 John Burnet, ed. *Platonis Opera*. 6vols. (Oxford University Press, 1900–1907)를 주로 사용했고, 몇몇 대목에서 다른 판본을 사용했다. 영어 번역본으로는 Christopher Rowe, *Republic*, Penguin Classics (Penguin Books, 2012), Robin Waterfield, *Republic*, Oxford World's Classics (Oxford University Press, 2008), Joe Saqchs, *Republic*, Focus Philosophical Library (Hackett Publishing Company, 2012)를 참조했다.

오늘날 출간되는 대부분의 『국가』 판본은 열 권으로 나뉘어 있지만, 이는 이 저작의 전승 과정에서 초기에 한 그리스 학자가 나눈 것이지 플라톤이 직접 구분한 것은 아니다. 파피루스 한 두루마리에 필사할 수 있는 양을 '한 권'으로 정한 것에 불과하므로 각 권을 독립된 논증 단위로 볼 수는 없다.

본문의 난외주로 표시된 아라비아 숫자와 로마자는 스테파누스(Stephanus) 표기다. 출판업자 스테파누스는 제네바에서 요안네스 세르라누스(Joannes Serranus)가 번역한 세 권짜리 플라톤 전집의 1578년판을 발행했는데, 그 후에 플라톤의 저작들을 번역하고 연구하는 사람들이 참조하기 쉽도록 그 판본 쪽수는 아라비아 숫자로, 판본 단락은 로마자로 표기했다. 『국가』는 그 판본의 제2권 327a–621d에 수록되어 있다.

그리스어 고유명사는 외래어 표기법을 따랐고, 그 밖의 그리스어는 원래의 발음대로 표기하는 방식을 택했다.

플라톤 연보

기원전	478년	페르시아 전쟁(기원전 492-479년)이 끝나고 아테네를 맹주로 델로스 동맹이 결성됨
	461년	페리클레스가 집권하여 이후 32년 동안 아테네의 민주정을 확립함
	469년	소크라테스가 아테네에서 태어남
	432년	소크라테스가 포테이다이아 전투에 참전함
	431년	펠로폰네소스 전쟁이 발발하여 기원전 404년까지 지속됨
	427년	유명한 소피스트 고르기아스가 아테네에 와서 활동함
	424년	소크라테스가 델리온 전투에 참전함
	423년	소크라테스를 희화한 아리스토파네스의 희극 〈구름〉이 공연됨
	423년경	플라톤이 아테네에서 태어남(427년경으로 보기도 함)
	422년	소크라테스가 암피폴리스 전투에 참전함
	404년	펠로폰네소스 전쟁이 끝나고 나서 아테네에 스파르타의 괴뢰정권으로 30인 참주정이 수립됨
	403년	30인 참주정이 붕괴되고 민주정이 회복됨
	403년경	플라톤이 소크라테스의 문하생으로 들어감
	399년	소크라테스가 사형 선고를 받은 후 독약을 마시고 죽음 이후에 플라톤은 아테네를 떠나 메가라, 이탈리아, 시칠리아 등지를 여행함
	384년	아리스토텔레스가 태어남
	383년경	플라톤이 아테네로 돌아와서 아카데미아를 창설함
	367년	아리스토텔레스가 아카데미아에 입학함
	366년	플라톤이 시칠리아의 도시국가 시라쿠사에 가서 자신의 정치철학을 펼치고자 했으나 실패함
	361년	플라톤이 다시 시라쿠사에 갔다가 죽을 위기를 겪고 아테네로 돌아와 평생을 제자 양성과 연구에 전념함
	348년	플라톤이 죽음
	338년	아테네가 마케도니아 왕국의 필리포스 2세에게 정복당함

옮긴이 **박문재**

서울대학교 법과대학 법학과와 장로회신학대학교 신학대학원 및 동 대학원을 졸업했으며, 독일 보쿰 대학교에서 수학했다. 또한, 고전어 연구기관인 비블리카 아카데미아Biblica Academia에서 고대 그리스어와 라틴어 원전들을 공부했다. 대학 시절에는 역사와 철학을 두루 공부했으며, 전문 번역가로 30년 이상 인문학과 신학 도서를 번역해왔다.

역서로는 『자유론』(존 스튜어트 밀), 『프로테스탄트 윤리와 자본주의 정신』(막스 베버), 『실낙원』(존 밀턴) 등이 있고, 라틴어 원전을 번역한 책으로 『고백록』(아우구스티누스), 『철학의 위안』(보에티우스), 『유토피아』(토머스 모어), 『우신예찬』(에라스무스) 등이 있다. 그리스어 원전에서 옮긴 아우렐리우스의 『명상록』과 『소크라테스의 변명·크리톤·파이돈·향연』, 『아리스토텔레스 수사학』, 『아리스토텔레스 시학』, 『이솝 우화 전집』 등은 매끄러운 번역으로 독자들의 호평을 받고 있다.

현대지성 클래식 50

플라톤 국가

1판 1쇄 발행 2023년 4월 20일
1판 4쇄 발행 2024년 9월 4일

지은이 플라톤
옮긴이 박문재
발행인 박명곤 **CEO** 박지성 **CFO** 김영은
기획편집1팀 채대광, 김준원, 이승미, 김윤아, 이상지
기획편집2팀 박일귀, 이은빈, 강민형, 이지은, 박고은
디자인팀 구경표, 유채민, 임지선
마케팅팀 임우열, 김은지, 전상미, 이호, 최고은

펴낸곳 (주)현대지성
출판등록 제406-2014-000124호
전화 070-7791-2136 **팩스** 0303-3444-2136
주소 서울시 강서구 마곡중앙6로 40, 장흥빌딩 10층
홈페이지 www.hdjisung.com **이메일** support@hdjisung.com
제작처 영신사

"Curious and Creative people make Inspiring Contents"
현대지성은 여러분의 의견 하나하나를 소중히 받고 있습니다.
원고 투고, 오탈자 제보, 제휴 제안은 support@hdjisung.com으로 보내 주세요.

현대지성 홈페이지

"인류의 지혜에서 내일의 길을 찾다"

현대지성 클래식

1 **그림 형제 동화전집**
그림 형제 | 아서 래컴 그림 | 김열규 옮김 | 1,032쪽

2 **철학의 위안**
보에티우스 | 박문재 옮김 | 280쪽

3 **십팔사략**
증선지 | 소준섭 편역 | 800쪽

4 **명화와 함께 읽는 셰익스피어 20**
윌리엄 셰익스피어 | 존 에버렛 밀레이 그림
김기찬 옮김 | 428쪽

5 **북유럽 신화**
케빈 크로슬리-홀런드 | 서미석 옮김 | 416쪽

6 **플루타르코스 영웅전 전집 1**
플루타르코스 | 이성규 옮김 | 964쪽

7 **플루타르코스 영웅전 전집 2**
플루타르코스 | 이성규 옮김 | 960쪽

8 **아라비안 나이트(천일야화)**
작자 미상 | 르네 불 그림 | 윤후남 옮김 | 336쪽

9 **사마천 사기 56**
사마천 | 소준섭 편역 | 976쪽

10 **벤허**
루 월리스 | 서미석 옮김 | 816쪽

11 **안데르센 동화전집**
한스 크리스티안 안데르센 | 한스 테그너 그림
윤후남 옮김 | 1,280쪽

12 **아이반호**
월터 스콧 | 서미석 옮김 | 704쪽

13 **해밀턴의 그리스 로마 신화**
이디스 해밀턴 | 서미석 옮김 | 552쪽

14 **메디치 가문 이야기**
G. F. 영 | 이길상 옮김 | 768쪽

15 **캔터베리 이야기(완역본)**
제프리 초서 | 송병선 옮김 | 656쪽

16 **있을 수 없는 일이야**
싱클레어 루이스 | 서미석 옮김 | 488쪽

17 **로빈 후드의 모험**
하워드 파일 | 서미석 옮김 | 464쪽

18 **명상록**
마르쿠스 아우렐리우스 | 박문재 옮김 | 272쪽

19 **프로테스탄트 윤리와 자본주의 정신**
막스 베버 | 박문재 옮김 | 408쪽

20 **자유론**
존 스튜어트 밀 | 박문재 옮김 | 256쪽

21 **톨스토이 고백록**
레프 톨스토이 | 박문재 옮김 | 160쪽

22 **황금 당나귀**
루키우스 아풀레이우스 | 장 드 보쉐르 그림
송병선 옮김 | 392쪽

23 **논어**
공자 | 소준섭 옮김 | 416쪽

24 **유한계급론**
소스타인 베블런 | 이종인 옮김 | 416쪽

25 **도덕경**
노자 | 소준섭 옮김 | 280쪽

26 **진보와 빈곤**
헨리 조지 | 이종인 옮김 | 640쪽

27 **걸리버 여행기**
조너선 스위프트 | 이종인 옮김 | 416쪽

28 **소크라테스의 변명·크리톤·파이돈·향연**
플라톤 | 박문재 옮김 | 336쪽

29 **올리버 트위스트**
찰스 디킨스 | 유수아 옮김 | 616쪽

30 **아리스토텔레스 수사학**
아리스토텔레스 | 박문재 옮김 | 332쪽

31 공리주의
존 스튜어트 밀 | 이종인 옮김 | 216쪽

32 이솝 우화 전집
이솝 | 아서 래컴 그림 | 박문재 옮김 | 440쪽

33 유토피아
토머스 모어 | 박문재 옮김 | 296쪽

34 사람은 무엇으로 사는가
레프 톨스토이 | 홍대화 옮김 | 240쪽

35 아리스토텔레스 시학
아리스토텔레스 | 박문재 옮김 | 136쪽

36 자기 신뢰
랄프 왈도 에머슨 | 이종인 옮김 | 216쪽

37 프랑켄슈타인
메리 셸리 | 오수원 옮김 | 320쪽

38 군주론
마키아벨리 | 김운찬 옮김 | 256쪽

39 군중심리
귀스타브 르 봉 | 강주헌 옮김 | 296쪽

40 길가메시 서사시
앤드류 조지 편역 | 공경희 옮김 | 416쪽

41 월든·시민 불복종
헨리 데이비드 소로 | 허버트 웬델 글리슨 사진
이종인 옮김 | 536쪽

42 니코마코스 윤리학
아리스토텔레스 | 박문재 옮김 | 456쪽

43 벤저민 프랭클린 자서전
벤저민 프랭클린 | 강주헌 옮김 | 312쪽

44 모비 딕
허먼 멜빌 | 레이먼드 비숍 그림 | 이종인 옮김 | 744쪽

45 우신예찬
에라스무스 | 박문재 옮김 | 320쪽

46 사람을 얻는 지혜
발타자르 그라시안 | 김유경 옮김 | 368쪽

47 에피쿠로스 쾌락
에피쿠로스 | 박문재 옮김 | 208쪽

48 이방인
알베르 카뮈 | 윤예지 그림 | 유기환 옮김 | 208쪽

49 이반 일리치의 죽음
레프 톨스토이 | 윤우섭 옮김 | 224쪽

50 플라톤 국가
플라톤 | 박문재 옮김 | 552쪽

51 키루스의 교육
크세노폰 | 박문재 옮김 | 432쪽

52 반항인
알베르 카뮈 | 유기환 옮김 | 472쪽

53 국부론
애덤 스미스 | 이종인 옮김 | 1,120쪽

54 파우스트
요한 볼프강 폰 괴테 | 외젠 들라크루아 외 그림
안인희 옮김 | 704쪽

55 금오신화
김시습 | 한동훈 그림 | 김풍기 옮김 | 232쪽

56 지킬 박사와 하이드 씨
로버트 루이스 스티븐슨 | 에드먼드 조지프 설리번 외
그림 | 서창렬 옮김 | 272쪽

57 직업으로서의 정치·직업으로서의 학문
막스 베버 | 박문재 옮김 | 248쪽

58 아리스토텔레스 정치학
아리스토텔레스 | 박문재 옮김 | 528쪽

59 위대한 개츠비
F. 스콧 피츠제럴드 | 장명진 그림 | 이종인 옮김 | 304쪽

현대지성 클래식 살펴보기